검찰 | 법원 | 교정 | 경찰 시험대비 개정2판

기본서

합격까지 함께
형사소송법 만점 기본서

도식화된 개념과 효율적인 이론 정리

최신 판례 및 개정법령 완벽 반영

기출 지문을 통한 반복 학습

최정훈 편저

동영상 강의 www.pmg.co.kr

최정훈
형사소송법

박문각

이 책의 **머리말**

상상과 성취 사이의 공백은 열정입니다.
오랜 준비기간을 마치고 하나의 큰 작업을 마무리하였다는 마음으로 서문을 쓰게 되었습니다.

처음부터 집필 의도는 하나입니다.
공무원 수험서의 틀에 맞추어 수험생들이 군더더기 없고, 효율적으로 대응할 수 있도록 교재를 집필하는 것에 중점을 두었습니다.
왜냐하면 공무원 시험에 있어서 형사소송법은 분명 수험생들에게 체계 및 용어정리에 부담이 되는 과목인 것을 알기 때문입니다.
방대한 양의 기본서로 지금의 시험 출제방향에 정말 효율적으로 접근할 수 있는가? 라는 의구심으로 출발하였고, 막판 정리를 못 해서 쓴 잔을 마시는 다수의 수험생을 바라보면서 방대한 양의 이론요약과 출제포인트에 맞는 판례를 정리한 강의서를 출간한다는 마음으로 목표를 잡았습니다.

이번에 출간되는 본서의 특징을 간략하게 소개하면 다음과 같습니다.
첫째, 기본적인 이론과 판례 및 기출지문을 수록하여 기초부터 최종정리까지 한 권으로 시험에 철저히 대비할 수 있도록 하였습니다.
둘째, 기본이론에 충실하면서 실전감각과 판례분석을 스스로 할 수 있도록 대표판례와 사례를 삽입하여 이론 개념에 쉽게 접근할 수 있도록 하였습니다. 즉, 이론과 판례를 단권화하였습니다.
셋째, 독자들이 쉽게 이해하도록 간결한 서술체와 강의식(도해식) 편집으로 이해를 도모하였습니다.
더불어 공무원 시험 전문 박문각(www.pmg.co.kr)에서 학원 강의나 인터넷 동영상 강의를 함께 이용하여 수강한다면 학습효과를 극대화할 수 있을 것입니다.
본서가 나오기 까지 많은 도움이 있었습니다.
특히 본서를 처음부터 끝까지 교정과 검토를 점검해 주신 박문각 출판사 김미리님, 또한 부족한 제 옆에서 묵묵히 도움을 주는 이은주, 황정아, 박재영, 유형석, 박종현, 최지안, 조교 도규민, 조교 최연수 님에게 진심으로 고마움을 전합니다.

본서가 쉽지 않은 시험에 조그마한 도움과 위안이 될 수 있기를 바라며, 항상 꿈과 용기를 간직하고 이루어내는 행복한 날이 오기를 간절히 기원합니다.

2024년 10월
최정훈

이 책의 차례

CONTENTS

이 책의 차례 ✦

최정훈 형사소송법

합격까지 박문각

01

서론

CHAPTER 01 형사소송법의 기초

---

1 의의

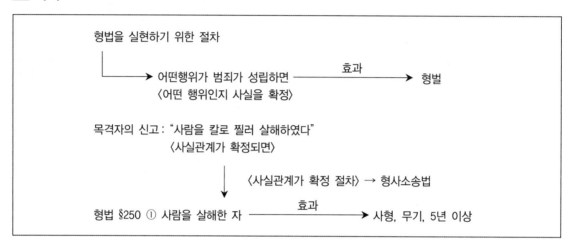

2 형사절차의 개요

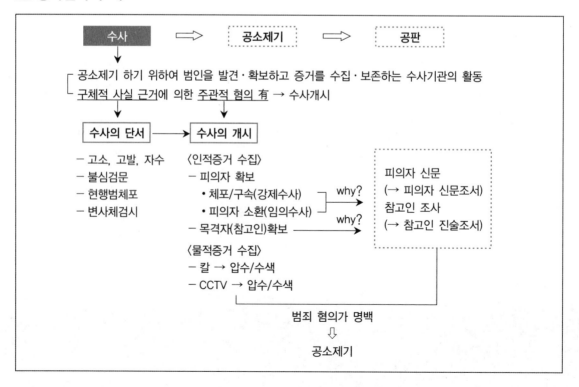

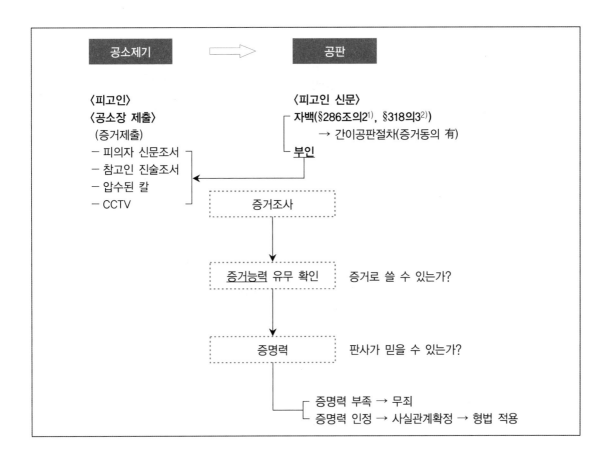

---

1) 제286조의2(간이공판절차의 결정) 피고인이 공판정에서 공소사실에 대하여 자백한 때에는 법원은 그 공소사실에 한하여 간이공판절차에 의하여 심판할 것을 결정할 수 있다.
2) 제318조의3(간이공판절차에서의 증거능력에 관한 특례) 제286조의2의 결정이 있는 사건의 증거에 관하여는 제310조의2(전문증거와 증거능력의 제한), 제312조(검사 또는 사법경찰관의 조서) 내지 제314조(증거능력에 대한 예외) 및 제316조(전문진술)의 규정에 의한 증거에 대하여 제318조제1항의 동의가 있는 것으로 간주한다. 단, 검사, 피고인 또는 변호인이 증거로 함에 이의가 있는 때에는 그러하지 아니하다.

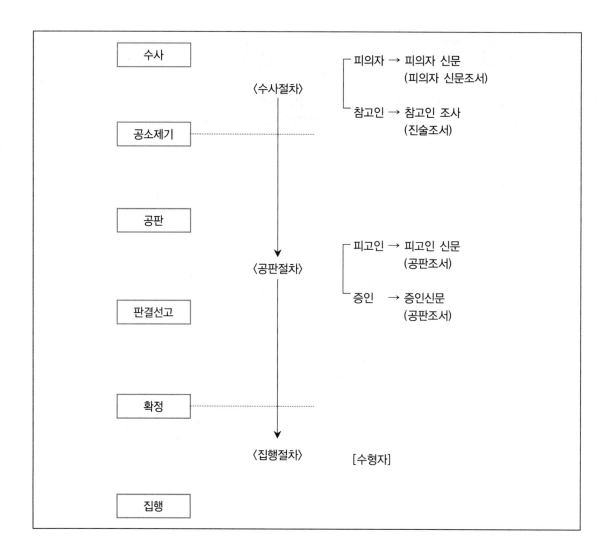

3 형사재판

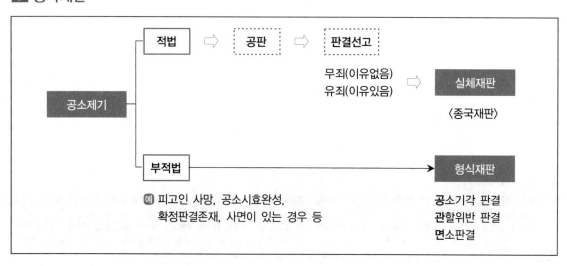

4 형식재판사유

(1) 형식재판사유를 통상 소송조건이라고 부름.

(2) **형식재판(소송조건)의 선순위성**: 반드시 형식재판사유가 존재하는지를 먼저 판단하여 형식재판사유가 있으면 형식재판을 하여야 하고, 실체판결(유죄·무죄판결)을 할 수 없음을 의미

공소기각결정 《취사경포》	1. 공소 취소
	2. 피고인 사망, 법인이 소멸
	3. 관할경합
	4. 공소장에 기재된 사실이 진실하다하더라도 범죄될 만한 사실을 포함하지 않은 때

공소기각판결 《절반이 다친 재판》	1. 재판권이 없을때
	2. 공소제기절차가 법률규정에 위반하여 무효인 때
	3. 이중기소
	4. 재기소금지(제329조) 위반(다른 중요한 증거가 발견되지 않았음에도 다시 공소제기)
	5. 친고죄에 있어 고소취소
	6. 반의사불벌죄에 있어 처벌의사철회 또는 처벌불원의 의사 표시가 있을 때

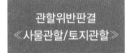

관할위반판결
《사물관할/토지관할》

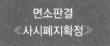

면소판결 《사시폐지확정》	1. 확정판결이 있을 때(유·무죄, 면소)
	2. 사면(일반사면만 의미)
	3. 공소시효완성
	4. 범죄 후 법령개폐로 형이 폐지되었을 때

제2절 형사소송법의 법원(法源)

어떤사건에 어떤 법을 적용할 것인가?
형사절차 법정주의(헌법 12①) → '헌법 · 법률' 까지
　　　　　　　　　예외) 헌법 108조 대법원규칙

❶ 헌법 · 법률

(1) 헌법에 규정된 것은 당연히 형사소송법의 법원이 된다.
(2) ~법, ~법률로 끝나면 형식적 의미의 법률에 해당한다.

📋 헌법에 규정된 형사절차

영 · 변 · 적 · 진 · 무 · 적 · 공 · 군 · 구 · 국 / 피 · 신 · 일 · 소 · 대 · 과 · 자 · 보상

① 영장주의와 영장주의의 예외(헌법 제12조 제3항)
② 변호인의 조력을 받을 권리 국선변호인(헌법 제12조 제4항)
③ 형사절차법정주의, 적정절차원칙(헌법 제12조 제1항)
④ 고문금지와 불이익 진술금지의 원칙(헌법 제12조 제2항)
⑤ 피고인의 무죄추정의 원칙(헌법 제27조 제4항)
⑥ 체포 · 구속적부심사청구권(헌법 제12조 제6항)
⑦ 공개 재판을 받을 권리(헌법 제27조 제3항)
⑧ 군사법원의 재판을 받지 않을 권리(헌법 제84조)
⑨ 가족 등의 구속사유 등을 통지 받을 권리(헌법 제12조 제5항)
⑩ 국회의원불체포특권(헌법 제44조)
⑪ 피해자의 법정 진술권(헌법 제27조 제5항)
⑫ 신속한 재판을 받을 권리(헌법 제27조 제3항)
⑬ 일사부재리원칙(헌법 제13조 제1항)
⑭ 헌법소원(헌법 제111조 제1항)
⑮ 대통령의 형사소추상의 특권
⑯ 과잉금지 원칙(헌법 제37조 제2항)
⑰ 자백배제법칙과 자백보강법칙(헌법 제12조 제7항)
⑱ 형사보상청구권(헌법 제28조)

📑 **헌법에 규정이 없는 형사절차**

① 기피신청권(형사소송법 제18조)
② 보석청구권(형사소송법 제94조)
③ 증인신문권(형사소송법 제161조의2)
④ 증거보전청구권(형사소송법 제184조)
⑤ 구속영장실질심사제도(형사소송법 제202조의2)
⑥ 공판기일출석권(형사소송법 제276조)
⑦ 간이공판절차(형사소송법 제286조의2)
⑧ 증거신청권(형사소송법 제294조)
⑨ 최후진술권(형사소송법 제303조)
⑩ 이의신청권(형사소송법 제304조)
⑪ 변론재개신청권(형사소송법 제305조)
⑫ 증거재판주의(형사소송법 제307조)
⑬ 위법수집증거배제법칙(형사소송법 제308조의2)
⑭ 전문법칙(형사소송법 제310조의2)
⑮ 상소권(형사소송법 제338조)
⑯ 불이익변경금지원칙(형사소송법 제368조)

2 명령 · 규칙

(1) 명령(대통령령, 법무부령이나 행정규칙)은 형사소송법의 법원이 될 수 없다.
　　vs. 법무부령인 검찰사건사무규칙은 형사소송법의 법원이다. ×
　　vs. 법무부령인 사법경찰관리집무규칙은 형사소송법의 법원이다. ×
(2) 다만, 명령급 가운데 유일하게 대법원은 규칙은 헌법 제108조[3]에 따라 형사소송법의 법원이 된다.
　　vs. 대법원 예규 → 법원 ×

📑 **형사소송법의 법원에 해당하는 대법원 규칙**

① 형사소송규칙
② 국민의 형사재판 참여에 관한 규칙
③ 법정에서의 좌석에 관한 규칙
④ 법정 방청 및 촬영 등에 관한 규칙
⑤ 소년심판규칙
⑥ 형사소송비용 등에 관한 규칙
⑦ 소송촉진 등에 관한 특례규칙
⑧ 법정등의 질서유지를 위한 재판에 관한 규칙

---

3) 헌법 제108조 대법원은 법률에 저촉되지 아니하는 범위 안에서 소송에 관한 절차, 법원의 내부규율과 사무처리에 관한 규칙을 제정할 수 있다.

3 판례

(1) 대법원 판례 → 당해 사건의 하급심만 기속, 다른 사건에는 기속력이 없음. 따라서 법원 아님.

(2) 헌법재판소 위헌결정[4]

- 형사사건에서 법원이 됨.
- 처벌법률은 소급하여 무효(법률이 없는 상태)
- 기존합헌결정 → 추후 번복 위헌결정시 종전 합헌결정의 다음날 이후 소급하여 무효

제3절 형사소송법의 적용범위

1 장소적 적용범위(속지주의)

- 대한민국 영역 내의 모든 사건에 적용(내국인, 외국인 불문)
- 단, 치외법원지역 제외(주한외국대사관 → 대한민국 형사소송법 적용 ×)

판례

1. 중국인이 중국 북경시 소재 대한민국 영사관에서 여권발급신청서(사문서위조)를 위조한 경우 재판권이 없다(2006도5010).
2. 미국문화원 내에서 죄를 범한 대한민국 국민에게도 대한민국의 재판권이 미친다(86도403).
3. 캐나다 시민권자인 피고인이 캐나다에서 위조사문서를 행사하였다는 내용으로 대한민국 법원에 기소된 경우 대한민국의 재판권이 없다(2011도6507).
4. 내국 법인의 대표자인 외국인이 외국에서 그 법인에 대한 횡령죄를 범한 경우 행위지의 법률에 따르면 범죄를 구성하지 아니하거나 소추 또는 형의 집행을 면제할 경우가 아니라면 그 외국인에 대하여 우리나라 법원에 재판권이 있다(2016도17465).

2 인적 적용범위

1. 모든 대한민국 국민에게 적용된다(원칙).

형사소송법이 적용되지 않는 지역 + 대한민국 국민이 행한 범죄

2. 예외

(1) **대통령의 불소추특권**: 내란 또는 외환의 죄를 제외하고 재직 중 형사소추 받지 않음.

(2) **국회의원**

① 불체포특권: 현행범인을 제외하고 회기 중 국회의 동의 없이 체포 또는 구금 불가

② 면책특권: 국회에서 직무상 행한 발언과 표결에 관하여 국회 외에서 책임지지 않음.

---

4) 위헌결정의 효력(헌법재판소법 제47조)
- 위헌으로 결정된 법률 또는 법률의 조항은 그 결정이 있는 날부터 효력을 상실한다(제2항).
- 제2항에도 불구하고 형벌에 관한 법률 또는 법률의 조항은 소급하여 그 효력을 상실한다. 다만, 해당 법률 또는 법률의 조항에 대하여 종전에 합헌으로 결정한 사건이 있는 경우에는 그 결정이 있는 날의 다음 날로 소급하여 효력을 상실한다(제3항).

ㄱ 통상적으로 부수하여 행하는 것 포함

　　예 의원회관이나 국회기자실에서의 사전 원고배포행위

ㄴ 면책특권이 있음에도 공소제기된 경우 → 공소기각판결(§327 2)

(3) **치외법권자**: 외국원수 및 그 가족, 대한민국 국민이 아닌 수행자

> **판례**
>
> 미합중국 국적을 가진 미합중국 군대의 군속인 피고인이 범행 당시 10년 넘게 대한민국에 머물면서 한국인 아내와 결혼하여 가정을 마련하고 직장 생활을 하는 등 생활근거지를 대한민국에 두고 있었던 경우 미합중국 군대의 군속에 관한 형사재판권 관련 조항이 적용될 수 없다(2005도798).

3 시간적 적용범위

1. 원칙

(1) 시행시부터 폐기시까지 효력 발휘

(2) 법원에 사건이 계속된 경우, 공소제기시 시행중인 형사소송법 적용(원칙)

2. 예외

(1) 형사소송법 시행 전 공소제기 사건 → 구법적용

(2) 형사소송법 시행 후 공소제기 사건 → 신법(현행 형사소송법에 의하되, 구법에 의해 행한 소송행위 효력은 영향 없음)

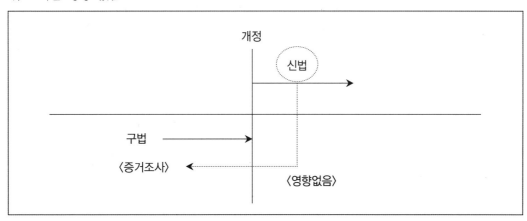

> **판례**
>
> 항소심이 신법 시행을 이유로 구법(2007. 6. 1. 법률 제8496호로 개정되기 전의 형사소송법)이 정한 바에 따라 적법하게 진행된 제1심의 증거조사절차 등을 위법하다고 보아 그 효력을 부정하고 다시 절차를 진행하는 것은 허용되지 아니하며, 다만 이미 적법하게 이루어진 소송행위의 효력을 부정하지 않는 범위 내에서 신법의 취지에 따라 절차를 진행하는 것은 허용된다(2008도2826).

CHAPTER
02 형사소송법의 이념과 구조

제1절 형사소송법의 이념

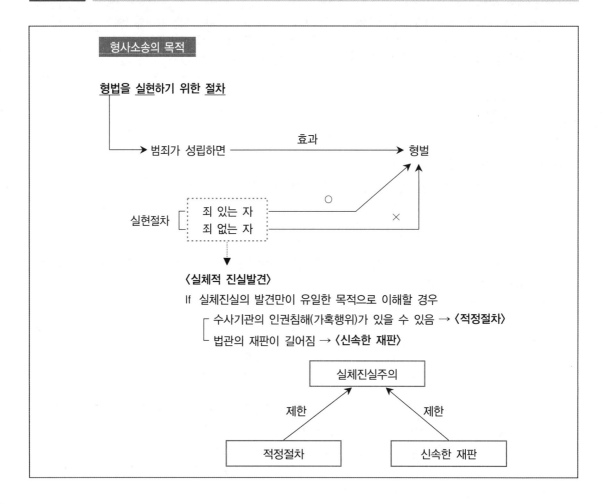

1 실체적 진실주의

객관적 진실발견 ┌ 죄 있는 자 벌 ○ → 적극적 실체진실주의
              └ 죄 없는 자 벌 × → 소극적 실체진실주의(우선)

2 적정절차 원칙

헌법정신을 구현하기 위한 공정한 <u>법정절차</u>

↓

<적정절차 위반의 효과> → **예** 위법수집증거의 증거능력 부정

판례 ☰ 헌법 제12조 제1항 후문에 규정하고 있는 적법절차의 의의

헌법 제12조 제1항 후문이 규정하고 있는 적법절차란 법률이 정한 절차 및 그 실체적 내용이 모두 적정하여야 함을 말하는 것으로서 적정하다고 함은 공정하고 합리적이며 상당성이 있어 정의관념에 합치되는 것을 뜻한다(88초60).

판례 ☰

적법절차의 원칙은 단순히 형사절차상의 제한된 범위 내에서만 적용되는 것이 아니라, 기본권 제한과 관련되든 아니든 모든 입법작용 및 행정작용에도 광범위하게 적용된다(92헌가8).

1. 공정한 재판의 원칙

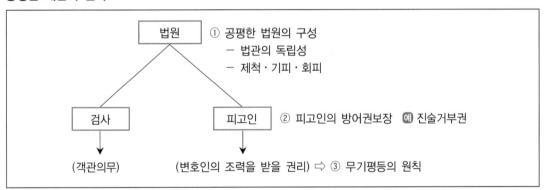

판례 ☰ 형사소송법 제18조 제1항 2호 소정의 '불공평한 재판을 할 염려가 있는 때'의 의미

기피원인에 관한 형사소송법 제18조 제1항 제2호 소정의 '불공평한 재판을 할 염려가 있는 때'라고 함은 당사자가 불공평한 재판이 될지도 모른다고 추측할 만한 주관적인 사정이 있는 때를 말하는 것이 아니라, 통상인의 판단으로서 법관과 사건과의 관계상 불공평한 재판을 할 것이라는 의혹을 갖는 것이 합리적이라고 인정할 만한 객관적인 사정이 있는 때를 말한다(95모10).

2. 비례의 원칙

목적과 수단, 목표와 방법, 침해와 공익의 비례가 유지

예 체포·구속·압수·수색 등 강제처분은 과잉금지원칙 적용

3. 피고인 보호의 원칙

법원은 피고인에게 정당한 방어의 가능성을 고지하고 일정한 소송행위의 법적 결과를 설명하고 권리의 행사를 가르쳐 주어야 함. **예** 진술거부권 고지

판례 적정절차에 위배되지 않는 경우

1. 범죄의 피의자로 입건된 사람들로 하여금 경찰공무원이나 검사의 신문을 받으면서 자신의 신원을 밝히지 않고 지문채취에 불응하는 경우 벌금, 과료, 구류의 형사처벌을 받도록 하고 있는 구 경범죄처벌법 조항은 적법절차의 원칙에 위배되지 않는다(2002헌가17).
2. 경찰청장이 주민등록발급신청서에 날인되어 있는 지문정보를 보관·전산화하고 이를 범죄수사목적에 이용하는 행위는 무죄추정의 원칙과 영장주의 내지 강제수사법정주의에 위배되지 않는다(2004헌마190).
3. 경찰관이 간호사로부터 진료 목적으로 이미 채혈되어 있던 피고인의 혈액 중 일부를 주취운전 여부에 대한 감정을 목적으로 임의로 제출받아 이를 압수한 경우, 그 압수절차가 피고인 또는 피고인의 가족의 동의 및 영장 없이 행하여졌다고 하더라도 적법절차를 위반하였다고 볼 수 없다(98도968).
4. 법관이 아닌 사회보호위원회가 치료감호의 종료여부를 결정하도록 한 사회보호법 규정은 재판청구권을 침해하거나 적법절차에 위배된다고 할 수 없다(2007헌바50).
5. 피고인의 구속기간은 법원이 피고인을 구속한 상태에서 재판할 수 있는 기간을 의미하는 것이지, 법원의 재판기간 내지 심리기간 자체를 제한하려는 규정이라고 할 수는 없으며, 구속기간을 엄격히 제한하고 있다 하더라도 공정한 재판을 받을 권리가 침해된다고 볼 수는 없다(94헌가14).
6. 「형사소송법」상 법원은 법률에 다른 규정이 없으면 누구든지 증인으로 신문할 수 있기 때문에 경찰 공무원의 증인적격을 인정하더라도 이를 적법절차의 원칙에 반한다고 할 수 없다(2001헌바4).
7. 소송의 지연을 목적으로 함이 명백한 경우에 기피신청을 받은 법원 또는 법관이 이를 기각할 수 있도록 규정한 「형사소송법」 제20조 제1항은 헌법상 보장되는 공정한 재판을 받을 권리를 침해하였다고 할 수 없다(2005헌바58).
8. 국민의 형사재판 참여에 관한 법률에서 정하는 대상사건에 해당하는 한 피고인은 원칙적으로 국민참여재판으로 재판을 받을 법률상 권리를 가진다고 할 것이고, 이러한 형사소송절차상의 권리를 배제함에 있어서는 헌법에서 정한 적법절차의 원칙을 따라야 한다. 참여재판 배제조항은 그 절차와 내용에 있어 합리성과 정당성을 갖추었다고 할 것이므로, 적법절차원칙에 위배되지 않는다(2012헌바298).

판례 적정절차에 위배되는 경우

1. 경찰관에게 등을 보인 채 상의를 속옷과 함께 겨드랑이까지 올리고 하의를 속옷과 함께 무릎까지 내린 상태에서 3회에 걸쳐 앉았다 일어서게 하는 방법으로 실시한 정밀신체수색은 위법하다(2000헌마327).
2. 검사가 법원의 증인으로 채택된 수감자를 그 증언에 이르기까지 거의 매일 검사실로 하루 종일 소환하여 피고인측 변호인이 접근하는 것을 차단하고, 검찰에서의 진술을 번복하는 증언을 하지 않도록 회유·압박하고, 때로는 검사실에서 편의를 제공한 행위는 피고인의 공정한 재판을 받을 권리를 침해한다(2001도3931).
3. 형사소송에 관한 절차법에서 소극적 진실주의의 요구를 외면한 채 범인필벌의 요구만을 앞세워 합리성과 정당성을 갖추지 못한 방법이나 절차에 의한 증거수집과 증거조사를 허용하는 것은 적법절차의 원칙 및 공정한 재판을 받을 권리에 위배된다(94헌바1).
4. 금치처분을 받은 수형자에 대하여 금치기간 중 운동을 금지하는 행형법 시행령 제145조 제2항 중 운동 부분은 수형자의 인간의 존엄과 가치, 신체의 자유 등을 침해한다(2002헌마478).

3 신속한 재판의 원칙

객관적 진실 발견에 필요한 기간을 넘어 부당히 지연된 재판을 하여서는 안됨.

```
┌ 피고인 이익보호(원칙) ┬ 장기에 걸친 미결구금방지
│                      └ 방어능력상실(예 증인의 잠적이나 사망) 방지
│
│                    ┌ 실체진실발견 – 소송지연으로 증거 멸실 또는 왜곡
└ 공익의 보호 ┤ 소송경제
                    └ 재판에 대한 국민의 신뢰와 형벌의 목적달성

재판지연의 구제책 ┬ 구제책에 관한 명문조항이 없음.
                  └ 재판지연은 소송조건이 아니므로 양형에서 고려
```

판례 ▸ 신속한 재판을 받을 권리가 침해되지 않은 경우

1. 구속사건에 대해서는 법원이 구속기간 내에 재판을 하면 되는 것이고 구속만기 25일을 앞두고 제1회 공판이 있었다 하여 헌법에 정한 신속한 재판을 받을 권리를 침해하였다 할 수 없다(90도672).
2. 검사와 피고인 쌍방이 항소한 경우에 제1심 선고 형기 경과 후 제2심 공판이 개정되었을 경우 이는 위법이 아니며, 또한 신속한 재판을 받을 권리를 박탈한 것이 아니다(72도840).

제2절 형사소송의 기본구조

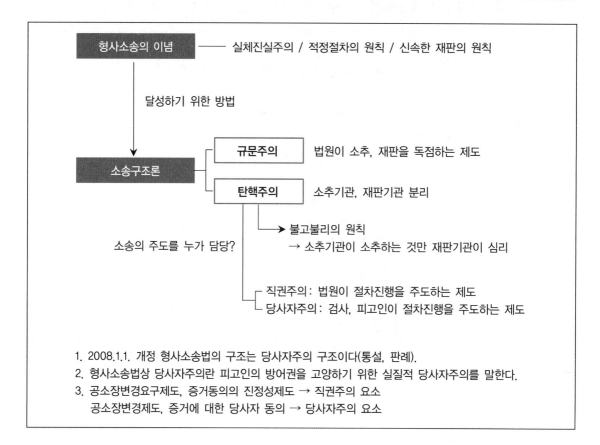

1. 2008.1.1. 개정 형사소송법의 구조는 당사자주의 구조이다(통설, 판례).
2. 형사소송법상 당사자주의란 피고인의 방어권을 고양하기 위한 실질적 당사자주의를 말한다.
3. 공소장변경요구제도, 증거동의의 진정성제도 → 직권주의 요소
   공소장변경제도, 증거에 대한 당사자 동의 → 당사자주의 요소

제3절 당사자주의와 직권주의

1 당사자주의

1. 의의

검사와 피고인에게 소송의 주도적 지위 인정

2. 장단점

(1) 장점

① 실체진실 발견에 효과적

② 당사자에 의해 다량의 증거와 법원의 제3자적 지위에 기한 공정한 재판

③ 피고인의 방어권 행사가 충분히 보장(피고인에게 검사와 대등한 지위)

(2) 단점
① 당사자 사이의 공격과 방어의 항쟁에 의해 심리의 능률과 신속을 달성하기 곤란
② 소송의 운명이 당사자의 열의와 능력에 좌우되는 결과 사법의 스포츠화 초래
③ 국가형벌권의 행사가 당사자의 타협이나 거래의 대상이 될 위험이 존재 → 당사자처분권주의를 인정하는 결과 초래

2 직권주의

1. 의의
법원에게 소송의 주도적 지위를 인정

2. 장단점
(1) 장점
① 실체진실 발견에 효과적 → 심리의 능률과 신속의 도모
② 형사절차의 공정성 담보 → 법원은 피고인에 대한 후견적 임무를 담당
③ 형사사법의 스포츠화 방지

(2) 단점
① 심리시 법원의 자의와 독단 우려
② 피고인의 소송주체로서의 지위가 형식적인 것이 되어 피고인의 방어권의 실질적 보장이 곤란

직권주의적 요소	당사자주의적 요소
① 공소장 변경요구제도(제298조②)	① 공소제기로 인한 심판범위의 확정(제254조)
② 피고인신문(제296조의2)	② 공소장 변경신청(제298조)
③ 법원의 보충적 직권신문제도(제161조의2)	③ 공소장부본의 송달(제266조)
④ 직권증거조사(직권증인신문)(제295조)	④ 제1회 공판기일의 유예(제269조)
⑤ 석명권(규칙 제141조)	⑤ 모두진술(제285조·제286조)
⑥ 증거동의의 진정성조사제도(제318조①)	⑥ 교호신문(상호신문)제도(제161조의2)
	⑦ 당사자의 신청에 의한 증거조사(제294조①)
	⑧ 시기에 늦은 증거신청의 각하(제294조②)
	⑨ 전문법칙(제310조의2)
	⑩ 증거동의(제318조)와 탄핵증거(제318조의2)
	⑪ 검사와 피고인의 출석(제275조②, 제276조)
	⑫ 검사의 의견진술(제302조)
	⑬ 변호인과 피고인의 최후진술(제303조)
	⑭ 증거개시절차(제266조의3·제11조)
	⑮ 공판준비절차(제266조의5)
	⑯ 공판준비기일 종결의 효과(제266조의13)
	⑰ 국민참여재판의 도입
	⑱ 공소장일본주의(규칙 제118조②)

관련기출지문 ||||||||||||||||||||||||||||||||||||||||||||||||||||||||||||||||||||||||||||||||||||

1. 소추기관과 재판기관이 분리되었는지 여부에 따라 규문주의와 탄핵주의로 구별된다.

2. 우리 「형사소송법」은 검사의 공소제기를 명문으로 규정함으로써 국가소추주의에 의한 탄핵주의 소송구조를 채택하고 있다.

3. 소송의 스포츠화 또는 합법적 도박이 야기될 수 있다는 점은 당사자주의에 대한 비판이고, 사건의 심리가 국가기관의 자의적 판단이나 독단으로 흐를 수 있다는 점은 직권주의에 대한 비판이다.

4. 규문주의적 형사절차에서는 재판기관이 수사기관, 소추기관, 재판기관으로서의 역할을 모두 하므로, 소추기관이나 피고인이 없이 오직 법관과 그 조사·심리의 객체가 있을 뿐이다. 따라서 규문주의 구조하에서는 피고인은 소송의 주체로서의 지위를 가질 수 없다. ✱ 규문주의 구조하에서는 소추기관이 없으므로 피고인은 재판기관과 대등한 소송의 주체로서의 지위를 갖게 된다. ✕

5. 증인에 대한 교호신문절차, 증거동의제도, 공소장일본주의는 당사자주의적 요소이다. ✱ 공소장일본주의는 직권주의적 요소이다. ✕

6. 피고인신문제도, 법원의 공소장변경 요구의무는 직권주의적 요소이다. ✱ 법원의 공소장변경요구제도는 당사자주의적 요소이다. ✕

Part

02

소송주체와 소송행위

제1장 소송의 주체와 당사자
제2장 소송조건·소송행위

CHAPTER
01 소송의 주체와 당사자

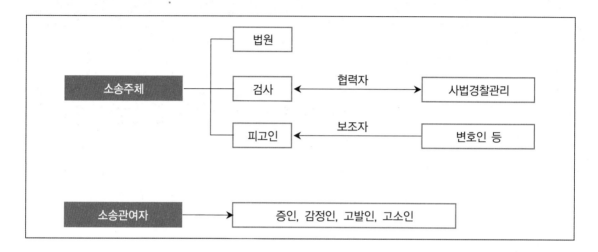

제2절   당사자 능력과 소송능력

1 당사자 능력

소송법상 당사자가 될 수 있는 일반적 능력
- 자연인 ○
  - vs. 태아×, 사망자×(단, 재심절차에서 당사자 능력 있음)
- 법인 ○

당사자 능력 소멸

(1) 공소제기 후 피고인 사망 → 사망시 공소기각 결정(§328① 2)

(2) 공소제기 후 법인 합병 → 공소기각 결정(§328① 2)

(3) 공소제기 후 법인 해산 → <u>공판계속 중 법인의 청산결료 등기 경료하더라도 형사재판 확정시까지 당사자능력 ○</u>

2 소송능력

1. 의의

(1) 의사능력을 기초로 한 소송행위능력(민법상 행위능력 ×)

(2) 당사자 지위로 방어권과 참여권 등 유효하게 소송행위를 할 수 있는 능력이 있어야 함.

(3) 미성년자도 의사능력이 있으면 소송능력이 있음(즉, 미성년자라도 단독으로 고소/상소 가능).

2. 소송능력 흠결의 효과

피고인에게 소송능력이 없는 경우(심신상실, 질병) → 공판절차 정지(§306①)

공판절차 정지의 예외

(1) 무죄·면소·형의 면제·공소기각 등의 재판이 확실시 → 피고인의 출석 없이 재판(§306④)

(2) 의사무능력자의 대리 : 형법상 책임에 관한 규정을 적용받지 않은 범죄사건 → 법정대리인이 소송행위 대리

(3) 피의자 또는 피고인이 법인인 경우 → 대표자가 소송행위 대리(대표자가 수인인 경우 → 각자가 대표)

(4) 소송행위의 특별대리인
  ① 의사무능력자 또는 법인인 피고인을 대리 또는 대표할 자가 없는 경우
     → 법원은 직권 또는 검사의 청구에 의하여 특별대리인 선임
  ② 의사무능력자 또는 법인인 피의자를 대리 또는 대표할 자가 없는 경우
     → 법원은 검사 또는 이해관계인의 청구에 의하여 특별대리인 선임

제3절 피고인

1 의의

1. 피고인

검사에 의해 공소제기된 자 → 공소제기가 유효한가, 진범인가, 당사자 능력이나 소송능력을 가지고 있는가의 여부는 문제되지 않음.

2. 공동피고인

(1) 의의
① 동일한 소송절차에서 공동으로 심판받는 수인의 피고인을 말함.
② 반드시 공범자일 것을 요하지 않음.
③ 1개의 공소장에 일괄 기소되어야 하는 것은 아님.
④ 각 피고인의 사건이 관련사건일 것을 요하지 않음.

(2) 소송관계
① 공동피고인은 심리의 병합으로 인하여 수개의 사건이 동일 법원에 계속되어 있는 것에 불과하다. 피고인마다 소송관계는 개별적으로 존재하며, 그 중 1인에 대하여 발생한 사유는 다른 피고인에게 영향을 미치지 않는다.
② 피고인에 대한 다른 피고인을 상(相)피고인이라고 한다.
  갑: 특수절도, 장물
  을: 특수절도
    ┌ 갑의 특수절도에 대하여 → 공범인 공동피고인으로서 진술거부권 有
    └ 갑의 장물에 대하여 → 공범 아닌 공동피고인으로서 증언거부권 有

3. 피고인의 특정

검사의 의사를 중심으로, 공소장의 표시와 누가 피고인으로 행위하였는지 등을 종합 고려하여 판단 (실질적 표시설)

2 성명모용소송

甲(모용자) 乙(피모용자)의 성명을 모용하여 乙의 이름으로 공소가 제기된 경우
┌ 피고인의 특정 - 甲(모용자)가 피고인이 됨(실질적 표시설).
└ 공소제기의 효력이 미치는 자 - 갑(모용자)

1. 인정신문시 밝혀진 경우

(1) 검사의 조치
① 공소장 표시정정 → 피고인의 표시를 피모용자(乙)에서 모용자(甲)으로 정정
② 공소장 변경이 아니므로 법원의 허가 ×

(2) **법원의 조치**

　　검사가 표시정정을 하지 않은 경우 : 실질적 피고인 甲에게 공소제기의 방식이 제254조의 규정에 위반하여 무효이므로 공소기각판결

2. 약식명령이 피모용자 乙에게 송달됨으로서 피모용자 乙이 정식재판을 청구한 경우

　　사례 음주운전을 한 甲이 乙의 운전면허증을 제시하여 검사가 乙의 이름으로 약식명령을 청구하고 乙에게 약식명령이 발령되자 乙이 정식재판을 청구한 경우

(1) **피모용자 乙에 대한 조치**

　　실질적 피고인 X, 공소제기의 효력 X → 제327조 2호 유추하여 공소기각판결

(2) **모용자 甲에 대한 조치**

　　법원은 약식명령의 피고인 표시를 정정한 후 약식명령을 모용자에게 송달하여 약식절차 마무리

3. 만약 乙의 이름으로 재판이 확정된 경우

(1) **확정판결의 효력** : 모용자(갑)에게만 미침.

(2) **피모용자(乙)의 구제방법** : 재심설, 비상상고설, 전과말소설(실무)

3 위장출석

공소장에는 甲이 피고인으로 기재되어 있음에도 불구하고 乙이 공판정에 출석하여 자기가 甲이라고 진술
┌ 피고인의 특정 - 甲은 실질적 피고인, 乙은 형식적 피고인
└ 공소제기의 효력이 미치는 자 - 실질적 피고인 甲

1. 인정신문시 밝혀진 경우

　　사실상 소송계속이 발생하지 않음. 乙을 퇴정, 甲을 소환하여 절차진행(甲에 대한 별도의 공소제기 불요)

2. 심리중 위장출석이 밝혀진 경우

(1) 乙(형식적 피고인)에게도 소송계속을 인정 → 공소기각판결(§327 2 유추적용)

(2) 甲(실질적 피고인)은 이미 공소장이 제출된바, 별도의 공소제기 필요 없이 소환하여 절차 진행

3. 乙(형식적 피고인)에게 판결이 선고된 경우

(1) 乙은 항소 또는 상고이유가 되어 원심을 파기하고 공소기각판결(§327 2 유추적용)

(2) 甲은 소환, 1심부터 재진행

4. 乙(형식적 피고인)에게 판결이 확정된 경우

(1) 乙의 구제방법에 대해서 재심설, 비상상고설 대립

(2) 甲은 소환, 1심부터 재진행

4 무죄추정의 원칙

근거 : 헌법(§27④), 형사소송법(§275조의2) → 형사소송법상만의 원칙이다 X

(법문에는 피고인만)

▶ (선고 X)

형사절차에서 피고인 또는 <u>피의자</u>는 <u>유죄판결</u>이 확정될 때까지는 무죄로 추정되는 원칙

- 선고판결, 형면제판결, 선고유예판결 → 무죄추정원칙 적용 X
- 면소판결, 공소기각판결, 관할위반판결 → 무죄추정원칙 적용 O

[내용]
(1) 인신구속의 제한 : 불구속 수사·재판의 원칙, 불필요한 고통의 금지
(2) 의심스러운 때에는 피고인의 이익으로 : 확신요구, 검사의 거증책임
(3) 불이익처우의 금지 : 예단배제원칙, 피고인·피의자의 진술거부권, 부당한 대우의 금지

판례 무죄추정원칙에 반하는 경우

1. 구 사립학교법이 형사사건으로 기소된 교원에 대하여 필요적으로 직위해제처분을 하도록 규정한 것은 무죄추정의 원칙 등에 반하여 위헌이다(96헌가12).
2. 불구속상태에 있는 지방자치단체의 장이 금고 이상의 형을 선고받고 그 형이 확정되지 아니한 경우 부단체장이 그 권한을 대행하도록 규정한 지방자치법 제111조 제1항 제3호는 무죄추정의 원칙과 과잉금지 원칙에 위배된다(2010헌마418).
3. 법인이 도주하여 그 물품을 압수한 날로부터 4월을 경과한 때에는 당해 물품을 별도의 재판이나 처분없이 국고에 귀속한다는 구 관세법 제215조 중 제181조 부분은 무죄추정원칙에 위반한다.

판례 무죄추정원칙에 반하지 않는 경우

1. 공소장의 공소사실 첫머리에 피고인이 전에 받은 소년부송치 처분을 기재한 경우 무죄추정의 원칙에 반하지 않는다(90도1813).
2. 파기환송을 받은 법원이 피고인 구속을 계속할 사유가 있어 결정으로 구속기간을 갱신하여 피고인을 계속 구속하는 것은 무죄추정의 원칙에 반하지 않는다(2001도5225).
3. 형사재판절차에서 유죄의 확정판결을 받기 전에 처분청이 징계혐의사실을 인정하는 것은 무죄추정의 원칙에 위배되지 아니한다(85누407).
4. 교도소에 수용된 때 국민건강보험급여를 정지하도록 한 국민건강보험법 제49조 제4호는 수용자의 건강권, 인간의 존엄성, 행복추구권, 인간다운 생활을 할 권리를 침해하지 않는다(2003헌마31).
5. 수용자가 구치소 및 교도소에 수용되는 과정에서 알몸 상태로 가운만 입고 전자영상장비에 의한 신체검사기에 올라가 다리를 벌리고 용변을 보는 자세로 쪼그려 앉아 항문 부위에 대한 검사를 받은 경우 인격권 내지 신체의 자유 등을 침해하지 않아 헌법에 위반되지 않는다(2010헌마775).
6. 금치처분을 받은 수형자에 대하여 금치기간 중 접견, 서신수발을 금지하고 있는 행형법시행령 제145조 제2항 중 접견, 서신수발 부분이 수형자의 통신의 자유 등을 침해하지 않아 헌법에 위반되지 않는다(2002헌마478).

7. 형사사건으로 기소된 국가공무원을 직위해제할 수 있도록 규정한 구 국가공무원법 규정은 직위해제처분을 받은 공무원에 대한 범죄사실 인정이나 유죄판결을 전제로 하여 불이익을 과하는 것이 아니므로 무죄추정의 원칙에 위배된다고 볼 수 없다.

8. 진술을 요할 자가 외국거주로 인하여 진술할 수 없는 경우에 예외적으로 전문증거의 증거능력을 인정하는 형사소송법 제314조 중 '외국거주'에 관한 부분은 무죄추정원칙에 위반하지 아니한다.

5 진술거부권

헌법 12조 2항 모든 국민은 형사상 자기에게 불리한 진술거부권
형소법 244조의3 수사기관은 피의자에게 ⎤
형소법 283조의2 재판장은　　피고인에게 ⎦ → 유 · 불리 불문 일체의 진술거부권 사전고지

1. 모든 국민

피의자, 피고인, 의사무능력자의 대리인, 법원의 대표자, 외국인

2. 범위

(1) '진술'에 한함. ⇨ 사진촬영, 지문채취, 족형채취, 신체검사, 음주측정 등 → 진술거부권 X

(2) 유 / 불리 불문

(3) 자기의 형사책임 → 민사책임 ×
　　　　　　└→ 행정절차나 국회에서의 조사 절차에서도 보장

(4) 인정신문 → 진술거부권 행사 ○

3. 진술거부권 고지

(1) **진술거부권 고지받을 권리**: 헌법 §12② 바로 도출 × → 입법적 뒷받침이 필요(판례)

(2) **방법**

① 피의자 - 진술을 듣기 전(vs. 수사준칙 - 체포 · 구속 집행시 고지)

② 피고인 - 인정신문 이전

③ 사전에 고지 - 명시적으로 고지 ○ / 부동문자 열람만 ×
　　　└→ 사전고지 × ⇨ 설령 임의성이 인정되어도 위법수집증거 → 증거능력 ×
　　　　　vs. 피의자 지위에 있지 아니한 자(참고인) → 고지받지 못함. → 증거능력 ○

4. 진술거부권 포기

(1) 진술거부권은 포기가 불가능

(2) 피고인의 증인적격 ×

(3) **교통사고**: 사고 운전자의 신고의무

① 형사책임 관련 신고의무 → 위헌

② 질서회복, 교통질서 관련 신고의무 → 합헌

5. 진술거부권 행사의 효과

(1) 진술거부권을 침해하여 강요에 의하여 받은 자백은 증거능력이 부정

(2) **불이익추정의 금지**

    ┌ 피고인에게 불리한 심증형성 금지(자유심증주의 적용 ×)

    └ 양형의 고려 여부 ┬ 참작 × (원칙)

                           └ 진실발견을 적극적으로 숨기거나 법원을 오도 → 참작 ○

관련기출지문

1. 진술거부권은 피고인 또는 피의자의 인권을 보장하고 무기평등의 원칙을 실질적으로 실현하기 위해 인정된 것이다.

2. 대한민국 헌법 제12조 제2항이 보장하는 진술거부권에서 '진술'이라 함은 생각이나 지식, 경험사실을 정신작용의 일환인 언어를 통하여 표출하는 것을 의미한다.

3. 진술인 이상 구두에 의한 진술뿐만 아니라 서면에 기재된 진술도 포함되므로, 피의자는 수사기관이 요구하는 자술서의 제출을 거부할 수 있다.

4. 진술거부권에는 형사책임에 관한 한 범죄사실 뿐만 아니라 범죄사실 발견의 단서가 되는 사실도 포함한다.

5. 호흡측정기에 의한 주취여부의 측정 요구에 불응하는 행위를 처벌하는 것은 헌법상 진술거부권의 침해에 해당하지 않는다.

6. 주취운전의 혐의자에게 호흡측정기에 의한 주취여부의 측정에 응할 것을 요구하고, 이에 불응할 경우 처벌한다고 하여도 이는 형사상 불리한 진술을 강요하는 것에 해당한다고 할 수 없으므로 헌법 제12조 제2항의 진술거부권 조항에 위배되지 아니한다. ✗ 이는 형사상 불리한 진술을 강요하는 것에 해당한다고 할 수 있으므로 헌법 제12조 제2항의 진술거부권조항에 위배된다. ×

7. 재판장은 인정신문을 하기 전에 피고인에게 진술거부권을 고지하여야 하고, 공판기일마다 고지할 필요는 없으나 공판절차를 갱신하는 경우에는 다시 고지하여야 한다.

8. 형사소송법이 보장하는 피의자의 진술거부권은 헌법이 보장하는 형사상 자기에 불리한 진술을 강요당하지 않는 자기부죄거부의 권리에 터잡은 것이므로 수사기관이 피의자를 신문함에 있어서 피의자에게 미리 진술거부권을 고지하지 않은 때에는 그 피의자의 진술은 위법하게 수집된 증거로서 진술의 임의성이 인정되는 경우라도 증거능력이 부인되어야 한다.

9. 구속영장 발부에 의하여 적법하게 구금된 피의자가 피의자신문을 위한 출석요구에 응하지 아니하면서 수사기관 조사실에 출석을 거부할 경우, 수사기관이 구속영장의 효력에 의하여 피의자를 조사실로 구인할 수 있고, 이때 피의자를 신문하기 전에 진술거부권을 고지하여야 한다.

10. 수사기관에 의한 진술거부권 고지의 대상이 되는 피의자의 지위는 수사기관이 범죄인지서를 작성하는 등의 형식적인 사건수리 절차를 거치기 전이라도 조사대상자에 대하여 범죄의 혐의가 있다고 보아 실질적으로 수사를 개시하는 행위를 한 때에 인정된다.

11. 조사대상자의 진술 내용이 자신과 제3자에게 공동으로 관련된 범죄에 관한 것이거나 제3자의 피의사실뿐만 아니라 자신의 피의사실에 관한 것이기도 하여 실질이 피의자신문조서의 성격을 가지는 경우에 수사기관은 진술을 듣기 전에 미리 진술거부권을 고지하여야 한다.

12. 수사기관에 의한 진술거부권 고지 대상이 되는 피의자 지위는 수사기관이 조사대상자에 대한 범죄혐의를 인정하여 수사를 개시하는 행위를 한 때 인정되는 것으로 보아야 한다(수사를 개시하는 행위를 하기 이전에도 인정된다. ×). 따라서 이러한 피의자 지위에 있지 아니한 자에 대하여는 진술거부권이 고지되지 아니하였더라도 진술의 증거능력을 부정할 것은 아니다.

13. 헌법 제12조 제2항은 모든 국민에게 진술거부권을 보장하고 있으므로 진술거부권의 주체에는 제한이 없다. 따라서 피의자·피고인은 물론이고 의사무능력자의 대리인, 법인의 대표자도 진술거부권을 가지며 외국인에게도 인정된다.
    ✘ 진술거부권은 형사절차의 피고인 또는 피의자에게 인정되는 권리이므로 피내사자나 참고인에게는 인정되지 않는다. ✕

14. 진술거부권이 보장되는 절차에서 진술거부권을 고지받을 권리가 헌법 제12조 제2항에 의하여 바로 도출된다고 할 수는 없고, 이를 인정하기 위해서는 입법적 뒷받침이 필요하다. ✘ 진술거부권이 보장되는 절차에서 진술거부권을 고지받을 권리는 헌법 제12조 제2항에 의하여 바로 도출되는 것으로 별도의 입법적 뒷받침이 필요한 것은 아니다. ✕

15. 헌법상 보장된 진술거부권에 비추어 볼 때, 교통사고를 낸 차의 운전자 등의 신고의무는 사고의 규모나 당시의 구체적인 상황에 따라 피해자의 구호 및 교통질서의 회복을 위하여 당사자의 개인적인 조치를 넘어 경찰관의 조직적 조치가 필요하다고 인정되는 경우에만 있는 것이다.

16. 헌법 제12조 제2항은 형사상 자기에게 불리한 진술을 강요당하지 아니한다고 규정하고 있으나, 피고인 또는 피의자는 자기에게 유리한 내용이더라도 그 진술을 거부할 수 있다.

제4절 ▶ 검사

■1 검사동일체 원칙

검찰총장을 정점으로 한 피라미드 계층구조 ┌ 획일적·공정한 형사사법
                                        └ 통일적·전국적 수사망 확립

담보장치
① 상급자의 지휘·감독권
② 직무승계·직무이전의 권한
    ┌ 직무승계 : 검사장이 하급자의 권한을 가져가는 것
    └ 직무이전 : 검사장이 하급자의 권한을 다른 검사에게 넘기는 것

효과
① 검사 교체되어도 수사 / 공판 갱신 X
② 검사의 제척·기피 인정 X → 범죄피해자인 검사가 관여한 수사의 효과
    ┌ 수사 / 압수수색이라도 위법 X
    └ 피의자·참고인 진술 — 임의성 인정

❷ 준사법기관 · 공익적 지위

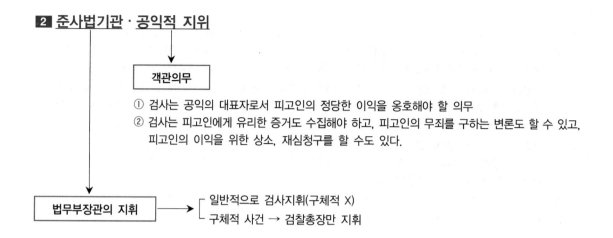

객관의무

① 검사는 공익의 대표자로서 피고인의 정당한 이익을 옹호해야 할 의무
② 검사는 피고인에게 유리한 증거도 수집해야 하고, 피고인의 무죄를 구하는 변론도 할 수 있고, 피고인의 이익을 위한 상소, 재심청구를 할 수도 있다.

법무부장관의 지휘 → ┌ 일반적으로 검사지휘(구체적 X)
└ 구체적 사건 → 검찰총장만 지휘

제5절 소송법상 법원

1 의의

소송법상 의미의 법원 → 수소법원(공소제기 ~ 재판확정 전에 존재)
= 공소를 받은 법원
= 피고사건의 소송이 계속된 법원
= 현재 사건 담당하는 법원

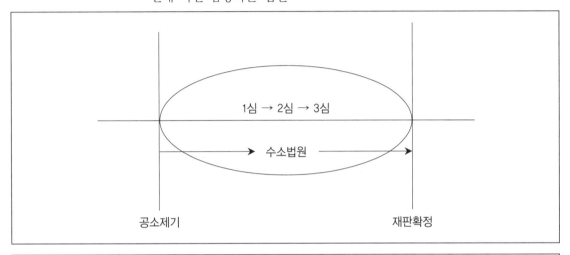

법원 → 단독판사 vs. 합의부

1심 ┌ 단독판사(원칙)
    └ 예외 → 합의부

2심 합의부(3명)

3심   합의부(4명)
        대법원   1부   2부   3부   +   2명
        소부   4   4   4   ① 법원행정처장
                                 ② 중앙선관위원장

        14명, 과반수 … 전원합의제
                   소부 → 해결 X
                   판례변경, 기타중요사건

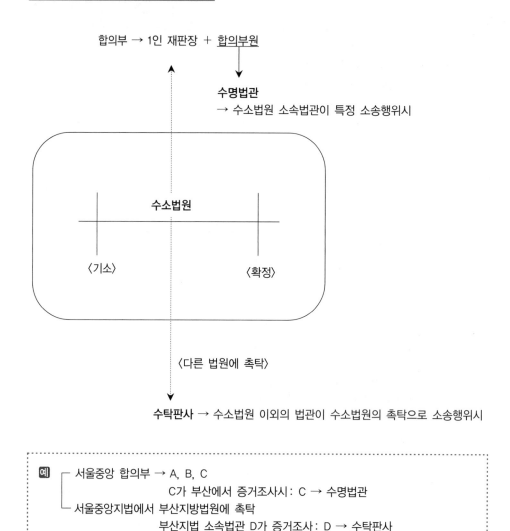

법원, 재판장, 수명법관, 수탁판사

합의부 → 1인 재판장 + <u>합의부원</u>

수명법관
→ 수소법원 소속법관이 특정 소송행위시

수소법원

〈기소〉 　　　　　　　〈확정〉

〈다른 법원에 촉탁〉

수탁판사 → 수소법원 이외의 법관이 수소법원의 촉탁으로 소송행위시

예 ┌ 서울중앙 합의부 → A, B, C
　　　　　　 C가 부산에서 증거조사시 : C → 수명법관
　　 └ 서울중앙지법에서 부산지방법원에 촉탁
　　　　　　 부산지법 소속법관 D가 증거조사 : D → 수탁판사

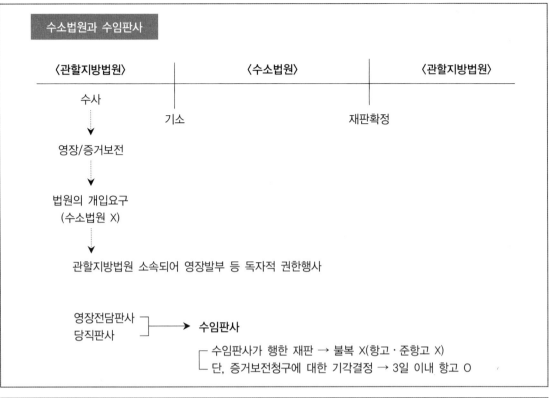

수소법원과 수임판사

〈관할지방법원〉　　　〈수소법원〉　　　〈관할지방법원〉

수사
기소　　　　　재판확정

영장/증거보전

법원의 개입요구
(수소법원 X)

관할지방법원 소속되어 영장발부 등 독자적 권한행사

영장전담판사 ┐
당직판사　　 ┘ ⟶ **수임판사**

┌ 수임판사가 행한 재판 → 불복 X(항고 · 준항고 X)
└ 단, 증거보전청구에 대한 기각결정 → 3일 이내 항고 O

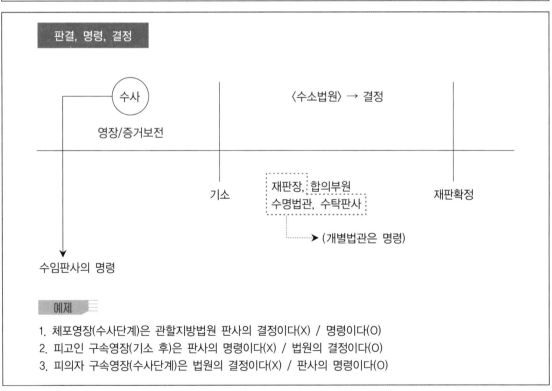

판결, 명령, 결정

수사
〈수소법원〉 → 결정

영장/증거보전

기소　　재판장, 합의부원
수명법관, 수탁판사　　재판확정

┄┄▶ (개별법관은 명령)

수임판사의 명령

예제

1. 체포영장(수사단계)은 관할지방법원 판사의 결정이다(X) / 명령이다(O)
2. 피고인 구속영장(기소 후)은 판사의 명령이다(X) / 법원의 결정이다(O)
3. 피의자 구속영장(수사단계)은 법원의 결정이다(X) / 판사의 명령이다(O)

2 법원의 관할

1. 의의

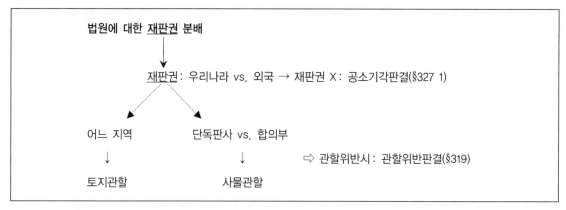

법원에 대한 재판권 분배

↓

재판권 : 우리나라 vs. 외국 → 재판권 X : 공소기각판결(§327 1)

어느 지역   단독판사 vs. 합의부

↓   ↓   ⇨ 관할위반시 : 관할위반판결(§319)

토지관할   사물관할

관련기출지문 ‖‖

1. 법원은 직권으로 관할을 조사하여야 한다.

2. 소송행위는 관할위반인 경우에도 그 효력에 영향이 없다.

3. 토지관할에 관하여 법원은 피고인의 신청이 없으면 관할위반판결을 선고할 수 없다. ✄ 법원은 직권으로 관할을 조사하여야 하므로 법원은 피고인의 신청이 없더라도 토지관할이 없다는 것이 밝혀진 경우 관할위반 판결을 선고하여야 한다. ×

2. 종류

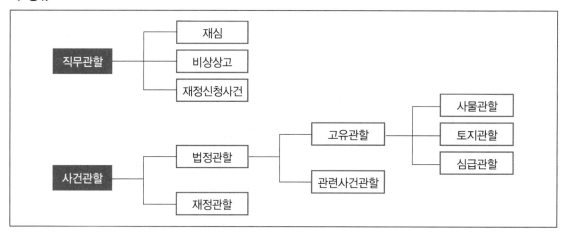

직무관할 ─┬─ 재심
        ├─ 비상상고
        └─ 재정신청사건

사건관할 ─┬─ 법정관할 ─┬─ 고유관할 ─┬─ 사물관할
            │   │   ├─ 토지관할
            │   │   └─ 심급관할
            │   └─ 관련사건관할
            └─ 재정관할

3. 법정권할

(1) 고유의 법정관할

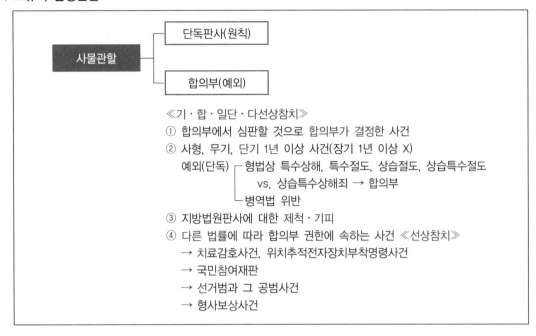

사물관할 ─┬─ 단독판사(원칙)
　　　　　　 └─ 합의부(예외)

≪기 · 합 · 일단 · 다선상참치≫
① 합의부에서 심판할 것으로 합의부가 결정한 사건
② 사형, 무기, 단기 1년 이상 사건(장기 1년 이상 X)
　　예외(단독) ─┬─ 형법상 특수상해, 특수절도, 상습절도, 상습특수절도
　　　　　　　　　 │　　 vs. 상습특수상해죄 → 합의부
　　　　　　　　　 └─ 병역법 위반
③ 지방법원판사에 대한 제척 · 기피
④ 다른 법률에 따라 합의부 권한에 속하는 사건 ≪선상참치≫
　　→ 치료감호사건, 위치추적전자장치부착명령사건
　　→ 국민참여재판
　　→ 선거범과 그 공범사건
　　→ 형사보상사건

판례

1. 지방법원 합의부가 합의부에서 심판할 것을 결정한 경우 지방법원 합의부가 제1심으로 심판한 것은 적법하다.
2. 상습특수절도를 목적으로 범죄단체를 조직하거나 이에 가입하는 행위는 지방법원 단독판사가 심판한다.
3. 보증금몰수사건의 사물관할은 지방법원 단독판사에게 속하는 것이고, 보석허가결정이나 취소결정을 보안관할 법원인 합의부가 한 경우에도 마찬가지이다.

토지관할

현재지, 피고인(피해자 X)의 주소 · 거소지, 범죄지, 선적지, 선착지, 기착지
　　└─▶ 적법한 강제에 의한 현재지도 해당

Q. 등록기준지가 대구이고, 서울이 주소지인 甲은 춘천에서 乙에게 독약을 먹였는데 乙은 강릉에서 사망하였다. 그 후 甲은 성남에서 긴급체포 되었다. 甲에 대한 토지관할권이 있는 곳은? 서울, 춘천, 강릉, 성남
　이유 서울은 주소지, 춘천은 실행행위지(범죄지), 강릉은 결과발생지(범죄지), 성남은 현재지로 토지관할권을 갖는다. 등록기준지는 토지관할권을 가지지 않는다.

판례

1. 제1심 형사사건에 관하여 지방법원 본원과 지방법원 지원은 소송법상 별개의 법원이자 각각 일정한 토지관할 구역을 나누어 가지는 대등한 관계에 있으므로, 지방법원 본원과 지방법원 지원 사이의 관할의 분배도 지방법원 내부의 사법행정사무로서 행해진 지방법원 본원과 지원 사이의 단순한 사무분배에 그치는 것이 아니라 소송법상 토지관할의 분배에 해당한다. 그러므로 형사소송법 제4조에 의하여 지방법원 본원에 제1심 토지관할이 인정된다고 볼 특별한 사정이 없는 한, 지방법원 지원에 제1심 토지관할이 인정된다는 사정만으로 당연히 지방법원 본원에도 제1심 토지관할이 인정된다고 볼 수는 없다(2015도1803).
2. 공소제기 당시 피고인의 현재지인 이상 범죄지 또는 주소지가 아니더라도 토지관할이 인정된다(2011도12927).
3. 형사소송법 제4조 제1항은 "토지관할은 범죄지, 피고인의 주소, 거소 또는 현재지로 한다"라고 정하고, 여기서 '현재지'라고 함은 공소제기 당시 피고인이 현재한 장소로서 임의에 의한 현재지 뿐만 아니라 적법한 강제에 의한 현재지도 이에 해당한다(2011도12927).

심급관할

1심 → 2심 → 3심

지방법원 단독판사 → 지방법원 합의부 → 대법원

지방법원 합의부 → 고등법원 → 대법원

판례

항소심에서 공소장변경에 의하여 단독판사의 관할사건이 합의부 관할사건으로 된 경우에 사건의 관할법원은 고등법원이다(97도463).

---

(2) 관련사건의 관할

① 관련사건의 범위

수개의 사건 + 인적·물적 관련성

⇩

㉠ 1인이 범한 수죄: 실체적 경합범만을 의미 → 상상적 경합은 관련사건이 아님.
㉡ 수인이 공동으로 범한 죄: 공동정범, 간접정범, 교사범, 방조범, 필요적 공범, 합동범
㉢ 수인이 동시에 동일한 장소에서 범한 죄
㉣ 범인은닉죄 /증거인멸죄 /위증죄 /허위감정통역죄 /장물에 관한 죄와 그 본범의 죄

② 관련사건의 병합관할(재판 전)

㉠ 사물관할 달리하는 수개의 사건(단독 vs. 합의부) → 합의부 병합관할
㉡ 토지관할을 달리하는 수개의 사건
(사물관할이 동일 전제. 단 vs 단 / 합 vs 합) → 어느 한 법원이 병합관할

PART 02

© 고유관할 법원에 관련 사건이 계속된 이상 병합되어 심리되지 아니한 채 고유사건에 대한 심리가 먼저 종결되었다 하더라도 관련사건에 대한 관할권은 여전히 유지된다.

(3) 관련사건의 심리(재판 중)

① 사물관할 달리하는 수개의 사건이 합의부와 단독에 계속된 때
[서울중앙-사기(단) vs. 수원지법-강도(합)] → 합의부 병합심리할 수 있다.

② 토지관할을 달리하는 수개의 사건이 각각 다른 법원에 계속(사물관할이 동일 전제)
[서울중앙-사기(단)vs. 수원지법-절도(단)] → 신청, 공통 직근 상급법원이 1개 법원에 병합심리 하도록 할 수 있다.

■ **직근상급법원**

서울고법 → 서울,경기북부,인천,강원
수원고법 → 경기남부
부산고법 → 경남,부산
대구고법 → 경북,대구,울산
광주고법 → 전남북,제주,광주
대전고법 → 충남북,대전

■ **관련사건 심리(재판 중)**

토지관할 다른 때 → 공통직근상급 법원이 1개 법원에 병합 심리하도록 ≪토·상≫
(단 vs 단 / 합 vs 합)
1심 서울중앙 단독   2심 서울중앙 합의부   3심 대법원
1심 수원지법 단독   2심 수원지법 합의부   3심 대법원
                    ⇨ 대법원이 공통직권 상급법원

판례

1. 토지관할을 달리하는 수개의 관련사건이 각각 다른 법원에 계속된 때에는 공통되는 직근 상급법원은 검사 또는 피고인의 신청에 의하여 결정으로 1개 법원으로 하여금 병합심리하게 할 수 있다(2006초기335).

2. (사물관할은 같지만) 토지관할을 달리하는 수개의 제1심 법원(지원을 포함한다. 이하 같다)들에 관련 사건이 계속된 경우에 그 소속 고등법원이 같은 경우에는 그 고등법원이, 그 소속 고등법원이 다른 경우에는 대법원이 위 제1심 법원들의 공통되는 직근 상급법원으로서 토지관할 병합심리 신청사건의 관할법원이 된다. ❤ 그 소속 고등법원이 같은 경우에도 대법원이 제1심 법원들의 공통되는 직근상급법원으로서 형사소송법 제6조에 의한 토지관할 병합심리신청사건의 관할법원이 된다. ✕

3. 관련사건이 지방법원 항소부와 고등법원에 각각 계속된 때에는 공통되는 직근상급법원은 검사 또는 피고인의 신청에 의하여 결정으로 1개 법원으로 하여금 병합심리하게 할 수 없다. ❤ 있다. ✕
   이유 형사소송법 제6조는 '토지관할을 달리하는 수개의 관련사건이 각각 다른 법원에 계속된 때에는 공통되는 직근 상급법원은 검사 또는 피고인의 신청에 의하여 결정으로 1개 법원으로 하여금 병합심리하게 할 수 있다'고 규정하고 있는데, 여기서 말하는 '각각 다른 법원'이란 사물관할은 같으나 토지관할을 달리 하는 동종, 동등의 법원을 말하는 것이므로 사건이 각각 계속된 마산지방법원 항소부와 부산고등법원은 심급은 같을지언정 사물관할을 같이 하지 아니하여 여기에 해당하지 아니한다.

4. 재정권할

→ 재판으로 정해지는 관할

(1) 관할의 지정

① 사유 : 관할의 불분명, 관할 위반이 확정된 사건에 다른 관할 법원이 없을 때

　ⓐ 관할의 불분명 → 관할 구역을 정한 행정구역이 불명확한 경우

　ⓑ 관할 위반이 확정된 사건에 다른 관할 법원이 없는 때 → 외국에서 외국인이 한국인을 살해한 경우 형법상 보호주의에 따라 우리나라의 재판권이 있으므로 검사가 공소제기를 할 수 있으나, 외국인에 대하여 관할법원이 없으므로 관할 지정신청이 필요하게 된다.

② 검사 → 공통직근상급법원에 신청(공소제기 전후 불문)

　기출 피고인이 신청(X)

(2) 관할의 이전

→ 법원의 관할권을 관할권 없는 다른 법원으로 옮기는 것

　비교 이송 : 관할권 있는 다른 법원으로 이전

① 사유 : 재판의 공평을 유지하지 못하거나, 법률상 또는 특별한 사정으로 재판권 행사할 수 없을 때

　예 재판의 공평을 유지하지 못하는 경우 → 그 지역 주민의 민심이 피고인을 증오하고 있어 법원의 재판에 중대한 영향을 미칠 수 있는 상황

　예 법률상 또는 특별한 사정으로 재판권 행사할 수 없는 경우

　　→ 법률상 이유 : 법권의 제척·기피·회피로 법원을 구성할 수 없는 때

　　→ 특별한 사정 : 천재지변 등으로 장기에 걸쳐 직무를 집행할 수 없는 때

② 검사(의무)또는 피고인(권한) → 공통직근 상급법원에 신청

　ⓐ 검사의 신청 → 공소제기 전후 불문

　ⓑ 피고인 신청 → 공소제기 후에만 가능

　　기출 피고인에게 신청권이 없다(X).

　　기출 검사는 직근상급법원에 관할이전을 신청할 수 있다(X).

　　기출 검사와 피고인은 직근상급법원에 관할이전을 신청할 수 있다(X).

　　기출 검사와 피고인의 관할이전신청은 공소제기 전후를 불문하고 인정된다(X).

5. 관할의 경합

→ 동일사건에 두 개 이상의 법원이 동시에 관할권을 갖게 되는 경우

　vs. 관련사건 : "수개의 사건"이 다른 법원 계속

(1) 사물관할 다른 때(단 vs. 합) : 합의부가 관할한다.

　┌ 단독은 공소기각 결정(§328①3)(판결×)
　└ if 단독판사의 사건이 먼저 <u>확정</u>되면 합의부에서는 면소판결

⑵ **사물관할 같은 때(단 vs 단, 합 vs 합)**

    ┌ 먼저 공소 받은 법원 관할(선착수 원칙)

    │   └▶ 공통직근 상급법원에서 뒤 공소 받은 법원에서 관할 가능

    │   **예** 수원 3.1 기소.....궐석재판으로 지연

    │   서울 4.1 기소.....체포되어 신변확보 공판이 5회 이상 진행

    │   → 뒤에 공소 받은 서울지법에서 관할 가능

    │ 다른 법원은 공소기각 결정(판결×)

    └ if 뒤에 공소제기 받은 법원의 판결이 먼저 <u>확정</u>되면 먼저 공소제기 받은 법원은 면소판결

6. 사건의 이송

        └▶ 관할권 있는 법원이 관할권 있는 다른 법원에 사건 전체를 보냄.

      ┌ 필요적 이송(원칙)

   ▶ └ 예외 : 현재지로 이송할 수 있다.

⑴ **이송사유** ≪**현·지·국·군·파·병·소·변**≫

① **현재지 관할에 대한 이송(임의적 이송)** : 법원은 피고인이 관할 구역 내에 현재하지 아니하는 경우에 특별한 사정이 있으면 결정으로 사건을 피고인의 현재지를 관할하는 동급법원에 이송할 수 있다.

② **관할의 지정·이전** : 공소가 제기된 사건에 대하여 관할의 지정 또는 이전의 결정이 있는 경우 사건이 계속된 법원은 관할의 지정과 이전을 받은 법원에 대하여 이송하여야 한다.

③ **국민참여재판 관할 법원이송** : 피고인이 국민참여재판을 원하는 의사를 표시한 경우 지방법원 지원합의부가 배제결정을 하지 아니하는 경우에는 국민참여재판절차 회부결정을 하여 사건을 지방법원 본원 합의부로 이송해야 한다.

④ **군사법원 이송** : 군사법원이 재판권을 가지게 되었거나 재판권을 가졌음이 판명된 때에는 결정으로 사건을 같은 심급의 군사법원으로 이송해야 한다. 이송 전에 행한 소송행위는 이송 후에도 그 효력에 영향이 없다.

⑤ **상소심 파기 이송**

⑥ **관할의 병합에 의한 사건 이송**

    ㉠ 단독판사의 관할사건 → 합의부 관할사건 ⇨ 결정으로 합의부로 이송

    ㉡ 합의부 관할사건 → 단독판사 관할사건 ⇨ 합의부가 심판

    ㉢ 토지관할의 병합심리결정이 있는 경우 병합심리하는 법원에 이송

⑦ **소년부 송치** : 법원은 소년에 대한 피고사건을 심리한 결과 보호처분에 해당할 사유가 있다고 인정되면 소년부에 송치하여야 한다.

⑧ **공소장 변경으로 인한 이송** : 항소심에서 단독판사의 사건이 합의부 사건으로 된 경우

    → 관할법원 : 고등법원(지방법원 항소부 ×)

(2) **사건 이송의 효과**

① 소송계속의 이전

② 이송결정에 대한 불복

- 즉시항고나 보통항고 허용 ×(원칙)
- 단, 소년부송치결정 → 형사법원 심리 중 14세 미만임을 발견 → 형사사건종결

7. 관할권 부존재의 효과

(1) 법원이 <u>직권조사하여</u> 관할권 없음이 명백 → <u>관할위반판결 선고</u>

⬇   ⬇

예외 ┌ 토지관할은 피고인의 신청이 없으면 관할위반 선고할 수 없음.
　　 └ 관할위반신청은 피고사건 진술 전에 해야 함.

관할위반의 경우라도 소송행위의 효력에 영향 없음.

🔲예 A법원에 증거신청 후 관할이 B법원으로 된 경우 A법원에 증거신청한 소송행위는 영향이 없음.

(2) 관할위반의 효과 → 관할위반에도 불구하고 법원의 판결이 선고한 경우 절대적 항소이유

① **파기환송**: 관할위반의 재판이 법률에 위반 → 판결로써 사건을 원심법원에 환송

cf) 환송: 원심, 1심으로 되돌린다.

② **파기이송**: 관할인정이 법률에 위반 → 판결로써 사건을 관할법원에 이송

cf) 이송: 다른 법원에 보낸다.

사례

┌ 관할위반이 위법: 단독사건임에도 합의부사건으로 오인 단독판사가 관할위반판결 → 항소심은 파기환송
│
└ 관할인정이 위법: 합의부 사건임에도 단독판사가 관할권 인정 유죄판결 → 항소심은 파기이송 판결(1심 합의부로 이송)

3 제척 · 기피 · 회피 제도

1. 제척

(1) 17조 7가지 사유 有 → 자동배제(신청 및 결정을 요하지 않음.)

① 법관이 피해자인 때(제1호) → 직접 피해자 ○, 간접 피해자 ×

② 법관이 피고인 또는 피해자와 친족 또는 친족관계가 있었던 자인 때(제2호) → 사실혼 관계 ×

③ 법관이 피고인 또는 피해자의 법정대리인, 후견감독인인 때(제3호)

④ 법관이 사건에 관하여 증인, 감정인, 피해자의 대리인으로 된 때(제4호)

⑤ 법관이 사건에 관하여 피고인의 대리인 · 변호인 · 보조인으로 된 때(제5호)

⑥ 법관이 사건에 관하여 검사 또는 사법경찰관의 직무를 행한 때(제6호)

⑦ 법관이 사건에 관하여 전심재판 또는 그 기초되는 조사 · 심리에 관여한 때(제7호)

(2) 전심재판 또는 그 기초가 되는 조사·심리에 관여

```
┌ 전심재판 ┬ 제2심에 대한 1심, 제3심에 대한 1심 또는 2심
│          │      예 1심 갑 법관이 2심이나 3심에 관여 → 제척
│          └ 종국재판에 한정 → 종국 전 재판인 보석결정·구속취소결정에만 관여는 해당 없음.
│
├ 전심재판에 기초가 되는 조사·심리 → 전심재판의 내용형성에 영향을 미친 경우
│                                   예 증인조사 법관, 증인신문절차에 관여한 법관
│
└ 관여 ┬ 전심재판의 내부적 성립에 관여를 의미
        └ 외부적 성립인 선고에만 관여한 경우에는 포함되지 않음.
```

판례 ☰ 제척 인정된 경우

1. 약식관여 → 항소심 관여(2011도17)
2. 즉심관여 → 항소심 관여
3. 1심 수명법관으로 증거조사한 법관이 항소심 관여(99도3534)
4. 1심 수탁판사로 증거조사한 법관이 항소심 관여

판례 ☰ 제척 부정된 경우

1. 공소제기 전에 검사의 청구에 의하여 증거보전절차상의 증인신문을 한 법관이 1심에 관여(71도974)
2. 재정신청사건에서 신청을 기각한 법관들이 공소제기 된 나머지 부분에 대한 사건에 관여한 경우(2013도10316)
3. 파기환송 전의 원심에 관여했던 법관이 파기환송 후의 재판에 관여한 경우(67도1112)
4. 재심청구의 대상인 확정판결에 관여했던 법관이 재심을 담당한 경우(82모11)
5. 약식명령을 한 판사가 그 정식재판의 1심에 관여한 경우(2002도944)
6. 선거관리위원장으로서 공직선거및선거부정방지법 위반 혐의사실에 대하여 수사기관에 수사의뢰를 한 법관(99도155)

2. 기피

(1) **의의**: 제척사유 + 불공평한 재판을 할 염려가 있는 경우 당사자의 신청에 의한 법원의 결정으로 법관을 직무집행에서 배제

(2) **기피신청**

① **신청권자**: 검사 또는 피고인, 변호인 → 피고인의 명시한 의사에 반할 수 없음.

② **대상** ┬ 합의부 법관 → 그 법관 소속법원에 신청(합의부 자체에 대한 기피신청 ×)
　　　　　└ 수명법관·수탁판사·수임판사 → 당해 법관에게 신청
　　　　　　　예 서울 중앙합의부 법관 갑, 을, 병
　　　　　　　　┬ 갑의 소송행위 × → 합의부원이므로 소속법원에 신청
　　　　　　　　└ 갑의 소송행위 ○ → 수명법관이므로 당해법관에게 신청

③ **신청방식**: 서면 또는 구두, 기피사유는 3일 이내에 서면으로 소명, 판결선고 전까지

(3) 기피신청의 재판

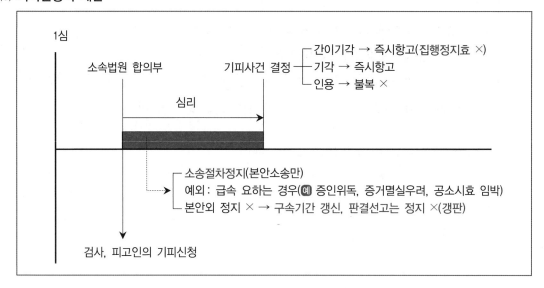

① 기피신청이 적법한 경우
  ㉠ 소송진행의 정지(본안소송만)
    ┌ if 기피신청을 받은 법관이 소송진행을 정지하지 않고 한 소송행위는 무효
    └ 간이기각결정의 경우와 급속을 요하는 경우(예 증인위독, 증거멸실우려, 공소시효 임박)
      → 정지 ×
  ㉡ 본안절차 정지 → 구속기간 갱신, 판결선고는 정지 ×(갱판)

    ▶ 판례

    1. 기피신청을 받은 법관이 본안의 소송절차를 정지해야 함에도 그대로 소송을 진행해서 이루어진 소
       송행위는 무효이고, 그 후 기피신청에 대한 기각결정이 확정되었더라도 마찬가지이다. 따라서 소송
       진행 정지에 대한 예외 사유가 없음에도 불구하고 소송진행을 정지하지 않고 증거조사를 한 경우
       그 증거조사는 무효이다(2012도8544). ✗ 기피신청에 대한 기각결정이 확정되었다면 유효하다. ×
    2. 구속기간 만료가 임박한 경우에 기피신청이 있더라도 소송진행을 정지할 필요가 없다(94도142).

② 기피신청이 부적법한 경우
  ㉠ 간이기각결정 ┌ 소송지연 명백, 기피신청 부적법 → 결정으로 기각
                └ 집행정지효 ×
  ㉡ 즉시항고 ┌ 간이기각결정에 대해 즉시항고 가능
            └ 즉시항고가 있어도 소송절차는 정지되지 않음(집행정지효 ×).

> **판례**
>
> 1. 소송지연만을 목적으로 한 기피신청은 그 신청 자체가 부적법한 것이므로 그러한 신청에 대하여는 기피당한 법관에 의하여 구성된 재판부가 스스로 이를 각하할 수 있다(87모20).
> 2. 판결 선고절차가 시작되어 재판장이 이유의 요지 상당 부분을 설명하는 중 그 공판에 참여한 법원사무관에 대한 기피신청과 동시에 선고절차의 정지를 요구하는 것은 선고절차의 중단 등 소송의 지연만을 목적으로 한 것으로 부적법하다(85모19).
> 3. 변호인의 신청으로 6회에 걸쳐 공판기일이 변경되거나 연기되었고, 여러 명의 증인신문과 수회의 공판기일이 진행된 상황에서 법원이 공소장변경을 불허하고, 변호인의 증거신청을 기각하자 변호인이 기피신청을 하였다면 이는 소송지연의 목적으로 한 것으로 볼 수 있다(2001모2).

    ③ 기피신청에 대한 재판
        ㉠ 관할: 기피당한 법관의 소속법원 합의부
        ㉡ 재판 ┬ 간이기각결정 → 즉시항고 ○(집행정지효 ×)
              ├ 기각결정 → 즉시항고 ○
              └ 인용 → 불복 ×

3. 회피

법관 스스로 기피원인이 있다고 판단하는 때에 자발적으로 직무집행에서 탈퇴하는 제도

4. 법원사무관 등에 대한 제척 · 기피 · 회피

(1) 법관의 제척 · 기피 · 회피에 관한 규정은 원칙적으로 법원사무관 등과 통역인에게 준용
(2) 법원사무관등과 통역인에 대한 기피신청재판은 그 소속법원의 결정으로 한다.

> **판례**
>
> 1. 통역인이 사건에 대하여 증인으로 증언한 때에는 직무집행에서 제척되고, 제척사유가 있는 통역인이 통역한 증인의 증인신문조서는 유죄인정의 증거로 사용할 수 없다.
> 2. 통역인이 피해자의 사실혼 배우자라면 통역인에게 제척사유가 안 된다(2010도13583).

제6절 변호인

1 사선 변호인

1. 의의
피의자·피고인 등 사인이 선임하는 변호인

2. 선임권자
(1) 피의자·피고인은 변호인은 선임할 수 있음.

(2) 법정대리인·배우자·직계친족·형제자매는 독립하여 변호인을 선임할 수 있음.
→ 가족×, 동거인×, 고용주×   → 본인의 의사에 반하여 선임 가능

(3) 법인 → 법인의 대표가 변호인을 선임할 수 있음.

> **판례**
>
> 1. 형사소송에 있어서 변호인을 선임할 수 있는 자는 피고인 및 피의자와 형사소송법 제30조 제2항에 규정된 자에 한정되는 것이고, 피고인 및 피의자로부터 그 선임권을 위임받은 자가 피고인이나 피의자를 대리하여 변호인을 선임할 수는 없는 것이다. ✗ 피고인 및 피의자로부터 그 선임권을 위임받은 자도 피고인이나 피의자를 대리하여 변호인을 선임할 수 있다. ×
> 2. 피고인이 법인인 경우에는 대표자가 제3자에게 변호인 선임을 위임하여 제3자로 하여금 변호인을 선임하도록 할 수는 없다(94모25).

3. 변호인의 자격
변호인은 변호사 중에서 선임. 다만, 대법원 이외의 법원은 특별한 사정이 있으면 변호사 아닌 자를 변호인으로 선임함을 허가할 수 있음(특별변호인).

4. 변호인의 수
(1) 제한이 없다.
기출 3인을 초과할 수 없다(×).

(2) 재판장은 직권 또는 신청에 의하여 3인 이하의 대표변호인을 지정할 수 있고 그 지정을 철회·변경할 수 있음. 피의자의 경우 검사가 지정·철회·변경 가능
기출 2인(×)

(3) 대표변호인에 대한 통지 또는 서류의 송달은 변호인 전원에 대하여 효력이 있음.
기출 공판정에서 피고인 신문이나 변론은 대표변호인만 할 수 있다(×).

5. 선임신고서 제출

심급마다 변호인과 연명·날인한 변호인선임신고서를 공소제기 전에는 수사기관에, 공소제기 후에는 수소법원에 제출하여야 한다.

판례

1. 변호인선임신고서는 특별한 사정이 없는 한 원본을 의미한다 할 것이므로 사본은 적법한 변호인선임신고서가 아니라고 할 것이다.
2. 변호인선임신고서를 제출하지 아니한 변호인이 변호인 명의로 정식재판청구서만 제출하고 정식재판청구기간 경과 후에 비로소 변호인선임신고서를 제출한 경우, 변호인 명의로 제출한 위 정식재판청구서는 적법·유효한 정식재판청구로서의 효력이 없다(2003모429).

6. 선임의 효과

(1) 심급과의 관계

① 원칙 : 변호인 선임은 당해 심급에 대해서만 효력이 있으므로 심급마다 선임

② 예외

ㄱ 공소제기 전의 변호인선임은 제1심에도 그 효력이 있음.

ㄴ 제1심 법원에서의 변호인선임은 항소심의 파기환송·파기이송이 있은 후에도 그 효력이 있음.

(2) 사건과의 관계

① 원칙 : 선임의 효력은 공소사실의 동일성이 인정되는 사건 전부 그리고 그 소송절차 전부에 미침.

② 예외

ㄱ 사건의 일부에 대한 변호인의 선임 → 일부분이 다른 부분과 가분적이며, 그 부분만에 대한 선임이 합리적이라 인정되는 경우에만 허용

ㄴ 하나의 사건에 관하여 한 변호인선임은 동일법원의 동일피고인에 대하여 병합된 다른 사건에 관하여도 그 효력이 있음.

다만, 피고인 또는 변호인이 이와 다른 의사표시를 한 때에는 그렇지 않음.

② 국선 변호인

1. 선정사유

(1) 제33조

① 직권국선(제33조①) → ≪구·미·농·심·70·단3≫

㉠ 피고인이 구속된 때(당해사건으로 구속된 때에 한정)

㉡ 피고인이 미성년자인 때

㉢ 피고인이 70세 이상인 때

㉣ 피고인이 농아자인 때

㉤ 피고인이 심신장애의 의심이 있는 때

㉥ 피고인이 사형, 무기 또는 단기 3년 이상의 징역이나 금고에 해당하는 사건으로 기소된 때

② 청구국선(제33조②) → ≪청·빈≫

㉠ 법원은 피고인이 빈곤 그 밖의 사유로 변호인을 선임할 수 없는 경우에 피고인의 청구가 있는 때에는 변호인을 선정하여야 한다.

㉡ 피고인 청구권 有 → 기각해도 반드시 법원은 결정의무 有

㉢ 국선변호인선임에 관한 결정 → 판결 전 소송절차에 관한 결정이므로 항고 또는 재항고 허용 ×

③ 권리보호 국선(제33조③) → ≪권·명≫

법원은 피고인의 연령·지능 및 교육 정도 등을 참작하여 권리보호를 위하여 필요하다고 인정하는 때에는 피고인의 명시적 의사에 반하지 아니하는 범위 안에서 변호인을 선정하여야 한다.

2. 필요적 변호사건

(1) 직권국선, 청구국선 및 권리보호국선 규정에 따라 변호인이 선정된 사건에서 변호인이 출석하지 아니한 때에는 법원은 직권으로 변호인을 선정하여야 한다(제282조, 제283조).

(2) 제33조에 해당하는 사건의 경우 변호인 없이는 개정하지 못함.

단, 판결만을 선고하는 경우에는 예외

3. 기타 국선변호사건 ≪적·군·참·치·전·재·준·영≫

체포·구속적부심, 군사법원사건, 국민참여재판절차, 치료감호, 전자장치부착명령, 재심개시 결정이 확정된 사건, 공판준비절차, 영장실질심사

판례

1. 변호인 없는 불구속 피고인에 대하여 국선변호인을 선정하지 않은 채 판결을 선고한 다음 법정구속을 하더라도 법원이 직권으로 변호인을 선정하여야 하는 형사소송법 제33조 제1항 제1호를 위반한 것이 아니다(2010도17353). ✄ 변호인 없는 불구속 피고인에 대하여 국선변호인을 선정하지 않은 채 판결을 선고한 다음 법정구속을 하는 것은 위법하다. ×

2. 형사소송법 제33조 제2항에 따라 피고인이 빈곤 기타 사유로 변호인을 선임할 수 없는 때에 국선변호인을 선정하는 것은 피고인의 청구가 있는 경우에 한하는 것이고, 이 경우 법원으로서는 피고인에게 국선변호인선정청구를 할 수 있음을 고지하여야 할 의무가 있는 것은 아니다(94도1467).

3. 법원이 국선변호인을 선정해야 하는 사유인 '피고인이 심신장애의 의심이 있는 때'란 진단서나 정신감정 등 객관적인 자료에 의하여 피고인의 심신장애 상태를 확신할 수 있거나 그러한 상태로 추단할 수 있는 근거가 있는 경우는 물론, 범행의 경위, 범행의 내용과 방법, 범행 전후 과정에서 보인 행동 등과 아울러 피고인의 연령·지능·교육 정도 등 소송기록과 소명자료에 드러난 제반 사정에 비추어 피고인이 공판심리단계에서 효과적으로 방어권을 행사하지 못할 우려가 있다고 인정되는 경우를 포함한다(2019도8531). ✘ 진단서나 정신감정 등 객관적인 자료에 의하여 피고인의 심신장애 상태를 확신할 수 있는 경우만을 의미한다. ✕

4. 피고인이 2급 시각장애인으로서 점자(點字)자료가 아닌 경우에는 인쇄물 정보접근에 상당한 곤란을 겪는 수준임에도, 국선변호인 선정절차를 취하지 아니한 채 공판심리를 진행한 것은 위법하다(2014도4496). ✘ 국선변호인 선정사유인 '농아자' 또는 '심신장애의 의심이 있는 때'에 해당하지 않으므로 국선변호인의 선정 없이 공판심리를 진행했다고 하여 위법하다고 할 수 없다. ✕

5. 시각장애인 피고인의 경우, 법원으로서는 피고인의 연령·지능·교육 정도를 비롯한 시각장애의 정도 등을 확인한 다음 권리보호를 위하여 필요하다고 인정하는 때에는 시각장애인인 피고인의 명시적 의사에 반하지 아니하는 범위에서(시각장애인인 피고인의 명시적 의사에 반하더라 ✕) 국선변호인을 선정하여 방어권을 보장해 줄 필요가 있다(2010도881).

6. 즉결심판을 받은 피고인이 정식재판청구를 함으로써 공판절차가 개시된 경우에는 통상의 공판절차와 마찬가지로 국선변호인의 선정에 관한 형사소송법 제283조의 규정이 적용되는 것으로 보아야 할 것이다(96도3059).

7. 헌법은 "누구든지 체포 또는 구속을 당한 때에는 즉시 변호인의 조력을 받을 권리를 가진다."라고 규정하고 있으므로 집행유예가 선고된 제1심 판결에 대해 검사만이 양형부당을 이유로 항소하고 항소심에서 형을 선고하는 경우에는 판결 선고 후 피고인을 법정구속한 뒤에 비로소 국선변호인을 선정하는 것보다는, 판결 선고 전 공판심리 단계에서부터 형사소송법 제33조 제3항에 따라 국선변호인을 선정해 주는 것이 바람직하다(2016도7622). ✘ 공판심리 단계에서 국선변호인을 선정하는 것보다 판결 선고 후 피고인을 법정구속한 뒤에 국선변호인을 선정하는 것이 바람직하다. ✕

8. 형사소송법 제33조 제1항 제1호는 피고인에게 변호인이 없는 때에 법원이 직권으로 변호인을 선정하여야 할 사유(이하 '필요적 국선변호인 선정사유'라고 한다) 중 하나로 '피고인이 구속된 때'를 정하고 있다.
대법원은 그동안 형사소송법 제33조 제1항 제1호의 '피고인이 구속된 때'란, 원래 구속제도가 형사소송의 진행과 형벌의 집행을 확보하기 위하여 법이 정한 요건과 절차 아래 피고인의 신병을 확보하는 제도라는 점 등에 비추어 볼 때 피고인이 해당 형사사건에서 구속되어 재판을 받는 경우를 의미하고, 피고인이 해당 형사사건이 아닌 별개의 사건, 즉 별건으로 구속되어 있거나 다른 형사사건에서 유죄로 확정되어 수형 중인 경우는 이에 해당하지 않는다고 판시하여 왔다(이하 '종래의 판례 법리'라고 한다).
형사소송법 제33조 제1항 제1호의 문언, 위 법률조항의 입법 과정에서 고려된 '신체의 자유', '변호인의 조력을 받을 권리', '공정한 재판을 받을 권리' 등 헌법상 기본권 규정의 취지와 정신 및 입법 목적 그리고 피고인이 처한 입장 등을 종합하여 보면, 형사소송법 제33조 제1항 제1호의 '피고인이 구속된 때'란 피고인이 해당 형사사건에서 구속되어 재판을 받고 있는 경우에 한정된다고 볼 수 없고, 피고인이 별건으로 구속영장이 발부되어 집행되거나 다른 형사사건에서 유죄판결이 확정되어 그 판결의 집행으로 구금 상태에 있는 경우 또한 포괄하고 있다고 보아야 한다(대판 2021도6357 전원합의체 판결).

1. 국선변호인의 자격 및 수

(1) 국선변호인은 변호사·공익법무관·사법연수생 중에서 이를 선정하지만, 부득이한 때에는 변호사 아닌 자 중에서도 선정 가능

(2) 국선변호인은 원칙적으로 피고인마다 1인을 선정

　① 사건의 특수성에 비추어 필요하다고 인정할 때에는 1인의 피고인에게 수인의 국선변호인을 선정할 수 있음.

　② 피고인 수인간에 이해가 상반되지 아니할 때에는 그 수인의 피고인을 위하여 동일한 국선변호인을 선정할 수 있음.

　　예 부부싸움 중 서로 상해를 가한 공동피고인에게 동일 국선변호인 선임 → 위법

　　예 이해가 상반된 피고인들 중 어느 피고인이 법무법인을 변호인으로 선임하고, 법무법인이 담당변호사를 지정하였을 때, 법원이 담당변호사 중 1인 또는 수인을 다른 피고인을 위한 국선변호인으로 선정 → 위법

2. 국선변호인의 선정의 취소와 사임

(1) **취소사유**

　① 필요적 취소사유

　　㉠ 피고인이나 피의자에게 변호인이 선임된 때

　　㉡ 국선변호인이 제14조 제1항 및 제2항에 규정한 자격을 상실한 때

　　㉢ 법원 또는 지방법원 판사가 제20조의 규정에 의하여 국선변호인 사임을 허가한 때

　② 임의적 취소사유

　　① 국선변호인이 그 직무를 성실하게 수행하지 아니하는 때

　　② 피고인 또는 피의자의 국선변호인 변경 신청이 상당하다고 인정하는 때

　　③ 그 밖에 국선변호인의 선정결정을 취소할 상당한 이유가 있는 때

(2) **사임사유**

　① 질병 또는 장기여행으로 인하여 국선변호인의 직무를 수행하기 곤란할 때

　② 피의자·피고인으로부터 폭행, 협박 또는 모욕을 당하여 신뢰관계를 지속할 수 없을 때

　③ 피의자·피고인으로부터 부정한 행위를 할 것을 종용받았을 때

　④ 그 밖에 국선변호인으로서의 직무를 수행하는 것이 어렵다고 인정할 만한 상당한 사유가 있을 때

3 변호인의 지위와 권한

1. 지위

보호자적 지위 ≥ 진실의무

(1) 진실의무에 위배되지 않는 경우 → 헌법상 권리인 진술거부권이 있음을 알려주고 그 행사를 권고하는 것

(2) 진실의무에 위배되는 경우 → 진범을 은폐하는 허위자백을 적극적으로 유지하게 한 행위

2. 권한

(1) 대리권

① 독립대리권

㉠ 본인의 명시적 의사에 반해서도 행사할 수 있는 것: ≪명·보·보·이·구취·변≫ 구속의 취소청구(제93조), 보석청구(제94조), 증거보전청구(제184조), 공판기일 변경신청(제270조①), 증거조사에 대한 이의신청(제296조①)

㉡ 본인의 명시적 의사에는 반할 수 없으나 묵시적 의사에 반해서는 행사할 수 있는 것: 기피신청(제18조), 상소제기(제341조), 증거동의권(판례)

② 종속대리권

㉠ 본인의 의사에 반해서는 행사할 수 없는 대리권

㉡ 관할이전신청(제15조), 관할위반신청(제320조), 상소의 취하(제351조), 정식재판청구(제453조)

(2) **고유권**: 피의자나 피고인의 권리가 소멸한 경우에도 이에 영향을 받지 않고 변호인이 독자적 입장에서 행사할 수 있다.

① **변호인만 가지는 권리**: 피의자·피고인과의 접견교통권, 피고인신문권, 상고심에서의 변론권 등 ≪호·접·신·변≫

② **피고인과 중복해서 가지는 권리**: 서류 등 열람등사권, 공판기일출석권, 압수·수색에의 참여권, 증인신문권 등

CHAPTER

02 소송조건 · 소송행위

1 소송조건의 의의와 종류

1. 의의
소송조건은 공소제기 이후 상소심을 거쳐 재판이 확정될 때까지 계속 유지되어야 한다.

2. 소송조건의 종류

(1) 일반적 소송조건과 특수적 소송조건

구 분	내 용	예
일반적 소송조건	일반사건에 공통으로 요구되는 소송조건	재판권, 관할권
특별 소송조건	특수한 사건에 한해서만 필요한 소송조건	친고죄에 있어서 고소

(2) 절대적 소송조건과 상대적 소송조건(제320조)

구 분	내 용	예
절대적 소송조건	법원의 직권으로 조사해야 하는 소송조건 ⇨ 소송조건은 절대적 소송조건임이 원칙	당사자능력, 기타 형식재판사유
상대적 소송조건	당사자의 신청을 기다려 비로소 조사하는 소송조건	토지관할

(3) 적극적 소송조건과 소극적 소송조건(소송장애사유)

구 분	내 용	예
적극적 소송조건	일정한 사실의 존재가 소송조건으로 되어 있는 경우	① 재판권·관할권의 존재 ② 당사자능력의 존재 ③ 공소제기
소극적 소송조건	일정한 사실의 부존재가 소송조건으로 되어 있는 경우	① 확정판결이 없을 것 ② 이중의 공소제기가 없을 것 ③ 공소시효기간의 완성되지 않았을 것

⑷ 형식적 소송조건과 실체적 소송조건

형식적 소송조건	실체적 소송조건
☞ 형식적 소송조건은 관할위반판결과 공소기각 결정 및 판결을 받지 않을 사유를 말한다(제319조, 제327조, 제328조).	
☞ 실체적 소송조건은 면소판결을 받지 않을 사유를 말한다(제326조).	
① 공소가 취소되지 않았을 것 ② 피고사건이 법원의 관할에 속할 것 ③ 공소가 제기된 사건에 대하여 다시 공소가 제기되지 않았을 것	① 공소시효가 완성되지 않았을 것 ② 사면이 없을 것 ③ 확정 판결이 없을 것 ④ 범죄 후 법령개폐로 형의 폐지가 없을 것
제319조(관할위반의 판결) 피고사건이 법원의 관할에 속하지 아니한 때에는 판결로써 관할위반의 선고를 하여야 한다. **제327조(공소기각의 판결)** 다음 경우에는 판결로써 공소기각의 선고를 하여야 한다. 1. 피고인에 대하여 재판권이 없는 때 2. 공소제기의 절차가 법률의 규정에 위반하여 무효인 때 3. 공소가 제기된 사건에 대하여 다시 공소가 제기되었을 때(이중기소) 4. 제329조의 규정에 위반하여 공소가 제기되었을 때 5. 고소가 있어야 죄를 논할 사건에 대하여 고소의 취소가 있은 때 6. 피해자의 명시한 의사에 반하여 죄를 논할 수 없는 사건에 대하여 처벌을 희망하지 아니하는 의사표시가 있거나 처벌을 희망하는 의사표시가 철회되었을 때 **제328조(공소기각의 결정)** ① 다음 경우에는 결정으로 공소를 기각하여야 한다. 1. 공소가 취소 되었을 때 2. 피고인이 사망하거나 피고인인 법인이 존속하지 아니하게 되었을 때 3. 제12조 또는 제13조의 규정에 의하여 재판할 수 없는 때 4. 공소장에 기재된 사실이 진실하다 하더라도 범죄가 될 만한 사실이 포함되지 아니하는 때	**제326조(면소의 판결)** 다음 경우에는 판결로써 면소의 선고를 하여야 한다. 1. 확정판결이 있은 때 2. 사면이 있은 때 3. 공소의 시효가 완성되었을 때 4. 범죄 후의 법령개폐로 형이 폐지되었을 때

2 소송조건의 조사

1. 직권조사의 원칙

직권조사의 원칙 → 단, 상대적 소송조건인 토지관할은 피고인의 신청이 있을 때 조사

2. 소송조건의 존재시기

(1) 공소제기시부터 확정판결시까지 항상 존재하여야 한다.

단, 토지관할은 공소제기시에 존재하면 충분

(2) 공소장변경이 있는 경우에도 공소제기시부터 존재하여야 한다.

3. 증명의 방법

소송법적 사실이므로 자유로운 증명으로 족함.

4. 소송조건의 판단방법

공소장에 기재된 공소사실을 기준으로 판단하여야 하며 공소장이 변경된 경우에는 변경된 공소사실을 기준으로 판단하여야 한다.

예 공소장이 강간죄에서 강간치상죄로 변경된 경우

⇨ 강간치상죄의 법정형을 기준으로 공소시효의 완성여부를 판단

관련기출지문

1. 고소권자가 비친고죄로 고소한 사건이더라도 검사가 사건을 친고죄로 구성하여 공소를 제기하였다면, 공소장 변경절차를 거쳐 공소사실이 비친고죄로 변경되지 아니하는 한, 법원으로서는 친고죄에서 소송조건이 되는 고소가 유효하게 존재하는지를 직권으로 조사·심리 하여야 한다.

2. 친고죄에 있어서의 고소의 존부는 소송법적 사실로서 자유로운 증명으로 족하다.

이유 친고죄에서 적법한 고소가 있었는지는 자유로운 증명의 대상이 되고, 일죄의 관계에 있는 범죄사실 일부에 대한 고소의 효력은 일죄 전부에 대하여 미친다.

3. 토지관할권은 당사자의 신청을 기다려 법원이 조사하는 상대적 소송조건이다.

4. 공무원의 고발을 기다려 죄를 논하게 되는 즉시고발사건의 경우는 수사의 단서이면서 소송조건으로서의 성질을 갖는다.

3 소송조건 흠결의 효과

1. 형식재판 종결

(1) 소송조건 흠결이 있는 경우에는 형식재판에 의하여 소송 종결

(2) 형식재판에 대하여 피고인은 무죄를 이유로 상소할 수 없다.

2. 흠결의 경합

(1) 형식재판사유와 유·무죄 실체판결사유가 경합하는 경우에는 법원은 형식재판으로 사건을 종결

(2) 공소기각판결사유와 면소판결사유가 경합 → 공소기각판결

(3) 공소기각판결사유와 공소기각결정사유 경합 → 공소기각결정

제2절 소송행위

1 소송행위 의의와 종류

1. 의의
소송절차를 조성하는 행위로서 소송법상의 효과가 인정되는 것

2. 종류
(1) 주체에 의한 분류

법원의 소송행위	① 심리와 재판 ② 강제처분과 증거조사 ③ 재판장·수명법관·수탁판사의 소송행위 ④ 법원사무관 등의 소송행위
당사자의 소송행위	① 검사와 피고인의 소송행위[신청(청구)·진술(주장)·입증(증명)] ② 피고인의 변호인·대리인·보조인의 소송행위
제3자의 소송행위	고소, 고발, 증언, 감정, 피고인 외의 자의 압수물에 대한 환부·가환부 청구

(2) 기능에 의한 분류

취효적 소송행위	그 자체로는 소송상황을 형성하지 않고 다른 주체의 소송행위를 요하는 소송행위 ⇨ 효과요구소송행위 예 공소제기, 증거조사신청, 관할위반신청 등
여효적 소송행위	그 자체가 직접적으로 소송절차를 형성하는 소송행위 ⇨ 효과부여소송행위 예 고소의 취소, 상소취하, 정식재판청구의 취하 등

(3) 성질에 의한 분류

법률행위적 소송행위		일정한 소송법적 효과를 내용으로 하는 의사표시를 요소로 하고 그에 상응하는 효과가 인정되는 소송행위 예 고소, 기피신청, 영장발부, 공소제기, 재판의 선고, 상소제기 등
사실 행위적 소송 행위	표시 행위	의사를 내용으로 하는 소송행위이지만 그에 상응하는 소송법적 효과가 인정되지 않는 것 예 논고, 구형, 변론, 증언, 감정 등
	순수사실 행위	의사내용보다는 행위결과를 중시하여 의사내용에 관계없이 소송법적 효과가 인정되는 행위 예 체포, 구속·압수·수색 등의 영장의 집행, 피고인의 퇴정 등
복합적 소송행위		법률행위적 소송행위와 사실행위적 소송행위가 복합된 소송행위 예 영장에 의한 강제처분 ⇨ 영장발부는 법률행위적 소송행위 + 영장의 집행은 순수사실행위

(4) 목적에 의한 분류

실체형성행위	실체면의 형성에 직접적인 역할을 담당하는 소송행위로서 법관의 심증형성에 영향을 미치는 행위(심증형성행위) 예 피고인의 진술, 증거조사, 당사자의 진술·변론·증언, 법원의 검증 등
절차형성행위	절차의 형식적 발전과 그 발전을 촉구하는 절차면의 형성에 역할을 담당하는 소송행위 예 공소제기, 공판기일의 지정, 소송관계인의 소환, 증거조사의 신청, 상소의 제기, 판결의 선고 등

2 소송행위의 일반적 요소

1. 소송행위의 대리

포괄적 대리가 허용되는 경우	특정소송행위에만 대리가 허용되는 경우
① 경미사건에 대한 피고인의 대리(제277조) ② 의사무능력자에 대한 법정대리인의 대리(제26조) ③ 법인의 대표자의 대리(제27조) ④ 특별대리인(제28조) ⑤ 변호인, 보조인에 의한 대리(제36조, 제29조)	① 고소 또는 고소취소의 대리(제236조) ② 재정신청의 대리(제264조) ③ 변호인선임의 대리(제30조) ④ 상소의 대리(제340조, 제341조)

※ 고발, 자수, 자백, 증언, 감정 등의 대리는 허용되지 않음.

2. 소송행위의 방식

(1) **구두주의**: 실체형성행위의 원칙적 방법이다. 구두주의는 표시내용이 신속·선명하고, 표시자와 표시가 일치한다는 장점이 있다.

① 진술거부권 고지, ② 인정신문, ③ 검사와 피고인의 모두진술, ④ 증인신문, ⑤ 피고인신문, ⑥ 불필요한 변론의 제한, ⑦ 검사와 피고인의 최후진술 등

(2) **서면주의**

수사단계	공소제기단계	공판단계	판결 및 불복단계
① 영장청구(규칙 제9조①) 및 영장발부(제75조) ② 보석청구(규칙 제53조①) ③ 체포·구속 사유의 변호인 등에의 통지(제85조)	① 관할이전 및 지정신청(제16조) ② 토지관할 병합심리신청(규칙 제2조) ③ 변호인선임신고(제32조①) ④ 불송치결정·이유통지(제245조의2), 불기소처분 및 이유통지(제258조, 제259조) ⑤ 재정신청(제260조) ⑥ 공소제기(제254조) ⑦ 약식명령청구(제449조) 및 정식재판청구(제453조②)	① 증거보전청구(규칙 제92조)	① 판결정정신청(제400조) ② 상소제기(제343조①) ③ 재심청구(규칙 제166조)

(3) 구두주의 또는 서면주의 병용

수사단계	고소·고발 및 그 취소(제237조①, 제239조)	
공판단계	① 공소취소(제255조) ③ 기피신청(제18조) ⑤ 증거조사에 대한 이의신청(제296조) ⑦ 재판장 처분에 대한 이의신청(제304조)	② 정식재판청구취하(제458조) ④ 증거조사신청(제273조, 제294조) ⑥ 변론분리와 병합신청(제300조) ⑧ 공소장변경신청(규칙 142조)
판결 및 불복단계	상소포기·취하(제352조)	

3. 소송행위의 일시

(1) 기간의 종류

분류기준	종류	내용
기간 내 소송 행위의 가부	행위기간	일정한 기간 내에만 적법한 소송행위를 할 수 있는 기간 예 고소기간(제230조), 상소기간(제358조, 제374조), 즉시항고 제출기간, 상고이 유서 제출기간 등
	불행위 기간	일정기간 내에는 소송행위를 할 수 없는 기간 예 제1회 공판기일 유예기간(제269조), 소환장 송달의 유예기간 등
	제한기간	그 기간을 넘어서는 소송행위가 계속될 수 없는 기간 예 구속기간, 감정유치기간 등
기간제정의 주체	법정기간	기간의 길이가 법률로 정하여져 있는 기간 예 구속기간(제92조), 상소제기기간(제358조, 제374조) 등
	재정기간	재판에 의해 정하여지는 기간 예 구속기간 연장(제205조), 감정유치기간(제172조) 등
효 력	불변기간 (효력기간)	기간경과 후에 행한 소송행위가 무효로 되는 경우로서 연장이 허용되지 않는 기간 예 고소기간(제230조), 구속기간, 재정신청기간(제260조③) 등
	훈시기간	기간경과 후에 소송행위를 하더라도 그 효력에 영향이 없는 기간 예 고소·고발사건 처리기간(제257조), 재정결정기간(제262조②), 재판기간(소송 촉진법 제21조, 제22조), 사형집행기간

(2) 기간의 계산

자연적 계산방법	기간이 시·분·초(단기)일 경우(예 구속영장청구기간) ⇨ 즉시로 계산
역법적 계산방법	기간이 일·주·월·년(장기)일 경우 ① 일로 계산하는 것은 일을 기준으로(말일 24 : 00까지) ② 월로 계산하는 것은 월이 며칠까지인지 구분하지 않고, 해당일로 계산 　　예 2011.8.31. 구속된 피고인의 최장구속기간 ⇨ 2012.2.28.까지
기간계산의 방식	① 초일불산입의 원칙 : 원칙적으로 기간의 초일은 산입하지 않는다. 　　예외 : 시효기간, 구속기간, 형집행기간 등은 초일을 산입한다. ② 공휴일·토요일 불산입의 원칙 : 기간의 말일이 공휴일 또는 토요일인 경우 말일을 산 　　입하지 않는다. 　　예외 : 시효기간, 구속기간, 형기의 경우에는 말일이 공휴일 토요일이라도 산입한다.

3 소송서류

1. 성질에 따른 분류

(1) 의사표시적 문서
① 일정한 의사표시를 내용으로 하는 문서로서 공소장, 변호인선임서, 재판서 등
② 의사표시적 문서 → 증거능력 ×

(2) 보고적 문서
① 일정한 사실의 보고를 내용으로 하는 문서로서 피의자신문조서, 참고인진술조서, 검증조서, 공판조서 등
② 보고적 문서 → 일정한 조건(전문법칙 예외)하에 증거능력 ○

2. 조서

(1) 조서작성
① 피의자·피고인·증인·감정인 등을 신문하는 때에는 참여한 법원사무관 등이 그 진술 등을 기재하여 조서를 작성한다.
② 검증·압수·수색에 관하여는 조서를 작성한다.
③ 조서에는 서면, 사진, 속기록, 녹음물, 영상녹화물, 녹취서 등 적당하다고 인정한 것을 인용하고 소송기록에 첨부하거나 전자적 형태로 보관하여 조서의 일부로 할 수 있다.

(2) 공판조서
① 공판기일의 소송절차가 법정의 방식에 따라 적법하게 행하여졌는지 여부를 확인하기 위하여 법원사무관 등이 작성하는 조서
② 공판조서는 각 공판기일 후 신속히 정리해야 한다.
③ 검사, 피고인 또는 변호인은 공판조서의 기재에 대하여 변경을 청구하거나 이의를 제기할 수 있다. 이 경우 그 취지와 이에 대한 재판장의 의견을 기재한 조서를 당해 공판조서에 첨부해야 한다.
④ 피고인은 공판조서의 열람·등사를 청구할 수 있고, 청구에 응하지 않은 경우 그 공판조서를 유죄의 증거로 할 수 없다.
⑤ 공판기일의 소송절차로서 공판조서에 기재된 것은 그 조서만으로써 증명한다.

(3) 속기 및 녹취
① 법원은 검사, 피고인 또는 변호인의 신청이 있는 때에는 특별한 사정이 없는 한 심리의 전부 또는 일부를 속기하게 하거나 녹음 또는 영상녹화하여야 하며, 필요하다고 인정하는 때에는 직권으로 이를 명할 수 있다.
② 법원은 속기록·녹음물 또는 영상녹화물을 공판조서와 별도로 보관해야 한다. → 함께 보관 ×
③ 속기록, 녹음물, 영상녹화물 또는 녹취서는 전자적 형태로 이를 보관할 수 있으며 재판이 확정되면 폐기한다. 다만, 속기록, 녹음물, 영상녹화물 또는 녹취서가 조서의 일부가 된 경우에는 그렇지 않는다. → 판결이 선고되면 폐기한다. ×

4 소송서류의 송달

1. 검사에 대한 송달
검사에 대한 송달은 서류를 소속 검찰청에 송부해야 함.

2. 피고인에 대한 송달
(1) **교부송달**: 송달받을 사람에게 서류의 정본 또는 부본을 교부

(2) **송달영수인 신고**
  ① 피고인 등이 법원 소재지에 서류의 송달을 받을 수 있는 주거·사무소를 두지 아니한 때에는 법원 소재지에 주거·사무소 있는 자를 송달영수인으로 선임하여 신고해야 한다.
  ② 송달영수인은 송달에 관하여 본인으로 간주하고 그 주거·사무소는 본인의 주거·사무소로 간주한다.
  ③ 송달영수인 제도는 신체구속을 당한 자에게 적용하지 아니한다.
  ④ 송달영수인 선임신고를 하지 아니하는 때에는 법원사무관 등은 서류를 우체에 부치거나 기타 적당한 방법에 의하여 송달할 수 있고, 서류를 우체에 부친 경우에는 도달된 때에 송달된 것으로 간주한다.

(3) **구속피고인 특칙**: 체포·구속 또는 유치된 사람에게 할 송달은 교도소·구치소 또는 국가경찰관서의 장에게 한다.

(4) **공시송달**
  ① 피고인의 주거·사무소·현재지를 알 수 없는 때 또는 피고인이 재판권이 미치지 아니하는 장소에 있는 경우에 할 수 있다.
  ② 공시송달은 법원사무관 등이 송달할 서류를 보관하고 그 사유를 법원게시장에 공시한다.
  ③ 최초의 공시송달은 2주일이 경과하면 효력 발생, 제2회 이후의 공시송달은 5일이 경과하면 효력 발생

5 소송서류 열람·등사

1. 피고인(피의자)·변호인
(1) **법원 보관서류**
  ① 피고인과 변호인은 소송계속 중의 관계 서류 또는 증거물을 열람·복사 가능
    → 변호인이 있는 피고인은 소송계속 중 법원이 보관하고 있는 관계 서류 또는 증거물에 대하여는 열람만 신청할 수 있다. ×
  ② 변호인의 열람·복사권은 피고인과 중복하여 가지는 고유권
  ③ 직계친족, 배우자, 형제자매, 법정대리인, 특별대리인, 보조인으로서 위임장 및 신분관계를 증명하는 문서를 제출한 자도 열람·복사 가능
  ④ 구속영장의 등본: 피고인, 변호인, 직계혈족, 배우자, 형제자매, 법정대리인, 특별대리인은 구속영장을 발부한 법원에 영장등본의 교부 청구

(2) **검사 보관서류**: 공소제기 이후 검사가 보관하고 있는 서류에 대해 검사에게 열람·등사 청구 가능
  기출 피고인에게 변호인이 있는 경우에는 피고인은 열람만 신청 가능

(3) 수사서류
① 공소제기 전 수사서류에 대한 열람·등사권은 인정되지 않는다.
② 긴급체포자 석방통지서 및 관련서류: 긴급체포 후 석방된 자 또는 그 변호인, 법정대리인, 배우자, 직계혈족, 형제자매는 열람·등사 가능
③ 구속 전 피의자 심문: 변호인은 구속영장청구서 및 고소·고발장, 피의자의 진술을 기재한 서류와 피의자가 제출한 서류를 열람 가능
④ 영장등본: 구속영장이 청구되거나 체포 또는 구속된 피의자, 변호인, 직계혈족, 형제자매, 법정대리인, 동거인, 고용주는 긴급체포서, 현행범인체포서, 체포영장, 구속영장 또는 그 청구서를 보관하고 있는 검사, 사법경찰관 또는 법원사무관 등에게 그 등본의 교부 청구
⑤ 구속적부심사: 변호인은 고소장과 피의자신문조서 열람·등사 가능

2. 감정인
감정에 관하여 필요한 경우 재판장의 허가를 얻어 서류와 증거물을 열람·등사 가능

3. 증인
자신에 대한 증인신문조서의 열람·등사 청구 가능

4. 피해자
(1) 소송계속 중인 사건의 피해자(사망이나 심신에 중대한 장애가 있는 경우에는 형제자매, 직계친족, 배우자 포함), 직계친족, 배우자, 형제자매, 법정대리인, 변호사는 소송기록의 열람 또는 등사를 재판장에게 신청 가능
(2) 재판장이 등사를 허가하는 경우에는 사용목적을 제한하거나 조건부가 가능
(3) 재판장의 허가 조건 부여에 관한 재판에 대해서는 불복할 수 없음.
(4) 고소인, 고발인 또는 피해자는 비용을 납입하고 구속영장을 발부한 법원에 구속영장 등본의 교부를 청구 가능

5. 재판 확정기록
(1) 누구든지 권리구제·학술연구 또는 공익적 목적으로 재판이 확정된 사건의 소송기록을 보관하고 있는 검찰청에 그 소송기록의 열람·등사 신청 가능
(2) 검사는 일정한 경우에는 소송기록의 전부 또는 일부의 열람·등사 제한 가능

6. 확정 판결서 등
(1) 누구든지 판결이 확정된 사건의 판결서 등을 보관하는 법원에서 해당 판결서 등을 열람 및 복사(인터넷, 그 밖의 전산정보처리시스템을 통한 전자적 방법을 포함) 가능
(2) 법원공무원은 열람 및 복사에 앞서 판결서에 기재된 성명 등 개인정보가 공개되지 아니하도록 보호조치를 하여야 한다.
(3) 개인정보 보호조치를 한 법원공무원은 고의 또는 중대한 과실로 인한 것이 아니면 열람 및 복사와 관련하여 민사상·형사상 책임을 지지 않는다.
→ 고의 또는 과실 ×

관련기출지문

1. 검사에 대한 송달은 서류를 소속 검찰청에 송부하여야 한다.

> **제62조【검사에 대한 송달】**
> 검사에 대한 송달은 서류를 소속검찰청에 송부하여야 한다.

2. 교도소 · 구치소 또는 국가경찰관서의 유치장에 체포 · 구속 또는 유치된 사람에게 할 송달은 교도소 · 구치소 또는 국가경찰관서의 장에게 한다.

> **제65조【민사소송법의 준용】**
> 서류의 송달에 관하여 법률에 다른 규정이 없는 때에는 「민사소송법」을 준용한다.
>
> **제182조【구속된 사람 등에게 할 송달】**
> 교도소 · 구치소 또는 국가경찰관서의 유치장에 체포 · 구속 또는 유치된 사람에게 할 송달은 교도소 · 구치소 또는 국가경찰관서의 장에게 한다.

3. 재감자에 대한 약식명령의 송달을 교도소 등의 소장에게 하지 아니하고 수감되기 전의 종전 주 · 거소에다 하였다면 부적법하여 무효이다.

4. 교도소 또는 구치소에 구속된 자에 대한 송달은 그 소장에게 송달하면 구속된 자에게 전달된 여부와 관계없이 효력이 생기는 것이다.

5. 구치소에 재감 중인 재항고인이 제1심판결에 대하여 항소하였는데, 항소심법원이 구치소로 소송기록접수통지서를 송달하면서 송달받을 사람을 구치소의 장이 아닌 재항고인으로 하였고 구치소 서무계원이 이를 수령한 경우, 송달받을 사람을 재항고인으로 한 송달은 효력이 없으므로 소송기록접수의 통지는 효력이 없다. ✗ 소송기록접수의 통지는 유효하다. ✕

6. 8세 4월 정도의 여자 어린이가 송달로 인하여 생기는 형사소송절차에 있어서의 효력까지 이해하였다고 볼 수는 없으나 그 송달 자체의 취지를 이해하고 영수한 서류를 수송달자인 아버지에게 교부하는 것을 기대할 수 있는 능력 정도는 있다. ✗ 수송달자인 아버지에게 교부하는 것을 기대할 수 있는 능력도 없어 이러한 아이의 수령은 효력이 없다. ✕

7. 피고인의 어머니가 주거지에서 항소사건 소송기록접수통지서를 동거자로서 송달받은 경우, 그 어머니가 문맹이고 관절염, 골다공증으로 인하여 거동이 불편하다고 하더라도 그 송달은 유효하다.

8. 송달 자체가 부적법하다면 당사자가 약식명령이 고지된 사실을 다른 방법으로 알았다고 하더라도 송달의 효력은 발생하지 아니한다. ✗ 다른 방법으로 알았다면 그 송달의 효력이 발생한다. ✕

9. 주거, 사무소 또는 송달영수인의 선임을 신고하여야 할 자가 그 신고를 하지 아니하는 때에는 법원사무관 등은 서류를 우체에 부치거나 기타 적당한 방법에 의하여 송달할 수 있고, 서류를 우체에 부친 경우에는 도달된 때에 송달된 것으로 간주한다.

> **제61조【우체에 부치는 송달】**
> ① 주거, 사무소 또는 송달영수인의 선임을 신고하여야 할 자가 그 신고를 하지 아니하는 때에는 법원사무관 등은 서류를 우체에 부치거나 기타 적당한 방법에 의하여 송달할 수 있다.
> ② 서류를 우체에 부친 경우에는 도달된 때에 송달된 것으로 간주한다.

10. 형사소송법 제60조 제4항이 규정한 '신체구속을 당한 자'라 함은 그 사건에서 신체를 구속당한 자를 가리키는 것이요 다른 사건으로 신체구속을 당한 자는 여기에 해당되지 아니한다. ✗ 다른 사건으로 신체구속을 당한 자도 포함한다. ✕

11. 피고인이 재판권이 미치지 아니하는 장소에 있는 경우에 다른 방법으로 송달할 수 없는 때에도 공시송달을 할 수 있다.

> **제63조【공시송달의 원인】**
> ① 피고인의 주거, 사무소와 현재지를 알 수 없는 때에는 공시송달을 할 수 있다.
> ② 피고인이 재판권이 미치지 아니하는 장소에 있는 경우에 다른 방법으로 송달할 수 없는 때에도 전항과 같다.

12. 공시송달은 법원이 명하는 때에 한하여 할 수 있다.

13. 최초의 공시송달은 법원게시장에 공시를 한 날로부터 2주일을 경과하면 그 효력이 생기고, 제2회 이후의 송달은 공시를 한 날로부터 5일(1주일×)을 경과하면 그 효력이 생긴다.

> **제64조【공시송달의 방식】**
> ① 공시송달은 대법원규칙의 정하는 바에 의하여 법원이 명한 때에 한하여 할 수 있다.
> ④ 최초의 공시송달은 제2항의 공시를 한 날로부터 2주일을 경과하면 그 효력이 생긴다. 단, 제2회 이후의 공시송달은 5일을 경과하면 그 효력이 생긴다.

14. 피고인에 대한 공시송달은 피고인의 주거, 사무소, 현재지를 알 수 없는 때에 한하여 이를 할 수 있으므로, 기록상 피고인의 집 전화번호 또는 휴대전화번호 등이 나타나 있는 경우에는 위 전화번호로 연락하여 송달받을 장소를 확인하여 보는 등의 시도를 해 보아야 하고, 그러한 조치를 취하지 아니한 채 이루어진 공시송달은 위법하다.

15. 주민등록표상의 주소가 불명하다는 우편집배원의 송달불능보고서만으로 피고인의 주거를 알 수 없다고 단정하여 한 공시송달 결정은 위법하다.

   이유 형사소송절차에서 피고인에 대한 공시송달은 피고인의 주거, 사무소, 현재지를 알 수 없는 때에 한하여 이를 할 수 있을 뿐이고 피고인의 주거, 사무소, 현재지 등이 기록상 나타나 있는 경우에는 이를 할 수 없는 것인바, 원심이 우편집배원 작성의 주소불명을 이유로 한 소송기록접수통지서의 송달불능보고서를 근거로 피고인의 주거를 알 수 없다고 판단하여 공시송달의 결정을 하였으나, 주소불명을 이유로 송달불능이라고 한 장소가 제1심 판결문상의 피고인의 주거지이고 피고인의 주민등록표상의 주소라면 위 송달불능보고서는 신빙성이 없다고 할 것이므로 원심이 송달불능보고서만으로 피고인의 주거를 알 수 없다고 단정하여 공시송달의 결정을 하였음은 형사소송법 제63조 제1항에 위배된 것이다.

16. 공시송달의 방법에 의한 피고인의 소환이 부적법하여 피고인이 공판기일에 출석하지 않은 가운데 진행된 제1심의 절차가 위법하고 그에 따른 제1심판결이 파기되어야 한다면, 항소심은 다시 적법한 절차에 의하여 소송행위를 새로이 한 후 항소심에서의 진술과 증거조사 등 심리 결과에 기초하여 다시 판결하여야 한다. ✗ 제1심에서 증거조사가 이루어진 이상 그 증거에 대하여 그 항소심이 새로이 증거조사를 거칠 필요는 없다. ✕

17. 제1심에서 위법한 공시송달 결정에 터 잡아 공소장 부본과 공판기일 소환장을 송달하고 피고인 출석 없이 재판절차를 진행한 위법이 있는데도, 항소심에서 직권으로 제1심의 위법을 시정하는 조치를 취하지 않은 채 제1심이 조사·채택한 증거들에 기하여 검사의 항소이유만을 판단한 것은 법리오해의 위법이 있다.

18. 제1심이 위법한 공시송달결정에 터 잡아 피고인의 진술 없이 심리·판단하였다면, 항소심은 검사만이 양형부당을 이유로 항소한 경우라도 직권으로 제1심의 위법을 시정하는 조치를 취하여야 한다.

19. 사형, 무기 또는 장기 10년이 넘는 징역이나 금고에 해당하는 사건의 제1심 공판절차에서는 피고인에 대한 송달불능보고서가 접수된 때부터 6개월이 지나도록 피고인이 소재불명이더라도 피고인 불출석 재판을 진행할 수 없다.

> **소송촉진 등에 관한 특례법 제23조【제1심 공판의 특례】**
> 제1심 공판절차에서 피고인에 대한 송달불능보고서가 접수된 때부터 6개월이 지나도록 피고인의 소재를 확인할 수 없는 경우에는 대법원규칙으로 정하는 바에 따라 피고인의 진술 없이 재판할 수 있다. 다만, 사형, 무기 또는 장기 10년이 넘는 징역이나 금고에 해당하는 사건의 경우에는 그러하지 아니하다.

20. 피고인 주소지에 피고인이 거주하지 아니한다는 이유로 구속영장이 여러 차례에 걸쳐 집행불능되어 반환된 바 있었다고 하더라도 이를 소송촉진 등에 관한 특례법이 정한 '송달불능보고서의 접수'로 볼 수는 없다. ✄ '송달불능보고서의 접수'로 볼 수는 있다. ✕

21. 피해자의 이익을 위하여 필요하다고 인정할 때에는 피해자의 청구가 있는 경우에 한하여 피고인의 부담으로 판결공시의 취지를 선고할 수 있다.

22. 피고사건에 대하여 무죄 또는 면소의 판결을 선고할 때에는 판결공시의 취지를 선고할 수 있다.

> **제58조【판결의 공시】**
> ① 피해자의 이익을 위하여 필요하다고 인정할 때에는 피해자의 청구가 있는 경우에 한하여 피고인의 부담으로 판결공시의 취지를 선고할 수 있다.
> ② 피고사건에 대하여 무죄의 판결을 선고하는 경우에는 무죄판결공시의 취지를 선고하여야 한다. 다만, 무죄판결을 받은 피고인이 무죄판결공시 취지의 선고에 동의하지 아니하거나 피고인의 동의를 받을 수 없는 경우에는 그러하지 아니하다.
> ③ 피고사건에 대하여 면소의 판결을 선고하는 경우에는 면소판결공시의 취지를 선고할 수 있다.

❶ 누구든지 판결이 확정된 사건의 판결서를 보관하는 법원에서 이를 열람 및 복사할 수 있다. 다만, 사건관계인의 사생활의 비밀을 현저히 해할 우려가 있는 경우에는 소송관계인의 신청이 있는 경우에 한하여 판결서의 열람 및 복사를 제한할 수 있다.

❷ 법원공무원은 위 ❶에 따른 열람 및 복사에 앞서 판결서에 기재된 성명 등 개인정보가 공개되지 아니하도록 대법원규칙으로 정하는 보호조치를 하여야 한다.

❸ 위 ❷에 따른 개인정보 보호조치를 한 법원공무원은 고의 또는 중대한 과실로 인한 것이 아니면 ❶에 따른 열람 및 복사와 관련하여 민사상·형사상 책임을 지지 아니한다. ✄ 또는 과실로 인한 것이 아니면 위 ❶에 따른 열람 및 복사와 관련하여 민사상·형사상 책임을 지지 아니한다. ✕

> **제59조의3【확정 판결서등의 열람·복사】**
> ① 누구든지 판결이 확정된 사건의 판결서 또는 그 등본, 증거목록 또는 그 등본, 그 밖에 검사나 피고인 또는 변호인이 법원에 제출한 서류·물건의 명칭·목록 또는 이에 해당하는 정보(이하 "판결서등"이라 한다)를 보관하는 법원에서 해당 판결서등을 열람 및 복사(인터넷, 그 밖의 전산정보처리시스템을 통한 전자적 방법을 포함한다. 이하 이 조에서 같다)할 수 있다. 다만, 다음 각 호의 어느 하나에 해당하는 경우에는 판결서등의 열람 및 복사를 제한할 수 있다.
> 1. 심리가 비공개로 진행된 경우
> 2. 「소년법」 제2조에 따른 소년에 관한 사건인 경우
> 3. 공범관계에 있는 자 등의 증거인멸 또는 도주를 용이하게 하거나 관련 사건의 재판에 중대한 영향을 초래할 우려가 있는 경우
> 4. 국가의 안전보장을 현저히 해할 우려가 명백하게 있는 경우
> 5. 제59조의2제2항 제3호 또는 제6호의 사유가 있는 경우. 다만, 소송관계인의 신청이 있는 경우에 한정한다.
> ② 법원사무관등이나 그 밖의 법원공무원은 제1항에 따른 열람 및 복사에 앞서 판결서등에 기재된 성명 등 개인정보가 공개되지 아니하도록 대법원규칙으로 정하는 보호조치를 하여야 한다.
> ③ 제2항에 따른 개인정보 보호조치를 한 법원사무관등이나 그 밖의 법원공무원은 고의 또는 중대한 과실로 인한 것이 아니면 제1항에 따른 열람 및 복사와 관련하여 민사상·형사상 책임을 지지 아니한다.
> ④ 열람 및 복사에 관하여 정당한 사유가 있는 소송관계인이나 이해관계 있는 제3자는 제1항 단서에도 불구하고 제1항 본문에 따른 법원의 법원사무관등이나 그 밖의 법원공무원에게 판결서등의 열람 및 복사를 신청할 수 있다. 이 경우 법원사무관등이나 그 밖의 법원공무원의 열람 및 복사에 관한 처분에 불복하는 경우에는 제1항 본문에 따른 법원에 처분의 취소 또는 변경을 신청할 수 있다.

6 소송행위 대한 가치판단

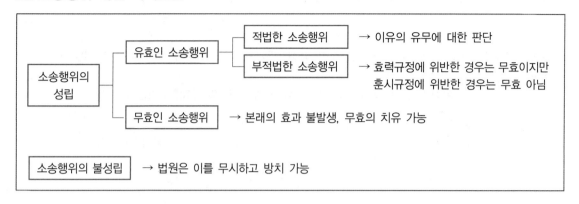

1. 성립과 불성립

(1) 소송행위의 성립과 불성립은 소송행위가 소송행위로서의 본질적 구성요소를 구비하였는가에 대한 가치판단이다. 즉 이러한 요소를 구비한 경우에는 성립이라 하고, 구비하지 못한 경우는 불성립이라고 한다.

(2) **소송행위의 성립과 불성립의 구별실익**

① 소송행위가 불성립한 때에는 이를 무시하고 방치할 수 있으나, 성립한 때에는 무효라도 방치할 수 없고 절차형성행위 특히, 신청에 관하여는 판단을 필요로 한다.

② 소송행위가 성립되는 한 그것이 무효인 경우에도 일정한 법적 효과가 발생한다.

　　예 무효인 공소제기 ⇨ 그 성립이 있는 한 공소시효정지의 효력이 발생(제253조)

③ 무효의 치유는 성립을 전제로 하므로 불성립인 때에는 치유가 문제되지 않는다.

2. 소송행위의 유효 · 무효

소송행위의 무효란 소송행위가 성립하였으나, 유효요건을 구비하지 않아서 그 본래적 효력이 발생하지 않는 경우를 말한다. 주의할 점은, 무효란 소송법상 어떠한 효과도 발생하지 않는다는 의미가 아니라 그 소송행위가 지향한 본래적 효력이 인정되지 않을 뿐이라는 것이다.

3. 무효의 치유

(1) **의의** : 소송행위 당시에는 무효인 소송행위가 이후 사정변경으로 유효로 되는 경우

(2) **소송행위의 추완**

① 단순추완

　　㉠ 법정기간이 경과한 후에 소송행위를 하였을 경우 그 소송행위 자체가 유효가 되는 경우

　　㉡ 약식명령에 대한 정식재판청구권, 상소권회복

② 보정적 추완

　　㉠ **의의** : 새로운 소송행위의 추완에 의하여 선행하는 소송행위의 하자를 보정하는 것을 말한다.

　　㉡ **변호인 선임 추완** : 변호인선임신고 이전에 행한 변호인으로 행한 소송행위가 변호인선임신고에 의하여 유효하게 되는가 문제 → 다수설은 긍정하나 판례는 부정

　　㉢ **공소사실추완** : 공소제기시 특정되지 아니한 공소사실을 공소장변경절차를 통하여 유효하

게 만들 수 있는가의 문제

→ 판례는 구술에 의한 공소제기와 같이 공소제기방식에 현저한 방식위반이 있는 경우에는 하자가 치유될 수 없다고 보았으나(2008도11813), 공소장에 검사가 기명날인 또는 서명을 하지 않았거나(2010도17052), 성명모용소송(92도2554) 등과 같이 현저한 방식위반이라고 볼 수 없는 경우에는 하자가 치유를 인정하고 있다.

ⓐ **고소의 추완**: 친고죄에 있어서 고소 없이 공소가 제기된 후에 비로소 고소가 있는 경우 그 공소제기가 적법하게 될 수 있는가의 문제

→ 공소제기는 절차의 형식적 확실성이 강하게 요구되는 소송행위이므로 무효의 치유를 부정

→ 판례는 고소의 추완을 불허하고 공소기각판결로 사건을 종결해야 한다는 입장이다(82도1504).

관련기출지문 ||||||||||||||||||||||||||||||||||||||||||||||||||||||||||||||||||||||||||||||||||||||||||||||||||||||||

[소송행위]

1. 검사에 의한 공소장의 제출은 공소제기라는 소송행위가 성립하기 위한 본질적 요소이므로 이러한 공소장의 제출이 없는 경우에는 소송행위로서의 공소제기가 성립되었다고 할 수 없다.

2. 검사가 공소장을 제출하지 아니하고서 행한 공소제기는 공소제기가 성립되었다고 할 수 없으므로, 소송행위가 성립되었으나 무효인 경우와는 달리 하자의 치유문제는 발생하지 않는다. ✘ 검사가 공소장을 제출하지 아니하고서 행한 공소제기는 무효이지만 추완이 허용된다.✘

3. (가) 즉결심판청구가 기각되어 경찰서장이 사건을 관할 지방검찰청으로 송치하였으나, 검사가 이를 즉결심판에 대한 피고인의 정식재판청구가 있는 사건으로 오인하여 그 사건기록을 법원에 송부하였다. 법원은 검사에 의한 공소제기가 있는 것으로 판단하고 제1회 공판기일을 진행하였다.

(나) 위 제1회 공판기일의 인정신문 진행 중 공소제기 절차상의 문제점이 드러나 이를 검토하기 위하여 공판기일이 연기되었다. 그 후 검사는 약식명령을 청구하는 공소장을 법원에 제출하였고, 법원은 별도의 공판절차회부 없이 이 공소장에 의하여 인정신문 등 공판절차를 다시 진행하였다.

(가)에서는 검사에 의한 공소장의 제출이 없으므로 소송행위로서의 공소제기가 성립되었다고 할 수 없다.

이유 검사에 의한 공소장의 제출은 공소제기라는 소송행위가 성립하기 위한 본질적 요소라고 보아야 할 것이므로, 이러한 공소장의 제출이 없는 경우에는 소송행위로서의 공소제기가 성립되었다고 할 수 없다.

(나)의 약식명령을 청구하는 공소장이 제출되었다고 하여 (가)의 기록송부행위가 기록송부시로 소급해서 공소제기의 소송행위로 성립되는 것은 아니다.

이유 법원이 경찰서장의 즉결심판 청구를 기각하여 경찰서장이 사건을 관할 지방검찰청으로 송치하였으나 검사가 이를 즉결심판에 대한 피고인의 정식재판청구가 있은 사건으로 오인하여 그 사건기록을 법원에 송부한 경우, 공소제기의 본질적 요소라고 할 수 있는 검사에 의한 공소장의 제출이 없는 이상 기록을 법원에 송부한 사실만으로 공소제기가 성립되었다고 볼 수 없다.

(나)의 약식명령을 청구하는 공소장이 제출된 경우에는 그때부터 공소제기는 성립된 것으로 볼 수 있다.

이유 소송행위로서 요구되는 본질적인 개념요소가 결여되어 소송행위로 성립되지 아니한 경우에는 소송행위가 성립되었으나 무효인 경우와는 달리 하자의 치유문제는 발생하지 않으나, 추후 당해 소송행위가 적법하게 이루어진 경우에는 그 때부터 위 소송행위가 성립된 것으로 볼 수 있다.

(나)의 공판절차를 진행한 법원은 유·무죄의 실체판단을 하여야 한다. ✘ (가)의 기록송부행위에 대하여 공소를 기각하여야 한다. ✘

이유 따라서 원래 공소제기가 없었음에도 피고인의 소환이 이루어지는 등 사실상의 소송계속이 발생한 상태에서 검사가 약식명령을 청구하는 공소장을 제1심법원에 제출하고, 위 공소장에 기하여 공판절차를 진행한 경우 제1심법원으로서는 이에 기하여 유·무죄의 실체판단을 하여야 한다.

4. 엄격한 형식과 절차에 따른 공소장의 제출은 공소제기라는 소송행위가 성립하기 위한 본질적 요소라고 할 것이므로, 공소의 제기에 현저한 방식 위반이 있는 경우에는 공소제기의 절차가 법률의 규정에 위반하여 <u>무효인 경우에 해당한다.</u>

5. 공소의 제기에 현저한 방식위반이 있는 경우, 이러한 절차위배의 공소제기에 대하여 피고인과 변호인이 이의를 제기하지 아니하고 변론에 응하였다고 하여 그 하자가 치유되지 않는다.

6. 법원에서 피고인이 국민참여재판을 원하는지에 관한 의사의 확인절차를 거치지 아니한 채 통상의 공판절차로 재판을 진행한 경우, 그 공판절차에서 이루어진 소송행위는 무효이다. ✘ <u>유효하다.</u> ✕

7. 다액 500만원 이하의 벌금에 해당하는 사건에 관한 피고인의 출석 대리, 의사무능력자인 피고인의 법정대리인에 의한 소송행위의 대리, 고소취소의 대리 등은 허용되나, 증언의 대리는 허용되지 않는다.

8. 비친고죄의 공소사실을 친고죄로 변경한 후에 이르러 비로소 피해자가 고소장을 제출한 경우 친고죄의 공소 제기절차는 법률의 규정에 위반하여 무효인 때에 해당한다. ✘ <u>제1심판결 선고 전이면 고소의 추완이 인정되므로 친고죄에 대하여 유죄판결을 선고할 수 있다.</u> ✕

9. 친고죄에서 피해자의 고소가 없거나 고소가 취소되었음에도 친고죄로 기소되었다가 그 후 당초에 기소된 공소사실과 동일성이 인정되는 비친고죄로 공소장변경이 허용된 경우 그 공소제기의 흠은 치유된다. ✘ <u>공소제기의 흠은 치유되지 않는다.</u> ✕

10. 변호인 선임서를 제출하지 않은 채 항소이유서만을 제출하고 항소이유서 제출기간이 지난 후에 변호인 선임서를 제출한 경우, 항소이유서가 적법·유효한 변호인의 항소이유서가 될 수 없다. ✘ <u>변호인 선임신고 이전에 변호인으로서 한 소송행위라고 하더라도 소송절차의 동적·발전적 성격을 고려하여 변호인 선임신고에 의해서 추완이 인정된다.</u> ✕

11. 공소장부본 송달 등의 절차 없이 검사가 공판기일에 공소장의 형식적 요건을 갖추지 못한 공소장변경허가신청서로 공소장을 갈음한다고 구두 진술한 것만으로는 유효한 공소제기가 있다고 할 수 없고, 피고인과 변호인이 그에 대해 이의를 제기하지 않았다 하더라도 그 하자는 치유되지 않는다.

12. 제1심이 공소장 부본을 피고인 또는 변호인에게 송달하지 아니한 채 공판절차를 진행한 경우에도 피고인이 제1심 법정에서 이의함이 없이 공소사실에 관하여 충분히 진술할 기회를 부여받았다면 판결에 영향을 미친 위법이 있다고 할 수 없다. ✘ <u>피고인 또는 변호인의 이의가 없더라도 소송행위는 효력이 없으며, 추완도 인정되지 않는다.</u> ✕

13. 당사자에게 참여의 기회를 주지 않고 행한 증인신문은 참여권을 침해한 것으로서 무효이지만, 피고인이 그 증인신문조서에 대하여 <u>증거동의를 하면 그 하자는 치유된다.</u>

14. 무죄의 제1심판결에 대하여 검사가 항소하였으나 공소기각의 판결사유가 있다고 인정될 경우, <u>항소심법원은 직권으로 제1심판결을 파기하고 공소기각판결을 선고하여야 한다.</u>

15. 피고인 또는 피의자의 법정대리인, 배우자, 직계친족과 형제자매는 보조인이 될 수 있는데, 보조인이 되고자 하는 자는 심급별로 그 취지를 신고하여야 한다.

제29조【보조인】
① 피고인 또는 피의자의 <u>법정대리인, 배우자, 직계친족과 형제자매</u>는 보조인이 될 수 있다.
③ 보조인이 되고자 하는 자는 <u>심급별로 그 취지를 신고하여야</u> 한다.

관련기출지문

[하자의 치유]

1. 하자의 치유가 인정되는 경우

① 제1심법원이 국민참여재판의 대상이 되는 사건임을 간과하여 이에 관한 피고인의 의사를 확인하지 아니한 채 통상의 공판절차로 재판을 진행한 경우, 항소심에서 피고인에게 국민참여재판절차 등에 관한 충분한 안내와 그 희망 여부에 관하여 숙고할 수 있는 상당한 시간을 주었음에도 국민참여재판을 원하지 아니한다고 하면서 위와 같은 제1심의 절차적 위법을 문제 삼지 아니할 의사를 명백히 표시하는 경우

② 검사가 증인에게 주신문을 하면서 형사소송규칙상 허용되지 않는 유도신문을 하였다고 볼 여지가 있었는데 다음 공판기일에 재판장이 증인신문 결과 등을 고지하였음에도 피고인과 변호인이 '변경할 점과 이의할 점이 없다'고 진술한 경우

③ 공소장일본주의에 위배된 공소제기가 있었는데 피고인이 아무런 이의를 제기하지 아니하여 그대로 공판절차가 진행되고 증거조사절차가 마무리된 경우

2. 하자의 치유가 인정되지 않는 경우

① 검사가 피고인을 필로폰 판매행위로 공소제기한 후 필로폰 매매알선행위를 예비적으로 추가하는 내용의 공소장변경 허가신청을 하였으나 불허되자 그 자리에서 이 공소장변경허가신청서를 공소장에 갈음하는 것으로 구두진술하고 피고인과 변호인이 이에 대하여 이의를 제기하지 않은 경우

② 임의제출된 정보저장매체에서 압수의 대상이 되는 전자정보의 범위를 넘어서는 전자정보에 대해 수사기관이 영장 없이 압수·수색하여 취득한 증거는 위법수집증거에 해당하고, 사후에 법원으로부터 영장이 발부되었다거나 피고인이나 변호인이 이를 증거로 함에 동의하였다고 하여 그 위법성이 치유되는 것도 아니다.

4. 소송행위의 철회와 취소

취소란 일단 유효하게 성립한 소송행위의 효력을 소급하여 소멸시키는 것을 말하고, 철회란 장래에 향하여 소멸시키는 것을 말한다.

(1) 철회의 인정여부

① **철회의 원칙적 허용**: 철회는 명문규정이 없는 경우라도 널리 인정된다. 다만, 철회의 개념에 비추어 절차형성행위의 효력의 발생 이후에는 철회가 불가능하다고 볼 것이다. 판례는 증거동의(제318조)는 절차형성행위로서 증거조사완료 전까지 철회가 가능하다고 보았다(83도267).

② **형사소송법상 철회의 명문허용**: 형사소송법은 공소의 취소(제255조), 고소의 취소(제232조), 재정신청의 취소(제264조), 상소의 취하(제349조), 재심청구의 취하(제429조), 정식재판청구의 취하(제454조) 등을 명문으로 인정하고 있다. 그러나 이 경우의 취소는 엄격히 말하여 철회(장래에 향하여 소송행위의 효력을 상실케 하는 것)에 해당한다고 보아야 한다.

(2) 취소의 허용여부

① 취소는 소급효를 본질로 한다. 따라서 법적 안정성을 고려하여 절차형성적 소송행위는 원칙적으로 취소가 허용되지 않는다고 보아야 한다. 다만, 적법절차보장정신에 비추어 중대한 하자가 있고 피고인에게 귀책사유가 없는 경우에는 예외적으로 취소가 인정된다.

② **판례**는 피고인이 피의자신문조서의 성립을 인정하였다가 증거조사완료 이후 이를 번복한 사안에서 '적법절차 보장의 정신에 비추어 성립의 진정함을 인정한 최초의 진술에 그 효력을 그대로 유지하기 어려운 중대한 하자가 있고 그에 관하여 진술인에게 귀책사유가 없는 경우에 한하여 예외적으로 증거조사 절차가 완료된 뒤에도 그 진술을 취소할 수 있다'고 판시한 바 있다(2007도7760).

최정훈 형사소송법

수사

CHAPTER 01 수사

The Criminal Procedure Law

제1절 수사의 의의와 구조

1 수사의 의의

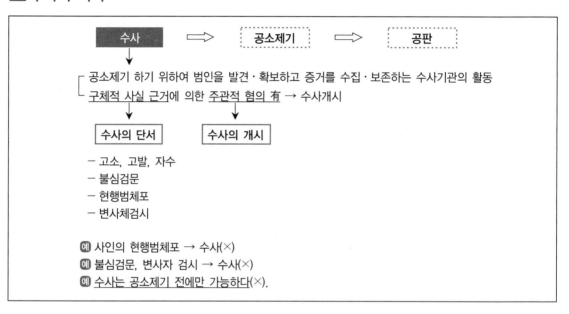

- 공소제기 하기 위하여 범인을 발견·확보하고 증거를 수집·보존하는 수사기관의 활동
- 구체적 사실 근거에 의한 주관적 혐의 有 → 수사개시

| 수사의 단서 | 수사의 개시 |

- 고소, 고발, 자수
- 불심검문
- 현행범체포
- 변사체검시

예 사인의 현행범체포 → 수사(×)
예 불심검문, 변사자 검시 → 수사(×)
예 수사는 공소제기 전에만 가능하다(×).

2 수사의 조건

┌ 범죄 혐의 → 구체적 사실을 근거로 한 주관적 혐의

├ 수사의 필요성 → 공소제기 가능성, <u>소송조건 결여 시 수사 개시 가부</u>
　　　　　　　　　　　　　　　　　　　　↓
　　　　　　　친고죄·즉시 고발사건에서 고소·고발 전 수사 → 위법한 수사가 아님

└ 수사의 상당성(신의칙 + 비례원칙)
　　　　　　　　　┌─→ 임의수사 vs. 강제수사의 한계

　　　　　　└─→ 함정수사 허용여부

> **함정수사**

┌ 기회 제공형(이미 범죄결의 가지고 있는 사람에게 기회제공) → 적법·허용
└ 범의 유발형(전혀 범의의사 없는 사람에게 범죄의사 유발) → 위법한 함정수사

　→ 공소제기시 법률규정 위반이므로 공소기각판결(§327 2)

[판례]
┌ 수사기관(관련성) : 관련 × → 사인의 함정교사 → 책임 有(유죄판결)
├ 사술·계략 사용 : 사용 × → 설령 범의 유발 되었어도 위법한 함정수사 ×
└ 범의유발 : 유발 × → 함정수사 ×

판례

1. 함정수사는 본래 범의를 가지지 아니한 자에 대하여 수사기관이 사술이나 계략 등을 써서 범의를 유발케 하여 범죄인을 검거하는 수사방법을 말하는 것이므로, 범의를 가진 자에 대하여 범행의 기회를 주거나 범행을 용이하게 한 것에 불과한 경우에는 함정수사라고 말할 수 없다(92도1377).

2. 범의를 가진 자에 대하여 단순히 범행의 기회를 제공하거나 범행을 용이하게 하는 것에 불과한 수사방법이 경우에 따라 허용될 수 있다. 그러나 본래 범의를 가지지 아니한 자에 대하여 수사기관이 사술이나 계략 등을 써서 범의를 유발케 하여 범죄인을 검거하는 함정수사는 위법하고, 이러한 함정수사에 기한 공소제기는 그 절차가 법률의 규정에 위반하여 무효인 때에 해당한다(→ 공소기각판결)(2005도1247).

3. A가 수사기관에 체포된 동거남의 석방을 위한 공적을 쌓기 위하여 B에게 필로폰 밀수입에 관한 정보제공을 부탁하면서 대가의 지급을 약속하고, B가 C에게, C는 D에게 순차 필로폰 밀수입을 권유하여, 이를 승낙하고 필로폰을 받으러 나온 D를 체포한 경우에는 B, C 등이 각자의 사적인 동기에 기하여 수사기관과 직접적인 관련 없이 독자적으로 D를 유인한 것으로서 위법한 함정수사에 해당하지 않는다(2007도7680).

4. 경찰관이 취객을 상대로 한 이른바 부축빼기 절도범 단속을 위하여, 공원에 쓰러져 있는 취객 근처에서 감시하고 있다가 마침 피고인이 나타나 취객을 부축하여 10m정도를 끌고 가 지갑을 뒤지자 현장에서 체포하여 기소한 경우 위법한 함정수사에 해당하지 않는다(2007도1903).

5. 뇌물공여자들이 새롭게 당선된 군수인 피고인을 함정에 빠뜨리겠다는 의사로 뇌물을 공여한 것이었다면, 뇌물공여자들의 함정교사라는 사정은 피고인의 책임을 면하게 하는 사유가 될 수 없다(2007도10804).

6. 경찰관들이 단속 실적을 올리기 위하여, 평소 도우미를 불러왔다는 자료나 그와 같은 제보가 전혀 없는 노래방에 손님을 가장하고 들어가 도우미를 불러 줄 것을 요구하였으나 피고인측에 한 차례 거절당하였고, 그럼에도 불구하고 위 경찰관들이 다시 위 노래방에 찾아가 도우미를 불러 줄 것을 요구하여 도우미가 오게 되었다면, 이 사건 단속은 수사기관이 사술이나 계략 등을 써서 피고인의 범의를 유발케 한 것으로서 위법하고, 이러한 함정수사에 기한 이 사건 공소제기 또한 그 절차가 법률의 규정에 위반하여 무효인 때에 해당한다(2008도7362).

7. 수사기관이 피고인의 범죄사실을 인지하고도 바로 체포하지 않고 추가로 범행을 지켜보고 있다가 범죄사실이 많이 늘어난 뒤에야 체포하였다는 사정만으로는 피고인에 대한 위법한 함정수사가 있다고 보기 어렵다(2007도3164).

8. 「아동·청소년의 성보호에 관한 법률」에 의하면 아동·청소년대상 디지털성범죄의 수사특례에 따라 사법경찰관리는 아동·청소년을 대상으로 하는 디지털 성범죄에 대해 신분비공개수사와 신분위장수사가 모두 가능하다.
   ✓ 「아동·청소년의 성보호에 관한 법률」에 의하면 사법경찰관리는 아동·청소년을 대상으로 하는 디지털 성범죄에 대해 신분비공개수사는 가능하지만, 신분위장수사는 위법한 함정수사로서 허용되지 않는다. ✕

제2절 | 수사의 단서

1 불심검문

1. 의의
불심검문(또는 직무질문)이란 경찰관이 거동이 수상한 자(거동불심자)를 발견한 때에 이를 정지시켜 조사하는 행위를 말한다(경직법 제3조).

2. 방법 및 절차
(1) **직무질문(정지 및 질문)**
  ① 죄를 범하였거나, 범하려 하는 자, 이미 행한 범죄, 행하려는 범죄 안다고 인정되는 자
  ② 강제에 이르지 않는 정도의 유형력만 가능
  ③ 상대방은 답변을 강요당하지 않음.
  ④ 진술거부권고지 불필요

(2) **임의동행**
  ① 당해인에게 불리, 교통 방해 → 경찰관서로 동행을 요구할 수 있음(6시간을 초과하여 경찰관서에 머물게 할 수 없음).
   기출 6시간 동안 구금의 권한 인정(X)
  ② 상대방은 동행요구 거절 가능, 동행시 언제든지 퇴거 가능
  ③ 변호인의 조력을 받을 권리가 있음을 고지하여야 한다.
   기출 진술거부권과 변호인의 도움을 받을 권리가 있음을 알려야 한다(×).

(3) 흉기소지 검사(흉기 이외 일반소지품 규정 ×)

(4) **신분증명** : 가족·친지 등 동행사유·목적 등, 변호인 선임권 등 통지 의무
  증명제시(경찰공무원증 제시)
   ┌ 소속과 성명을 밝히고 그 목적과 이유 설명, 동행의 경우 동행장소를 밝혀야 함.
   └ 정복착용시 ┬ 상대방이 요구 없는 한 신분증 제시 없어도 적법한 공무집행
              └ 정복 작용시라도 요구시 신분증 제시해야 함.

2 변사체 검시

1. 의의
변사자란 통상의 병사 또는 자연사가 아닌 사체로서 범죄로 인한 사망의 의심이 있는 사체를 말함.
 기출 자연사, 범죄사 명백시 → 변사자(×)

2. 주체
(1) 검사이다.
   기출 사법경찰관이 주체(×)
(2) 검사는 사법경찰관에게 명할 수도 있다(제222조③).
   기출 사법경찰리(×)

3. 변사자 검시와 검증과의 관계

(1) 변사자 검시는 수사의 단서에 불과하므로 영장을 요하지 않음.

(2) 변사자 검시로 범죄의 혐의가 인정되면 수사 개시

(3) 변사자의 사인을 보다 분명히 하고 증거를 확보하기 위해 사체해부는 검증에 속한다.

(4) 사체해부는 검증이므로 원칙적으로 영장을 요하지만(제215조), 긴급을 요할 때에는 영장 없이 검증할 수 있음(제228조).

제3절 ▶ 수사의 개시

▮1 고소

1. 의의

고소란 ① 범죄의 피해자 또는 그와 일정한 관계에 있는 고소권자가 ② 수사기관에 대하여 ③ 범죄사실을 신고하여 ④ 범인의 처벌을 구하는 의사표시를 말한다.

> **판례** ▤ 범죄사실신고에 관련
>
> 1. 친고죄의 고소에 있어서는 고소인이 시기와 종기를 정하여 고소기간을 특정하고 있는 이상 그 기간 중의 어떤 범죄 행위에 대하여 특히 처벌을 원치 않는다고 볼 만한 특별한 사정이 없는 한 그 기간 중의 모든 범죄행위에 대하여 처벌을 희망하는 의사를 표시한 것으로 보아야 하고, 그 정도로써 특정되었다고 보고 있다(87도1114).
> 2. 고소가 고소인이 1986.12.25. 무단가출한 피고인을 찾고 있던 중 1988.07.09. 23 : 00경 피고인이 소외인과 동거하고 있는 것을 발견하고는 간통한 것으로 생각하고 고소하니 피고인의 행위가 죄가 되면 처벌하여 달라는 취지인 경우에는 1986.12.25.부터 1988.07.09. 23 : 00까지 사이의 모든 간통행위에 대하여 고소한 것으로 볼 것이므로 그 기간 중인 1988.07.03. 12 : 00경의 간통공소사실에 대하여도 적법한 고소가 있다고 보는 것이 옳다(90도603).

> **판례** ▤ 처벌을 구하는 의사표시
>
> 피해자가 경찰청 인터넷 홈페이지에 '피고인을 철저히 조사해 달라'는 취지의 민원을 접수하는 형태로 피고인에 대한 조사를 촉구하는 의사표시를 한 것이나 범행현장에서 홧김에 경찰관에게 고소장을 제출하였다 하더라도 피고인들과 대화를 해보고 정식으로 고소장 제출여부를 결정하겠다며 곧바로 고소장을 돌려받은 경우라면 처벌의 의사표시가 없어 고소제기가 없는 것으로 보아야 한다(90도603).

2. 고소권자

(1) 피해자

① 범죄로 인한 피해자는 고소할 수 있음. → 직접 피해자를 의미

② 고소권은 인신전속권 → 양도, 상속 ×

(2) **미성년자** : 민법상 행위무능력자(미성년자)라도 고소능력이 있는 이상 유효하게 고소할 수 있다.

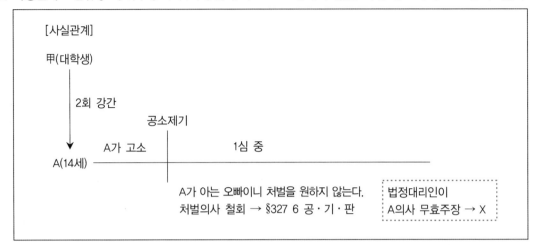

판례

반의사불벌죄에 있어서 피해자의 피고인 또는 피의자에 대한 처벌을 희망하지 않는다는 의사표시 또는 처벌을 희망하는 의사표시의 철회는, 위와 같은 형사소송절차에 있어서의 소송능력에 관한 일반원칙에 따라, 의사능력이 있는 피해자가 단독으로 이를 할 수 있고, 거기에 법정대리인의 동의가 있어야 한다거나 법정대리인에 의해 대리되어야만 한다고 볼 것은 아니다. 그러므로 청소년의 성보호에 관한 법률 제16조에 규정된 반의사불벌죄라고 하더라도, 피해자인 청소년에게 의사능력이 있는 이상, 단독으로 피고인 또는 피의자의 처벌을 희망하지 않는다는 의사표시 또는 처벌희망 의사표시의 철회를 할 수 있고, 거기에 법정대리인의 동의가 있어야 하는 것으로 볼 것은 아니다(대판 2009.11.19. 2009도6058 전원합의체 판결).

(3) **법정대리인** : 법정대리인은 독립하여 고소할 수 있다(고유권).

기출 법정대리인의 고소권은 고유권이나 피해자의 명시한 의사에 반하여 행사할 수 없다(×).

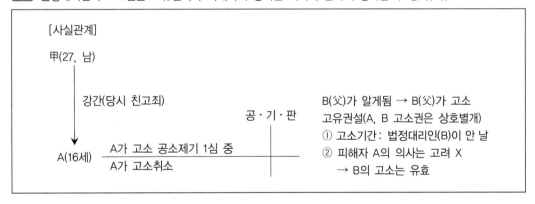

판례

형사소송법 제225조 제1항이 규정한 법정대리인의 고소권은 무능력자의 보호를 위하여 법정대리인에게 주어진 고유권으로서 피해자의 고소권 소멸여부에 관계없이 고소할 수 있는 것이므로 법정대리인의 고소기간은 법정대리인 자신이 범인을 알게 된 날로부터 진행한다(87도857).

(4) 피해자 사망시 고소권자
　① 피해자가 사망한 때에는 그 배우자, 직계친족, 형제자매는 고소할 수 있음. 다만, 피해자의 명시한 의사에 반하지 못한다(제225조②).
　② 사자명예훼손죄의 경우 친족이나 자손은 고소할수 있다(제227조).

(5) 피해자의 법정대리인이 피의자이거나 법정대리인의 친족이 피의자인 때: 피해자의 법정대리인이 피의자이거나 법정대리인의 친족이 피의자인 때에는 피해자의 친족은 독립하여 고소할 수 있다.
　📖 친부가 자신의 딸을 성폭행한 경우, 가족부에 올라 있지 않은 생모(生母)는 독립하여 고소할 수 있다. 생모는 자연혈족이기 때문이다.

판례

생모(生母)와 그 자(子)의 자(子) 사이에도 법률상 친족관계가 있다 할 것인바, 피고인의 생모가 피고인의 그 딸에 대한 강제추행 등 범죄사실에 대하여 고소를 제기한 것은 형사소송법 제226조 소정의 피해자의 친족에 의한 피해자의 법정대리인에 대한 적법한 고소라 할 것이다(대판 1986.11.11. 86도1982).

(6) 지정고소권자: 친고죄에 대하여 고소할 자가 없는 경우 이해관계인의 신청이 있으면 검사가 10일 이내에 고소할 수 있는 자를 지정하여야 한다(제228조).
　기출 검사가 10일 이내에 고소할 수 있는 자를 지정할 수 있다(×).
　📖 모욕죄(친고죄)의 피해를 당한 이후 친족 없는 여성이 사망한 경우, 사실상 혼인관계 있는 동거남이 고소권자를 지정해 줄 것을 검사에게 신청할 수 있다.

3. 고소의 제한
(1) 원칙: 원칙적으로 자기 또는 배우자의 직계존속은 고소하지 못한다(제224조).
(2) 예외: 예외적으로 성폭력범죄(성폭력범죄, 공연음란, 음화제조·반포 포함)와 가정폭력범죄의 경우 자기 또는 배우자의 직계존속도 고소할 수 있다.
　기출 공연음란행위를 한 아버지를 고소할 수 없다(×).

4. 고소의 방법

(1) 고소의 방식

① 고소는 서면 또는 구술로 검사 또는 사법경찰관에게 해야 한다(제237조①).

기출 고소는 반드시 서면에 의하여야 한다(×).

② 검사 또는 사법경찰관이 구술에 의한 고소를 받은 때에는 조서를 작성해야 한다.

(2) 고소의 대리

① 고소는 대리인으로 하여금 하게 할 수 있다.

② 대리의 방식에는 특별한 제한이 없다.

> **판례**
>
> 형사소송법 제236조의 대리인에 의한 고소의 경우, 고소를 할 때 반드시 위임장을 제출한다거나 '대리'라는 표시를 하여야 하는 것은 아니다(2001도3081). ✗ 대리권이 정당한 고소권자에 의하여 수여되었음을 증명하기 위해 반드시 위임장을 제출한다거나 '대리'라는 표시를 하여야 한다. ✗

5. 고소의 기간

(1) 고소기간: 범인을 알게 된 날로부터 6개월이 경과하면 고소하지 못함.

(2) 고소기간의 기산점

① 원칙적으로 범인을 알게 된 날로부터 기산함.

② 고소할 수 없는 불가항력의 사유가 있는 때에는 그 사유가 없어진 날로부터 기산함.

③ 고소할 수 있는 자가 수인인 경우에는 1인의 기간의 해태는 타인의 고소에 영향이 없음.

예 甲이 블로그에 A, B를 동시에 모욕하였을 경우, A는 모욕사실을 알고도 6개월이 경과하도록 고소하지 않았다 하더라도, B의 고소기간은 B 자신이 범인을 안 날로부터 진행하게 된다.

> **판례**
>
> 1. 「형사소송법」 제230조 제1항 본문은 "친고죄에 대하여는 범인을 알게 된 날로부터 6월을 경과하면 고소하지 못한다."고 규정하고 있는바, 여기서 범인을 알게 된다 함은 통상인의 입장에서 보아 고소권자가 고소를 할 수 있을 정도로 범죄사실과 범인을 아는 것을 의미하고, 범죄사실을 안다는 것은 고소권자가 친고죄에 해당하는 범죄의 피해가 있었다는 사실관계에 관하여 확정적인 인식이 있음을 말한다(2001도3106). ✗ 미필적 인식이 있음을 말한다. ✗
> 2. 대리인에 의한 고소의 경우, 고소기간은 대리고소인이 아니라 정당한 고소권자를 기준으로 고소권자가 범인을 알게 된 날부터 기산한다(2001도3081). ✗ 고소권자가 아니라 대리고소인을 기준으로 대리고소인이 범인을 알게 된 날로부터 기산한다. ✗
> 3. 피해자가 범행을 당할 때에는 나이가 어려 고소능력이 없었다가 그 후에 비로소 고소능력이 생겼다면 그 고소기간은 고소능력이 생긴 때로부터 기산되어야 한다(95도696).
> 4. 고소기간은 범죄행위가 종료된 때부터 계산하여야 하며, 영업범 등 포괄일죄의 경우에는 최후의 범죄행위가 종료한 때 전체 범죄행위가 종료된 것으로 보아야 한다.
> 5. 해고될 것이 두려워 고소를 하지 않은 것은 고소할 수 없는 불가항력적 사유가 아니다.

6. 고소불가분의 원칙

(1) **의의** : 고소불가분의 원칙이란 고소의 효력은 객관적으로 사건 전체에 미치고, 주관적으로는 모든 공범에 미친다는 것을 의미한다.

(2) **고소의 객관적 불가분의 원칙**

① 의의 : 객관적 불가분의 원칙이란 1개 범죄사실의 일부에 대한 고소 또는 고소의 취소는 그 범죄사실 전부에 대해 효력이 발생한다는 원칙

② 적용범위

㉠ 단순일죄 : 예외없이 적용된다.
예 강도의 일부인 절도에 대해서만 고소하더라도 강도 전체에 고소의 효력이 미치고, 강간의 수단인 폭행·협박에 대한 고소의 효력은 강간에 대해서도 미침.

㉡ 상상적 경합
— 모두 친고죄이고 피해자가 동일한 경우 : 과형상 일죄의 일부에 대한 고소 또는 취소는 전체 범죄에 효력이 미침.
— 모두 친고죄이고 피해자가 다른 경우 : 1인의 피해자가 하는 고소의 효력은 다른 피해자에 대한 범죄사실에는 미치지 않음.
예 1개의 문서로 甲·乙·丙을 모욕한 경우 ⇨ 甲의 고소는 乙·丙에 대한 범죄사실에는 효력이 없다.
— 일부만이 친고죄인 경우 : 비친고죄에 대한 고소는 친고죄에 대하여 효력이 없고, 친고죄에 대해 고소를 취소하더라도 비친고죄에 대해서는 효력이 없음.

㉢ 실체적 경합 : 객관적 불가분의 원칙은 1개의 범죄사실을 전제로 하는 원칙이므로 수죄, 즉 경합범에 대하여는 적용되지 않음.

(3) **고소의 주관적 불가분의 원칙**

① 의의 : 고소의 주관적 불가분의 원칙이란 친고죄의 공범 중 1인 또는 수인에 대한 고소 또는 고소의 취소는 다른 공범자에 대하여도 효력이 있다는 원칙

② 적용범위

㉠ 절대적 친고죄의 경우 : 언제나 이 원칙이 적용된다. 공범자 중 1인에 대한 고소의 효력은 전원에 대하여 미친다.

㉡ 상대적 친고죄의 경우 : 상대적 친고죄(친족상도례가 적용되는 재산범죄)에 있어 비신분자에 대한 고소의 효력은 신분자에게 미치지 아니하며, 신분관계 있는 자에 대한 고소취소는 비신분자에게 효력이 없다.
예 A의 시계를 동거하지 않는 동생 甲과 친족관계 없는 乙(동생의 친구)이 함께 절도한 경우 ⇨ 비신분자(乙)에 대한 고소의 효력은 신분자(甲)에게 미치지 않고, 신분자(甲)에 대한 고소취소의 효력은 비신분자(乙)에게 효력이 미치지 않는다.

㉢ 반의사불벌죄, 즉시고발사건 → 적용 ×

> **판례**
>
> 1. 친고죄에 관한 고소의 주관적 불가분원칙을 규정하고 있는 형사소송법 제233조는 반의사불벌죄에는 준용되지 않으며, 공정거래위원회의 고발에도 유추적용되지 아니한다(2008도575).
> 2. 친고죄에 양벌규정이 있는 경우 행위자의 범죄에 대한 고소가 있으면 양벌규정에 의하여 처벌받는 자에 대하여 별도의 고소를 필요로 하지 않는다(94도2423).
> 3. 절대적 친고죄의 공범 중 일부에 대하여만 처벌을 구하고 나머지에 대하여는 처벌을 원하지 않는다는 내용의 고소는 적법한 고소라고 할 수 없다(2008도7462).

7. 고소의 취소

(1) **의의** : 일단 제기한 고소의 법적 효력을 소멸시키는 법률행위적 소송행위를 말한다.

(2) **취소권자**

① 고소는 고소를 제기한 자만이 취소할 수 있다.

② 고유의 고소권자는 자신의 고소뿐 아니라 자신의 대리인(개별대리의 경우)이 행한 고소도 취소할 수 있다.

③ 고소의 대리행사권자는 고소권자의 수권이 없으면 고유의 고소권자 본인이 한 고소를 취소할 수는 없다. 다만, 피해자의 변호사는 모든 소송행위에 대한 포괄대리권을 가지므로 피해자를 대리하여 피고인에 대한 고소를 취소할 수 있다(2019도10678).

④ 고소취소 역시 법률행위적 소송행위이므로 고소취소를 위해서는 소송능력이 있어야 한다.

(3) **취소의 시기** : 고소취소 및 처벌희망 의사표시의 철회는 제1심판결선고 전까지 할 수 있음.

(4) **취소방식**

① 고소취소는 고소와 같이 서면 또는 구술로 할 수 있음.

② 고소취소는 공소제기 전에는 수사기관에, 공소제기 후에는 법원에 해야 함.

③ 고소취소의 대리도 허용

(5) **고소취소의 효과**

① 고소를 취소하면 고소권은 소멸함.

② 고소를 취소한 자는 다시 고소하지 못함.

③ 고소취소가 있으면 검사는 불기소처분(공소권 없음), 법원은 공소기각판결을 선고함.

> **판례**
>
> 1. 고소취소는 1심 판결선고 전까지 할 수 있으므로 항소심에서 공소장변경 또는 법원 직권에 의하여 비친고죄를 친고죄로 인정한 경우, 항소심에서의 고소취소는 친고죄에 대한 고소취소로서의 효력이 없다(96도1922).
> 2. 반의사불벌죄에 있어서 처벌을 희망하는 의사표시의 철회는 제1심판결 선고 전까지 이를 할 수 있으나, 항소심에 이르러 비로소 반의사불벌죄가 아닌 죄에서 반의사불벌죄로 공소장이 변경된 경우에는 항소심에서 처벌을 희망하는 의사표시를 철회할 수 없다(85도2518).

3. 항소심이 제1심의 공소기각 판결이 위법함을 이유로 제1심 판결을 파기하고 사건을 제1심으로 다시 환송한 경우, 종전의 제1심판결은 이미 파기되어 효력을 상실하였으므로 환송 후의 제1심판결 선고 전에는 고소취소의 제한사유가 되는 제1심판결 선고가 없는 경우에 해당한다. 환송 후의 제1심판결 선고 전에 고소가 취소되면 형사소송법 제327조 제5호에 의하여 판결로써 공소를 기각하여야 한다. ✘ 항소심이 제1심의 공소기각 판결이 위법함을 이유로 제1심 판결을 파기하고 사건을 제1심으로 다시 환송한 경우, 이미 제1심 판결이 한번 선고되었던 이상 파기환송 후 다시 진행된 제1심 절차에서 고소취소는 허용되지 않는다. ✕

4. 제1심 법원이 반의사불벌죄로 기소된 피고인에 대하여 소송촉진 등에 관한 특례법 제23조에 따라 피고인의 진술 없이 유죄를 선고하여 판결이 확정된 경우 피고인이 같은 법 제23조의2에 따른 재심청구를 한 경우에는 피해자는 재심의 제1심판결 선고 전까지 처벌을 희망하는 의사표시를 철회할 수 있다(2016도9470).

8. 고소의 포기

판례

친고죄에 있어서의 피해자의 고소권은 공법상의 권리라고 할 것이므로 법이 특히 명문으로 인정하는 경우를 제외하고는 자유처분을 할 수 없고 따라서 일단 한 고소는 취소할 수 있으나 고소 전에 고소권을 포기할 수 없다고 함이 상당할 것이다(67도471). ✘ 고소의 취소가 허용되는 이상 피해자가 장차 고소권을 행사하지 아니한다는 의사표시도 그 효력을 인정할 수 있다. ✕

2 고발

1. 일반범죄의 고발

(1) **의의**
① 고소권자나 범인 이외의 제3자가 수사기관에 범죄사실을 신고하여 범인의 처벌을 구하는 의사표시이다.
② 고발은 반드시 범인을 지적할 필요는 없고, 범인으로 지정한 자가 진범인이 아니더라도 고발의 효력에는 영향이 없다.

(2) **주체**
① 누구든지 범죄가 있다고 사료하는 때에는 고발할 수 있음.
② 공무원은 그 직무를 행함에 있어 범죄가 있다고 사료하는 때에는 고발해야 함.

(3) **제한**: 자기 또는 배우자의 직계존속은 고발하지 못함.

(4) **절차**
① 고발은 서면 또는 구술로써 검사 또는 사법경찰관에게 해야 함.
② 검사 또는 사법경찰관이 구술에 의한 고발을 받은 때에는 조서를 작성해야 함.
③ 고발의 기간에는 제한이 없음.
④ 고발은 이를 취소할 수 있고 취소한 후에도 재고발할 수 있음.
⑤ 고발의 대리 ✕

> **판례**

1. 고발인이 농지전용행위를 한 사람을 甲으로 잘못 알고 甲을 피고발인으로 하여 고발하였다고 하더라도 乙이 농지전용행위를 한 이상 乙에 대하여도 고발의 효력이 미친다(94도458).
2. 고발은 범죄사실에 대한 소추를 요구하는 의사표시로서 그 효력은 고발장에 기재된 범죄사실과 동일성이 인정되는 사실 모두에 미치므로, 범칙사건에 대한 고발이 있는 경우 그 고발의 효과는 범칙사건에 관련된 범칙사실의 전부에 미치고 한 개의 범칙사실의 일부에 대한 고발은 그 전부에 대하여 효력이 생긴다(2009도3282).
3. 동일한 부가가치세의 과세기간 내에 행하여진 조세포탈기간이나 포탈액수의 일부에 대한 조세포탈죄의 고발이 있는 경우 그 고발의 효력은 그 과세기간 내의 조세포탈기간 및 포탈액수 전부에 미친다(2009도3282).
4. 고발에 있어서는 이른바 고소·고발 불가분의 원칙이 적용되지 아니하므로, 고발의 구비 여부는 양벌규정에 의하여 처벌받는 자연인인 행위자와 법인에 대하여 개별적으로 논하여야 한다(2004도4066).

2. 즉시고발사건

(1) 공익성 추구

① 공무원은 직무상 범죄 발견 시 고발 의무

　　예 조세범처벌법 위반, 관세법 위반, 출입국관리법 위반 등

② 고발기간 제한 ×

③ 고발 취소 후 재고발도 가능

(2) 행정기관의 판단존중

① (고발 객관적 불가분 인정) 주관적 불가분은 인정될 여지없다.

　　예 공범 : 갑(고발), 을(봐주고), 병(통고처분) → 가능(재량)

② 즉시고발 이후의 통고처분은 무효 → 범칙금을 납부해도 기판력이 발생하지 않는다.

> **판례**

1. 검사의 불기소처분에는 확정재판에 있어서의 확정력과 같은 효력이 없어 일단 불기소처분을 한 후에도 공소시효가 완성되기 전이면 언제라도 공소를 제기할 수 있으므로, 세무공무원 등의 고발이 있어야 공소를 제기할 수 있는 조세범처벌법 위반죄에 관하여 일단 불기소처분이 있었더라도 세무공무원 등이 종전에 한 고발은 여전히 유효하다. 따라서 나중에 공소를 제기함에 있어 세무공무원 등의 새로운 고발이 있어야 하는 것은 아니다(2009도6614).
2. 지방국세청장 또는 세무서장이 조세범 처벌절차법 제17조 제1항에 따라 통고처분을 거치지 아니하고 즉시 고발하였다면 이로써 조세범칙사건에 대한 조사 및 처분 절차는 종료되고 형사사건 절차로 이행되어 지방국세청장 또는 세무서장으로서는 동일한 조세범칙행위에 대하여 더 이상 통고처분을 할 권한이 없다고 보아야 한다. 따라서 지방국세청장 또는 세무서장이 조세범칙행위에 대하여 고발을 한 후에 동일한 조세범칙행위에 대하여 통고처분을 하였다 하더라도, 이는 법적 권한 소멸 후에 이루어진 것으로서 특별한 사정이 없는 한 그 효력이 없고, 설령 조세범칙행위자가 이러한 통고처분을 이행하였다 하더라도 조세범 처벌절차법 제15조 제3항에서 정한 일사부재리의 원칙이 적용될 수 없다(2014도10748).

3 자수

1. 의의

범인 스스로 수사기관에 대하여 자기 범죄사실을 신고하여 소추를 구하는 의사표시

2. 자수의 방법

(1) 자수의 시기에는 제한이 없다.

(2) 자수의 방식과 자수에 대한 사법경찰관의 조치는 고소의 경우에 준한다(제240조).

(3) 제3자를 통한 자수도 가능

(4) 대리불가

관련기출지문 ‖‖

1. 피고인이 검찰의 소환에 따라 자진 출석하여 검사에게 범죄사실에 관하여 자백함으로써 형법상 자수의 효력이 발생하였다면, 그 후에 검찰이나 법정에서 범죄사실을 일부 부인하였다고 하더라도 일단 발생한 자수의 효력은 소멸하지 않는다. ✘ 검찰이나 법정에서 범죄사실을 일부 부인하였다면 일단 발생한 자수의 효력은 소멸한다. ✕

2. 수개의 범죄사실 중 일부에 관하여만 자수한 경우에는 그 부분 범죄사실에 대하여만 자수의 효력이 있다.

3. 신문지상에 혐의사실이 보도되기 시작하였는데도 수사기관으로부터 공식소환이 없으므로 자진출석하여 사실을 밝히고 처벌을 받고자 담당검사에게 전화를 걸어 조사를 받게 해달라고 요청하여 출석시간을 지정받은 다음 자진 출석하여 혐의사실을 인정하는 진술서를 작성한 경우 자수한 것으로 보아야 한다.

4. 세관 검색 시 금속탐지기에 의해 대마 휴대 사실이 발각될 상황에서 세관 검색원의 추궁에 의하여 대마 수입 범행을 시인한 경우, 자발성이 결여되어 자수에 해당하지 않는다. ✘ 자수에 해당한다. ✕

5. 수사기관의 직무상의 질문 또는 조사에 응하여 범죄사실을 진술하는 것은 자백일 뿐 자수가 되는 것은 아니다. ✘ 자수가 인정될 수 있다. ✕

6. 수사기관에의 신고 내용이 범행을 부인하는 등 범죄 성립요건을 갖추지 아니한 경우에는 자수가 성립하지 않고, 그 후 수사과정에서 범행을 시인하였다고 하더라도 새롭게 자수가 성립할 여지는 없다. ✘ 새롭게 자수가 성립될 여지가 있다. ✕

7. 범인이 수사기관에 뇌물수수의 범죄사실을 자발적으로 신고하였으나 특정범죄 가중처벌 등에 관한 법률의 적용을 피하기 위해 그 수뢰액을 실제보다 적게 신고하였다면 자수가 성립하지 아니한다. ✘ 자수가 성립한다. ✕

8. 사법경찰관이 자수를 받은 때에는 신속히 조사하여 관계서류와 증거물을 검사(관할 법원✕)에게 송부하여야 한다.

9. 피고인이 자수하였다고 하더라도 자수한 자에 대하여는 법원이 임의로 형을 감경할 수 있음에 불과한 것으로서, 원심이 자수감경을 하지 아니하였다거나 자수감경 주장에 대하여 판단을 아니하였다 하여 위법하다고 할 수 없다.

제4절 임의수사

1 임의수사와 강제수사

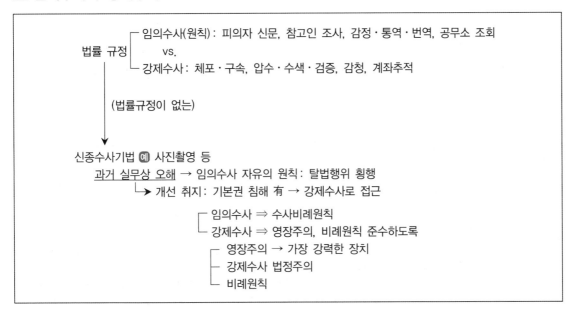

법률 규정 ┬ 임의수사(원칙) : 피의자 신문, 참고인 조사, 감정·통역·번역, 공무소 조회
          │   vs.
          └ 강제수사 : 체포·구속, 압수·수색·검증, 감청, 계좌추적

          (법률규정이 없는)
          ↓

신종수사기법 예 사진촬영 등
  과거 실무상 오해 → 임의수사 자유의 원칙 : 탈법행위 횡행
    └→ 개선 취지 : 기본권 침해 有 → 강제수사로 접근
        ┬ 임의수사 ⇒ 수사비례원칙
        └ 강제수사 ⇒ 영장주의, 비례원칙 준수하도록
          ┬ 영장주의 → 가장 강력한 장치
          ├ 강제수사 법정주의
          └ 비례원칙

2 강제수사의 규제

1. 강제수사법정주의

(1) 강제수사는 법률에 규정이 있는 경우에 한한다는 원칙을 말한다(제199조① 단서).

(2) 신종수사기법이 설령 법률에 규정되어 있지 않더라도 그것이 실질설 또는 적법절차기준설에 따라 강제수사로 파악된다면 강제수사에 관한 헌법과 형사소송법의 제한을 준수해야 한다는 의미로 해석

2. 영장주의

(1) 검사의 청구로 법관이 발부한 영장 → 검사만 청구 가능, 사경은 청구 불가능

(2) 영장제시(원본 또는 정본 ○, 사본 ×) / 미란다 고지 → 방어권 측면

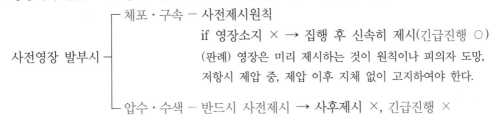

사전영장 발부시 ┬ 체포·구속 − 사전제시원칙
              │   if 영장소지 × → 집행 후 신속히 제시(긴급진행 ○)
              │   (판례) 영장은 미리 제시하는 것이 원칙이나 피의자 도망,
              │   저항시 제압 중, 제압 이후 지체 없이 고지하여야 한다.
              └ 압수·수색 − 반드시 사전제시 → 사후제시 ×, 긴급진행 ×

(3) **일반영장 금지** : 예 이 사건 관련된 증거물 일체… → 무효

3. 비례성의 원칙

강제처분은 목적달성에 적합해야 하고, 필요 최소한도에 그쳐야 한다는 원칙을 말한다(제199조① 단서).

3 임의수사와 강제수사의 한계영역

임의수사에 해당하는가, 강제수사에 해당하는가에 관해 논란이 있는 문제로 임의동행, 도청, 사진촬영, 거짓말탐지기, 보호실유치, 승낙수색, 마취분석 등이 있다.

1. 수사상 임의동행

(1) **의의**: 수사기관이 피의자(신원확인 + 혐의 有) 동의를 얻어 수사기관까지 동행하는 것

(2) **판단기준**: 오로지 피의자의 자발적인 의사에 의하여 수사관서 등에의 동행이 이루어졌음이 객관적인 사정에 의하여 명백하게 입증된 경우에 허용

> **판례**
>
> 1. 사법경찰관이 피고인을 수사관서까지 동행한 것이 임의성이 결여되어 사실상의 강제연행, 즉 불법체포에 해당하는 경우 불법체포로부터 6시간 상당이 경과한 후에 이루어진 긴급체포 또한 위법하다(2005도6810).
> 2. 경찰관직무집행법 제4조 제1항 제1호의 보호조치 요건이 갖추어지지 않았음에도, 경찰관이 실제로는 범죄수사를 목적으로 피의자에 해당하는 사람을 위 조항의 피구호자로 삼아 그의 의사에 반하여 경찰관서에 데려간 행위는, 달리 현행범체포나 임의동행 등의 적법 요건을 갖추었다고 볼 사정이 없다면, 위법한 체포에 해당한다고 보아야 한다(2012도1162).
> 3. 피고인이 경찰관으로부터 음주측정을 위해 경찰서에 동행할 것을 요구받고 자발적인 의사에 의해 순찰차에 탑승하였고, 경찰서로 이동하던 중 하차를 요구한 바 있으나 그 직후 경찰관으로부터 수사 과정에 관한 설명을 듣고 경찰서에 빨리 가자고 요구하였으므로, 피고인에 대한 임의동행은 피고인의 자발적인 의사에 의하여 이루어졌고, 그 후에 이루어진 음주측정결과는 증거능력이 있다고 판단하였다. 관련 법리와 기록에 의하여 살펴보아도, 원심의 위와 같은 판단에 피고인의 상고이유 주장과 같이 임의동행의 적법성과 위법수집증거 배제의 법칙에 관한 법리를 오해한 잘못이 없다(대판 2016.09.28. 2015도2798).

2. 보호실 유치

(1) 보호실 유치에는 피의자의 의사에 반하는 강제유치와 피의자의 승낙을 받아 유치시키는 승낙유치가 있다.

(2) 강제유치는 실질적으로 구금에 해당하므로 영장 없이 보호실에 구금하는 것은 불법구금에 해당한다(통설·판례).

(3) 승낙유치(동의에 의한 유치)에 대해서는 임의수사의 방법으로 허용된다고 볼 여지도 있다. 그러나 통설은 승낙유치를 임의수사로 허용하게 되면 체포·구속제도를 엄격히 설정한 취지를 잠탈하므로 승낙유치 역시 불법구금으로 보고 있다. → 수사상 승낙 유치 ×

(4) 판례도 같은 취지에서 구속영장 없이 피의자를 보호실에 유치하는 것은 영장주의에 위배되는 위법한 구금이라고 판시하였다(93도958).

(5) **보호실 유치**
① 행정법상 즉시 강제에 해당되어 영장주의 적용 ×
② 비례의 원칙으로 통제(보충성 원칙) → 보호자 있으면 보호실유치 불가(원칙)

> **판례**
>
> 1. 수사기관이 수사의 필요상 피의자를 임의 동행한 경우에도 조사 후 귀가시키지 아니하고 그의 의사에 반하여 경찰서 보호실 등에 계속 유치함으로써 신체의 자유를 속박하였다면 이는 구금에 해당한다(85모16).
> 2. 즉결심판 피의자의 정당한 귀가요청을 거절한 채 다음날 즉결심판법정이 열릴 때까지 피의자를 경찰서 보호실에 강제유치시키려고 함으로써 피의자를 경찰서 내 즉결피의자 대기실에 10~20분 동안 있게 한 행위는 불법한 감금행위에 해당한다(97도877).
> 3. 응급구호가 필요한 자살기도자를 영장 없이 24시간을 초과하지 아니하는 범위에서 경찰서에 설치되어 있는 보호실에 유치한 것은 위법한 강제수사가 아니다(2012도1162).

3. 임의제출물 등의 압수, 승낙 수색·검증

§218 영장주의 예외 → 강제수사, 사전·사후 영장 불요

(1) 임의제출물이나 유류물은 영장 없이도 압수가 가능하다.

(2) 수색과 검증은 인신구속이나 압수와는 달리 당사자의 기본권을 침해하는 정도가 약하고 형사소송법상 임의제출물의 압수에 대하여도 영장을 요하지 않는 취지에 비추어, 당사자가 명백히 동의·승낙한 경우라면 임의수사로서 부정할 필요가 없다고 본다.

4. 거짓말 탐지기에 의한 검사

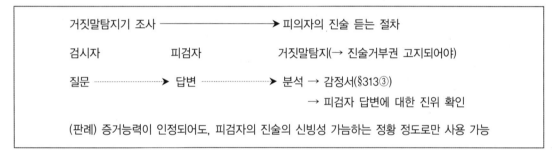

> **판례**
>
> 거짓말탐지기의 검사결과는 검사를 받는 사람이 검사를 받음에 동의하에 이루어졌다는 전제조건하에, 검사를 받는 사람의 진술의 신빙성을 가늠하는 정황증거로 사용될 수 있다(87도968).

5. 사진촬영 / 마취분석

(1) 수사기관의 사진촬영 → 현·필·긴·상은 영장 없이 사진촬영 가능

대법원은 영남위원회사건에서 초상권을 공익목적상 제한할 수 있다고 하면서 ① 현재 범행이 행하여지고 있거나 행하여진 직후이고(범행의 현재성), ② 증거보전의 필요성 내지 긴급성이 있으며(증거보전의 필요성·긴급성), ③ 일반적으로 허용되는 상당한 방법(방법의 상당성)에 의하여 촬영한 경우라면 영장 없이 피의자에 대한 비디오촬영을 할 수 있다고 판시하였고(대판 1999.09.03. 99도2317), 같은 취지에서 무인장비에 의한 제한속도위반차량의 사진촬영(대판 1999.12.07. 98도3329)이나 수사기관이 외국에서 피고인과 북한공작원이 만나는 장면을 영장 없이 몰래 촬영한 사진도 위법이라 할 수 없다고 보았다(대판 2013.07.26. 2013도2511).

(2) 마취분석 → 절대적으로 금지

4 임의수사의 방법

1. 피의자 신문

(1) **의의**: 수사기관이 피의자의 출석을 요구하여 그 진술을 듣는 절차(임의수사)

(2) **신문의 방법**

① 출석요구: 제한이 없음. 피의자는 출석요구에 응할 의무가 없고 언제든지 퇴거 가능

> **판례**
>
> 적법하게 구금된 피의자가 피의자신문을 위한 출석요구에 응하지 아니하면서 수사기관 조사실에의 출석을 거부한다면 수사기관은 그 구속영장의 효력에 의하여 피의자를 조사실로 구인할 수 있다(2013도160).

② 피의자신문 전 고지사항(진술거부권 등 고지)

　㉠ 고지사항 ≪일·개·유·불·변≫
　　- 일체의 진술을 하지 아니하거나 개개의 질문에 대하여 진술을 하지 아니할 수 있다는 것
　　- 진술을 거부할 권리를 포기하고 행한 진술은 법정에서 유죄의 증거로 사용될 수 있다는 것
　　- 진술을 하지 아니하더라도 불이익을 받지 아니한다는 것
　　- 신문을 받을 때에는 변호인을 참여하게 하는 등 변호인의 조력을 받을 수 있다는 것

　㉡ 조서기재: 피의자의 답변을 조서에 기재하여야 한다.

　㉢ 불고지 효과: 진술의 임의성이라도 증거능력 부정

(3) **신문사항**

① 인정신문: 피의자임을 확인. 인정신문시에도 진술을 거부할 수 있음.

② 피의자신문사항 및 대질

　㉠ 범죄사실과 정상에 관한 필요한 사항

　㉡ 이익이 되는 사실을 진술할 기회를 주어야 함.

　㉢ 사실발견에 필요한 때에는 대질신문도 가능

③ 피의자신문시의 참여자: 검사가 피의자를 신문할 때에는 검찰청수사관, 사법경찰관이 피의자를 신문할 때에는 사법경찰관리를 참여하게 해야 함.

④ 변호인의 참여권

　㉠ 의의: 검사 또는 사법경찰관은 피의자 또는 그 변호인·법정대리인·배우자·직계친족·형제자매의 신청에 따라 변호인을 피의자와 접견하게 하거나 정당한 사유가 없는 한 피의자에 대한 신문에 참여하게 해야 함.

　　기출 … 신청에 따라 피의자신문에 참여하게 할 수 있다(X).

　　기출 형사소송법은 구속·불구속 피의자의 신문시 변호인 또는 변호인이 되려는 자의 참여권을 인정하고 있다(X).

　　기출 검사 또는 사법경찰관은 피의자 또는 그 변호인·법정대리인·배우자·직계친족·형제자매·고용주의 신청에 따라 변호인을 피의자와 접견하게 하거나 정당한 사유가 없는 한 신문에 참여하게 하여야 한다(X).

　　기출 변호인의 피의자신문참여권은 피의자의 방어권을 보장하기 위한 본질적 권리로서 어떠한 경우에도 제한할 수 없다(X).

✤ 참여제한 : 정당한 사유가 있는 경우 제한 가능(신문방해, 기밀누설)

판례

1. 변호인이 피의자신문에 자유롭게 참여할 수 있는 권리는 피의자가 가지는 변호인의 조력을 받을 권리를 실현하는 수단이므로 헌법상 기본권인 변호인의 변호권으로서 보호되어야 한다. 피의자신문에 참여한 변호인이 피의자 옆에 앉는다고 하여 피의자 뒤에 앉는 경우보다 수사를 방해할 가능성이 높아진다거나 수사기밀을 유출할 가능성이 높아진다고 볼 수 없으므로, 이 사건 후방착석 요구행위의 목적의 정당성과 수단의 적절성을 인정할 수 없다. 따라서 이 사건 후방착석요구행위는 변호인인 청구인의 변호권을 침해한다(2016헌마503).
2. 수사기관이 피의자신문을 하면서 위와 같은 정당한 사유가 없는데도 변호인에 대하여 피의자로부터 떨어진 곳으로 옮겨 앉으라고 지시를 한 다음 이러한 지시에 따르지 않았음을 이유로 변호인의 피의자신문 참여권을 제한하는 것은 허용될 수 없다(2008모793).

ⓛ 참여 변호인 지정 : 참여변호인이 2인 이상인 때는 피의자가 참여할 변호인 1인을 지정. 지정이 없을 경우 검사 또는 사법경찰관이 지정할 수 있다.

> 기출 피의자 신문에 참여하고자 하는 변호인이 2인 이상인 경우 검사는 피의자의 의견을 물어 신문에 참여할 변호인을 지정하여야 한다(X).
> 기출 피의자 신문에 참여하고자 하는 변호인이 2인 이상인 때에는 피의자가 신문에 참여할 변호인 1인을 지정하고, 지정이 없는 경우에는 검사 또는 사법경찰관이 이를 지정하여야 한다(X).
> 기출 신문 시에 참여하고자 하는 변호인이 2인 이상인 때에는 검사 또는 사법경찰관이 참여할 변호인 1인을 지정하고, 지정이 없는 경우에는 피의자가 직접 지정할 수 있다(X).

ⓒ 신문방법 : 신문에 참여한 변호인은 신문 후 의견을 진술할 수 있음. 다만, 신문 중이라도 부당한 신문방법에 대하여 이의를 제기할 수 있고, 검사 또는 사법경찰관의 승인을 얻어 의견을 진술할 수 있음.

> 기출 변호인은 검사나 사법경찰관의 승인이 없더라도 신문 중에 의견을 진술할 수 있다(X).
> 기출 피의자에 의해 선임된 변호인은 수사기관에 의한 피의자 신문 도중이라도 부당한 신문 방법에 대하여 이의를 제기할 수 있고, 자유롭게 개입하여 자신의 의견을 진술할 수 있다(X).

ⓔ 조서의 작성 : 검사 또는 사법경찰관은 변호인의 신문참여 및 그 제한에 관한 사항을 피의자신문조서에 기재하여야 한다.

> 기출 기재할 수 있다(X).

변호인의 의견이 기재된 피의자신문조서는 변호인에게 열람하게 한 후 변호인으로 하여금 그 조서에 기명날인 또는 서명하게 하여야 함.

ⓜ 준항고 : 변호인 참여 제한이나 퇴거 처분에 대해서 준항고로 불복 가능

§417 수사상 준항고 → 구금, 압수·압수물 환부, 변호인 참여
   ┌ 기간제한 × (이익이 있는 동안)
   └ 집행정지효 × → 계속 피의자 신문
                  if 인용 → 피의자신문조서는 위수증

⑤ 신뢰관계 있는 자의 동석 : 직권 또는 피의자, 법정대리인의 신청에 따라야 함.

㉠ 피의자가 신체적 또는 정신적 장애로 사물을 변별하거나 의사를 결정·전달할 능력이 미약한 때 동석할 수 있다.

> 기출 동석하여야 한다(X).

ⓛ 피의자의 연령·성별·국적 등의 사정을 고려하여 그 심리적 안정의 도모와 원활한 의사소통을 위하여 필요한 때 동석할 수 있다.

기출 동석하여야 한다(X).

판례

동석을 허락할 것인지는 원칙적으로 검사 또는 사법경찰관이 피의자의 건강 상태 등 여러 사정을 고려하여 재량에 따라 판단하여야 할 것이나, 이를 허락하는 경우에도 동석한 사람으로 하여금 피의자를 대신하여 진술하도록 하여서는 안 된다. 만약 동석한 사람이 피의자를 대신하여 진술한 부분이 조서에 기재되어 있다면 그 부분은 피의자의 진술을 기재한 것이 아니라 동석한 사람의 진술을 기재한 조서에 해당하므로, 그 사람에 대한 진술조서로서의 증거능력을 취득하기 위한 요건을 충족하지 못하는 한 이를 유죄 인정의 증거로 사용할 수 없다(2009도1322).

(4) 피의자 진술의 영상녹화

① **의의** : 수사상 영상녹화물이란 피의자 또는 참고인의 진술내용과 영상을 녹화한 매체를 말한다.

② **절차**

ⓐ **사전고지** : 피의자의 진술은 영상녹화할 수 있으며, 이 경우 미리 영상녹화사실을 알려주어야 한다.

기출 …미리 영상녹화를 알려주고 동의를 받아야 한다(X).

기출 …피의자, 참고인의 진술은 동의하에 영상녹화한다(X).

ⓑ **전과정·객관적 정황의 녹화** : 피의자진술의 영상녹화는 조사의 개시부터 종료까지의 전 과정 및 객관적 정황을 영상녹화하여야 한다.

ⓒ **봉인 및 피의자의 기명날인 또는 서명** : 피의자진술의 영상녹화가 완료된 때에는 피의자 또는 변호인 앞에서 지체 없이 그 원본을 봉인하고 피의자로 하여금 기명날인 또는 서명하게 하여야 한다.

ⓓ **시청 및 이의진술** : 봉인시 피의자 또는 변호인의 요구가 있는 때에는 영상녹화물을 재생하여 시청하게 하여야 한다. 이 경우 그 내용에 대하여 이의를 진술하는 때에는 그 취지를 기재한 서면을 첨부하여야 한다.

기출 따로 영상녹화한다(X).

ⓔ 영상녹화물은 조서의 진정성립 등의 증명방법으로 사용될 수 있고 또한 피고인이 진술함에 있어서 기억이 명백하지 아니한 사항에 관하여 기억환기용 수단으로 사용될 수 있음.

기출 영상녹화물은 본증이나 탄핵증거로 사용할 수 있다(X).

기출 사법경찰관 작성 피의자신문조서에 대하여 피의자였던 피고인이 내용을 부인하더라도 영상녹화물의 재생을 통해 증거능력을 인정할 수 있다(X).

2. 참고인 조사

⑴ **의의**: 수사기관이 수사에 필요한 때에 피의자 아닌 자의 출석을 요구하여 진술을 듣는 임의수사

⑵ **절차**

① 출석·진술강요의 금지: 참고인은 강제로 소환 내지 구인을 당하지 않으며 진술의무도 없다. 따라서 참고인에게는 진술거부권을 고지할 필요가 없다.

② 조사 및 기록: 참고인을 조사하는 과정에서는 다른 사법경찰관리가 참여하지 않아도 무방하다. 그러나, 참고인을 조사하는 경우에도 피의자신문과 마찬가지로 수사과정을 기록해야 한다 (제244조의4③).

③ 참고인 진술의 영상녹화: 검사 또는 사법경찰관은 참고인의 동의를 받아 참고인진술을 영상녹화할 수 있다(제221조①). 참고인의 진술에 대한 영상녹화물은 참고인 진술조서의 진정성립 등의 입증(제312조④)과 증언시 기억환기용(제318조의2②)으로 사용할 수 있다.

④ 신뢰관계에 있는 자의 동석 《불가·쌈미해》

㉠ 참고인이 현저하게 불안 또는 긴장을 느낄 우려가 있다고 인정되는 경우 동석하게 할 수 있음.

㉡ 범죄로 인한 피해자가 13세 미만이거나 신체적 또는 정신적 장애로 사물을 변별하거나 의사를 결정할 능력이 미약한 경우 동석하게 해야 함.

3. 기타 임의수사

⑴ **감정 등 위촉**: 검사 또는 사법경찰관은 수사에 필요한 때에는 감정·통역·번역을 위촉할 수 있음.

⑵ **공무소 조회**: 수사에 관하여 공무소 기타 공사 단체에 조회하여 필요한 사항의 보고를 요구할 수 있음.

제5절 체포와 구속

1 체포영장에 의한 체포(제200조의2)

1. 요건

(1) 혐의 상당성 → 범죄 혐의의 상당성(객관적 혐의[5])

(2) 체포사유 → 출석불응 or 우려   기출 증거인멸(X)

(3) 체포의 필요성 = 구속사유《도·인》┌ 도망 또는 도망의 염려
                                  └ 증거인멸의 염려

※ 상당성과 체포사유 존재 시 영장발부 → if 체포 필요성이 없으면 예외적으로 기각

■ 경미범죄의 특칙 - 다액 50만원 이하, 벌금·구류·과료
  ┌ 영장에 의한 체포 → 주거부정 + 출석 불응 시   기출 불응 우려(X)
  └ 현행범 체포, 구속 → 주거부정시에 한정

2. 절차

(1) **체포영장 신청 및 발부**

① 검사는 판사에게 청구하여 체포영장을 발부받아야 함. 사법경찰관은 검사에게 신청하여 검사의 청구로 판사가 영장을 발부함.

   기출 사법경찰관리는 검사의 승인을 얻어 관할 지방법원판사에게 체포영장을 청구할 수 있다(X).

② 동일한 범죄사실에 관하여 그 피의자에 대하여 전에 체포영장을 청구하였거나 발부받은 사실이 있는 때에는 다시 체포영장을 청구하는 취지 및 이유를 기재하여야 함.

   기출 다시 체포영장에 의한 체포를 할 수 없다(X).

③ 판사는 상당하다고 인정할 때에는 체포영장을 발부함. 다만, 명백히 체포의 필요가 인정되지 아니하는 경우에는 기각

④ 판사가 피의자를 심문하는 것은 허용되지 않음.

⑤ 영장 발부 또는 기각 결정에 대해서는 불복 불가

(2) **체포영장 집행**

① **검사의 지휘**: 검사의 지휘에 의하여 사법경찰관리가 집행하며, 교도소 또는 구치소에 있는 피의자에 대하여 발부된 체포영장은 검사의 지휘에 의하여 교도관이 집행한다.

   기출 교도소에 있는 피의자에 대하여 발부된 체포영장은 교도소장의 지휘하에 교도관이 집행한다(X).

② **범죄사실 등 고지**《변·기·사·유》→ 변호인선임권 등을 고지, 변명할 기회를 주어야, 피의사실의 요지, 체포이유를 고지하지 않고 체포할 수 없음.

   기출 진술거부권 고지(X)

   if 도망·저항시 제압 중 or 직후에 지체 없이 고지 → 단, 애초부터 미란다 원칙을 체포 후 고지할 생각으로 체포는 위법

③ **영장제시·교부**: 체포영장을 집행함에는 피의자에게 이를 제시하여야 함. 다만, 급속을 요하는 때에는 집행 후에 영장을 제시할 수 있음. if 영장소지 × → 긴급집행허용

---

5) 무죄의 추정을 깨뜨릴 수 있을 정도의 유죄판결에 대한 고도의 개연성

④ **체포통지**: 지체 없이 반드시 서면으로(규칙 - 24시간 이내)

    ┌ 변호인이 있는 경우 → 변호인

    ├ 변호인이 없는 경우 → ≪형·법·배·직≫ (형제자매, 법정대리인, 배우자, 직계혈족) 중
    │   피의자가 지정하는 자

    └ 통지대상이 없는 경우 → 그 취지를 기재한 서면을 수사기록에 편철

⑤ **체포 후 조치**: 체포한 피의자를 구속 시 체포한 때로부터 48시간 이내 청구 → 48시간 이내 구속영장을 청구하면 족하고 구속영장이 발부될 것을 요하지 않음.

  기출 48시간 이내에 구속영장을 발부받지 못한 경우에 즉시 그를 석방하여야 한다(X).

⑥ **석방**: 48시간 내에 구속영장을 청구하지 아니하거나 구속영장을 발부받지 못한 때에는 피의자를 즉시 석방해야 함.

  기출 법정기간 내에 석방하여야 한다(X).

⑦ **법원통지**: 체포영장의 발부를 받은 후 피의자를 체포하지 아니하거나 체포된 피의자를 석방한 때에는 지체 없이 검사는 영장을 발부한 법원에 그 사유를 서면으로 통지

2 긴급체포

1. 요건과 판단기준

1. 중 → 범죄의 중대성 : 사형, 무기, <u>장기 3년 이상</u>

2. 상 → 객관적 혐의

3. 필 → 체포의 필요성 = 구속사유 《도·인》
　　　　도망 또는 도망의 염려
　　　　증거인멸의 염려

4. 긴 → 긴급성 : 체포영장을 발부받을 시간적 여유가 없을 때

※ 4가지 요건이 모두 갖추어야 긴급체포 가능

■ 판단기준

체포 당시의 상황을 기초로 판단　　　+　　　수사주체의 상당한 재량 인정
　　　　↓　　　　　　　　　　　　　　　　　↓
사후에 밝혀진 사정 X　　　　　　　　　　제3자의 관점 X

if. 현저히 재량 일탈 → 위법 → 그 기간 중 작성된 피신조서는 위·수·증

2. 절차

(1) **범죄사실 등 고지** : 《변·기·사·유》 (변호인선임권 등을 고지, 변명할 기회를 주어야, 피의사실의 요지, 체포이유를 고지하지 않고 체포할 수 없음.)

(2) **긴급체포서 작성** : 긴급체포 즉시 긴급체포서 작성(범죄사실요지, 긴급체포 사유 등 기재)

(3) **긴급체포의 승인** : 사법경찰관이 긴급체포한 경우 즉시 검사의 승인을 얻어야 함.
　　　기출 검사는 법원으로부터 즉시 긴급체포에 대하여 사후 승인을 받아야 한다(X).
　　　기출 48시간 이내(X)

(4) **체포통지** : 지체 없이 서면으로(규칙 - 24시간 이내)
　　┌ 변호인이 있는 경우 → 변호인
　　├ 변호인이 없는 경우 → 《형·법·배·직》 (형제자매, 법정대리인, 배우자, 직계혈족) 중
　　│ 피의자가 지정하는 자
　　└ 통지대상이 없는 경우 → 그 취지를 기재한 서면을 수사기록에 편철

⑸ **체포 후 조치**

① 체포한 피의자를 구속 시 지체 없이(늦어도 48시간 이내 청구) 구속영장 청구

② 검사는 구속영장을 청구하지 아니하고 피의자를 석방한 경우 → 석방한 날부터 30일 이내에 서면으로 다음 사항을 법원에 통지해야 함. `기출` 지체 없이(X)

③ 사법경찰관은 긴급체포한 피의자에 대하여 구속영장을 신청하지 아니하고 석방한 경우에는 즉시 검사에게 보고해야 함.

⑹ **서류 열람·등사** : 긴급체포 후 석방된 자 또는 그 변호인·법정대리인·배우자·직계친족·형제자매는 통지서 및 관련 서류를 열람하거나 등사할 수 있음.

⑺ **재체포의 제한** : 긴급체포되었다가 석방된 피의자는 영장 없이는 동일한 범죄사실에 대하여 다시 체포하지 못함.

`기출` 다른 중요한 증거를 발견한 경우를 제외하고는 동일한 범죄사실로 다시 체포하지 못한다(X).

`판례`

1. 긴급체포의 요건을 갖추었는지 여부는 사후에 밝혀진 사정을 기초로 판단하는 것이 아니라 체포 당시의 상황을 기초로 판단하여야 하고, 이에 관한 검사나 사법경찰관 등 수사주체의 판단에는 상당한 재량의 여지가 있다고 할 것이나, 긴급체포 당시의 상황으로 보아서도 그 요건의 충족 여부에 관한 검사나 사법경찰관의 판단이 경험칙에 비추어 현저히 합리성을 잃은 경우에는 그 체포는 위법한 체포라 할 것이다(2000도5701).

2. 도로교통법위반 피의사건에서 기소유예 처분을 받은 재항고인이 그 후 혐의 없음을 주장함과 동시에 수사경찰관의 처벌을 요구하는 진정서를 검찰청에 제출함으로써 이루어진 진정사건을 담당한 검사가, 재항고인에 대한 위 피의사건을 재기한 후 담당검사인 자신의 교체를 요구하고자 부장검사 부속실에서 대기하고 있던 재항고인을 위 도로교통법위반죄로 긴급체포하여 감금한 경우, 그 긴급체포는 형사소송법이 규정하는 긴급체포의 요건을 갖추지 못한 것으로서 당시의 상황과 경험칙에 비추어 현저히 합리성을 잃은 위법한 체포에 해당한다(2002모81).

3. 참고인조사를 받는 줄 알고 검찰청에 자진출석한 참고인에 대하여 피의자신문을 행하려는 수사기관의 행위에 대해 참고인이 거부하고 바로 퇴거하려고 시도하자 수사기관이 긴급체포한 행위는 위법하며, 이에 참고인의 저항행위는 정당하다. 검사가 참고인 조사를 받는 줄 알고 검찰청에 자진출석한 A변호사 사무실 사무장을 합리적 근거 없이 긴급체포하자 A변호사가 이를 제지하는 과정에서 위 검사에게 상해를 가한 것은 정당방위에 해당한다(2006도148).

4. A가 필로폰을 투약한다는 제보를 받은 경찰관이 제보된 주거지에 A가 살고 있는지 등 제보의 정확성을 사전에 확인한 후에 제보자를 불러 조사하기 위하여 A의 주거지를 방문하였다가, 현관에서 담배를 피우고 있는 A를 발견하고 사진을 찍어 제보자에게 전송하여 사진에 있는 사람이 제보한 대상자가 맞다는 확인을 한 후, 가지고 있던 A의 전화번호로 전화를 하여 차량 접촉사고가 났으니 나오라고 하였으나 나오지 않고, 또한 경찰관임을 밝히고 만나자고 하는데도 현재 집에 있지 않다는 취지로 거짓말을 하자 A의 집 문을 강제로 열고 들어가 A를 긴급체포한 경우, A에 대한 긴급체포는 위법하다(2016도5814).

판례

1. 사법경찰관이 검사에게 긴급체포된 피의자에 대한 긴급체포 승인 건의와 함께 구속영장을 신청한 경우, 검사에 의한 구속영장 청구 전 피의자 대면조사는 긴급체포의 합당성이나 구속영장 청구에 필요한 사유를 보강하기 위한 목적으로 실시될 수 없다. ✘ 있다. ×

2. 피의자에 대한 긴급체포의 적법성 여부를 심사하기 위하여 검사가 구속영장청구 전에 긴급체포된 피의자의 대면조사를 요구하였다면, 사법경찰관리는 피의자가 동의한 때에 한하여 사법경찰관리는 피의자를 검찰청으로 호송하여야 한다. ✘ <u>피의자의 동의여부에 관계없이 피의자를 검찰청으로 호송하여야 한다.</u> ×

3. 검사가 구속영장 청구 전 피의자를 대면 조사하기 위하여 사법경찰관리에게 피의자를 검찰청으로 호송할 것을 명하였더라도 피의자는 이에 응할 의무가 없다(2008도11999).

---

③ 현행범 체포

1. 대상

(1) 현행범인 → 범죄의 실행 중 또는 실행 직후인 자

(2) 준현행범인 → ≪호 · 신 · 도 · 장≫

　① 범인으로 호창되어 추적되고 있는 때

　② 신체 또는 의복류에 현저한 증적이 있는 때

　③ 누구임을 물음에 대하여 도망하려 하는 때 → 불심검문 불응 + 도주

　④ 장물이나 범죄에 사용된 흉기 등을 소지하고 있는 때

2. 요건

(1) 명 → 범인 · 범죄의 명백성 : 체포하는 자의 관점, 체포 당시 사정 기준

(2) 필 → 필요성 : ≪도 · 인≫ (도망 또는 증거인멸의 염려)

(3) 비 → 비례성

■ 경미범죄의 특칙 – 다액 50만원 이하, 벌금 · 구류 · 과료
　주거가 분명하지 아니한 때

3. 절차

(1) **주체** : 누구든지 현행범 체포 가능

　① 검사, 사경 관리

　② 사인이 체포한 경우

　　㉠ 미란다 고지 필요 ×, 인도받은 수사기관이 미란다 원칙 고지

　　㉡ 사인이 체포한 현행범인을 인도하지 않고 석방하는 것은 허용되지 않음. 즉시 검사, 사경관리에게 인도해야 함.

　　㉢ 사법경찰관리가 현행범인의 인도를 받은 때에는 체포자의 성명 · 주거 · 체포의 사유를 물어야하고, 필요한 때에는 체포자에 대하여 경찰관서에 동행할 것을 요구할 수 있음.

(2) 체포통지

┌ 체포통지 : 지체 없이 서면으로(규칙 - 24시간 이내)
├ 변호인이 있는 경우 → 변호인
├ 변호인이 없는 경우 → ≪형·법·배·직≫ (형제자매, 법정대리인, 배우자, 직계혈족) 중
│   피의자가 지정하는 자
└ 통지대상이 없는 경우 → 그 취지를 기재한 서면을 수사기록에 편철

(3) 체포 후 조치

① 수사기관이 현행범 체포 후 구속 시 → 체포된 때부터 48시간 이내 구속영장 청구
② 사인이 현행범 체포 후 구속 시 → 수사기관이 인도받은 때로부터 48시간 이내 구속영장 청구
③ 구속영장을 청구하지 아니하거나 발부받지 못한 때에는 피의자를 즉시 석방해야 함(검사 지휘 ×).

판례 현행범 체포가 적법한 경우

1. 무학여고 앞길에서 싸움을 한 지 10분밖에 지나지 않았고, 체포장소도 범행현장에 인접한 위 학교 운동장인 이었고, 피해자 친구가 112 신고를 하고 나서 피고인이 도주하는지 여부를 계속 감시하고 있었던 경우 현행범체포로서 적법한 공무집행에 해당한다(93도926).
2. 술에 취한 피고인이 목욕탕 탈의실에서 피해자를 구타하고 약 1분여 동안 피해자의 목을 잡고 있다가 (상해) 그곳에 있던 다른 사람들이 말리자 잡고 있던 피해자의 목을 놓은 후 위 목욕탕 탈의실 의자에 앉아 있다가 옷을 입고 있던 중 경찰관이 현행범을 체포한 경우 현행범체포는 적법하다(2005도7158).
3. 순찰 중이던 경찰관이 교통사고를 낸 차량이 도주하였다는 무전연락을 받고 주변을 수색하였다가 범퍼 등의 파손상태로 보아 사고차량으로 인정되는 차량에서 내리는 사람을 발견한 경우, 형사소송법 제211조 제2항 제2호 소정의 '장물이나 범죄에 사용되었다고 인정함에 충분한 흉기 기타의 물건을 소지하고 있은 때'에 해당하므로 준현행범으로서 영장 없이 체포할 수 있다(99도4341).
4. 차를 손괴하고 도망하려는 자를 체포함에 있어 멱살을 잡고 흔들어 피해자에게 전치 14일의 흉부찰과상을 입게 된 사실이 인정되더라도 그것은 사회통념상 허용되는 행위라고 볼 것이므로 현행범에 대한 체포는 정당하다(98도3029).

판례 현행범 체포가 위법한 경우

1. 교사가 교장실에 들어가 불과 약 5분 동안 식칼을 휘두르며 교장을 협박하는 등의 소란을 피운 후 40여 분 정도가 지나 경찰관들이 출동하여 교장실이 아닌 서무실에서 그를 연행하려 하자 그가 구속영장의 제시를 요구하면서 동행을 거부하였다면, 체포 당시 서무실에 앉아 있던 위 교사가 방금 범죄를 실행한 범인이라는 죄증이 경찰관들에게 명백히 인식될 만한 상황이었다고 단정할 수 없는데도 이와 달리 그를 "범죄의 실행의 즉후인 자"로서 현행범인이라고 단정한 원심판결에는 현행범인에 관한 법리오해의 위법이 있다(91도1314).
2. 주민의 신고를 받고 현장에 도착했을 때에는 이미 싸움이 끝난 상태였다면 현행범 내지는 준현행범이 아니므로 이를 체포하였다면 적법한 공무집행이 아니다(89도1934).
3. 피고인이 경찰관의 불심검문을 받아 운전면허증을 교부한 후 경찰관에게 큰 소리로 욕설을 하였는데, 경찰관이 모욕죄의 현행범으로 체포하겠다고 고지한 후 피고인의 오른쪽 어깨를 붙잡자 반항하면서 경찰관에게 상해를 가한 사안에서, 피고인은 경찰관의 불심검문에 응하여 이미 운전면허증을 교부한 상태이고, 경찰관뿐 아니라 인근 주민도 욕설을 직접 들었으므로, 피고인이 도망하거나 증거를 인멸할 염려가 있다고 보기는 어려우므로, 경찰관이 피고인을 현행범으로 체포한 행위는 적법한 공무집행이라고 볼 수 없다(2011도3682).

[불심검문 후 모욕죄 현행범 체포 사안]

갑.......... 사경 A, B가 불심검문 → 목격자 존재, 증거인멸 우려 ×

신분증 제시 → 무전으로 확인(신원확보). – 도망우려 ×

↓

갑이 불만을 품고 야 이 짭새야! → 사경 A가 모욕죄 현행범 체포 시도 → 도주나 증거인멸 우려 × → 현행범체포는 위법

판례 소말리아 해적 사건

갑 등 해상강도살인 등 실행 중 청해부대원들이 체포

⇩

9일이 지나 김해공항 도착 ⇨ 부산 해경에 인도 – 미란다원칙 고지 + 도착즈음 구속영장 청구·발부

쟁점: 관할 → 현재지. 적법한 강제에 의한 현재지
군인 → 수사기관이 아닌 자의 현행범 체포
　　　① '즉시' 인도 = 불필요한 지체 없이 ○
　　　② 48시간 내: 체포시 ×, 수사기관이 인도받은 시점부터

현행범인을 체포한 때에는 즉시 검사 등에게 인도하여야 한다(형사소송법 제213조 제1항). 여기서 '즉시'라고 함은 반드시 체포시점과 시간적으로 밀착된 시점이어야 하는 것은 아니고, '정당한 이유 없이 인도를 지연하거나 체포를 계속하는 등으로 불필요한 지체를 함이 없이'라는 뜻으로 볼 것이다. 또한 검사 등이 아닌 이에 의하여 현행범인이 체포된 후 불필요한 지체 없이 검사 등에게 인도된 경우 구속영장청구시한인 48시간 기산점은 체포시가 아니라 현행범인을 인도받은 때라고 할 것이다(2011도12927).

---

4 구속

1. 의의

(1) 구속은 장기간 구인·구금하는 것으로 구인과 구금을 포함하는 개념

(2) 인치 후 구금할 필요가 없다고 인정한 때에는 인치한 때로부터 24시간(기출 48시간 X) 이내에 석방

2. 요건

(1) 범죄혐의 상당성 → 객관적 혐의

(2) 구속사유 → 《도·주·인》: 도망, 주거부정, 증거인멸 우려

(3) 비례성의 원칙

■ 경미범죄의 특칙 – 다액 50만원 이하, 벌금·구류·과료

　⇨ 주거가 분명하지 아니한 때만 구속 가능

　　기출 다액 50만원 이하 벌금·구류·과료에 해당하는 범죄에 관하여는 구속할 수 없다(X).

　　기출 피의자가 도망가거나 도망할 염려가 있는 때 한하여 구속할 수 있다(X).

3. 구속 시 고려사항 ≪중·재·위≫ → **고려사항일 뿐 독자적인 구속 사유 X**

(1) 범죄의 중대성

(2) 재범 위험성

(3) 피해자 및 중요 참고인 등에 대한 위해 우려

> 기출 범죄의 중대성, 재범 위험성, 피해자 및 주요 참고인 등에 대한 위해 우려도 독립된 구속사유에 해당한다(X).
>
> 기출 형사소송법은 재범의 우려를 구속사유로 규정하고 있지 않으므로 구속사유를 판단함에 있어 재범의 위험성은 고려되어서는 안 된다(X).

4. 절차

(1) **피의자 구속절차**: 구속영장 청구 → 구속영장 실질심사 → 구속영장 발부(허가장) → 구속영장 집행

① 구속영장 청구, 발부, 집행

ㄱ 영장청구: 사법경찰관(신청) → 검사(청구) → 관할지방법원 판사(수임판사)

체포된 피의자(§201조의2①, 사전구속영장)	미체포된 피의자(§201조의2②, 사후구속영장)
⇩	⇩
48시간 내 청구	영장청구(시간제한 없음)
⇩	⇩
필요적 영장실질심사(기출 임의적 X)	필요적 영장실질심사
┌ 지체 없이, 늦어도 다음날 까지 │　 기출 24시간 이내 심문 X └ 피의자 질병(중병), 인치불능 　　┌ 피의자 출석없이 심문 　　└ 출석한 변호인 진술 + 수사서류	구인을 위한 구속영장 발부. 구인 후 심문 단, 피의자 도망시(구속사유충족) 심문없이 영장발부 가능

ⓐ 변호인 없을 시 판사는 직권으로 변호인 선정해야 함. 변호인 선정은 구속영장 청구가 기각되어 효력이 소멸한 경우를 제외하고는 제1심까지 효력이 있음.

> 기출 구속영장청구가 기각되어 효력이 포함하고 1심까지 효력이 있다(X).

ⓑ 변호인은 심문시작 전에 피의자와 접견 가능 / 판사의 심문 도중 변호인에게 조력을 구할 수 있음.

ⓒ 검사와 피고인은 판사의 심문이 끝난 후 의견을 진술할 수 있음(판사의 허가 有 → 심문 도중 가능).

ⓓ 피의자에 대한 심문절차는 원칙적으로 비공개(이해관계인 방청을 허가할 수 있음)

ⓔ 구속기간 불산입 → 구속영장청구서, 수사 서류와 증거물을 접수한 때로부터 구속영장을 발부하여 검찰청에 반환된 때까지의 기간

⇩

ㄴ 영장발부(수임판사 명령 → 불복불가)

⇩

ㄷ 영장집행(검사지휘 사법경찰관리 집행)

┌ 영장정본 제시·교부 - 긴급집행 허용

├ 미리 미란다 원칙 고지

└ 집행 완료 후 24시간 내 변호인 등에게 서면 통지

② 재구속의 제한

    ⊙ 수사기관에 의해 구속되었다가 석방된 피의자는 다른 중요한 증거를 발견한 경우를 제외하고는 동일한 범죄사실에 대하여 재차 구속하지 못함.

    ⓒ 1개의 목적을 위하여 동시 또는 수단 결과의 관계(예 절도의 수단으로 주거침입)

        → 동일한 범죄사실로 간주함. 기출 별개의 사실로 간주한다(X).

③ 구속기간

    ⊙ 일반사건 구속기간 : 사경단계 10일(연장 ×) + 검사단계 10일(1회 연장 10일 이내)

        ⇨ 최장 30일

    ⓒ 국가보안법 구속기간

        ⓐ 사경단계 10일(1회 연장 10일 이내) + 검사단계 10일(2회 연장) ⇨ 최장 50일

        ⓑ 국가보안법 제7조(찬양·고무), 제10조(불고지) 구속기간 ⇨ 최장 30일

    ⓒ 구속기간 연장청구 기각결정 → 불복 불가

        기출 피고인에 대한 구속기간 연장을 허가하지 않은 지방법원 판사의 결정에 대하여 검사는 항고할 수 없으나 준항고는 할 수 있다(X).

    ⓔ 구속기간의 계산

        ⓐ 피의자 체포 후 구속한 경우 구속기간은 피의자를 체포 또는 구인한 날부터 기산

            기출 피의자의 구속기간은 구속영장이 발부된 때부터 기산한다(X).

        ⓑ 구속기간연장 허가결정이 있는 경우 그 연장기간은 구속기간 만료일 다음날부터 기산한다.

            기출 만료일부터 기산한다(X).

(2) 피고인 구속절차

① 절차

> • **영장청구 불요**
> [검사청구 X → 법원직권 O]
> 기출 공소제기 후 피고인 구속은 검사의 청구에 의해 수소법원이 행한다(X).
>
> ⇩
>
> • **제72조(사전청문절차)**
> 범죄사실, 구속이유, 변호인 선임권 고지, 변명의 기회를 준 후 구속 가능
> 단, 피고인 도망시 제외
> ⇩
> 수소법원이 행하는 절차 기출 집행기관이 취하는 절차(X)
> 원칙 : 생략불가
> 단, 이미 변호인 선임되어 충분히 변명하는 등 방어권 보장된 경우, 전부 또는 일부 생략 가능

판례

형사소송법 제72조는 "피고인에 대하여 범죄사실의 요지, 구속의 이유와 변호인을 선임할 수 있음을 말하고 변명할 기회를 준 후가 아니면 구속할 수 없다."고 규정하고 있는바, 이는 피고인을 구속함에 있어 법관에 의한 사전 청문절차를 규정한 것으로서, 구속영장을 집행함에 있어 집행기관이 취하여야 하는 절차가 아니라 구속영장 발부함에 있어 수소법원 등 법관이 취하여야 하는 절차라 할 것이므로, 법원이 피고인에 대하여 구속영장을 발부함에 있어 사전에 위 규정에 따른 절차를 거치지 아니한 채 구속영장을 발부하였다면 그 발부결정은 위법하다고 할 것이나, 위 규정은 피고인의 절차적 권리를 보장하기 위한 규정이므로 이미 변호인을 선정하여 공판절차에서 변명과 증거의 제출을 다하고 그의 변호 아래 판결을 선고받은 경우 등과 같이 위 규정에서 정한 절차적 권리가 실질적으로 보장되었다고 볼 수 있는 경우에는, 이에 해당하는 절차의 전부 또는 일부를 거치지 아니한 채 구속영장을 발부하였다 하더라도 이러한 점만으로 그 발부결정이 위법하다고 볼 것은 아니다(2000모134). ✔ 법원이 피고인에 대하여 구속영장을 발부함에 있어 사전에 형사소송법 제72조의 규정에 따른 절차를 거치지 아니한 채 구속영장을 발부하였다면 그 구속영장 발부결정은 위법하고, 피고인이 변호인을 선정하여 공판절차에서 변명과 증거의 제출을 다하고 그의 변호 아래 판결을 선고받더라도 달라지지 아니한다. ✕

- **구속영장발부**
  - 피고인에 대한 구속영장은 명령장의 성질을 갖음. 수사기관의 영장 → 허가장
  - 수소법원의 결정에 불복시 → 보통항고

        cf) 보통항고
        법원의 구금(구속/접견교통권), 압수 · 압수물의 환부
        보석결정, 감정유치결정

⇩

- **집행**
  - 검사 지휘 ┬ 사경관리집행
  -       └ 교도소 : 교도관 집행
  - 급속을 요할 경우 : 재판장 · 수명법관, 수탁판사 지휘 → 법원사무관 등 집행
    (관할구역 외에서도 집행가능) 관할구역 외에서는 집행할 수 없다(X).
    cf) 사경관리, 교도관, 법원경위에게 보조요구 가능

⇩

- **집행 후 절차**
  - ① 영장정본사전제시 · 교부 – 긴급진행 가능

⇩

  - ② 집행완료 후(구속 즉시) 공소사실 · 변호사 선임권 고지 – 사후청문절차
    집행기관이 행하는 절차 → 생략해도 구속은 위법 아님.

⇩

  - ③ 구속통지 : 집행 완료 후 24시간 내 변호인 등에게 서면 통지

판례

형사소송법 제88조는 '피고인을 구속한 때에는 즉시 공소사실의 요지와 변호인을 선임할 수 있음을 알려야 한다.'고 규정하고 있는바, 이는 사후 청문절차에 관한 규정으로서 이를 위반하였다 하여 구속영장의 효력에 어떠한 영향을 미치는 것은 아니다(2000모134). ✔ 형사소송법 제88조는 '피고인을 구속한 때에는 즉시 공소사실의 요지와 변호인을 선임할 수 있음을 알려야 한다.'고 규정하고 있는바, 이를 위반하였다면 구속영장의 효력은 상실된다. ✕

---

② 재구속 제한 : 법원이 피고인을 구속하는 경우 적용되지 않음.

    기출 법원에 의하여 구속되었다가 석방된 피고인은 다른 중요한 증거를 발견한 경우를 제외하고는 동일한 범죄사실에 관하여 다시 구속하지 못한다(X).

③ 피고인 구속기간

  ㉠ 법원의 구속기간은 2월(1 · 2 · 3심 합쳐 2월)

  ㉡ 구속 계속 필요시 2개월 단위로 심급마다 2차 연장. 기출 각 심급마다 3차(X)

  ㉢ 상소심 → 피고인 또는 변호인 신청 + 추가심리가 필요한 부득이한 경우 3차 연장

        기출 피고인 또는 검사가 신청(X)

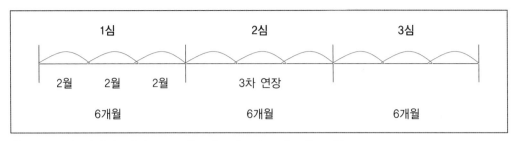

② 구속기간 산입의 제외 → ≪체·구·피·유·변·심·질≫
공소제기 전의 체포, 구인, 구금기간 / 기피신청 / 감정유치기간 / 공소장 변경 / 심신상실·질병

④ 피고인 구속기간의 계산

㉠ 구속된 피고인의 경우 공소제기일부터 제1심 법원의 구속기간을 기산하며, 불구속피고인의 경우 피고인이 실제로 구속된 날부터 구속기간을 기산한다.

> 기출 공소제기 전에 체포·구속된 경우 피고인 구속기간은 체포·구속된 날로부터 기산한다(X).
> 기출 피고인의 구속기간은 원칙적으로 2개월이고, 이는 제1회 공판기일부터 기산한다(X).

㉡ 구속기간연장 허가결정이 있는 경우 연장기간은 구속기간 만료일 다음날부터 기간

㉢ 초일은 시간을 계산함이 없이 1일로 산정, 말일이 공휴일 또는 토요일에 해당하는 날도 기간에 산입

5. 구속영장의 효력

(1) **의의**: 구속영장의 효력은 구속영장에 기재된 범죄사실에 대해서만 미친다(사건단위설).

(2) **이중구속**: 구속된 피의자가 석방되는 경우를 대비하여 미리 구속해 둘 필요가 있으므로 허용

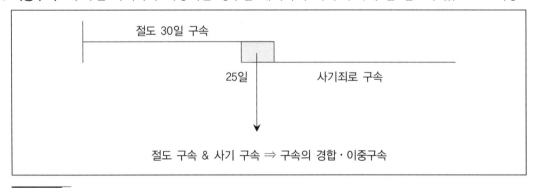

판례

피의자의 구속기간이 만료될 무렵에 종전 구속영장에 기재된 범죄사실과는 다른 범죄사실로 피의자를 구속하였다는 사정만으로는 그 구속이 위법하다고 할 수 없다(96모46).

(3) **별건구속**: 영장주의에 반하고 본건에 대한 구속기간 제한을 잠탈할 우려가 있으므로 불허

예 뇌물수사 목적으로 상해구속 → 뇌물위주로 수사: 불허

vs. 여죄수사: 상해로 구속수사 중 우연히 발견된 살인수사 → 허용

5 접견교통권

1. 의의

체포 또는 구속된 피의자나 피고인이 변호인이나 가족 등과 접견하고, 서류 또는 물건을 수수하며, 의사의 진료를 받을 수 있는 권리

2. 피의자 · 피고인의 변호인과의 접견교통권

(1) 주체 및 상대방

① 주체 : 체포 · 구속된 피의자, 피고인이 접견교통권의 주체가 되며, 감정유치에 의하여 구속된 자, 임의로 동행된 피내사자도 모두 포함

> **판례**
>
> 1. 변호인의 조력을 받을 권리를 실질적으로 보장하기 위하여는 변호인과의 접견교통권의 인정이 당연한 전제가 되므로, 임의동행의 형식으로 수사기관에 연행된 피의자에게도 변호인 또는 변호인이 되려는 자와의 접견교통권은 당연히 인정된다고 보아야 하고, 임의동행의 형식으로 연행된 피내사자의 경우에도 이는 마찬가지이다(96모18). ✗ 임의동행의 형식으로 연행된 피내사자의 경우는 변호인과 접견교통권이 인정될 수 없다. ✗
> 2. 형사소송법 제34조는 "변호인 또는 변호인이 되려는 자는 신체구속을 당한 피고인 또는 피의자와 접견하고 서류 또는 물건을 수수할 수 있으며 의사로 하여금 진료하게 할 수 있다."고 규정하고 있는바, 이 규정은 형이 확정되어 집행 중에 있는 수형자에 대한 재심개시의 여부를 결정하는 재심청구절차에는 그대로 적용될 수 없다(96다48831).

② 상대방 : 변호인 또는 변호인이 되려는 자

> **기출** 변호인 접견교통권은 신체구속을 당한 피고인 또는 피의자의 변호인으로 된 자에게 인정되는 권리이므로 아직 변호인으로 선임되지 않은 경우에는 접견교통권이 인정되지 않는다(✗).

> **판례**
>
> 피의자 가족의 의뢰를 받아 '변호인 되려는' 변호사가 검사에게 접견신청을 하였음에도 검사가 별다른 조치를 취하지 아니한 것은 실질적으로 접견신청을 불허한 것과 동일시 된다(91모24).
> → 접견신청일이 경과하도록 접견이 이루어지지 아니한 것은 실질적으로 접견불허처분이 있는 것과 동일시 된다.

(2) 제한 : 변호인과의 접견교통권은 헌법상 기본권이다(헌법 §12④). → 법률로써 일반적인 제한 가능

> **판례**
>
> 변호인과의 자유로운 접견은 신체구속을 당한 사람에게 보장된 변호인의 조력을 받을 권리의 가장 중요한 내용이어서 국가안전보장, 질서유지, 공공복리 등 어떠한 명분으로도 제한될 수 있는 성질의 것이 아니다(91헌마111). ✗ 변호인과의 자유로운 접견은 국가안전보장 등의 이유로 제한될 수 있다는 것이 헌법재판소의 입장이다. ✗

(3) **접견교통권의 비밀보장**

① 접견 시 교도관 등의 참여는 허용되지 않는다. ○

┌ 가청(들리는)거리 내 참여 ✕
└ 가시(보이는)거리 내 참여 ○

② 변호인과의 서신은 비밀 보장 → 겉봉에 변호인 표시 - 검열금지

③ 수용자가 모든 편지 겉봉 붙이지 않은 채 제출토록 → 위헌

3. 변호인의 피의자·피고인과의 접견교통권

(1) **법률상의 권리일 뿐**

예 이른바, 집사변호사의 폐해 고려 → 헌법상 기본권으로 보면, 야간·공휴일도 허용하는 쪽(교도소 운용 어려운 점 고려)

다만, 피구속자를 조력할 변호인의 권리 중 그것이 보장되지 않으면 피구속자가 변호인으로부터 조력을 받는다는 것이 유명무실하게 되는 핵심적인 부분은 헌법상 권리

■ 헌법상 권리

┌ 체포·구속적부심문과정에서 변호인의 형사기록 열람·등사권과 변호인의 접견교통권
├ 피의자신문에 참여한 변호인의 변호권
└ 변호인이 되려는 자의 접견교통권

(2) **접견신청의 장소**

① 신청 장소 : 현재지(실제 구금된 장소) / 현재지와 서류상 기재된 구금 장소가 일치하지 않은 경우라도 현재지

② 핵심 : 즉시 접견 이루어져야 함. / 접견신청일 경과 또는 1시간 지연 → 위법

③ 구금장소의 임의적 변경 → 위법

(3) **변호인의 접견교통권 제한**

┌ 법령으로써만 제한 가능. 수사기관의 처분이나 법원의 결정으로는 불가
│ **기출** 형사소송법 제34조가 규정한 변호인의 접견교통권은 이를 제한하는 법령이 없다면 법원의 결정으로만 제한할 수 있고, 수사기관의 처분으로는 제한할 수 없다(✕).
└ but 형소법에는 제한규정 없고 형집행법상 야간, 공휴일 제한 합헌

판례

미결수용자의 변호인 접견권은 국가안전보장, 질서유지 또는 공공복리를 위해 필요한 경우에는 법률로써 제한이 가능하다. 또한 변호인이 원하는 특정한 시점에 접견이 이루어지지 못하였다 하더라도 그것만으로 곧바로 변호인의 조력을 받을 권리가 침해되었다고 단정할 수는 없는 것이다(91헌마111).

→ 국선변호인의 접견신청이 공휴일이라는 이유로 불허된 경우라도 그로부터 이틀 후 접견이 이루어지고 다시 그로부터 열흘 넘게 지난 후 공판이 이루어졌을 경우에는 접견교통권 침해에 해당하지 않는다.

판례

변호인의 접견교통의 상대방인 신체구속을 당한 사람이 그 변호인을 자신의 범죄행위에 공범으로 가담시키려고 하였다는 등의 사정만으로 그 변호인의 신체구속을 당한 사람과의 접견교통을 금지하는 것이 정당화될 수는 없다(2006모656).

4. 비변호인과의 접견교통권

(1) 헌법상 기본권

(2) 형사소송법은 법률의 범위 내로 허용법원이나 수사기관의 결정으로 제한가능

(3) 법원은 도망하거나 또는 죄증을 인멸할 염려가 있다고 인정할 만한 상당한 이유가 있는 때에는 구속된 피의자·피고인과 비변호인과의 접견을 금하거나 수수할 서류 기타 물건의 검열, 수수의 금지 또는 압수를 할 수 있음.
다만, 의류·양식·의료품의 수수는 금지 또는 압수할 수 없음.

> **판례**
>
> 국가정보원 사법경찰관이 경찰서 유치장에 구금되어 있던 피의자에 대하여 의사의 진료를 받게 할 것을 신청한 변호인에게 국가정보원이 추천하는 의사의 참여를 요구한 것은 변호인의 수진권을 침해하는 위법한 처분이라 할 수는 없다(2000모112).

5. 접견교통권 침해와 구제책

(1) 항고와 준항고

① 수사기관의 접견교통권 제한 결정 → 준항고

② 법원의 접견교통권 제한 결정에 불복 → 보통항고

(2) 증거능력 인정여부(접견 신청했는데 위법하게 불허)

① 변호인 접견교통권 침해 → 위·수·증으로 증거능력 ×

> **기출** 접견 이전에 작성된 피신조서 → 증거능력(O)

> **판례**
>
> 피고인이 구속되어 국가안전기획부에서 조사를 받다가 변호인의 접견신청이 불허되어 이에 대한 준항고를 제기 중에 검찰로 송치되어 검사가 피고인을 신문하여 제1회 피의자신문조서를 작성한 후 준항고 절차에서 위 접견불허처분이 취소되어 접견이 허용된 경우에는 검사의 피고인에 대한 위 제1회 피의자신문은 변호인의 접견교통을 금지한 위법상태가 계속된 상황에서 시행된 것으로 보아야 할 것이므로 그 피의자신문조서는 증거능력이 없다(90도1586).

② 비변호인과의 접견교통권 침해(심적 안정, 행복추구) → 위수증 ×, 증거능력 O

> **판례**
>
> 검사의 접견금지 결정으로 피고인들의(변호인 아닌 자와의) 접견이 제한된 상황하에서 피의자 신문조서가 작성되었다는 사실만으로 바로 그 조서가 임의성이 없는 것이라고는 볼 수 없다(84도846). ✘ 비변호인과의 접견이 금지된 상태에서 작성된 피의자신문조서는 당연히 임의성이 부정된다. ×

6 체포 · 구속적부심사

1. 의의

체포 · 구속된 피의자에 대하여 법원이 그 체포 · 구속의 적부 여부를 심사하여 체포 · 구속이 위법 · 부당한 경우 피의자를 석방시키는 제도

2. 심사의 청구

(1) 청구권자

① 피의자 ≪형 · 법 · 배 · 직, 고 · 가 · 변 · 동≫ (고용주, 가족, 변호인, 동거인)

② 피고인 ×

> [기출] 긴급체포된 자, 현행범으로 체포된 자는 적부심사 청구권이 없다(X).
> [기출] 체포 또는 구속된 피의자의 단순한 동거인이나 고용주는 적부심사를 청구할 수 없다(X).

(2) 청구사유

① 체포의 적(위법) + 부(계속 구금의 정당성)

② 체포 · 구속의 적부 여부는 체포 · 구속시가 아니라 심사시를 기준으로 함.

3. 법원의 심사

(1) 심사법원

① 지방법원 합의부(구속적부심) 또는 단독판사(체포적부심)가 관할하는 것이 원칙

② 체포영장 · 구속영장을 발부한 법관은 심사에 관여 불가

다만, 영장을 발부한 법관 외에는 심문 · 조사 · 결정을 할 법관이 없는 경우에는 관여할 수 있음.

> [기출] 구속영장을 발부한 법관도 구속적부심의 심문 · 조사 · 결정에 관여할 수 있음이 원칙이다(X).

(2) 심문

① 청구된 때로부터 48시간 이내 심문 및 조사

② 피의자 제33조 규정 준용(국선변호인 선정사유)하여 법원은 국선변호인을 선정

→ 체포 또는 구속된 피의자에게 변호인이 없는 때에는 국선변호인을 선정하여야 하고, 심문 없이 기각결정을 하는 경우에도 국선변호인을 선정하여야 한다.

(3) 법원의 결정

① 심문이 종료된 때로부터 24시간 이내 [기출] 48시간 이내(X)

② 결정

　㉠ 간이기각결정: 법원은 다음의 경우에 심문 없이 청구를 기각할 수 있음.

　　─ 청구권자 아닌 자가 청구

　　─ 동일한 영장발부에 대하여 재청구

　　─ 공범 또는 공동피의자의 순차청구가 수사방해의 목적임이 명백한 때

　㉡ 기각결정: 청구의 이유가 없을 때

    © 석방결정

      ┌ 청구의 이유가 있을 때. 심사청구 후 공소제기가 있는 경우에도 또한 같다.

        기출 구속된 피의자가 체포·구속적부심사청구권을 행사한 다음 검사가 공소제기를 한 경우, 비록 적
        부심사에 따른 석방결정이 있어도 피의자는 피고인으로 신분이 변동되었으므로, 법원은 구속취소나
        보석에 의하여 석방하여야 한다(X).

      └ 재체포·재구속사유 → 도망한 경우, 죄증을 인멸하는 경우

③ **보증금 납입 조건부 석방결정(피의자 보석)**

    ㉠ 구속적부심사청구가 있는 경우만 허용(피의자 보석청구는 인정되지 않음.)

    ㉡ 법원의 직권에 의해서만 석방을 요하는 직권보석(재량보석) **기출** 신청(X)

      기출 보증금납입조건부 피의자 석방제도는 체포된 피의자가 아니라 구속된 피의자의 보석청구로 보증금
      의 납입을 조건으로 석방하는 제도이다(X).

    ㉢ 구속된 피의자에게만 인정 **기출** 체포된 자(X)

      기출 법원은 체포·구속적부심청구가 있는 피의자의 출석을 보증할 만한 보증금의 납입을 조건으로 석
      방을 명할 수 있다(X).

    ㉣ 보석불허 사유

      ⓐ 죄증을 인멸할 염려가 있다고 믿을 만한 충분한 사유 있을 때

      ⓑ 피해자 등의 생명·신체·재산에 해를 가하거나 가할 염려가 있다고 믿을 만한 충분한
        이유가 있을 때

    ㉤ 재체포·재구속사유 ≪도·조·인·불출석≫

      ⓐ 도망한 때

      ⓑ 도망하거나 죄증을 인멸할 염려가 있다고 믿을 만한 충분한 이유가 있는 때

      ⓒ 출석요구를 받고 정당한 이유 없이 출석하지 아니한 때

      ⓓ 주거의 제한 기타 법원이 정한 조건을 위반한 때

    ㉥ 보증금의 몰수

      ⓐ **임의적 몰수**: 석방된 자를 재차 구속하거나, 공소제기 후 재차 구속할 경우에 보증금의
        전부 또는 일부를 몰수할 수 있음.

      ⓑ **필요적 몰수**: 석방된 자가 형의 선고를 받아 그 판결이 확정된 후 집행하기 위한 소환을
        받고 정당한 이유 없이 출석하지 아니하거나 도망한 때

④ **불복**

    ㉠ 체포·구속적부심 석방결정과 기각결정 → 항고 불가

      기출 기각결정에 대하여는 항고할 수 있다(X).

    ㉡ 보증금납입조건부 석방결정 → 항고 가능

      기출 보증금 납입을 조건으로 한 석방결정에 대하여도 항고하지 못한다(X).

⑤ **구속기간 불산입**: 법원이 수사관계서류와 증거물을 접수한 때부터 결정 후 검찰청에 반환된
    때까지의 기간은 체포 또는 구속기간에 산입되지 않는다.

⑦ 보석(피고인에 대한)

1. 의의
구속된 피고인에 대하여 보증금납입 등의 조건으로 구속의 집행을 정지하는 제도

2. 보석의 종류
(1) **필요적 보석**
① 보석 청구가 있으면 보석불허사유가 없는 한 법원은 보석을 허가해야 함.
② 필요적 보석 예외사유 ≪10 누 상 해+도 주 인≫
  ㉠ 사형, 무기, 장기 10년이 넘는 징역금고
  ㉡ 누범이나 상습범
  ㉢ 친족이나 중요참고인에 대한 위해 우려
  ㉣ 도망의 염려가 현저한 경우
  ㉤ 주거부정의 경우
  ㉥ 증거인멸의 염려가 현저한 경우
    기출 형사소송법은 필요적 보석을 원칙으로 하고 있으며, 필요적 보석은 청구보석과 직권보석 모두 인정되고 있다(X).

(2) **임의적 보석**
필요적 보석의 예외사유에 해당하는 때에도 법원은 상당한 이유가 있을 때(예 질병)에 직권 또는 청구에 의하여 결정으로 보석을 허가할 수 있음.
기출 누범 또는 상습범은 필요적 보석의 제외사유이므로 보석을 허가할 수 없다(X).
기출 필요적 보석의 제외사유가 있는 경우에는 법원은 반드시 피고인의 보석청구를 기각하여야 한다(X).

3. 보석의 절차
(1) **청구권자**: 피고인, 형·법·배·직, 고·가·변·동(고용주, 가족, 변호인, 동거인)
기출 보석청구는 피고인, 변호인, 법정대리인, 배우자, 직계친족, 형제자매에 한정된다(X).
(2) **심리**
① 검사의 의견청취
  ㉠ 재판장은 보석에 관한 결정을 함에는 검사의 의견을 물어야 함.
    기출 급속을 요하는 경우에는 검사의 의견을 묻지 않을 수 있다(X).
  ㉡ 검사는 의견요청에 대해 지체 없이(늦어도 다음날까지) 의견을 표명해야 한다. 검사의견이 법원을 구속하는 것은 아니다.
    기출 법원이 검사의 의견을 듣지 아니한 채 보석에 관한 결정을 하였다면 그 결정은 취소되어야 한다(X).
② 피고인 심문: 보석청구를 받은 법원은 원칙적으로 심리기일을 정하여 구속된 피고인을 심문해야 함.
    기출 법원은 보석결정을 위해 구속피고인을 심문할 필요는 없다(X).

(3) 법원의 결정(보석청구를 받은 날로부터 7일 이내)

① 청구기각결정

ⓐ 보석청구가 부적하거나 이유 없는 때

ⓑ 보통항고 가능

　　cf) 보통항고 - 수소법원의 구금·압·보·유(구금: 피고인 구속/접견교통권, 압수나 압수물의 환부, 보석, 감정유치)

② 보석허가결정: 보석허가결정을 하는 경우 필요하다고 상당한 범위 안에서 다음 조건 중 하나 이상의 조건을 정해야 함(제98조).

제1호: 법원이 지정하는 일시·장소에 출석하고 증거를 인멸하지 아니하겠다는 서약서를 제출할 것

제2호: 법원이 정하는 보증금 상당의 금액을 납입할 것을 약속하는 약정서를 제출할 것

제3호: 법원이 지정하는 장소로 주거를 제한하고 이를 변경할 필요가 있는 경우에는 법원의 허가를 받는 등 도주를 방지하기 위하여 행하는 조치를 수인할 것

제4호: 피해자 등의 생명·신체·재산에 해를 가하는 행위를 하지 아니하고 주거·직장 등 그 주변에 접근하지 아니할 것

제5호: 피고인 외의 자가 작성한 출석보증서를 제출할 것

제6호: 법원의 허가 없이 외국으로 출국하지 아니할 것을 서약할 것

제7호: 법원이 지정하는 방법으로 피해자의 권리회복에 필요한 금원을 공탁하거나 그에 상당한 담보를 제공할 것

제8호: 피고인 또는 법원이 지정하는 자가 보증금을 납입하거나 담보를 제공할 것

제9호: 그 밖에 피고인의 출석을 보증하기 위하여 법원이 정하는 적당한 조건을 이행할 것

③ 고려사항

ⓐ 범죄의 성질 및 죄상

ⓑ 증거의 증명력 [기출] 증거의 증거능력(X)

ⓒ 피고인의 전과·성격·환경 및 자산

ⓓ 피해자에 대한 배상 등 범행 후의 정황에 관련된 사항

④ 조건변경: 법원은 직권 또는 보석청구권자의 신청([기출] 검사 X)에 따라 결정으로 변경, 유예 가능

⑤ 불복: 보통항고 가능(즉시항고 불가)

　　[기출] 보석허가 결정에 대하여 불복할 수 없다(X).

(4) 보석의 집행

① 석방조건 집행유형

ⓐ 선이행·후석방 방식: 보석의 조건 중에서 제1호(출석서약서)·제2호(보증금납입약정서)·제5호(출석보증서)·제7호(금원공탁)·제8호(보증금 납입)의 조건은 이를 이행한 후가 아니면 보석허가결정을 집행하지 못함.

ⓑ 선석방·후이행 방식: 보석의 조건 중에서 제3호(주거제한 등 수인)·제4호(접근금지)·제6호(출국금지)·제9호(기타)의 조건은 보석허가결정집행 후 이행해야 하지만, 법원은 필요하다고 인정하는 때에는 그 이행 이후 보석허가결정을 집행하도록 정할 수 있음.

② 보증금
  ㉠ 보석청구자 이외의 자에게 보증금 납입을 허가 가능
  ㉡ 유가증권 또는 피고인 외의 자가 제출한 보증서로써 보증금을 갈음함을 허가 할 수 있음.
  ㉢ 위 보증서에는 보증금액을 언제든지 납일할 것을 기재하여야 한다.
③ 관공서에의 조치의뢰: 법원은 피고인이 보석조건 준수에 필요한 범위 안에서 관공서 등에 적절한 조치 요구 가능
④ 보석조건 위반에 대한 제재
  ㉠ 피고인: 1천만원 이하의 과태료를 부과하거나 20일 이내의 감치에 처할 수 있음.
  ㉡ 출석보증인: 출석보증인에 대하여 500만원 이하의 과태료를 부과할 수 있음.
  ㉢ 과태료, 감치, 소송비용 → 즉시항고 가능
     기출 출석보증인에 대하여 과태료를 부과하거나 감치에 처할 수 있다(X).

(5) **보석의 취소**
  ① 취소사유 → ≪도·조·인·불출석·해≫
     ㉠ 도망한 때
     ㉡ 법원이 정한 조건을 위반한 때
     ㉢ 도망하거나 죄증을 인멸할 염려가 있는 상당한 이유가 있는 때
     ㉣ 소환을 받고 정당한 사유 없이 출석하지 아니한 때
     ㉤ 피해자, 당해 사건의 재판에 필요한 사실을 알고 있다고 인정되는 자 또는 그 친족의 생명·신체·재산에 해를 가하거나 염려가 있는 때
  ② 재구금
     ㉠ 보석취소에 의하여 피고인을 재구금 해야 하는 경우 새로운 영장은 필요 없으며, 보석취소 결정을 피고인에게 송달할 필요는 없다.
        기출 보석을 취소한 때에는 새로운 구속영장을 발부하여 피고인을 재구금하여야 한다(X).
     ㉡ 검사는 보석취소결정 등본에 의하여 피고인을 재구금

(6) **보석의 실효**
  ① 보석은 보석의 취소 또는 구속영장의 실효에 의하여 실효된다.
     기출 보석은 무죄나 면소의 재판이 확정된 때에는 그 효력을 상실하지만, 자유형이 확정된 경우에는 효력이 상실되지 않는다(X).
  ② 구속영장이 실효되면 보석조건은 즉시 실효되나, 보석취소의 경우에는 제98조 제8호(보증금 납입)을 제외한 나머지 조건만이 실효된다.
     기출 보석취소, 구속영장의 효력이 소멸한 때에는 즉시 효력이 상실되는 것은 아니다(X).

(7) **보증금 몰취**
  ① 임의적 몰취: 보석을 취소하는 때
     기출 법원은 보석을 취소하는 때에는 직권 또는 검사의 청구에 따라 결정으로 보증금 또는 담보의 전부 또는 일부를 몰취하여야 한다(X).
  ② 필요적 몰취: 석방된 자가 형의 선고를 받아 그 판결이 확정된 후 집행하기 위한 소환을 받고 정당한 이유 없이 출석하지 아니하거나 도망한 때

(8) **보증금 환부**: 구속 또는 보석을 취소하거나 구속영장의 효력이 소멸한 경우 → 7일 이내에 환부

8 구속의 집행정지

1. 의의

상당한 이유가 있는 때 구속된 피의자·피고인의 구속의 집행을 정지하는 제도

예 가족의 장례, 출산, 중병 등

2. 구속의 집행정지 절차

(1) **신청권**: 법원의 직권(당사자에게는 신청권이 없다.) 기출 청구(X)

기출 구속의 집행정지결정은 법원의 직권 또는 피고인의 청구에 의한다(X).

(2) **피고인 구속의 집행정지 절차**

① 검사의 의견을 물어야 한다. 단 급속을 요하는 경우에는 그러하지 아니하다.

② 구속의 집행정지결정에 대하여 검사는 보통항고를 할 수 있음(즉시항고 ×).

(3) **피의자 구속의 집행정지 절차**: 검사 또는 사법경찰관이 직권으로 행함.

3. 구속의 집행정지 취소

(1) 구속된 피고인에 대하여 취소사유가 있는 경우 법원은 직권 또는 검사의 청구에 따라 결정으로 구속의 집행정지를 취소할 수 있다.

(2) 구속 집행정지의 취소사유는 보석의 취소사유≪도·조·인·불출석·해≫와 같다. 다만, 국회의원의 구속의 집행정지는 그 회기 중에 취소하지 못함.

기출 피고인이 정당한 사유 없이 보석조건을 위반한 때는 구속집행정지 취소사유이다(X).

(3) 이 경우 구속집행정지취소 결정의 등본에 의하여 피고인을 재구금하여야 한다.

(4) 구속된 피의자에 대하여 취소사유가 있는 경우 검사 또는 사법경찰관이 결정으로 구속의 집행정지를 취소할 수 있다.

4. 보석과의 구별

(1) **공통점**

① 보석과 구속의 집행정지는 구속의 집행이 정지될 뿐이다.

② 결정을 하기 전에 검사의 의견을 들어야 한다.

③ 취소사유가 동일하며, 검사의 즉시항고가 허용되지 않음.

(2) **차이점**

① 보석은 피고인만을 대상으로 하나, 구속집행정지는 피의자에게도 인정

② 보석은 수사기관이 할 수 없으나, 구속의 집행정지는 수사기관이 할 수 있음.

③ 보석은 보증금을 조건으로 할 수 있으나, 구속의 집행정지는 할 수 없음.

④ 보석은 청구권이 인정되나, 구속집행정지는 인정되지 않음.

9 구속의 실효

1. 구속취소

(1) **의의** : 구속의 사유가 없거나(구속사유가 처음부터 존재하지 않았던 경우), 소멸된 때에(구속사유가 사후적으로 소멸) 직권 또는 청구에 의하여 구속된 피의자·피고인을 석방하는 제도

(2) **피고인에 대한 구속취소**

① 검사, 피고인, 형·법·배·직 청구 + 법원 직권

② 검사의 의견을 물어야 한다. 단 급속을 요하는 경우에는 그러하지 아니다.

③ 구속의 취소결정에 대하여 검사는 즉시항고를 할 수 있음.

(3) **피의자에 대한 구속취소**

① 검사 또는 사법경찰관이 직권 + 피의자, 형·법·배·직의 청구

② 피의자에 대하여 구속취소결정을 한 경우 지체 없이 검사는 영장을 발부한 법원에 그 사유를 서면으로 통지하여야 한다.

> **판례** 구속취소사유에 해당하는 경우

1. 잔여형기가 8일 이내이고 주거가 일정할 뿐 아니라 증거인멸이나 도망의 염려가 없는 경우

2. 제1심과 항소심판결 선고 전 구금일수(미결구금일수)만으로도 본형 형기를 초과할 것이 명백한 경우

> **판례** 구속취소사유에 해당하지 않는 경우

1. 구속취소는 구속영장의 효력이 존속하고 있음을 전제로 하는 것이므로, 다른 사유로 이미 구속영장이 실효된 경우(자유형의 확정)에는 피고인이 계속 구금되어 있는 경우라도 구속취소결정을 할 수 없다.

2. 체포, 구금의 이유 및 변호인의 조력을 받을 권리 등을 고지받지 못하였고, 그 후의 구금기간 중 면회거부 등의 처분을 받은 경우

3. 제1심판결 선고 전의 구금일수와 법정 통산되는 항소심판결 선고 전의 구금일수에 상고제기기간 만료일까지의 구금일수를 합하여도 항소심의 형기에는 미달되는 경우

2. 구속의 당연실효

(1) **구속기간의 만료** : 구속기간이 만료되면 구속영장의 효력은 당연히 상실된다는 것이 통설이나, 판례는 구속영장의 효력은 당연히 실효되는 것은 아니라는 입장

(2) **구속영장의 실효** ≪사·자·부·관 → 구속실효 ×≫

① 무죄, 면소, 형의 면제, 형의 선고유예, 형의 집행유예, 공소기각 또는 벌금·과료를 과하는 판결이 선고된 때에는 구속영장이 실효됨.

② 사형 또는 자유형(실형)의 판결이 확정된 때에도 구속영장 실효됨.

  ┌ 종국재판 선고 → 당연실효(그 자리에서 즉시 석방)
  └ (예외) 사형·자유형(실형) → 실효 × (도망우려)

  ┌ 종국재판 확정 → 당연실효
  └ 사형·자유형 확정 → 구속 당연실효(즉각 형집행으로 전환)

    (예외) 관할위반 선고·확정 → 구속실효 ×, 부정수표단속법 → 벌금형 선고시 반드시 벌금가납판결

            벌금납부시까지 구속실효 ×

✐ 보석, 구속의 실효, 구속의 집행정지의 비교

구 분	보석	구속의 실효		구속의 집행정지
		구속취소	구속의 당연실효	
청구권자	피고인＋형법배직＋고가변동	검사, 피고인, 피의자 변호인과 변호인선임권자(형법배직)	해당 없음	해당 없음
법원의 직권발동	가능	가능	해당 없음	직권으로만 가능
구속의 효력	효력유지 (잠정적 중지)	효력상실	효력상실	효력유지 (잠정적 중지)
검사의 즉시항고	불가능	가능	불가능	불가능 (즉시항고 위헌)
검사의 의견청취	반드시 들어야	반드시 들어야. 다만, ① 검사청구시와 ② 급속을 요하는 경우는 들을 필요 없음	들을 필요 없음	반드시 들어야. 다만, 급속을 요하는 경우는 들을 필요 없음

✄ 검사 의견을 들어야 하는 절차: ≪개·구취·집·보·간≫
① 증거개시결정, ② 구속취소, ③ 구속집행정지, ④ 보석허가, ⑤ 간이공판절차결정 취소

✐ 재체포·재구속금지사유의 정리

구 분	재구속사유
긴급체포되었다가 석방된 자≪긴영≫ (제200조의4③)	긴급체포 후 석방된 피의자는 영장 없이는 동일한 범죄사실에 관하여 재체포하지 못함 ⇨ 영장을 발부받아서 체포·구속 가능
수사기관에 의해 구속되었다가 석방된 자 ≪구중≫ (제208조)	검사 또는 사법경찰관에 의하여 구속되었다가 석방된 자에 대해 다른 중요한 증거를 발견한 경우를 제외하고는 동일한 범죄사실에 관하여 재구속이 금지됨
체포·구속적부심으로 석방된 자≪도·인≫ (제214조의3①)	석방된 피의자가 도망하거나 죄증을 인멸하는 경우를 제외하고는 재체포·구속이 금지됨
보증금납입조건부 피의자석방의 제외사유≪인·해≫ (제214조의2⑤)	㉠ 죄증을 인멸한 염려가 있다고 믿을 만한 충분한 이유가 있는 때 ㉡ 피해자, 당해 사건의 재판에 필요한 사실을 알고 있다고 인정되는 자 또는 그 친족의 생명·신체나 재산에 해를 가하거나 가할 염려가 있다고 믿을 만한 충분한 이유가 있는 때

보증금납입조건으로 석방된 피의자 《도조인+불출석》 (제214조의3②)	㉠ 도망한 때 ㉡ 도망하거나 죄증을 인멸할 염려가 있다고 믿을만한 충분한 이유가 있는 때 ㉢ 출석요구를 받고 정당한 이유없이 출석하지 아니한 때(불출석) ㉣ 주거의 제한 기타 법원이 정한 조건을 위반한 때
보석취소사유＝구속집행 정지의 취소사유 《도조인+불출석+해》 (102조)	㉠ 도망한 때 ㉡ 도망하거나 죄증을 인멸할 염려가 있다고 믿을 만한 충분한 이유가 있는 때 ㉢ 소환을 받고 정당한 사유 없이 출석하지 아니한 때(불출석) ㉣ 피해자, 당해 사건의 재판에 필요한 사실을 알고 있다고 인정되는 자, 또는 그 친족 의 생명·신체·재산에 해를 가하거나 가할 염려가 있다. ㉤ 법원이 정한 조건을 위반한 때

PART
03

제6절 ▶ 압수 · 수색 · 검증

1 압수 · 수색

1. 의의와 요건

(1) **의의**

  ① 압수

    ㉠ 압류 : 강제 취거

    ㉡ 영치 : 유류물[6] + 임의 제출물

    ㉢ 제출명령 : 법원이 제출을 명 + 상대방 임의적 승복 시 = 압류와 동일 효력

        <u>기출</u> 수사기관은 제출명령 불가

  ② 수색 : 물건이나 사람을 발견하기 위해 사람의 신체나 물건 또는 일정한 장소에 대해서 행해지는 강제처분

(2) **요건**

  ① 범죄혐의(단순한 혐의), ② 사건 관련성, ③ 압수의 필요성, ④ 비례성의 원칙

2. 압수 · 수색의 대상

(1) **압수의 대상**

  ① 증거물 또는 몰수할 것으로 사료되는 물건

  ② 전자정보 매체 : 전자기록(무형물) → 전자기록 압수 명문화(§106③)

    ㉠ 영장발부 → 작성기간 명시(파일생성일)

    ㉡ 일부 복제·출력 원칙

      if 불가능·목적달성 곤란 → 정보저장매체 압수(예 하드디스크)

      → 컴퓨터를 수사기관에 반출 복제·출력/하드카피 후 반환 가능

        (영장 기재, 절차규정준수, 혐의관련 부분에 한정)

---

[6] 유류물은 형사상 범인을 색출하기 위해 수사방법에 동원되는 지문, 장문, 족문, 혈액, 정액, 타액 등의 신체적 소산물

판례

1. 전자정보에 대한 압수·수색영장의 집행에 있어서는 원칙적으로 영장 발부의 사유로 된 혐의사실과 관련된 부분만을 문서 출력물로 수집하거나 수사기관이 휴대한 저장매체에 해당 파일을 복사하는 방식으로 이루어져야 하고, 집행현장의 사정상 위와 같은 방식에 의한 집행이 불가능하거나 현저히 곤란한 부득이한 사정이 있더라도 그 같은 경우에 그 저장매체 자체를 직접 또는 하드카피나 이미징 등 형태로 수사기관 사무실 등 외부로 반출하여 해당 파일을 압수·수색할 수 있도록 영장에 기재되어 있고 실제 그와 같은 사정이 발생한 때에 한하여 예외적으로 허용될 수 있을 뿐이다(2011도10508). ✗ 전자정보에 대한 압수·수색영장의 집행에 있어서는 원칙적으로 그 저장매체 자체를 직접 또는 하드카피나 이미징 등 형태로 수사기관 사무실 등 외부로 반출하는 것은 허용된다. ✗

2. 저장매체에 대한 압수·수색 과정에서 범위를 정하여 출력 또는 복제하는 방법이 불가능하거나 압수의 목적을 달성하기에 현저히 곤란한 예외적인 사정이 인정되어 전자정보가 담긴 저장매체 또는 하드카피나 이미징 등 형태(이하 '복제본'이라 한다)를 수사기관 사무실 등으로 옮겨 복제·탐색·출력하는 경우에도, 그와 같은 일련의 과정에서 형사소송법 제219조, 제121조에서 규정하는 피압수·수색 당사자(이하 '피압수자'라 한다)나 변호인에게 참여의 기회를 보장하고 혐의사실과 무관한 전자정보의 임의적인 복제 등을 막기 위한 적절한 조치를 취하는 등 영장주의 원칙과 적법절차를 준수하여야 한다(2011모1839).

3. 수사기관이 정보저장매체에 기억된 정보 중에서 키워드 또는 확장자 검색 등을 통해 범죄 혐의사실과 관련 있는 정보를 선별한 다음 정보저장매체와 동일하게 비트열 방식으로 복제하여 생성한 파일('이미지 파일')을 제출받아 압수하였다면, 그 이후 수사기관 사무실에서 위와 같이 압수된 이미지 파일을 탐색·복제·출력하는 모든 과정에서도 피의자 등에게 참여의 기회를 보장하여야 하는 것은 아니다(2017도13263). ✗ 수사기관이 정보저장매체에 기억된 정보 중에서 범죄 혐의사실과 관련 있는 정보를 선별한 다음 '이미지 파일'을 제출받아 압수하고, 수사기관 사무실에서 그 압수된 이미지 파일을 탐색·복제·출력하는 과정을 거치는 경우, 이 모든 과정에 피의자나 변호인 등에게 참여의 기회를 보장하여야 한다. ✗

4. 피의자 소유 정보저장매체를 제3자가 보관하고 있던 중 이를 수사기관에 임의제출하면서 그곳에 저장된 모든 전자정보를 일괄하여 임의제출한다는 의사를 밝힌 경우에도 특별한 사정이 없는 한 수사기관은 범죄혐의사실과 관련된 전자정보에 한정하여 영장 없이 적법하게 압수할 수 있다(2016도348).

5. 수사기관이 정보저장매체에 기억된 정보의 압수 직후 현장에서 작성하여 교부하는 압수된 정보의 상세목록에는 정보의 파일 명세가 특정되어 있어야 하고, 수사기관은 이를 출력한 서면을 교부하거나 전자파일 형태로 복사해 주거나 이메일을 전송하는 등의 방식으로도 할 수 있다(2017도9747). ✗ 전자파일 형태로 복사해 주거나 이메일을 전송하는 등의 방식으로는 교부할 수 없다. ✗

6. 압수물인 디지털저장매체로부터 출력한 문건을 증거로 사용하기 위해서는 정보저장매체원본에 저장된 내용과 출력한 문건의 동일성이 인정되어야 하고, 이를 위해서는 디지털저장매체원본이 압수 시부터 문건 출력 시까지 변경되지 않았음이 담보되어야 한다(2007도7257).

판례

종근당 제약회사……대표 갑……업무상 배임
[1처분] 사무실 컴퓨터 하드카피·이미징……당사자 참여(적법)
[2처분] 수사기관의 하드디스크 재복제……당사자 참여 × (위법)
[3처분] 탐색과정에서 무관정보(리베이트 제공사실) 발견·출력……당사자 참여 × (위법)
피의자측 3처분 취소하는 준항고 제기 → (판례) 개별적 ×……전제적으로 취소여부 결정해야(1, 2, 3 처분 전부취소……파일폐기)

[1] 전자정보에 대한 압수·수색에 있어 그 저장매체 자체를 외부로 반출하거나 하드카피·이미징 등의 형태로 복제본을 만들어 외부에서 그 저장매체나 복제본에 대하여 압수·수색이 허용되는 예외적인 경우에도 혐의사실과 관련된 전자정보 이외에 이와 무관한 전자정보를 탐색·복제·출력하는 것은 원칙적으로 위법한 압수·수색에 해당하므로 허용될 수 없다.

[2] 그러나 전자정보에 대한 압수·수색이 종료되기 전에 혐의사실과 관련된 전자정보를 적법하게 탐색하는 과정에서 별도의 범죄혐의와 관련된 전자정보를 우연히 발견한 경우라면, 수사기관으로서는 더 이상의 추가 탐색을 중단하고 법원으로부터 별도의 범죄혐의에 대한 압수·수색영장을 발부받은 경우에 한하여 그러한 정보에 대하여도 적법하게 압수·수색을 할 수 있다. 나아가 이러한 경우에도 별도의 압수·수색 절차는 최초의 압수·수색 절차와 구별되는 별개의 절차이고, 별도 범죄혐의와 관련된 전자정보는 최초의 압수·수색영장에 의한 압수·수색의 대상이 아니어서 저장매체의 원래 소재지에서 별도의 압수·수색영장에 기해 압수·수색을 진행하는 경우와 마찬가지로 피압수자는 최초의 압수·수색 이전부터 해당 전자정보를 관리하고 있던 자라 할 것이므로, 특별한 사정이 없는 한 그 피압수자에게 형사소송법 제219조, 제121조, 제129조에 따라 참여권을 보장하고 압수한 전자정보 목록을 교부하는 등 피압수자의 이익을 보호하기 위한 적절한 조치가 이루어져야 한다.

[3] 준항고인이 전체 압수·수색 과정을 단계적·개별적으로 구분하여 각 단계의 개별 처분의 취소를 구하더라도 준항고법원은 특별한 사정이 없는 한 구분된 개별 처분의 위법이나 취소 여부를 판단할 것이 아니라 당해 압수·수색 과정 전체를 하나의 절차로 파악하여 그 과정에서 나타난 위법이 압수·수색 절차 전체를 위법하게 할 정도로 중대한지 여부에 따라 전체적으로 압수·수색 처분을 취소할 것인지를 가려야 한다. 여기서 위법의 중대성은 위반한 절차조항의 취지, 전체과정 중에서 위반행위가 발생한 과정의 중요도, 위반사항에 의한 법익침해 가능성의 경중 등을 종합하여 판단하여야 한다(2011모1839).

(2) **수색의 대상**

① 수사가 필요한 때에는 피고사건과 관계가 있다고 인정할 수 있는 것에 한정하여 피고인(피의자)의 신체, 물건, 주거, 그 밖의 장소를 수색할 수 있다.

② 피고인(피의자) 아닌 자의 신체, 물건, 주거 기타 장소에 관하여 압수할 물건이 있음을 인정할 수 있는 경우에 한하여 수색할 수 있다.

> **판례**
>
> 갑……gmail → 서버는 미국
> 수사기관이 영장을 받아……갑의 아이디, 비밀번호를 적법하게 취득하여 한국의 사무실에서 접속 → 컴퓨터 화면에 현출·탐색…혐의관련 출력
> '수색장소……한국의 사무실'
>
> 수색 → 서버가 아니고 현출된 화면(수색장소 ○)
> 압수와 필요한 처분 ○
> 정보주체는 아이디의 소유자이므로 적법하다.
>
> 압수·수색할 전자정보가 압수·수색영장에 기재된 수색장소에 있는 컴퓨터 등 정보처리장치 내에 있지 아니하고 그 정보처리장치와 정보통신망으로 연결되어 제3자가 관리하는 원격지의 서버 등 저장매체에 저장되어 있는 경우에도, 수사기관이 피의자의 이메일 계정에 대한 접근권한에 갈음하여 발부받은 영장에 따라 영장 기재 수색장소에 있는 컴퓨터 등 정보처리장치를 이용하여 적법하게 취득한 피의자의 이메일 계정 아이디와 비밀번호를 입력하는 등 피의자가 접근하는 통상적인 방법에 따라 그 원격지의 저장매체에 접속하고 그 곳에 저장되어 있는 피의자의 이메일 관련 전자정보를 수색장소의 정보처리장치로 내려받거나 그 화면에 현출시키는 것 역시(이는 형사소송법 제120조 제1항에서 정한 압수·수색영장의 집행에 필요한 처분'에 해당한다) 피의자의 소유에 속하거나 소지하는 전자정보를 대상으로 이루어지는 것이므로 그 전자정보에 대한 압수·수색도 허용되고, 이는 원격지의 저장매체가 국외에 있는 경우라 하더라도 달리 볼 것은 아니다(2017도9747). ☞ <u>국외에 있는 원격지의 저장매체에 접속하여 내려받는 전자정보에 대한 압수·수색은 위법하다.</u> ✕

3. 압수·수색의 제한

(1) **우편물**

체신관서 보관 + 피고사건(피의사건)과 관계가 있다고 인정할 수 있는 것에 한정하여 압수 가능

(2) **군사상 비밀**

① 책임자의 승낙이 있어야 가능

② 국가의 중대한 이익을 해하는 경우를 제외하고는 승낙 거부 불가

(3) **공무상 비밀**

① 소속 공무원 또는 해당 감독 관공서의 승낙이 있어야 가능

② 국가의 중대한 이익을 해하는 경우를 제외하고는 승낙 거부 불가

(4) **업무상 비밀**

의사, 간호사, 변호사, 종교적 → 압수거부권(권리이지 의무 ✕)

(예외) 타인승낙, 중대한 공익상 필요

> **판례**
>
> **1.** (국가정보원 소속요원인 甲이 자신의 업무용 휴대전화를 이용하여 인터넷 댓글을 작성하는 등의 방법으로 공직선거법 및 국정원법 위반죄를 범하였다는 범죄사실에 대해) 압수한 업무용 휴대전화는 직무상 비밀에 관한 물건에 해당하고 검사가 위 휴대전화를 압수한 후에 국가정보원이 직무상 비밀에 관한 것임을 신고하고 그 압수의 승낙을 거부한 사실은 인정되나, 그 승낙의 거부 사유가 형사소송법 제111조 제2항에서 정하고 있는 '국가의 중대한 이익을 해하는 경우'에 해당하지 않는다(2015도2625).
> **2.** 업무상비밀을 이유로 한 압수거부권은 변호사에게만 인정될 뿐, 상대방인 의뢰인에게는 인정되지 않는다. 따라서 아직 수사나 공판 등 형사절차가 개시되지 아니하여 피의자 또는 피고인에 해당한다고 볼 수 없는 사람이 일상적 생활관계에서 변호사와 상담한 법률자문에 대해서는, 변호인의 조력을 받을 권리의 내용으로서 그 비밀의 공개를 거부할 수 있는 의뢰인의 특권을 도출할 수 있다거나 위 특권에 의하여 의뢰인의 동의가 없이 압수가 불가능한 것이라 볼 수 없다(2009도6788).

4. 압수·수색의 절차

(1) 영장발부

① 법원의 압수·수색: 법원의 공판정 내에서의 압수·수색은 영장이 필요 없으나, 공판정 외에서의 압수·수색은 영장을 요함.

② 수사기관의 압수·수색: 검사는 지방법원판사에게 청구하여 발부받은 영장에 의하여 압수·수색을 할 수 있으며, 사법경찰관은 검사에게 신청함.

(2) 영장의 집행

① 집행기관

　㉠ 압수·수색영장은 원칙적으로 검사의 지휘에 의하여 사법경찰관리가 집행

　㉡ 집행지휘나 집행은 관할구역 외에서도 가능

② 영장제시

　㉠ 영장은 처분을 받는 자에게 반드시 사전에 제시·교부해야 함(긴급집행 ×).

　　기출 급속을 요하는 경우에는 집행 후에 압수·수색 영장을 제시할 수 있다(X).

　㉡ 압수·수색을 실시하고 그 집행을 종료하였다면 압수·수색영장의 유효기간이 남아있다고 하여 이를 제시하고 다시 압수·수색을 할 수는 없다.

　　기출 유효기간 내라면 동일한 장소에서 수회 압수·수색하는 것은 허용된다(X).

　㉢ 압수·수색을 당하는 사람이 여러 명일 경우에는 그 사람들 모두에게 개별적으로 영장을 제시해야 한다.

　　기출 관리책임자에게 영장을 제시하였다면 물건을 소지하고 있는 다른 사람으로부터 이를 압수하고자 하는 때 그 사람에게 따로 영장을 제시할 필요는 없다(X).

　㉣ 압수·수색영장 집행 당시 피처분자가 현장에 없거나 그를 발견할 수 없는 경우 등 영장제시가 현실적으로 불가능하여 영장을 제시하지 아니한 채 압수·수색을 한 경우 위법하다고 볼 수 없다.

③ 당사자 등 참여

　㉠ 검사·피의자·피고인·변호인은 압수·수색영장의 집행에 참여할 수 있다. 미리 집행의 일시와 장소를 검사·피의자·피고인·변호인에게 통지해야 한다. 다만, 참여하지 아니한다는 의사를 명시한 때 또는 급속을 요하는 때에는 예외로 한다.

ⓒ 공무소, 군사용의 항공기 또는 선차 내에서 압수·수색영장을 집행함에는 그 책임자에게 참여할 것을 통지하여야 한다.

ⓒ 타인의 주거, 간수자 있는 가옥, 건조물, 항공기, 선거 내에서 압수·수색영장을 집행함에는 주거주, 간수자 또는 이에 준하는 자를 참여하게 하여야 한다.

주거주, 간수자 등을 참여하게 하지 못할 때에는 이웃사람 또는 지방공공단체 직원을 참여하게 하여야 한다.

ⓒ 여자의 신체에 대하여 수색할 때에는 성년의 여자를 참여하게 해야 한다.

`기출` 여자의 신체검사시 → 성년의 여자 또는 의사 참여

④ 야간집행의 제한

㉠ 일출 전, 일몰 후 압수·수색 영장에 야간집행 허용 기재가 없으면 야간집행 불가

㉡ 야간 집행 예외 ┬ 도박·풍속 해하는 장소(성매매업소) → 제한 ×
　　　　　　　　 └ 여관, 음식점 등 → 공개된 시간에 한해 제한

⑤ 출입금지 등의 조치

㉠ 압수·수색영장의 집행 중에는 타인의 출입을 금지할 수 있음. 이에 위배한 자에게는 퇴거하게 하거나 집행종료시까지 간수자를 붙일 수 있음.

㉡ 압수·수색영장의 집행에 있어서는 건정을 열거나 개봉 기타 필요한 처분을 할 수 있음.

(3) 조서작성 등

① 압수·수색에 관하여 조서를 작성해야 함.

② 압수할 물건 × → 수색증명서
　압수 시 → 압수(물) 목록 교부 ┤ ⇨ 둘 중 하나는 무조건 교부

③ 압수 시 목록을 작성하여 소유자, 소지자, 보관자 기타 이에 준할 자에게 교부

④ 압수물 목록은 압수 직후 현장에 바로 작성하여 교부(원칙)

`기출` 압수조서와 압수목록을 작성하여 소유자, 소지자, 보관자 기타 이에 준할 자에게 교부하여야 한다(X).

판례 제주지사실 압수·수색 사건

<영장>
피고인: 김태환 제주 지사, 정책 특보(甲) …
죄명: 공선법위반(사전 선거 운동)
압수 장소: … 정책 특보실, …
압수 대상: … 정책 특보실에 보관 중인 물건 기타 공선법 위반 관련 물건 일체

검사: 사전통지 없이, 제주도청 도착, 영장을 정무부지사에게 제시 후 집행시작
도지사 비서관이 박스 들고 들어옴 → 비서관이 박스를 케비넷에 놓고 나감(모든증거가 있음) → 검사가 박스 압수 → 5개월이 지나 압수목록 교부

별건압수 / 영장제시 → 구체적으로, 압수시마다 개별적으로 제시 / 압수목록 교부해야
법관이 압수·수색영장을 발부하면서 '압수할 물건'을 특정하기 위하여 기재한 문언은 이를 엄격하게 해석하여야 하고 함부로 피압수자 등에게 불리한 내용으로 확장 또는 유추 해석하는 것은 허용될 수 없다. 압수·수색영장에서 압수할 물건을 '압수장소에 보관 중인 물건'이라고 기재하고 있는 것을 '압수장소에 현존하는 물건'으로 해석할 수 없다(2008도763).

5. 영장주의 예외

(1) 체포·구속 현장에서 피의자 수색(수사) → 사후영장 ×

① 긴급한 경우로 한정하지 않은 것은 위헌(헌법불합치)

② 수색은 반드시 체포 전에 이루어져야 함.

cf. ≪피구·수·임≫ → 사후영장 ×

피고인 구속현장 압색

피의자 수색

임의제출물

(2) 체포·구속 현장에서 압수·수색·검증 → 압수 계속 필요시 지체 없이 체포한 때로부터 48시간 내 압수·수색 영장 청구

① 통설/판례: 최소한 체포에는 착수해야

② 대상물: 피의사건과 관련된 것에 한정

> **판례**

갑이 A를 특수공갈 함.

체포영장(공갈) 집행 - 대문 밖 20m 떨어진 지점에서 갑 체포 → 갑의 집안 거실에서 칼, 합의서 발견 압수 → 직후 갑으로부터 임의 제출 동의서 받음.

1. 갑의 집안 거실 → 체포현장 ×. 칼, 합의서는 위수증

2. 임의제출동의서는 특수의 과실(2차증거)로서 증거능력 ×

형사소송법 제215조 제2항은 "사법경찰관이 범죄수사에 필요한 때에는 검사에게 신청하여 검사의 청구로 지방법원 판사가 발부한 영장에 의하여 압수, 수색 또는 검증을 할 수 있다."고 규정하고 있는바, 사법경찰관이 위 규정을 위반하여 영장없이 물건을 압수한 경우 그 압수물은 물론 이를 기초로 하여 획득한 2차적 증거 역시 유죄 인정의 증거로 사용할 수 없는 것이고, 이와 같은 법리는 헌법과 형사소송법이 선언한 영장주의의 중요성에 비추어 볼 때 위법한 압수가 있은 직후에 피고인으로부터 작성받은 그 압수물에 대한 임의제출동의서도 특별한 사정이 없는 한 마찬가지라고 할 것이다.

▷ 경찰이 피고인의 집에서 20m 떨어진 곳에서 피고인을 체포한 후 피고인의 집안을 수색하여 칼과 합의서를 압수하였을 뿐만 아니라 적법한 시간 내에 압수수색영장을 청구하여 발부받지도 않은 사안에서, 위 칼과 합의서는 위법하게 압수된 것으로서 증거능력이 없고, 이를 기초로 한 2차 증거인 '임의제출동의서', '압수조서 및 목록', '압수품 사진' 역시 증거능력이 없다(2009도14376).

(3) **피고인 구속현장에서 압수·수색·검증 → 사후영장 ×**

① 공소제기 후 수사

② 압수 시 압수한 수사기관 자청보관 → 법원제출 ×

> **기출** 법관에게 압수·수색·검증의 결과를 보고하고 압수물을 제출하여야 한다(X).

(4) **범죄의 실행 중 직후의 장소(현행범)**

① 긴급 요할 경우 영장 없이 압수·수색·검증 → 사후에 지체 없이 영장 청구

> **기출** 사후에 지체 없이 24시간 이내에 영장을 받아야 한다(X).

② 피의자 체포되지 않거나 현장에 없어도 가능

판례

다음 "스와핑 카페사건"
음란물 유포 혐의로 압수 · 수색 영장 집행 중 대마를 발견
마약류 관리법 위반죄로 현행범 체포 후 대마 압수 → 사후영장 청구하지 않음. <대마 : 위수증>

정보통신망법상 음란물 유포의 범죄혐의를 이유로 압수 · 수색영장을 발부받은 사법경찰리가 피고인의 주거지를 수색하는 과정에서 대마를 발견하자, 피고인을 마약법 위반죄의 현행범으로 체포하면서 대마를 압수하였으나, 그 다음날 피고인을 석방하였음에도 사후 압수 · 수색영장을 발부받지 않은 경우, 위 압수물과 압수조서는 형사소송법상 영장주의를 위반하여 수집한 증거로서 증거능력이 부정된다(2008도10914).

판례

1. 피의자의 신체 내지 의복류에 주취로 인한 냄새가 강하게 나는 등 형사소송법 제211조 제2항 제3호가 정하는 범죄의 증적이 현저한 준현행범인으로서의 요건이 갖추어져 있고 교통사고 발생 시각으로부터 사회통념상 범행 직후라고 볼 수 있는 시간 내라면 피의자의 생명 · 신체를 구조하기 위하여 사고현장으로부터 곧바로 후송된 병원 응급실 등의 장소는 형사소송법 제216조 제3항의 범죄장소에 준한다 할 것이므로, 검사 또는 사법경찰관은 피의자의 혈중알코올농도 등 증거의 수집을 위하여 의료법상 의료인의 자격이 있는 자로 하여금 의료용 기구로 의학적인 방법에 따라 필요최소한의 한도 내에서 피의자의 혈액을 채취하게 한 후 그 혈액을 영장 없이 압수할 수 있다. 다만, 이 경우 형사소송법 제216조 제3항 단서, 형사소송규칙 제58조, 제107조 제1항 제3호에 따라 사후에 지체 없이 강제채혈에 의한 압수의 사유 등을 기재한 영장청구서에 의하여 법원으로부터 압수영장을 받아야 한다(2011도15258).

2. 경찰관들이 게임장을 압수 · 수색할 당시 이 사건 게임장에서 범죄행위가 행해지고 있다는 구체적인 단서를 갖고 있지 않았으며, 단지 위 단속리스트에 기재된 게임장들 주위를 순찰하던 도중 이 사건 게임장에 남자들이 들어가는 것을 우연히 목격한 후 따라 들어가 그 내부를 수색한 점, 불법게임장 영업은 그 성질상 상당한 기간 동안 계속적으로 이루어지고 불법게임기는 상당한 부피 및 무게가 나가는 것들로서 은폐나 은닉이 쉽지 아니한 점 등을 비추어 보면, 위 경찰관들의 압수 · 수색은 형사소송법 제216조 제3항 소정의 '긴급성' 요건을 충족시키지 못한 것으로 위법하다(2009도14884).

3. 마약류 불법거래방지에 관한 특례법 제4조 제1항에 따른 조치의 일환으로 특정한 수출입물품을 개봉하여 검사하고 그 내용물의 점유를 취득한 행위는 위에서 본 수출입물품에 대한 적정한 통관 등을 목적으로 조사를 하는 경우와는 달리, 범죄수사인 압수 또는 수색에 해당하여 사전 또는 사후에 영장을 받아야 한다고 봄이 타당하다.
   ⇨ 피고인이 국제항공특송화물 속에 필로폰을 숨겨 수입할 것이라는 정보를 입수한 검사가, 이른바 '통제배달(controlled delivery, 적발한 금제품을 감시하에 배송함으로써 거래자를 밝혀 검거하는 수사기법)'을 하기 위해, 세관공무원의 협조를 받아 특송화물을 통관절차를 거치지 않고 가져와 개봉하여 그 속의 필로폰을 취득하였으므로, 이는 구체적인 범죄사실에 대한 증거수집을 목적으로 한 압수 · 수색인데도 사전 또는 사후에 영장을 받지 않았다는 이유로 압수물 등의 증거능력을 부정한 원심판단이 정당하다고 보아 검사의 상고를 기각한 사안임(2014도8719).

4. 주취운전이라는 범죄행위로 당해 음주운전자를 구속 · 체포하지 아니한 경우에도 필요하다면 그 차량열쇠는 범행 중 또는 범행 직후의 범죄장소에서의 압수로서 형사소송법 제216조 제3항에 의하여 영장 없이 이를 압수할 수 있다(대판 1998.5.8. 97다54482).

(5) **긴급체포시의 압수·수색·검증**

① 긴급 체포된(할 ×) 자가 소유·소지·보관하는 물건 → 24시간 내 압수·수색·검증
  └▸ 긴급체포 성공요구   │ ┌▸ 제3의 장소도 가능
                                  └ 체포장소, 범죄장소에 제한 ×

② 압수 계속 필요시 지체 없이 체포된 때로부터 48시간 내 압수·수색 영장 청구

기출 압수 후 48시간 이내(X)

판례

갑(고시원에서 보이스피싱) – 전화가설, 대포통장, 신분증 20여매
사경이 전화 사기죄로 긴급체포 후 압수
타인의 주민증, 운전면허증 → 추후 점유이탈물횡령죄 증거 O

§217① : 긴급체포 사유로 된 물건에 한정
긴급행위 : 체포 당시 시점 기준. 상당한 재량

[1] 형사소송법 제217조 제1항 등에 의하면 검사 또는 사법경찰관은 피의자를 긴급체포한 경우 체포한 때부터 24시간 이내에 한하여 영장 없이, 긴급체포의 사유가 된 범죄사실 수사에 필요한 최소한의 범위 내에서 당해 범죄사실과 관련된 증거물 또는 몰수할 것으로 판단되는 피의자의 소유, 소지 또는 보관하는 물건을 압수할 수 있다.
[2] 경찰관이 이른바 전화사기죄 범행의 혐의자를 긴급체포하면서 그가 보관하고 있던 다른 사람의 주민등록증, 운전면허증 등을 압수한 사안에서, 이는 형사소송법 제217조 제1항에서 규정한 해당 범죄사실의 수사에 필요한 범위 내의 압수로서 적법하므로, 이를 위 혐의자의 점유이탈물횡령죄 범행에 대한 증거로 인정한 사례(2009도14376)

(6) **유류물·임의제출물의 압수 → 사후영장 ×**

유류물, 소유자·소지자·보관자가 임의로 제출한 물건은 영장 없이 압수 가능
  └▸ 정당한 권한에 기할 필요 ×

기출 임의제출한 물건에 대하여 지체 없이 영장을 발부받아야 한다(X).

판례

갑과 A
A의 집에서 술 마시다가 다툼.
갑 집에 가서 쇠파이프 가져와 A가격(상해) + 마당 차량(손괴)
A가 112 신고 / A가 사경을 대동하고 甲의 집으로 가다가 담장 밑 쇠파이프 발견. A가 주워서 제출

→ A는 쇠파이프 소유자 × / 휴대하고 있지도 않았으므로 소지자 × / 관리하고 있지도 않았으므로 보관자 ×

형사소송법 제218조는 '사법경찰관은 소유자, 소지자 또는 보관자가 임의로 제출한 물건들을 영장 없이 압수할 수 있다'고 규정하고 있는바, 위 규정에 위반하여 소유자, 소지자 또는 보관자가 아닌 자로부터 제출받은 물건을 영장 없이 압수한 경우 그 압수물 및 압수물을 찍은 사진은 이를 유죄 인정의 증거로 사용할 수 없는 것이고, 헌법과 형사소송법이 선언한 영장주의의 중요성에 비추어 볼 때 피고인이나 변호인이 이를 증거로 함에 동의하였다고 하더라도 달리 볼 것은 아니다(2009도10092).

(7) **요급처분**: 체포·구속현장에서의 피의자 수색, 체포현장에서의 압수·수색·검증, 피고인 구속현장에서의 압수·수색·검증, 범죄장소에서의 압수·수색·검증 → 급속을 요하는 경우 주거주 참여, 야간집행의 제한을 받지 않음.

> **기출** 긴급체포 된 자가 소유·소지 또는 보관하는 물건에 대하여 영장 없이 압수·수색을 하는 경우, 급속을 요한다는 이유로 주거주 등 참여인 없이 행하는 것이 허용되는 것은 아니다(O).

6. 압수물의 보관과 폐기·환부

(1) **자청보관**: 압수물은 이를 압수한 기관의 청사로 운반하여 보관하는 것이 원칙

(2) **위탁보관**: 운반 또는 보관이 불편한 압수물은 간수자를 두거나 소유자 또는 적당한 자의 승낙을 얻어 보관하게 할 수 있음.

(3) **폐기처분 가능** **기출** 폐기하여야 한다(X).
   ① 금제품 - 권한 자의 동의를 얻어 폐기 가능
   ② 위험물 - 동의 없어도 폐기 가능
   > **기출** 위험발생의 염려가 있는 압수물은 폐기하여야 한다(X).
   > **기출** 법령상 생상·제조·소지·소유 또는 유통이 금지된 압수물로서 부패의 염려가 있거나 보관하기 어려운 압수물은 소유자 등 권한 있는 자의 동의를 받아 폐기하여야 한다(X).

(4) **대가보관(환가처분)**
   ① 압수물을 매각하여 그 대가를 보관하는 처분
   ② 대상물
   　㉠ 몰수해야 할 압수물로서 멸실·파손·부패 또는 현저한 가치 감소의 염려가 있거나 보관하기 어려운 경우
   > **기출** 몰수하여야 할 압수물로서 멸실·파손·부패 또는 보관하기 불편한 압수물은 폐기할 수 있다(X).
   > **기출** 몰수하여야 할 압수물로서 멸실·파손·부패 또는 현저한 가치 감소의 염려가 있거나 보관하기 어려운 압수물은 소유자 등 권한 있는 자의 동의를 받아 폐기하여야 한다(X).
   　㉡ 환부해야 할 압수물 중 환부를 받을 자가 누구인지 알 수 없거나 그 소재가 불명한 경우로서 그 압수물의 멸실·파손·부패 또는 현저한 가치 감소의 염려가 있거나 보관하기 어려운 경우
   ③ 대가보관을 할 때에는 미리 검사·피해자·피의자·피고인·변호인에게 통지해야 하며, 사법경찰관이 대가보관을 하기 위해서는 미리 검사의 지휘를 받아야 함.

⑤ **가환부**

① 압수의 효력을 존속시키면서 압수물을 제출인 등에게 잠정적으로 환부하는 제도. 압수는 효력을 유지

② 대상물

㉠ 법원

— 제133조 제1항 후단의 가환부는 증거물로서의 성격과 임의적으로 몰수할 것으로 사료되는 성격을 가진 압수물 → 가환부할 수 있다.

— 제133조 제2항의 가환부는 증거에만 공할 압수물을 대상으로 함. → 가환부한다.

㉡ **수사기관**: 사본을 확보한 경우 등 압수를 계속할 필요가 없다고 인정되는 압수물 및 증거에 사용할 압수물

③ 가환부를 할 때에는 미리 검사·피해자·피의자·피고인·변호인에게 통지해야 하며, 사법경찰관이 가환부를 하기 위해서는 미리 검사의 지휘를 받아야 함. → 피고인에게 의견을 진술할 기회를 주지 아니한 채 한 가환부결정은 형사소송법 제135조에 위배하여 위법하고 이 위법은 재판의 결과에 영향을 미쳤다고 할 것이다(80모3).

> 기출 가환부 결정을 함에 있어 피고인에 대한 통지 없이 하였다 하여 위법한 것은 아니다(X).

> 기출 피고인에게 의견을 진술할 기회를 주지 아니한 채 한 가환부결정은 형사소송법 제135조(압수물처분과 당사자에의 통지)에 위배되지만 재판결과에 영향을 미치지 않았다 할 것이다(X).

판례

1. 형사소송법 제133조 제1항 후단이, 제2항의 '증거에만 공할' 목적으로 압수할 물건과는 따로이 '증거에 공할' 압수물에 대하여 법원의 재량에 의하여 가환부할 수 있도록 규정한 것을 보면 '증거에 공할 압수물'에는 증거물로서의 성격과 몰수할 것으로 사료되는 물건으로서의 성격을 가진 압수물이 포함되어 있다고 해석함이 상당하다.

2. 몰수할 것이라고 사료되어 압수한 물건 중 법률의 특별한 규정에 의하여 필요적으로 몰수할 것에 해당하거나 누구의 소유도 허용되지 아니하여 몰수할 것에 해당하는 물건에 대한 압수는 몰수재판의 집행을 보전하기 위하여 한 것이라는 의미도 포함된 것이므로 그와 같은 압수 물건은 가환부의 대상이 되지 않지만, 그 밖의 형법 제48조에 해당하는 물건에 대하여는 이를 몰수할 것인지는 법원의 재량에 맡겨진 것이므로 특별한 사정이 없다면 수소법원이 피고 본안사건에 관한 종국판결에 앞서 이를 가환부함에 법률상의 지장이 없는 것으로 보아야 한다(97모25).

판례 필요적 몰수대상인 압수물 → 가환부 X

관세법 위반 피고사건의 몰수대상이 된 물품은 증거에 공할 목적 외에 몰수를 위한 집행보전의 목적도 있다고 할 것이므로 가사 그 물품이 피고인이 아닌 자의 소유라고 할지라도 가환부를 할 수 없다(65모21).

(6) **환부**

① 압수물을 종국적으로 제출인 등에게 반환하는 법원 또는 수사기관의 처분 → 압수는 효력을 상실

② 대상물(증거물 ×, 몰수물 ×)

　㉠ 법원: 압수를 계속할 필요가 없는 물건

　㉡ 수사기관: 사본을 확보한 경우 등 압수를 계속할 필요가 없다고 인정되는 압수물 및 증거에 사용할 압수물

③ 환부를 할 때에는 미리 검사·피해자·피의자·피고인·변호인에게 통지해야 하며, 사법경찰관이 환부를 하기 위해서는 미리 검사의 지휘를 받아야 함.

④ 압수한 서류 또는 물품에 대하여 법원의 몰수 선고가 없는 때에는 압수를 해제한 것으로 간주

> **판례**

1. 검사가 사건을 불기소처분하는 경우에 당해사건에 관하여 압수한 압수물은 피해자에게 환부할 이유가 명백한 경우를 제외하고는 피압수자나 제출인 이외의 누구에게도 환부할 수 없다(68다824).
2. 범인으로부터 압수한 물품에 대하여 몰수의 선고가 없어 그 압수가 해제된 것으로 간주된다고 하더라도 공범자에 대한 범죄수사를 위하여 여전히 그 물품의 압수가 필요하다거나 공범자에 대한 재판에서 그 물품이 몰수될 가능성이 있다면 검사는 그 압수해제된 물품을 다시 압수할 수도 있다(96모34).
3. 위조된 약속어음은 범죄행위로 인하여 생긴 위조문서로서 아무도 이를 소유하는 것이 허용되지 않는 물건이므로 몰수가 될 뿐 환부나 가환부할 수 없고, 다만 검사는 몰수의 선고가 있은 뒤에 형사소송법 제485조에 의하여 '위조의 표시'를 하여 환부할 수 있다(84도43). ✄ 검사는 몰수의 선고가 있은 뒤에도 환부를 할 수 없다. ×

> **판례** ☰ 압수를 계속할 필요가 없어 환부해야 하는 경우

1. 외국산 물품(다이아몬드)을 관세장물의 혐의가 있다고 보아 압수하였다 하더라도 그것이 언제, 누구에 의하여 관세포탈 된 물건인지 알 수 없어 기소중지처분을 한 경우(94모51)
2. 세관이 외국산 시계를 관세장물의 혐의가 있다고 하여 압수하였던 것을 검사가 그것이 관세포탈품인지를 확인할 수 없어 그 사건을 기소중지처분을 한 경우(88모55)

(7) **피해자 환부**

① **종국 전 재판**: 압수한 장물은 피해자에게 환부할 이유가 명백한 때에는 피고사건의 종결 전이라도 법원의 결정으로 피해자에게 환부할 수 있음.

② **종국재판**

　㉠ 압수한 장물은 압수한 장물로서 피해자에게 환부할 이유가 명백한 것은 판결로써 피해자에게 환부하는 선고를 해야 함.

　㉡ 가환부한 장물에 대하여 별단의 선고가 없는 때에는 환부의 선고가 있는 것으로 간주함.

　㉢ 압수장물의 피해자 환부는 이해관계인이 민사소송절차에 의하여 그 권리를 주장함에 영향을 미치지 않음.

⑻ **피압수자의 소유권 포기 등**: 피압수자가 압수 후에 소유권포기의 의사표시를 하여도 수사기관의 압수물반환의무와 이에 대응하는 압수물환부청구권은 소멸되지 않음.

판례

1. 갑 관세법 위반 검거. 고가의 다이아몬드 압수 → 누가 언제 밀수했는지 증명 ×
   갑은 환부 청구 ┬ 환부청구권은 공권으로 포기 불가 → 소유권 포기해도 환부 의무는 존속
   　　　　　　　└ 환부청구권 有 → 기소중지라도 환부해야
   피압수자 등 환부를 받을 자가 압수 후 그 소유권을 포기하는 등에 의하여 실체법상의 권리를 상실하더라도 그 때문에 압수물을 환부하여야 하는 수사기관의 의무에 어떠한 영향을 미칠 수 없고 또한 수사기관에 대하여 형사소송법상의 환부청구권을 포기한다는 의사표시를 하더라도 그 효력이 없어 그에 의하여 수사기관의 필요적 환부의무가 면제된다고 볼 수는 없으므로 압수물의 소유권이나 그 환부청구권을 포기하는 의사표시로 인하여 위 환부의무에 대응하는 압수물에 대한 환부청구권이 소멸하는 것은 아니다(94모51).
2. 수사단계에서 소유권을 포기한 압수물에 대하여 형사재판에서 몰수형이 선고되지 않은 경우, 피압수자는 국가에 대하여 민사소송으로 그 반환을 청구할 수 있다(2000다27725).

❷ 수사상 검증

⑴ **의의**

① 강제력을 수반하여 사람·장소·물건의 성질·형상을 오관의 작용에 의하여 인식하는 강제수사
② 수사기관의 검증은 증거를 수집·보전하기 위한 강제처분으로 영장주의가 적용됨.

⑵ **검증의 절차**

① **영장의 발부와 집행**: 검사는 범죄수사에 필요한 때에는 피의자가 죄를 범하였다고 의심할 만한 정황이 있고 해당사건과 관계가 있다고 인정할 수 있는 것에 한정하여 지방법원판사에게 청구하여 발부받은 영장에 의하여 검증을 할 수 있음. 사법경찰관은 검사에게 신청함.
② 검증을 함에는 신체의 검사·사체의 해부·분묘의 발굴·물건의 파괴 기타 필요한 처분을 할 수 있음.
③ 검증 후에는 검증조서 작성. 검증조서는 작성자의 진술에 의하여 성립의 진정함이 증명되면 증거능력이 인정됨.

⑶ **신체검사**

① 신체검사를 함에는 검사를 당하는 자의 성별·연령·건강상태 기타 사정을 고려하여 그 사람의 건강과 명예를 해하지 아니하도록 주의
② 피의자를 대상으로 함이 원칙이나, 피의자 아닌 자의 신체검사는 증적의 존재를 확인할 수 있는 현저한 사유가 있는 경우에 한하여 할 수 있다.
   기출 피의자 아닌 자에 대해서는 신체검사를 할 수 없다(X).
③ 여자의 신체를 검사하는 경우에는 의사나 성년의 여자를 참여하게 해야 함.
   기출 여자의 신체를 검사하는 경우에는 반드시 성년의 여자를 참여하게 하여야 한다(X).

판례

1. 수사기관이 범죄 증거를 수집할 목적으로 피의자의 동의 없이 피의자의 소변을 채취하는 것은 법원으로부터 감정허가장을 받아 형사소송법 제221조의4 제1항, 제173조 제1항에서 정한 '감정에 필요한 처분'으로 할 수 있지만, 형사소송법 제219조, 제106조 제1항, 제109조에 따른 압수·수색의 방법으로도 할 수 있고, 이러한 압수·수색의 경우에도 수사기관은 원칙적으로 형사소송법 제215조에 따라 판사로부터 압수·수색영장을 적법하게 발부받아 집행해야 한다.

2. 압수·수색의 방법으로 소변을 채취하는 경우 압수대상물인 피의자의 소변을 확보하기 위한 수사기관의 노력에도 불구하고, 피의자가 인근 병원 응급실 등 소변 채취에 적합한 장소로 이동하는 것에 동의하지 않거나 저항하는 등 임의동행을 기대할 수 없는 사정이 있는 때에는 수사기관으로서는 소변 채취에 적합한 장소로 피의자를 데려가기 위해서 필요 최소한의 유형력을 행사하는 것이 허용되는데, 이는 형사소송법 제219조, 제120조 제1항에서 정한 '압수·수색영장의 집행에 필요한 처분'에 해당한다.

3. 피고인에 대한 피의사실(필로폰 투약)이 중대하고 객관적 사실에 근거한 명백한 범죄혐의가 있었다고 볼 수 있는 상황에서, 경찰관의 장시간에 걸친 설득에도 불구하고 피고인이 소변의 임의제출을 거부하면서 압수영장의 집행에 저항하자 경찰관이 다른 방법으로 수사 목적을 달성하기 곤란하다고 판단하여 강제로 피고인을 인근 병원 응급실로 데리고 가 의사의 지시를 받은 응급구조사로 하여금 강제로 소변을 채취하도록 하였고, 그 과정에서 피고인에 대한 강제력의 행사가 필요 최소한도를 벗어나지 않았다면 경찰관의 이러한 조치는 형사소송법 제219조, 제120조 제1항에서 정한 '압수영장의 집행에 필요한 처분'으로서 허용된다고 보는 것이 타당하다(2018도6219).

3 수사상 감정

1. 수사상 감정위촉

(1) 감정의 위촉

① 수사기관이 수사에 필요한 경우 특수한 지식이나 경험을 가진 자에게 감정을 위촉하는 것을 말하며 그 감정을 위촉받은 자를 감정수탁자 또는 수탁감정인이라고 한다.

② 위촉을 받은 자가 작성한 감정서도 일정한 조건(제313조③)하에 증거능력이 인정된다.

③ 수사상 감정위촉은 임의수사이나, 감정유치나 감정처분은 강제수사에 해당한다. 따라서 이 경우 감정유치장이나 감정처분허가장을 발부받아야 한다.

④ 감정인신문에 대해서는 증인의 규정이 준용된다. 다만, 선서의무가 없고, 허위감정죄의 적용을 받지 않으며, 감정인은 대체성이 있으므로 구인의 대상이 되지 아니한다.

(2) 감정유치

① 감정유치란 '피의자의 정신 또는 신체를 감정하기 위하여 일정기간 동안 병원 기타 적당한 장소에 피의자를 유치하는 강제처분'을 말한다. 감정유치는 감정을 목적으로 신체의 자유를 구속하는 강제처분이므로 법관이 발부하는 영장, 즉 감정유치장을 요한다.

② 피의자나 피고인을 대상으로 한다. → 구속·불구속 불문

　기출　구속 중인 피의자에 대하여는 감정유치를 할 수 없다(X).

　기출　참고인(X), 피해자(X)

③ 검사의 청구에 의해 관할지방법원판사가 감정유치장 발부

④ 감정유치장의 집행에 관하여는 구속영장집행에 관한 규정이 준용

  단, 보석에 관한 규정은 적용되지 아니한다.

  기출 보석에 관한 규정도 수사상 감정유치기간에 준용된다(X).

⑤ 감정유치에 필요한 유치기간에는 제한이 없다. 다만, 감정유치장을 발부함에 있어서는 감정유치기간을 정하여야 한다. 법원 또는 관할지방법원 판사는 감정유치장의 유치기간을 연장하거나 변경할 수 있다. 감정유치의 장소는 병원 기타 적당한 장소이다.

⑥ 피의자가 유치되어 있는 기간 동안 구속은 그 집행이 정지된 것으로 간주

  → 감정유치기간은 구속기간에 산입되지 않는다.

⑦ 감정유치처분이 취소되거나 유치기간이 만료된 때에는 구속의 집행정지가 취소된 것으로 간주

⑧ 감정유치는 실질적으로는 그 효과 면에서 구속과 유사하므로 미결구금일수의 산입에 있어서 유치기간은 구속으로 간주

▨ 4 전기통신감청

1. 감청의 의의와 성질

(1) 의의

① 수사기관이 타인의 대화를 본인의 부지중 청취하는 것 → 개인의 프라이버시 침해되어 강제수사에 해당

② 사람의 목소리 가운데 육성에 의한 의사소통행위에만 통비법이 적용됨. → 비명, 탄식이나 사물에서 나는 소리는 통비법 적용 ×

(2) 법적 성질

① **통비법**: 전기통신 감청(감청허가서) − 현재 송 · 수신 중인 것 → 위반시 증거사용 불허

  기출 이미 수신이 완료된 것 → 통비법 적용 X

② **형소법**: 전기통신 압수 · 수색(압수 · 수색 영장) − 이미 수신이 완료된 것 → 위법시 위수증 (이익형량)

> **판례**
>
> 「통신비밀보호법」상 '감청'이란 대상이 되는 전기통신의 송수신과 동시에 이루어지는 경우를 의미하며, 이미 수신이 완료된 전기통신의 내용을 지득하는 행위는 포함되지 아니한다. ❌ 이미 수신이 완료된 전기통신의 내용을 지득하는 행위도 포함된다. ×

> **판례**
>
> 인터넷 통신망을 통하여 흐르는 전기신호 형태의 패킷(packet)을 중간에 확보하여 그 내용을 지득하는 이른바 '패킷 감청'도 「통신비밀보호법」에서 정한 요건을 갖추는 경우 다른 특별한 사정이 없는 한 허용된다(2012도7455).

> **판례**
>
> 인터넷회선감청(패킷감청)을 가능하게 하는 「통신비밀보호법」 제5조 제2항 중 '인터넷회선을 통하여 송·수신하는 전기통신'에 관한 부분은 이에 대한 법적 통제수단이 미비하여 개인의 통신 및 사생활 비밀의 자유를 침해하므로 헌법에 합치되지 아니한다(2016헌마263). → 패킷감청에 대해 헌법불합치결정이 선고되었으며, 이에 대한 보완입법으로 통신비밀보호법 제12조의2가 신설되었다. 이에 따라 패킷감청은 허용되며 감청의 대상이 아닌 전기통신에 대해 보관승인을 받도록 하고 승인을 받지 못한 경우에는 이를 폐기하도로 규정하고 있다. ✦ 패킷감청은 사건과 무관한 불특정 다수의 방대한 정보까지 수집되어 개인의 통신 및 사생활의 비밀과 자유를 침해하기 때문에 헌법불합치결정이 선고되었고, 현재 패킷감청에 의한 통신제한조치는 허용되지 않는다. ×

> **판례**
>
> 불법감청에 의하여 녹음된 전화통화의 내용은 「통신비밀보호법」에 의하여 증거능력이 없고, 피고인이나 변호인이 이를 증거로 함에 동의하였다고 하더라도 달리 볼 것은 아니다(2015도1900). ✦ 불법감청에 의하여 녹음된 전화통화의 내용은 「통신비밀보호법」에 의하여 증거능력이 없으나 피고인이나 변호인이 이를 증거로 함에 동의한 때에는 예외적으로 증거능력이 인정된다. ×

2. 통신비밀보호법상 통신제한 조치

(1) 요건

① 대상범죄를 계획 또는 실행하고 있거나 실행하였다고 의심할 만한 충분한 이유가 있을 것

② 다른 방법으로 그 범죄의 실행을 저지하거나 범인의 체포 또는 증거의 수집이 어려울 것

(2) 범죄수사를 위한 감청

① 검사청구 → 지방법원판사 허가

② 2월 단위 → 기간연장 청구 가능. 단 최대 1년(cf. 연장횟수 제한 규정 없음. → 헌법불합치 결정)

> **판례**
>
> 통신제한조치에 대한 기간연장결정을 원허가의 내용에 대하여 단지 기간을 연장하는 것일 뿐 원허가의 대상과 범위를 초과할 수 없다 할 것이므로 통신제한조치허가서에 의하여 허가된 통신제한조치가 '전기통신 감청 및 우편물 검열'뿐인 경우 그 후 연장결정서에 당초 허가내용에 없던 '대화녹음'이 기재되어 있다 하더라도 이는 대화녹음의 적법한 근거가 되지 못한다(99도2317).

③ **통지**: 검사로부터 기소 또는 불기소처분의 통지를 받거나 불입건 처분을 한 때로부터 30일 이내에 서면으로 통지

   기출 통지의 생략도 가능하다(×).

④ **대상범죄**: 내란죄, 외환죄(군수계약불이행죄 제외), 국교에 관한 죄(국기국장모독죄 제외), 공안을 해하는 죄(다중불해산죄, 전시공수계약불이행죄 제외), 폭발물에 관한 죄, 공무상 비밀누설죄와 뇌물죄, 도주와 범인은닉죄, 방화죄(연소죄, 진화방해죄, 실화죄 제외), 통화에 관한 죄, 유가증권에 관한 죄, 살인죄, 체포·감금죄, 협박죄(존속협박죄는 제외), 약취와 유인죄, 강간과 추행죄(미성년자 등에 대한 간음죄, 위력에 의한 간음죄 제외), 경매입찰방해죄, 인질강요죄, 절도죄, 강도죄, 공갈죄, '국제상거래에 있어서 외국공무원에 대한 뇌물방지법'에 규정된 범죄 중 제3조 및 제4조의 죄 등이 있다.

   기출 사기죄(×), 신용훼손죄(×), 업무방해죄(×), 상해죄(×), 공무집행방해죄(×), 직무유기죄(×)

(3) 국가안보를 위한 감청

① 주체: 정보수사의장

② 통신의 일방이라도 내국인 포함 시 → 고등법원 수석부장판사 허가

③ 외국인, 대한민국에 적대하는 국가, 작전승인을 위한 군용전기통신 → 대통령의 승인

> 기출 국가안보를 위한 통신제한조치에서 통신 쌍방 당사자가 내국인인 경우에는 고등법원 수석부장판사의 허가를 필요로 하고 통신 당사자 일방만 내국인 경우에는 대통령의 승인이 필요하다(X).

④ 기간 → 4월 단위(4월 내에서 연장 가능)

(4) 긴급통신제한 조치

① 국가안보, 사망이나 심각한 상해, 조직범죄 예비·음모 → 《안·사·조》

② 감청 후 36시간 내 승인 / if 승인 × → 즉시중지

> 기출 긴급한 사유로 법원의 허가 없이 통신제한조치를 집행한 때에는 조치를 한 때부터 24시간 이내에 법원의 허가 또는 대통령의 승인을 얻지 못하면 중지하여야 한다(X).

③ 단시간 내에 종료되어 법원의 허가를 받을 필요가 없는 경우

　　㉠ 사법경찰관은 지체 없이 긴급통신제한조치통보서를 작성, 검사에게 송부

　　㉡ 검사장은 7일 이내 법원장에게 송부

3. 사인의 비밀녹음

┌ §3① 누구든지 공개되지 않은 타인 간의 대화 지득 금지

　　　　A ← B 대화. A 녹음

　　　　① 대화자 간, 상호 간 → 비밀 ×

　　　　② 나와 타인의 대화 → 타인 간의 대화 ×

└ 사인의 경우라 하더라도 타인 간의 대화를 비밀녹음 → 증거능력 부정

판례

무전기와 같은 무선전화기를 이용한 통화가 통신비밀보호법 제3조 제1항 소정의 '타인 간의 대화'에 포함되지 않는다(2001도6213).

판례

렉카 회사가 무전기를 이용하여 한국도로공사의 상황실과 순찰자 간의 무선전화통화를 청취한 경우 무전기를 설치함에 있어 한국도로공사의 정당한 계통을 밟은 결재가 있었던 것이 아닌 이상 전기통신의 당사자인 한국도로공사의 동의가 있었다고는 볼 수 없으므로 통신비밀보호법상의 감청에 해당한다(2001도6213).

판례

B 미용실에서 귓불 뚫어줌(당시 공중위생법 위반).

갑이 A에게 부탁

    A와 B가 통화하면서 "귓불 뚫어줘요?" / "예"

    제3자 갑이 청취: (판례) 상대방 B의 동의 없는 한 통비법 위반 → 갑은 형사처벌 / 증거 ×

제3자가 전화통화 당사자 일방의 동의를 받고 대화당사자 간의 대화내용을 몰래 녹음하였다면, 그 상대방의 동의가 없었던 이상 제3자(녹음자)는 통신비밀보호법 제3조 제1항 위반으로서 형사처벌의 대상이 된다. → 증거능력이 부정된다(2002도123).

판례

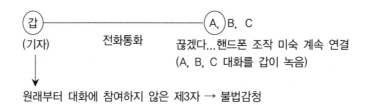

구 통신비밀보호법 제3조 제1항이 공개되지 아니한 타인 간의 대화를 녹음 또는 청취하지 못하도록 한 것은, 대화에 원래부터 참여하지 않는 제3자가 그 대화를 하는 타인 간의 발언을 녹음 또는 청취해서는 아니 된다는 취지이다. 따라서 대화에 원래부터 참여하지 않는 제3자가 일반 공중이 알 수 있도록 공개되지 아니한 타인 간의 발언을 녹음하거나 전자장치 또는 기계적 수단을 이용하여 청취하는 것은 특별한 사정이 없는 한 같은 법 제3조 제1항에 위반된다(2013도15616).

---

5 수사상 증거보전, 증인신문

1. 수사상 증거보전

(1) **의의**: 수소법원이 공판정에서 증거조사를 할 때까지 기다려서는 그 증거의 사용이 불가능하거나 현저히 곤란할 사정이 있는 경우에 판사가 미리 증거를 보전하여 공판절차에서 사용할 수 있게 하는 제도

(2) **청구절차**

  ① 청구권자

    ㉠ 검사 · 피의자 · 피고인 · 변호인이 청구

      → 변호인은 명시적인 의사에 반하여 할 수 있는 독립대리권

      → 피내사자는 증거보전을 청구할 수 없다.

      기출 피고인, 피의자 또는 변호인은 증거보전청구를 할 수 있지만, 검사는 청구할 수 없다(X).

    ㉡ 압수 · 수색 · 검증 · 감정 · 증인신문을 청구할 수 있음. → 피의자 신문 ×, 피고인 신문 × but 공범이나 공동피고인을 증인으로 신문하는 것은 가능

      기출 증거보전을 청구할 수 있는 처분은 피의자신문, 증인신문, 감정과 압수 · 수색이다(X).

      기출 증거보전절차에 있어서 검사는 증인신문청구는 물론 피의자신문도 청구할 수 있다(X).

판례

증거보전절차에서 작성된 증인신문조서 중 증인에 대한 반대신문과정에서 피의자였던 피고인이 당사자로 참여하여 자신의 범행사실을 시인하는 전제하에 증인에게 반대신문한 내용이 기재되어 있는 경우, 그 조서 중 피의자진술부분에 대하여는 형사소송법 제311조에 의한 증거능력을 인정할 수 없다.

→ 증인신문조서가 증거보전절차에서 피고인이 증인으로서 증언한 내용을 기재한 것이 아니라 증인(갑)의 증언내용을 기재한 것이고 다만 피의자였던 피고인이 당사자로 참여하여 자신의 범행사실을 시인하는 전제하에 위 증인에게 반대신문한 내용이 기재되어 있을 뿐이라면, 위 조서는 공판준비 또는 공판기일에 피고인 등의 진술을 기재한 조서도 아니고, 반대신문과정에서 피의자가 한 진술에 관한 한 형사소송법 제184조에 의한 증인신문조서도 아니므로 위 조서 중 피의자의 진술기재부분에 대하여는 형사소송법 제311조에 의한 증거능력을 인정할 수 없다(84도508).

판례

공동피고인과 피고인이 뇌물을 주고 받은 사이로 필요적 공범관계에 있다고 하더라도 검사는 수사단계에서 피고인에 대한 증거를 미리 보전하기 위하여 필요한 경우에는 판사에게 공동피고인을 증인으로 신문할 것을 청구할 수 있다(86도1646). ✗ <u>필요적 공범관계에 있는 공동피고인을 증인으로 신문하는 것은 허용되지 않는다.</u> ✗

---

② **청구시기** : 제1회 공판기일 전에 한하여 청구할 수 있음. 공소제기 전·후 불문

기출 수사상 증거보전절차는 제1심판결 선고 전까지 청구할 수 있다(X).

판례

증거보전은 제1심 제1회 공판기일 전에 한하여 허용되는 것이므로 재심청구사건에서는 증거보전절차가 허용되지 않는다(84모15).

---

③ **청구의 방식**
　㉠ 압수할 물건의 소재지 등을 관할하는 지방법원판사에게 청구해야 함.
　㉡ 청구를 함에는 서면으로 그 사유를 소명해야 함. **기출** 서면 또는 구술(X)

(3) 증거보전
① **판사의 결정**
　㉠ 청구가 적법하고 또 증거보전의 필요성이 인정되면 증거보전을 함.
　㉡ 청구가 부적법하거나 필요 없다고 인정되면 청구기각결정을 함.
② 청구기각결정에 대하여 3일 이내에 항고할 수 있음.
③ 증거보전의 청구를 받은 판사는 법원 또는 재판장과 동일한 권한이 있음.
④ 증거보전절차에서 판사가 압수·수색·검증·감정·증인신문을 할 때에는 검사·피의자·피고인·변호인의 참여권을 보장해 주어야 함.

(4) 증거보전 후의 절차

① 서류·물건의 보전과 열람·등사권

㉠ 증거보전에 의하여 압수한 물건 또는 작성한 조서는 증거보전을 한 판사가 속하는 법원에 보관

㉡ 검사·피의자·피고인 또는 변호인은 판사의 허가를 얻어서 그 서류와 증거물을 열람 또는 등사할 수 있음.

> 기출 법원의 허가를 얻어(X), 증거보전조서는 열람 또는 등사할 수 없다(X).

② 증거보전절차에서 작성된 조서는 법관의 조서로서 당연히 증거능력이 인정됨.

2. 수사상 증인신문

(1) **의의**: 참고인이 출석 또는 진술을 거부할 경우에 검사의 청구에 의하여 판사가 그를 증인으로 신문하고 그 증언을 보전하는 처분

(2) **요건**

① **증인신문의 필요성**: 범죄의 수사에 없어서는 아니 될 사실을 안다고 명백히 인정되는 자가 수사기관의 출석요구에 응하지 아니하거나 진술을 거부하는 경우

> 기출 진술번복의 염려(X)
> 기출 정당한 사유 없이 2회 이상 출석요구에 불응한 경우에야 증인신문을 청구할 수 있다(X).

② 공범 및 공동피고인도 증인신문의 상대방이 될 수 있다.

(3) **청구절차**

① **청구권자** ─ 검사만 가능 기출 피의자(X), 피고인(X)
　　　　　　　└ 서면으로 그 사유를 소명해야 함.

② **청구시기**: 제1회 공판기일 전에 한하여 청구 가능. 공소제기 전후 불문

> 기출 공소제기 전에 한하여(X)
> 기출 1회 공판기일 전이라도 수소법원에 증인신문을 청구할 수 있다(X).

(4) **증인신문**

① 판사의 결정

㉠ 청구가 적법하고 요건이 구비된 경우 증인신문을 함.

㉡ 청구가 부적법하거나 요건이 구비되지 않은 경우 청구기각결정을 함. → 불복하지 못함.

> 기출 증거보전청구를 기각하는 결정에 대하여는 항고할 수 없으나, 증인신문청구를 기각하는 결정에 대하여는 불복할 수 있다(X).

② 증인신문청구를 받은 판사는 법원 또는 재판장과 동일한 권한이 있음.

③ 판사는 증인신문기일을 정한 때에는 피의자·피고인 또는 변호인에게 이를 통지하여 증인신문에 참여할 수 있도록 해야 한다.

> 기출 판사는 피고인, 피의자 또는 변호인의 참여 없이는 검사의 증인신문청구에 의한 증인신문절차를 진행할 수 없다(X).

⑸ **증인신문 후의 절차**

① 서류의 송부와 열람·등사권

㉠ 증인신문을 할 때에는 판사는 지체 없이 이에 관한 서류를 검사에게 송부

기출 법원에게 송부(X)

기출 증거보전이나 증인신문의 청구에서 작성된 조서는 모두 법원 또는 법관의 조서로서 절대적 증거능력이 인정되고, 법원에 보관하게 된다(X).

㉡ 증인신문조서는 피고인·피의자 등에게 열람등사권이 인정되지 않음.

기출 증인신문조서는 판사가 보관하며, 피의자 또는 변호인이 열람하거나 등사를 할 수 있다(X).

② 증인신문조서는 법관의 면전조서로서 당연히 증거능력이 인정

구 분	증거보전(제184조)	증인신문(제221조의2)
청구권자	검사, 피고인, 피의자, 변호인 (성폭력특별법이나 아동청소년성보호법위반 죄에 있어서는 피해자나 법정대리인, 사법경 찰관이 검사에게 증거보전 청구해줄 것을 신 청가능)	검사
청구사유	미리 증거를 보전하지 아니하면 그 증거를 사 용하기 곤란한 사정이 있는 때	범죄수사에 없어서는 아니 될 사실을 안다고 명백히 인정되는 참고인이 출석 또는 진술을 거부한 경우(㉰ 진술번복의 염려만으로 증인 신문청구 불가(判))
가능시점	수사개시 이후 제1회 공판기일 전까지 (㉰ 내사단계의 피내사자는 청구불가, 재심, 상소절차 등에서도 청구불가)	수사개시 이후 제1회 공판기일 전까지 (㉰ 내사단계의 피내사자는 청구불가, 재심, 상소절차 등에서도 청구불가)
방 식	서면으로 사유소명	서면으로 사유소명
관 할	(관할지방법원) 판사	(관할지방법원) 판사
판사권한	법원 또는 재판장과 동일한 권한	법원 또는 재판장과 동일한 권한
증거능력	무조건 증거능력(제311조)	무조건 증거능력(제311조)
내 용	압수·수색·검증, 감정, 증인신문 (㉰ 피의자신문은 불가, 그러나 공동피의자나 공범은 증인으로 취급)	증인신문 (㉰ 피의자신문은 불가, 그러나 공동피의자나 공범은 증인으로 취급)
불 복	3일 이내에 항고 가능	판사의 결정(명령)이므로 불복할 수 없음
당사자의 참여권과 통지	당사자참여권 보장되고 사전통지도 필요	당사자참여권 보장되고 사전통지도 필요
	당사자참여권 보장되지 않은 증인신문조서는 위수증(判) ⇨ 증거동의 ○	당사자참여권 보장되지 않은 증인신문조서는 반대신문권 침해한 위수증(判)
보전된 증거의 처리	판사소속 법원에 보관, 피고인측과 검사 모두 판사의 허가를 얻어 보 전된 증거 열람·등사 가능	지체 없이 검사에게 송부, 공소제기 전에는 피고인측의 열람·등사 불허

CHAPTER
02 수사의 종결

제1절 수사의 종결

1 수사종결의 의의와 종류

1. 의의

(1) **의의**

① 공소제기 여부를 결정할 수 있을 정도로 피의사건이 규명되었을 때 검사가 수사절차를 종료하는 처분을 말한다.

② 공소제기 이후에도 공소권 유지여부를 결정하기 위하여 수사를 할 수 있고, 불기소처분 후에도 언제든지 수사를 재개할 수 있다.

(2) **종결권자**: 사법경찰관의 1차적으로 수사를 종결하고, 검사가 2차적으로 수사를 종결함.

2. 수사종결처분의 종류

(1) **공소제기**: 범죄의 객관적 혐의가 충분하고 소송조건을 구비하여 유죄판결을 받을 수 있다고 인정되어 법원에 공소를 제기하는 것 → 약식명령청구 포함

(2) 불기소처분의 종류

종류		내용
협의의 불기소처분	혐의없음	피의사실이 범죄를 구성하지 않는 경우(범죄인정 안됨)와 피의사실을 인정할 만한 충분한 증거가 없는 경우(증거불충분)
	죄가안됨	피의사실이 범죄구성요건에 해당하나 법률상 범죄의 성립을 조각하는 사유가 있어 범죄를 구성하지 않는 경우(예 구성요건에 해당하나 위법성조각사유, 책임조각사유등이 존재하는 경우)
	공소권없음	소송조건이 흠결된 경우와 형면제사유가 있는 경우(주 친고죄에 있어 고소가 없는 경우)
	각하	고소·고발의 내용을 확인할 수 없는 경우나 형식적 심사만으로 불기소처분을 해야 할 사유가 명백한 경우
기소유예		범죄혐의가 인정되고 소송조건이 구비되었으나 범인의 연령, 성행 등 형법 제51조의 양형참작사유를 고려하여 공소제기를 하지 아니한 처분(주 기소유예를 인정하는 주의=기소편의주의)
기소중지		피의자의 소재불명 또는 참고인 중지의 사유 외의 사유로 수사를 종결할 수 없을 때 그 사유가 해소될 때까지 내려지는 잠정적인 수사종결처분(예 피의자가 도망한 경우, 피의자는 관세법 위반을 자인하고 있으나 압수품이 관세품인지 증명이 없을 때)
참고인중지		참고인·고소인·고발인 또는 같은 사건 피의자(가령, 공동피의자)의 소재불명으로 수사를 종결할 수 없는 경우에 그 사유가 해소될 때까지 내려지는 잠정적인 수사종결처분
공소보류		국가보안법위반사범에 대하여 형법 제51조의 사유를 고려하여 공소제기를 보류하는 처분. 공소보류 후 그 취소없이 2년이 경과하면 공소제기를 할 수 없다(주 공소보류취소시 공소제기 가능).
타관송치		사건이 소속 검찰청에 대응한 법원의 관할에 속하지 아니한 때에는 사건을 관할법원에 대응한 검찰청 검사에게 송치하는 처분
군검찰송치		사건이 군사법원의 재판권에 속하는 사건인 경우 관할 군검찰부 군검사에게 송치하는 처분(제256조의2)(예 수사도중 피의자가 군에 입적한 경우)
소년부송치		소년에 대한 피의사건을 수사한 결과 보호처분에 해당하는 사유가 있다고 인정한 경우에는 사건을 관할소년부에 송치하는 처분

(3) 수사종결처분의 통지제도

사경의 송치·불송치결정 통지	사법경찰관은 범죄를 수사하여 범죄혐의가 있다고 인정되지 않는 경우(제245조의5 제2호의 경우)에는 그 송부한 날부터 7일 이내에 서면으로 고소인·고발인·피해자 또는 그 법정대리인(피해자가 사망한 경우에는 그 배우자·직계친족·형제자매를 포함)에게 사건을 검사에게 송치하지 아니하는 취지와 그 이유를 통지하여야 한다(제245조의6).
검사의 고소·고발인에 대한 처분통지	검사는 고소 또는 고발 있는 사건에 관하여 공소를 제기하거나 제기하지 아니하는 처분, 공소의 취소 또는 타관송치를 한 때에는 그 처분한 날로부터 7일 이내에 서면으로 고소인 또는 고발인에게 그 취지를 통지하여야 한다(제258조①).
검사의 (고소·고발하지 않은) 피해자에 대한 통지	검사는 범죄로 인한 피해자 또는 그 법정대리인(피해자가 사망 시 배우자·직계친족·형제자매 포함)의 신청이 있는 때에는 당해 사건의 공소제기 여부, 공판의 일시·장소, 재판결과(재판경과×), 피의자·피고인의 구속·석방 등 구금에 관한 사실 등을 신속하게 통지하여야 한다(제259조의2).

검사의 피의자에 대한 통지	검사는 불기소 또는 타관송치의 처분을 한 때에는 피의자에게 <u>즉시</u> 그 취지를 통지하여야 한다(제258조②).
검사의 불기소처분 이유설명	검사는 고소·고발 있는 사건에 관하여 공소를 제기하지 아니하는 처분을 한 경우에 고소인 또는 고발인의 <u>청구가 있는</u> 때에는 <u>7일 이내</u>에 고소인 또는 고발인에게 <u>그 이유</u>를 서면으로 설명하여야 한다(제259조).
법원의 피고인에 대한 통지(공소장부본송달)	피의자에 대하여 공소를 제기한 경우에는 법원은 피고인 또는 변호인에게 공소장부본을 송달하여야 한다(제266조). 공소장부본은 <u>제1회 공판기일 전 5일의 유예</u>를 두어야 한다(🟢 약식명령의 경우, 법원은 피고인에게 공소장부본을 송달하지 않는다.).

2 불기소처분에 대한 불복

1. 검찰항고제도

(1) 검찰항고

의 의	검사의 불기소처분에 불복이 있는 고소인 또는 고발인은 그 검사 소속의 지방검찰청 또는 지청을 거쳐 서면으로 관할 고등검찰청 검사장에게 불기소처분의 시정을 구하는 불복제도(검찰청법 제10조①)
주 체	불기소처분에 불복하는 고소인 또는 고발인(🟢 제3자나 피의자는 검찰항고 불가)
대 상	불기소처분, 기소유예처분(🟢 공소제기나 공소취소는 검찰항고대상 아님)
청구기간	불기소처분의 통지를 받은 날로부터 30일 이내
절 차	관할지방검찰청 검사장, 지청장을 경유 지검장이나 지청장은 이유 있으면 경정결정을 하고, 이유 없으면 관할고등검찰청에 송부

(2) 검찰재항고

의 의	(검찰)재항고란 검찰항고를 제기하였음에도 ① 관할고등검찰청으로부터 항고기각결정을 받거나 ② 관할고등검찰청이 항고에 대한 처분이 행하여지지 않고 3개월이 경과한 때에는 그 검사가 속하는 고등검찰청을 거쳐 서면으로 검찰총장에게 불복하는 제도(검찰청법 제10조③)
주 체	• 항고기각처분을 받은 항고인 또는 항고 후 항고에 대한 처분이 행해지지 아니하고 3개월이 경과한 항고인. 다만, <u>형사소송법 제260조에 따라 재정신청을 할 수 있는 자는 검찰재항고를 할 수 없다</u>(검찰청법 제10조③). • 결국, 검찰재항고는 재정신청을 할 수 없는 고발인[독직사건(형법 제123조~제126조)이나 공직선거법위반사범에 대한 고발인 제외]만이 제기할 수 있는 것이 원칙
대 상	고등검찰청의 검찰항고기각결정이나, 고등검찰청이 항고 후 3개월 이상 항고에 대한 처분을 행하지 않은 부작위
청구기간	사유가 있는 날로부터 30일 이내
절 차	관할고등검찰청 검사장, 지청장을 경유 고등검찰청장은 이유 있으면 경정결정을 하고, 이유 없으면 검찰총장에게 송부

2. 헌법소원

의 의	헌법소원이란 공권력의 행사 또는 불행사로 인하여 헌법상 보장된 기본권을 침해받은 자가 헌법재판소에 권리의 구제를 청구하는 제도를 말한다(헌법 제111조 제1항 제5호, 헌법재판소법 제68조①).
주 체	헌법상 기본권을 직접 침해받은 자

> **판례**

고소한 피해자는 검사의 불기소처분에 대하여는 재정신청 등을 통하여 구제될 수 있으므로 헌법소원을 청구할 수 없으나, 고소하지 아니한 피해자는 헌법소원을 청구할 수 있다. 한편, 고발인은 범죄피해자가 아니므로 '범죄피해자의 재판절차진술권' 침해 등을 이유로 하는 헌법소원을 청구할 수 없다(2012헌마41). ✔ 고소한 피해자는 불기소처분의 취소를 구하는 헌법소원심판을 청구할 수 있으나 고소하지 아니한 피해자 또는 고발인은 헌법소원심판을 청구할 수 없다. ✗

3. 재정신청

(1) 의의

① 의의: 검사가 불기소처분을 한 경우 고소인(형법 제123조부터 제126조까지의 죄에 대하여는 고발인 포함)이 관할 고등법원에 신청하여 고등법원의 결정으로 검찰에 공소제기를 강제시키는 제도

② 신청권자 및 대상범죄

　㉠ 고소권자로서 고소를 한 자

　㉡ 형법 제123조(직권남용), 제124조(불법체포·감금), 제125조(폭행·가혹행위), 제126조(피의사실공표)의 죄에 대한 고발인도 재정신청을 할 수 있다.

　다만, 피의사실공표죄(**기출** 직무유기죄 X)에 대하여는 피공표자의 명시한 의사에 반하여 재정을 신청할 수 없다(제260조① 단서).

　기출 고소인 또는 고발인은 대상범죄에 제한 없이 모든 범죄에 대하여 재정신청을 할 수 있다(X).

　㉢ 신청대상: 검사의 불기소처분 → 불기소처분의 이유에는 제한이 없으므로 협의의 불기소처분은 물론 기소유예에 대해서도 재정신청을 할 수 있음.

　㉣ 공소취소처분이나 내사종결처분은 불기소처분이 아니므로 재정신청의 대상이 아님.

(2) 재정신청의 제기

① 검찰항고의 경유(검찰항고 전치주의)

　㉠ 재정신청을 하려면 「검찰청법」 제10조에 따른 항고(고등검찰청의 항고기각결정)를 거쳐야 한다. 이 경우 재정신청을 할 수 있는 자는 검찰청법에 따른 재항고를 할 수 없다.

　㉡ 예외: 고등검찰청의 항고기각결정을 받지 않고 바로 재정신청을 제기할 수 있음.

　　→ ≪다·삼·삼공≫

　　ⓐ 항고 이후 재기수사가 이루어진 다음에 다시 공소를 제기하지 아니한다는 통지를 받은 경우

　　ⓑ 항고 신청 후 항고에 대한 처분이 행하여지지 아니하고 3개월이 경과한 경우

　　ⓒ 검사가 공소시효 만료일 30일 전까지 공소를 제기하지 아니하는 경우

② 재정신청서 제출

　㉠ 제출기간

　　ⓐ 검찰항고의 기각결정을 통지받은 날 또는 검찰항고전치주의의 예외 사유가 발생한 날부터 10일 이내에 지방검찰청 검사장 또는 지청장에게 재정신청서를 제출

　　ⓑ 예외적으로 검사가 공소시효 만료일 30일 전까지 공소를 제기하지 아니하는 경우에는 공소시효 만료일 전날까지 재정신청서를 제출 [기출] 공소시효 만료일까지(X)

　㉡ 재정신청서에는 재정신청의 대상이 되는 사건의 범죄사실 및 증거 등 재정신청을 이유 있게 하는 사유를 기재해야 함.

　　판례

　　1. 재정신청 제기기간이 경과된 후에 재정신청보충서를 제출하면서 원래의 재정신청에 재정신청 대상으로 포함되어 있지 않은 고발사실을 재정신청의 대상으로 추가한 경우 그 재정신청보충서에서 추가한 부분에 관한 재정신청은 법률상 방식에 어긋난 것으로서 부적법하다(97모30).

　　2. 재정신청 기각결정에 대한 재항고나 그 재항고 기각결정에 대한 즉시항고로서의 재항고에 대한 법정기간의 준수 여부는 도달주의 원칙에 따라 재항고장이나 즉시항고장이 법원에 도달한 시점을 기준으로 판단하여야 하고, 거기에 재소자 피고인 특칙은 준용되지 아니한다고 해석함이 타당하다(2013모2347).

　　3. 재정신청서에 대하여는 형사소송법에 제344조 제1항과 같은 특례규정이 없으므로 재정신청서는 같은 법 제260조 제2항(개정법 제3항)이 정하는 기간 안에 불기소처분을 한 검사가 소속한 지방검찰청의 검사장 또는 지청장에게 도달하여야 하고, 설령 구금 중인 고소인이 재정신청서를 그 기간 안에 교도소장 또는 그 직무를 대리하는 사람에게 제출하였다 하더라도 재정신청서가 위의 기간 안에 불기소처분을 한 검사가 소속한 지방검찰청의 검사장 또는 지청장에게 도달하지 아니한 이상 이를 적법한 재정신청서의 제출이라고 할 수 없다(98모127).

③ 재정신청의 대리 및 취소

　㉠ 재정신청은 대리인에 의하여 할 수 있으며 공동신청권자 중 1인의 신청은 그 전원을 위하여 효력이 발생함.

　㉡ 재정신청은 고등법원의 재정결정이 있을 때까지 취소할 수 있고, 취소한 자는 다시 재정신청을 할 수 없음. 재정신청의 취소는 다른 공동신청권자에게 효력이 미치지 아니함.

④ 검사장·지청장의 처리

　㉠ 검찰항고를 거친 경우에는 지방검찰청 검사장 또는 지청장은 재정신청서를 제출받은 날부터 7일 이내(10일 이내 ×)에 재정신청서 등을 관할 고등검찰청을 경유하여 관할 고등법원에 송부

　㉡ 검찰항고를 안 거친 경우에는 신청이 이유 있는 것으로 인정하는 때에는 즉시 공소를 제기하고 그 취지를 관할 고등법원과 재정신청인에게 통지하고, 신청이 이유 없는 것으로 인정하는 때에는 30일 이내에 재정신청서 등을 관할 고등법원에 송부

(3) 고등법원의 재정결정과 공소제기

① 관할 : 재정신청사건의 관할법원은 불기소처분을 한 검사 소속의 지방검찰청 소재를 관할하는 고등법원이다.

> **기출** 재정신청사건의 관할법원은 불기소처분을 한 검사 소속의 지방검찰청 소재지를 관할하는 지방법원 합의부이다(X).

② 심리

　㉠ 통지 : 고등법원은 재정신청서를 송부받은 때에는 송부받은 날부터 10일 이내에 피의자 및 재정신청인에게 그 사실을 통지

　㉡ 증거조사 : 필요한 경우 증거조사를 할 수 있음.

> **기출** 재정신청사건의 심리는 항고절차에 준하여 진행되며 심리 중에는 증거조사가 허용되지 아니한다(X).

　㉢ 재정신청사건의 심리는 특별한 사정이 없는 한 공개하지 아니한다. **기출** 공개한다(X).

　㉣ 재정신청사건의 심리 중에는 관련 서류 및 증거물을 열람·등사 불가

　　다만, 법원은 증거조사 과정에서 작성된 서류의 전부 또는 일부의 열람 또는 등사를 허가할 수 있음. **기출** 열람 또는 등사하는 것이 원칙이다(X).

③ 재정결정

　㉠ 법원은 재정신청서를 송부받은 날부터 3개월 이내에 항고 절차에 준하여 재정결정을 하여야 한다.

> **판례**
>
> 형사소송법 제262조 제2항이 3개월 이내에 재정결정을 하도록 규정한 것은 훈시적 규정에 불과하므로 원심이 그 기간이 지난 후에 이 사건 재정결정을 하였다 하여 재정결정 자체가 위법한 것이라고 할 수는 없다(90모58).

　㉡ 기각결정 : 재정신청이 법률상의 방식에 위배하거나 이유 없는 때에는 신청을 기각. 재정신청을 기각하는 결정이 있었던 사건은 다른 중요한 증거를 발견한 경우를 제외하고는 검사는 소추하지 못한다.

> **판례**
>
> 「형사소송법」 제262조 제4항 후문에서 말하는 '재정신청 기각결정이 확정된 사건'이라 함은 재정신청사건을 담당하는 법원에서 공소제기의 가능성과 필요성 등에 관한 심리와 판단이 현실적으로 이루어져 재정신청 기각결정의 대상이 된 사건만을 의미한다(2012도14755).

　㉢ 공소제기결정

　　ⓐ 재정신청이 이유 있는 때에는 사건에 대한 공소제기를 결정

　　ⓑ 공소제기결정을 한 때에 고등법원은 즉시 그 정본과 사건기록을 재정신청인, 피의자와 관할 지방검찰청 검사장 또는 지청장에게 송부

④ 재정결정에 대한 불복

　㉠ 공소제기결정에 대하여는 불복할 수 없다.

　㉡ 재정신청기각결정에 대하여는 대법원에 즉시항고(재항고) 가능

> **판례**
>
> 법원이 재정신청서에 재정신청을 이유 있게 하는 사유가 기재되어 있지 않음에도 이를 간과한 채 형사소송법 제262조 제2항 제2호 소정의 공소제기결정을 한 관계로 그에 따른 공소가 제기되어 본안사건의 절차가 개시된 후에는, 다른 특별한 사정이 없는 한 이제 그 본안사건에서 위와 같은 잘못을 다툴 수 없다. 그렇지 아니하고 위와 같은 잘못을 본안사건에서 다툴 수 있다고 한다면 이는 재정신청에 대한 결정에 대하여 그것이 기각결정이든 인용결정이든 불복할 수 없도록 한 같은 법 제262조 제4항의 규정 취지에 위배하여 형사소송절차의 안정성을 해칠 우려가 있기 때문이다(2009도224). ∴ 재정신청서에 형사소송법 제260조 제4항에 정한 사항의 기재가 없어서 법원으로서는 그 재정신청이 법률상의 방식에 위배된 것으로서 이를 기각하여야 함에도 공소사실에 대한 실체판단에 나아간 제1심판결은 정당하다.

⑤ 검사의 공소제기

　㉠ 재정결정서를 송부받은 관할 지방검찰청 검사장 또는 지청장은 지체 없이 담당 검사를 지정하고, 지정받은 검사는 공소를 제기해야 한다.

　㉡ 고등법원의 공소제기결정에 따라 공소를 제기한 때에는 이를 취소할 수 없다.

(4) 공소시효 정지

① 재정신청이 있으면 고등법원의 재정결정이 확정될 때까지 공소시효의 진행이 정지

② 공소제기 결정이 있는 때에는 공소시효에 관하여 그 결정이 있는 날에 공소가 제기된 것으로 간주

(5) 비용부담

① 재정신청이 기각되거나, 취소되는 경우 법원의 결정으로 재정신청인에게 비용의 전부 또는 일부를 부담하게 할 수 있다. `기출` 부담하게 하여야 한다(X).

② 위 결정에 대하여는 즉시항고 가능 `기출` 불복할 수 없다(X).

3 공소제기 후 수사

1. 강제수사

(1) **피고인 구속** : 피고인 구속은 법원의 권한이므로 수사기관은 피고인을 구속할 수 없다.

(2) **압수·수색·검증** : 압수·수색·검증은 법원의 권한이므로 수사기관에 의한 압수·수색·검증은 원칙적으로 허용 ×

> **판례**
>
> 검사가 공소제기 후 형사소송법 제215조에 따라 수소법원 이외의 지방법원판사에게 청구하여 발부받은 영장에 의하여 압수·수색을 하였다면, 그와 같이 수집된 증거는 기본적 인권보장을 위해 마련된 적법한 절차에 따르지 않은 것으로서 원칙적으로 유죄의 증거로 삼을 수 없다(2009도10412).

2. 임의수사

(1) **피고인 조사**: 검사가 피고인을 소환하여 조사하는 것은 허용 → 작성된 진술조서는 증거능력 인정

(2) **참고인 조사**: 참고인조사는 임의수사로서 원칙적으로 허용

    → 피고인에게 유리한 증언을 한 증인을 수사기관이 법정 외에서 다시 조사하여 진술을 번복시키는 것은 허용되지 않음.

    → 작성된 진술조서는 피고인이 증거로 함에 동의하지 않는 한 증거능력 없음.

(3) **감정위촉**: 감정 · 통역 · 번역의 위촉과 공무소 등에 조회는 허용

최정훈 형사소송법

공소제기

CHAPTER

01 공소제기의 기본원칙

제1절 ▶ 공소제기의 기본원칙

1 공소제기의 기본원칙

국가소추주의		① 공소제기의 권한을 국가기관(특히 검사)에게 전담하게 하는 제도 ② 형사소송법은 철저하게 국가소추주의 유지(검사 또는 수사처검사의 공소제기 또는 경찰서장의 즉결심판청구)
기소독점주의	의의	국가기관 중에서 검사만이 공소를 제기하고 수행할 권한을 갖도록 하는 제도
	예외	① 경찰서장의 즉결심판청구권(❀ 검사의 기소 없이도 행사되는 법원의 법정경찰권은 기소독점주의의 예외로 구분하기 어렵다.) ② 수사처검사의 고위공직자등에 대한 공소제기
	제한	① 불기소처분에 대한 검찰항고제도 ② 불기소처분에 대한 고소·고발인 등에 대한 통지제도 ③ 재정신청제도 ④ 친고죄에 있어 고소(사인의 의사를 통한 간접적 통제제도)
기소편의주의		범죄의 혐의가 존재하고 소송조건을 갖추고 있음에도 검사의 재량으로 불기소처분을 할 수 있도록 하는 제도
기소변경주의		일단 공소를 제기한 후에 공소의 취소를 인정

2 공소의 취소

1. 의의

일단 제기한 공소를 검사 스스로 철회하는 법률행위적 소송행위

2. 공소취소의 절차

(1) 주체 → 검사만 할 수 있음.

(2) 사유 → 법률상 제한 없음(불기소처분을 하는 것이 상당하다고 인정되는 경우).

(3) 방법 → 이유를 기재한 서면 / 공판정에서는 구술로 할 수 있음.

> 기출 공소취소는 공판정은 물론 공판정 외에서도 구술로 할 수 있다(X).
> 기출 공소취소는 이유를 기재한 서면으로만 하여야 한다(X).

(4) 시기

① 제1심판결 선고 전까지 할 수 있음.

② 항소심의 파기환송·파기이송 후의 절차 및 재심절차 → 공소취소 불가

> 기출 제1심 판결에 대해 상소심의 파기환송이 있는 경우 공소를 취소할 수 있다(X).

③ 재정신청의 공소제기 결정 → 공소취소 불가

④ 약식명령 고지 후 정식재판 개시 → 공소취소 가능

(5) 통지 → 7일 이내에 서면으로 고소인, 고발인에게 그 취지를 통지 기출 지체 없이(X)

3. 공소취소의 효과

(1) 공소취소 有 → 공소기각결정(즉시항고 가능)

(2) 재기소금지

① 공소취소 후 동일범죄 다른 중요한 증거발견 한 경우 → 공소제기 가능

② 공소취소 후 동일한 다른 죄명으로 기소한 경우에도 적용

  예 절도 공소취소 후 강도로 기소해도 재기소금지 적용

③ 재기소 제한에 위반하여 공소가 제기된 경우 → 공소기각판결

  기출 공소가 취소된 경우 법원은 결정으로 공소를 기각하여야 하고, 공소기각 결정이 확정된 후에는 공소취소 후 다른 중요한 증거를 발견한 경우에도 다시 공소제기를 할 수 없다(X).

4. 공소사실의 철회와의 구별

구 분	공소의 취소	공소사실의 철회
공소사실의 동일성	동일성이 없는 수개의 공소사실의 일부 또는 전부 철회 예 절도죄와 사기죄의 공소사실 중 절도죄 공소사실에 대한 공소취소	동일성이 인정되는 하나의 공소사실의 일부에 대한 철회 예 포괄일죄인 상습도박죄에서 하나의 도박 공소사실에 대한 철회
방 식	서면 또는 구술	원칙적으로 서면주의, 동의하거나 이익이 되는 경우 구술도 가능
시 기	제1심판결 선고 전	명문규정이 없음(항소심 가능)
법원의 허가	불요	필요
소송계속	종결	유지
법원의 조치	공소기각결정	심판대상에서 제외
재기소 제한	다른 중요한 증거 발견	제한 없음

판례

1. 제1심판결이 선고된 이상 동 판결이 확정되어 이에 대한 재심소송절차가 진행 중에 있다 하여도 공소취소를 할 수 없다(76도3203).
2. 공소장에 기재된 수개의 공소사실이 서로 동일성이 없고 실체적 경합관계에 있는 경우에 그 일부를 소추대상에서 철회하려면 공소장변경의 방식에 의할 것이 아니라 공소의 일부취소절차에 의하여야 한다(91도1438).
3. 실체적 경합관계에 있는 수개의 공소사실 중 어느 한 공소사실을 전부 철회하는 검찰관의 공판정에서의 구두에 의한 공소장변경신청이 있는 경우 이것이 그 부분의 공소를 취소하는 취지가 명백하다면 비록 공소취소신청이라는 형식을 갖추지 아니하였더라도 이를 공소취소로 보아 공소기각결정을 하여야 할 것이다(91도1438).

PART

04

3 공소권 남용

1. 의의
(1) **개념**: 공소제기가 형식적으로는 적법한 공소제기가 이루어졌으나 실질적으로는 위법·부당한 경우
(2) **취지**: 공소권남용이 있는 경우에 형식재판(주로 공소기각판결을 해야 한다고 주장)으로 소송을 종결시켜야 한다는 이론

2. 유형
(1) **소추재량을 일탈한 공소제기(부당기소)**

판례

1. 검사가 자의적으로 공소권을 행사하여 피고인에게 실질적인 불이익을 줌으로써 소추재량권을 현저히 일탈한 경우에는 이를 공소권의 남용으로 보아 공소제기의 효력을 부인할 수 있으나, 자의적인 공소권의 행사로 인정되려면 단순히 직무상의 과실에 의한 것만으로는 부족하고 적어도 그에 관한 미필적이나마 어떤 의도가 있음이 인정되어야 한다(2014도10199).
2. 공소제기된 피고인의 범죄사실 중 일부에 대하여 검사의 일차 무혐의 결정이 있었고, 이에 대하여 그 고소인이 항고 등 아무런 이의를 제기하지 않고 있다가 그로부터 약 3년이 지난 뒤에야 뒤늦게 다시 피고인을 동일한 혐의로 고소함에 따라, 검사가 새로이 수사를 제기한 경우, 공소권을 남용한 경우로서 그 공소제기의 절차가 무효인 때에 해당한다고 볼 수는 없다(94도2598).
3. 검사의 공소제기가 종전 가정보호사건의 확정된 불처분결정의 효력을 뒤집을 특별한 사정이 없음에도 불구하고, 단지 고소인의 개인적 감정에 영합하거나 이혼소송에서 유리한 결과를 얻게 할 의도만으로 이루어진 것이라면 이러한 조치는 공소권의 남용으로 위법하다(2016도5423).

(2) **위법수사에 의한 공소제기**

판례

1. 불법구금, 구금장소의 임의적 변경 등의 위법사유가 있다고 하더라도 그 위법한 절차에 의하여 수집된 증거를 배제할 이유는 될지언정 공소제기의 절차 자체가 위법하여 무효인 경우에 해당한다고 볼 수 없다(96도561).
2. 본래 범의를 가지지 아니한 자에 대하여 수사기관이 사술이나 계략 등을 써서 범의를 유발케 하여 범죄인을 검거하는 함정수사는 위법함을 면할 수 없고, 이러한 함정수사에 기한 공소제기는 그 절차가 법률의 규정에 위반하여 무효인 때에 해당한다(2005도1247).

(3) **차별적 공소제기(불평등기소, 선별기소)** : 서로 관련된 사정이 있는 자 사이에서 일부만을 선별하여 기소하고 다른 사람들은 기소하지 않는 불평등한 기소 또는 선별적 기소가 공소권남용에 해당하는지 문제

> **판례**

1. 검사는 피의자의 연령·선행, 지능과 환경, 피해자에 대한 관계, 범행의 동기·수단과 결과, 범행 후의 정황 등의 사항을 참작하여 공소를 제기할 것인지의 여부를 결정할 수 있는 것으로서 똑같은 범죄구성요건에 해당하는 행위라고 하더라도 그 행위자 또는 그 행위 당시의 상황에 따라서 위법성이 조각되거나 책임이 조각되는 경우도 있을 수 있는 것이므로, 자신의 행위가 범죄구성요건에 해당한다는 이유로 공소가 제기된 사람은 단순히 자신과 동일한 범죄구성요건에 해당하는 행위를 하였음에도 불구하고, 불기소 된 사람이 있다는 사유만으로 평등권을 침해하였다고 볼 수는 없으므로 검사가 공소권을 남용하여 공소를 제기한 것은 아니다(90도646).
2. 검찰이 수사와 기소 단계에서 제15대 대통령 선거의 당선자측과 낙선자측을 불평등하게 취급하는 정치적인 고려가 있었다고 하더라도, 그 범죄행위에 상응한 책임을 묻는 검사의 공소제기가 소추재량권을 현저히 일탈하였다고 볼 수 없다(2004도482).

(4) **누락기소** : 검사가 피고인의 실체적 경합관계에 있는 전체범죄사실을 인식하고 있으면서도 일부(A)에 대해서는 먼저 공소를 하고 나머지(B)는 먼저 기소한 사실(A)의 항소심판결선고 이후(혹은 판결확정이후) 공소제기하는 경우이다.

> **판례**

1. 검사가 피고인의 여러 범죄행위를 일괄하여 기소하지 아니하고 수사진행 상황에 따라 여러 번에 걸쳐 나누어 분리기소하였다고 하여 검사의 공소제기가 소추재량권을 현저히 일탈한 것으로 보이지는 아니한다(2007도5313).
2. 피고인이 절취한 차량을 무면허로 운전하다가 적발되어 절도 범행의 기소중지자로 검거되었음에도 무면허 운전의 범행만이 기소되어 유죄의 확정판결을 받고 그 형의 집행 중 가석방되면서 다시 그 절도 범행의 기소중지자로 긴급체포되어 절도 범행과 이미 처벌받은 무면허 운전의 일부 범행까지 포함하여 기소된 경우 공소권 남용에 해당한다(2001도3026).

제2절 공소제기의 방식

1 공소장 제출 및 공소장 기재사항

1. 공소장 제출

(1) **서면주의** : 공소장이라는 서면에 의하여야 한다. 기출 서면 또는 구술(X)

→ 형사소송법이 공소의 제기에 관하여 서면주의와 엄격한 요식행위를 채용한 것은 심판을 구하는 대상을 명확하게 하고, 피고인의 방어권을 보장하기 위한 것이다.

(2) **첨부서류**

① 공소장부본 → 제1회 공판기일 5일 전까지 송달

② 변호인 선임서, 보조인 신고서, 특별대리인 선임결정 등본, 구속영장 기타 구속에 관한 서류

기출 체포 또는 구속된 후 석방된 피고인에 대한 공소제기 시 공소장에 기존의 구속영장 기타 구속에 관한 서류를 첨부하는 것은 공소장일본주의의 위반이다(X).

판례

1. 검사의 기명날인 또는 서명이 없는 상태로 제출된 공소장은 형사소송법 제57조 제1항에 위반된 서류라 할 것이고, 이와 같이 법률이 정한 형식을 갖추지 못한 공소장 제출에 의한 공소의 제기는 특별한 사정이 없는 한 그 절차가 법률의 규정에 위반하여 무효인 때에 해당한다. 다만, 이 경우 공소를 제기한 검사가 공소장에 기명날인 또는 서명을 추완하는 등의 방법에 의하여 공소의 제기가 유효하게 될 수 있다(2010도17052). ✗ 공소를 제기한 검사가 제1심의 제1회 공판기일에 공판검사로 출석해서 기소요지를 진술하고 공소장에 서명을 추가하더라도 이러한 공소제기는 무효이다. ✗

2. 공소장에 CD를 첨부한 경우 공소사실의 특정여부 → 검사가 공소사실의 일부가 되는 범죄일람표를 컴퓨터 프로그램을 통하여 열어보거나 출력할 수 있는 전자적 형태의 문서로 작성한 후, 종이문서로 출력하여 제출하지 아니하고 위 전자적 형태의 문서가 저장된 저장매체 자체를 서면인 공소장에 첨부하여 제출한 경우, 법원은 저장매체에 저장된 전자적 형태의 문서 부분을 고려함이 없이 서면인 공소장이나 공소장변경신청서에 기재된 부분만을 가지고 공소사실 특정 여부를 판단하여야 한다. 만일 공소사실이 특정되지 아니한 부분이 있다면, 검사에게 석명을 구하여 특정을 요구하여야 하고, 그럼에도 검사가 이를 특정하지 않는다면 그 부분에 대해서는 공소를 기각할 수밖에 없을 것이다(2015도3682).

2. 공소장 기재사항

(1) **필요적 기재사항** : 피고인, 죄명, 공소사실, 적용법조, 피고인의 구속 여부

(2) **임의적 기재사항** : 공소사실과 적용법조의 예비적 또는 택일적 기재

기출 범죄사실의 예비적 기재는 필요적 기재사항이다(X).

2 필요적 기재사항

1. 피고인의 성명 기타 피고인을 특정할 수 있는 사항

피고인과 타인을 구별할 수 있을 정도. if 불특정 → 공소기각판결

> **판례**
>
> 1. 공소장의 공소사실 첫머리에 피고인이 전에 받은 '소년부송치처분'과 '직업 없음'을 기재하였다 하더라도 이는 '피고인을 특정할 수 있는 사항'에 속하는 것이어서 그와 같은 내용의 기재가 있다 하여 공소제기의 절차가 법률의 규정에 위반된 것이라고 할 수 없다(90도1813).
> 2. 공소장에 누범이나 상습범을 구성하지 않는 전과사실을 기재하였다 하더라도 이는 피고인을 특정할 수 있는 사항에 속한다 할 것으로서 그 공소장기재는 적법하다 할 것이다(66도793).

2. 죄명

적용법조와 함께 심판대상을 정하는 보조적 기능을 하므로 구체적으로 표시하여야 하나, 죄명의 표시가 틀린 경우 피고인의 방어에 실질적 불이익이 없는 한 공소제기의 효력에 영향이 없다.

> **판례**
>
> 공소사실이 복수인 때에는 명시된 공소사실의 죄명을 모두 표시하여야 하나, 다수의 공소사실에 대하여 죄명을 일괄 표시하였다고 하여 죄명이 특정되지 않았다고 할 수는 없다(69도1219). ✘ 공소장에 수개의 공소사실에 대하여 그 죄명을 일괄표시 한 경우 공소사실을 보면 그 죄명과 적용법조를 알아차릴 수 있더라도 이는 죄명이 특정되었다고 볼 수 없으므로 그와 같은 공소제기는 무효이다. ×

3. 적용법조

(1) 적용법조는 형법각칙의 본조 뿐만 아니라 형법총칙의 관계조문(중지미수, 불능미수, 교사, 방조, 죄수)도 빠짐없이 기재하여야 한다.

(2) 오기재·불기재의 효과 → 범죄사실에 대한 적용법조의 판단은 수소법원의 전권사항이므로 공소제기의 효력에 영향이 없다.

> **판례**
>
> 1. 공소장에는 죄명·공소사실과 함께 적용법조를 기재하여야 하지만(형사소송법 제254조) 적용법조의 기재는 공소의 범위를 확정하는 데 보조기능을 가짐에 불과하므로 적용법조의 기재에 오기가 있거나 그것이 누락된 경우라 할지라도 이로 인하여 피고인의 방어에 실질적 불이익이 없는 한 공소제기의 효력에는 영향이 없다(2000도6113).
> 2. 강도강간죄의 공소사실 중에는 강간죄의 공소사실도 포함되어 있으므로 공소사실의 동일성이 인정되는 범위 내의 사실에 대하여는 법원은 검사의 공소장 기재 적용법조에 구애됨이 없이 직권으로 법률을 적용할 수 있다(87도792).

4. 공소사실

(1) **의의**: 공소장에 기재되어 있는 구체적 범죄사실을 말한다. 공소장에 기재되어 있는 공소사실은 법원의 현실적 심판의 대상이 된다.

(2) **공소사실의 특정의 정도**: 다른 공소사실과 구별할 수 있을 정도 → 공소사실의 동일성을 인식할 수 있을 정도

① 일시 · 장소 · 방법
- 일시 → 이중기소나 시효에 저촉되지 않는 정도
- 장소 → 토지관할을 가름할 수 있는 정도
- 방법 → 범죄의 구성요건을 밝히는 정도

> **판례**
>
> 1. 공소제기된 범죄의 성격에 비추어 그 공소의 원인이 된 사실을 다른 사실과 구별할 수 있을 정도로 그 일시 · 장소 · 방법 · 목적 등을 적시하여 특정하면 족하고, 공모의 시간 · 장소 · 내용 등을 구체적으로 명시하지 아니하였다거나 그 일부가 다소 불명확하더라도 그와 함께 적시된 다른 사항들에 의하여 그 공소사실을 특정할 수 있고, 그리하여 피고인의 방어권 행사에 지장이 없다면 공소제기의 효력에는 영향이 없다(2004도5561).
> 2. 범죄의 일시, 장소 등이 구체적으로 적시되지 않더라도 공소범죄의 성격에 비추어 그 개별적 표시가 부득이하고 피고인의 방어권 행사에 지장이 없다고 보여지는 경우 → 특정 有(86도1073)
> 3. 살인죄에 있어 범죄의 일시 · 장소와 방법은 범죄의 구성요건이 아닐 뿐만 아니라 이를 구체적으로 명확히 인정할 수 없는 경우에는 개괄적으로 설시하여도 무방하다(2008도507).

② **교사범, 방조범의 경우**: 교사범이나 방조범의 공소사실에는 그 전제요건이 되는 정범의 범죄구성요건을 충족하는 구체적 사실을 기재해야 한다.

> **판례**
>
> 교사범과 방조범의 공소사실에는 교사 또는 방조사실 외에, 정범의 범죄구성요건을 충족하는 구체적 사실까지 기재하여야 한다. ✗ 교사 또는 방조사실만을 기재하면 족하며, 정범의 범죄구성요건을 충족하는 구체적 사실까지 기재할 필요는 없다. ✗

③ **실체적 경합범의 경우**: 경합범을 이루는 수 개의 범죄사실은 각 범죄사실이 모두 특정되어야 한다.

> **판례**
>
> 여러 사람의 피해자에 대하여 따로 기망행위를 하여 각각 재물을 편취한 경우에는 비록 범의가 단일하고 범행방법이 동일하더라도 각 피해자의 피해법익은 독립한 것이므로 그 전체가 포괄일죄로 되지 아니하고 피해자별로 독립한 여러 개의 사기죄가 성립되고, 이러한 경우 공소사실은 각 피해자와 피해자별 피해액을 특정할 수 있도록 기재하여야 한다. ✗ 각 피해자와 피해자별 피해액을 특정하여야 하는 것은 아니다. ✗

④ **포괄일죄의 경우** : 포괄일죄의 경우 일죄의 일부를 구성하는 개개의 행위에 대하여 구체적으로 특정되지 아니하더라도 그 전체 범행의 시기와 종기, 범행방법, 범행횟수, 또는 피해액의 합계 및 피해자나 상대방을 명시하면 이로써 그 범죄사실은 특정되었다고 할 것이다.

> **판례**
>
> 포괄일죄에 있어서는 그 일죄의 일부를 구성하는 개개의 행위에 대하여 구체적으로 특정하지 않더라도 그 전체 범행의 시기와 종기, 범행방법, 범행횟수 또는 피해액의 합계 및 피해자나 상대방을 명시하면 이로써 그 범죄사실은 특정된다. ✎ <u>포괄일죄를 이루는 개개의 범죄사실이 모두 특정되도록 기재하여야 한다.</u> ✕

(3) **불특정의 효과**

　　┌ 원칙 → 공소기각 판결(제327조 제2호)
　　└ 추완의 허용여부 ┬ 공소사실이 처음부터 특정되지 아니한 경우 → 추완 ✕
　　　　　　　　　　　└ 구체적 범죄사실이 일단 공소사실로 기재되어 있는 경우 → 추완 ○

> **판례**
>
> 공소장의 기재가 불명확한 경우 법원은 형사소송규칙 제141조의 규정에 의하여 검사에게 석명을 구한 다음, 그래도 검사가 이를 명확하게 하지 않은 때에야 공소사실의 불특정을 이유로 공소를 기각함이 상당하다(2004도5972). ✎ <u>별도의 석명을 구함이 없이 공소사실의 불특정을 이유로 공소를 기각할 수 있다.</u> ✕

> **판례** ☰ 포괄일죄 범행의 특정을 인정한 경우
>
> 1. 포괄일죄인 뇌물죄의 공소사실을 1971년 말경부터 1972년 말경까지 사이에 비밀요정 등지에서 금 1,200,000원 상당의 향응을 제공받았다는 형식으로 기재한 경우(75도1680)
> 2. 포괄일죄인 상습사기의 공소사실에 있어 그 범행의 모든 피해자들의 성명이 명시되지는 않은 경우(90도833) ⇨ 사설족보학회 회장을 사칭하면서 각 종친회에서 대동보를 편찬하는 양 책자를 교부하면서 피해자 김득규 외 12,239명으로부터 금 489,560,000원을 편취한 사안
> 3. 그 범죄의 구성요건의 성질상 동 범행의 반복이 예상되는 무면허 의료행위의 반복된 수개의 행위를 포괄적으로 기재한 경우(83도3313)
> 4. 일정기간 계속된 피고인의 각 의료행위가 포괄하여 일죄가 되는 보건범죄단속에관한특별조치법위반죄에 대한 공소를 제기하면서 전체범행의 시기와 종기, 범행방법, 공소외 1외 성명불상 다수의 환자들을 상대로 범행내용 등을 명시하였으나, 범행대상이 되는 다수의 환자들을 구체적으로 특정하지 않은 경우(2002도807)
> 5. 검사가 공소장에 '피고인은 1987. 3월 중순 경부터 1987. 7월 말경.까지 자신이 이사로 있는 재단법인 지도자육성재단의 금원을 임의로 처분하는 등의 방법으로 약 8여회에 걸쳐 총 9,300여 만원을 횡령하였다.'고 기재한 경우(89도570)

판례 포괄일죄 범행의 특정을 부정한 경우

1. 피고인은 1970.12.28. 16시경 전북 옥구군 甲의 집에 침입하여 라디오 1대를 훔친 것을 비롯하여 그 후 4회에 걸쳐 상습적으로 타인의 재물을 절취하였다라는 공소사실(71도1615)

2. '수입육판매 피해자 명단'에 기재된 피해자 318명을 제외한 나머지 피해자들에 대하여, 피고인들의 수입쇠고기 구입일과 구입량, 구입금액, 가공 후 판매량, 1인분 환산량, 판매금액만 구분되어 있을 뿐 피해자와 피해자별 피해금액이 특정되지 아니한 채 '수입쇠고기를 한우고기인 것처럼 기망하여 그 판매대금 상당액을 편취하였다는 부분'의 기재(2006도5041)

3. 피고인이 2010.1.1.부터 2014.2.28.까지 의사인 본인이 의약품을 직접 조제하거나 또는 환자에 대한 복약지도를 전혀 하지 않고 간호사가 단독으로 입원환자에 대한 의약품을 조제하였음에도 마치 의사가 직접 의약품을 조제하고 입원환자에 대한 복약지도를 한 것처럼 약제비, 복약지도료 명목 등으로 국민건강보험공단, 공소외 1 회사 및 공소외 2 회사에 보험금을 청구하여 피해자 국민건강보험공단으로부터 수급자 2,907명과 관련하여 합계 18,470,704원을, 피해자 공소외 1 주식회사로부터 수급자 516명과 관련하여 합계 7,336,665원을, 피해자 공소외 2 주식회사로부터 수급자 362명과 관련하여 합계 6,979,967원을 교부받아 이를 편취하였다'는 공소사실(2016도19186)

판례 경합범(수죄)의 시일을 포괄적으로 기재한 경우(= 공소사실 불특정)

1. 피고인의 미성년자의제강간제와 미성년자의제강제추행죄에 대한 공소사실을 1980.12. 일자불상경부터 1981.9.05.경까지 사이에 미성년자인 피해자를 협박하여 약 20여회의 강간 또는 강제추행하였다는 식으로 기재한 경우(82도2442)

2. 각 취득행위마다 1개의 죄가 성립하는 관세법 제186조상의 밀수품취득죄에 대한 공소사실의 기재에 있어, "1992.02.경부터 6.07.경까지 수회에 걸쳐 밀수품을 취득하였다."는 방식의 공소사실(98도1480)

3. 피고인 甲은 1980. 초순경부터 1981.06.25.까지는 군산시 문화동 번지미상 갑의 집에서, 그리고 그 익일부터 1982.01.30.경까지는 전주시 진북동 834의42, 공소외 乙의 집 2층에서 을과 수회 간음하여 상간하였다는 공소사실(82도2558)

4. 개별 수입시마다 1죄가 성립하는 관세법 제269조 제2항 제1호 소정의 무신고수입행위에 대한 공소사실을 "피고인은 2001.02.부터 2002.06.까지 보따리상을 통하여 장뇌삼 9,398뿌리 외 7종 시가 1억99,928,460원 상당품을 밀수입하고 2002.09.경부터 2003.02.경까지 보따리상을 통하여 중국산 장뇌삼 9,529뿌리 외 3종 시가 1억 60,673,000원 상당의 물품을 밀수입하였다."는 공소사실(2004도3870)

5. 조세범처벌법상 각 세금계산서마다 하나의 죄가 성립하는 무거래 세금계산서 교부죄의 공소사실과 관련하여 세금계산서마다 그 공급가액을 공소장에 기재하지 않고, 세금계산서의 총 매수와 그 공급가액의 합계액만을 기재한 경우(2006도5147)

6. 피교사자인 공무원별로 1개의 죄가 성립하는 직무유기교사죄의 공소사실 중 "전기협 회원들에 대하여 불법파업을 하여 직무유기할 것을 결의하게 하고, 전기협 회원 6,500여명이 이에 따라 같은 해 6.23. 04 : 00경부터 불법파업에 돌입하게 하여 직무유기를 교사하였다."라는 공소장기재(95도984)

7. 피해자별로 1죄가 성립되는 폭력행위등처벌에 관한 법률위반죄(특수폭행)를 저지른 피고인들에 대한 공소사실을 "피고인들이 공동하여 성명불상 범종추측 승려 100여명의 전신을 손으로 때리고 떠밀며 발로 차서 위 성명불상 피해자들에게 폭행을 가한 것"이라고 기재한 경우(95도22)

8. 수인의 피해자에 대하여 각별로 기망행위를 하여 각각 재물을 편취함으로써 피해자별로 1개씩의 사기죄가 별도로 성립하는 피고인의 사기사실을 "일정한 기간 사이에 성명 미상의 고객들로부터 1일 평균 매상액 상당의 생식품을 판매함으로써 그 대금 상당액을 편취하였다."라고 기재한 경우(95도594)

판례 마약사범에 대한 공소사실이 특정된 경우

1. 모발감정결과가 있는 것을 토대로 검사가 투약행위의 일시를 모발감정에서 메스암페타민성분이 검출될 수 있는 기간의 범위 내로 하고, 그 장소나 방법 및 투약량을 불상으로 하여 "1996.01.6.경 사이 충북지역에서 메스암페타민 g미상을 불상의 방법으로 1회 투약하고"라고 기재한 경우(97도1376)

2. 범죄의 일시를 1998.09. 초순 어느 날로, 장소를 서울시내 불상지로, 방법은 불상의 방법으로 메스암페타민을 투약하였다고 기재한 경우(99도2666)

3. 피고인이 1988.07. 중순 일자불상경부터 1989.02. 중순 일자불상경까지 사이에 1회용 주사기로써 암페타민을 팔에 주사하는 방법으로 모두 4회에 걸쳐 향정신성의약품을 투약하였다는 공소사실(89도2020)

4. 피고인은 2007.09.16.경부터 같은 해 10.14.경까지 사이에 파주시 소재 불상의 노상에 있는 공소외인 운전의 BMW차량 안 등지에서 담배 속 연초를 빼낸 후 그 안에 대마 불상량을 넣고 불을 붙여 그 연기를 흡입하는 등의 범행으로 이를 1회 흡입하였다라는 공소사실(2008도6267)

5. 페타민의 양성반응이 나온 소변감정결과에 의하여 그 투약일시를 '2009.08.10.부터 2009.08.19.까지 사이'로, 투약장소를 서울 또는 부산 이하 불상지로 기재한 경우(2010도4671)

6. 투약 대상인 乙의 진술에 기초하여, 피고인이 마약류취급자가 아니면서 2010년 1월에서 3월 사이 일자불상 03：00경 서산시 소재 상호불상의 모텔에서, 甲과 공모하여 여자 청소년 乙에게 메스암페타민(일명 필로폰)을 투약하였다고 하여 구 마약류 관리에 관한 법률 위반(향정)으로 기소된 사안(2014도6107)

판례 마약사범에 대한 공소사실이 특정이 부정된 경우

1. 피고인은 1996.07. 내지 10. 일자불상경 장소불상에서 불상의 방법으로 메스암페타민 불상량을 투약하였다는 공소사실(98도3293)

2. 검사가 단지 길이 4~7cm인 피고인의 모발을 대상으로 실험을 한 결과 메스암페타민 양성반응이 나왔다는 국립과학수사연구소의 감정 결과만에 기초하여 위 정도 길이의 모발에서 메스암페타민이 검출된 경우 그 사용가능한 기간을 체포시로부터 역으로 추산한 다음 그 전 기간을 범행일시로 하고, 위 기간 중의 피고인의 행적에 대하여도 별다른 조사를 하지 아니한 채 피고인의 주거지인 의왕시를 범행장소로 하여 공소사실을 기재한 경우(2000도2119)

3. 피고인은 1999년 5월 중순경부터 같은 해 11월 19일까지 사이에 부산 이하 불상지에서 향정신성의약품인 메스암페타민 약 0.03g을 1회용 주사기를 이용하여 팔 등의 혈관에 주사하거나 음료수 등에 타 마시는 방법으로 이를 투약하였다고 한 공소사실(2000도3082)

4. 피고인은 2000년 11월 2일경부터 2001년 7월 2일경까지 사이에 인천 이하 불상지에서 향정신성 의약품인 메스암페타민 불상량을 불상의 방법으로 수회 투약하였다라는 공소사실(마약류관리에 관한 법률위반)(2002도3194)

5. "피고인이 마약류 취급자가 아님에도 2005.08. 하순경부터 2005.11.20.경 사이에 부산 연제구 이하 불상지에서 필로폰(메스암페타민) 불상량을 맥주에 타서 마시거나 1회용 주사기에 넣어 희석한 다음 자신의 팔 혈관에 주사하는 방법으로 이를 투약하였다."는 공소사실(2006도7342)

6. "피고인은 마약류 취급자가 아님에도 불구하고 2010년 2월 초순경부터 2010.4.18.경 사이에 진주시 이하 불상지에서 향정신성의약품인 메스암페타민(일명 필로폰) 약 0.03g을 생수에 타서 마시거나 일회용 주사기를 이용하여 이를 투약하였다."라는 공소사실(2011도3801)

판례 📖 범죄단체 가입 · 조직죄에 대한 공소사실이 특정된 경우

1. 범죄단체 가입 · 조직죄는 즉시범으로서 공소시효와 관련하여 가입일시를 특정하는 것이 중요
2. 공소사실에 기재된 일시의 범죄집단조직사실은 증거가 없고 다른 일시의 범죄집단조직사실이 증거에 의하여 뒷받침되는 경우 법원이 공소장변경절차를 거치지 않고 공소장 기재 사실과 다른 일시의 범죄집단조직사실을 유죄로 인정할 수 없다(91도723).

판례 📖 범죄단체 가입 · 조직죄에 대한 공소사실의 특정이 부정된 경우

1. 범죄단체를 구성하게 된 일시, 장소를 1988.08.경부터 1989년초 경까지 사이에 제주시 산지천 부근 및 신제주일원으로 기재한 경우(95도13) ⇨ 폭처법위반으로서 공소시효가 문제되지 않았던 특수한 사례
2. 범죄단체조직죄(폭처법 제4조 위반)로 공소제기하면서, 범죄를 한다는 공동의 목적 아래 최소한의 통솔체계를 갖추었고, 폭력행위의 방법에 의하여 범죄를 범하는 것을 목적으로 한다고만 기재하였을 뿐, 폭처법 제2조 제1항의 범죄 중 어느 범죄를 범하는 것을 목적으로 하는가 여부의 기재는 없는 경우(97도1829)

판례 📖 상표, 문서, 유가증권에 대한 공소사실이 특정된 경우

1. 유가증권위조의 공소사실의 범죄일시를 '2000.초경부터 2003.03.경 사이에'로 비교적 장기간에 기재한 경우(2006도48) ⇨ 위조문서가 피고인의 수중에 있던 기간으로 특정한 사안
2. 예일대학교 박사학위기를 위조하였다는 공소사실에 대하여 위조일시, 방법은 개괄적으로 기재되었으나 위조하였다는 문서의 내용 및 그 명의자는 특정되어 있고 , 위 박사학위기를 행사하였다는 부분에 대하여는 위조문서의 내용, 행사일시, 장소, 행사방법이 특정되어 있으며 위조된 박사학위기의 사본이 현출되어 있는 경우(2008도6950)
3. 유가증권변조의 공소사실이 범행일자를 "2005.01.말경에서 같은 해 2.04.사이로", 범행장소를 "서울 불상지"로 범행방법을 "불상의 방법의 수취인의 기재를 삭제"한 것으로 되었지만 변조된 유가증권이 압수되어 현존하고 있는 경우(2007도11000)
4. 위조상품권의 행사방법에 비추어 각각의 상품권 사용시에 몇 매가 함께 사용되었는지, 행사상대방이 누구인지 등의 특정이 불가능하므로 이에 관한 공소사실은 상품권 사용일자의 범위와 장소, '경품용으로 지급'하였다는 용도 정도를 특정하는 것으로 족하다고 본 사례(2007도796)
5. 주식회사 맥시칸의 맥시칸 양념통닭에 관한 상품표지와 유사한 것을 사용한 사실로 기소하면서 공소장에 "위 주식회사 맥시칸에서 제작하여 각종 광고 매체를 통해 국내에서 소비자들에게 널리 인식시킨 자신의 상품임을 표시한 표지"라고만 기재한 경우(96도197)

판례 📖 상표, 문서, 유가증권에 대한 공소사실이 특정이 부정된 경우

1. 사문서 위조의 공소사실을 기재하면서 2명의 명의만을 특정하였을 뿐 나머지 채권자 4명에 대하여는 그 명의를 구체적으로 특정하지 않은 채 만연히 채권자들이라고만 지적한 경우(82도2063)
2. 사문서변조죄의 공소사실에 대하여, 그 변조의 대상이 된 예금잔액증명서의 발급경위와 이미 금액란의 변조가 마쳐진 상태의 예금잔액증명서가 피고인에게 전달된 과정이 기재되어 있을 뿐 "사문서변조의 범죄구성요건에 해당하는 구체적 사실에 관해서는 그 일시 · 장소와 방법의 기재가 모두 빠져 있고, 변조의 실행행위를 한 사람도 전혀 나타나 있지 않은 경우"(2008도9327)

판례 기타 공소사실이 특정된 경우

1. 업무상과실치상 공소사실 중 그 일부 피해자에 대하여 치료기간이 미상이라고 기재된 경우 ⇨ 치료기간은 필요적 기재사항이라 할 수 없으므로 시일, 장소, 방법이 명시하여 사실을 특정할 수 있다면 공소장은 특정된 것으로 보아야 한다고 본 사례(83도3006)
2. 공모공동정범에 있어서 실행정범의 인적사항이 적시되지 아니하고 범행일시나 장소가 명백히 표시되지 아니하였으나 그 공모관계, 실행정범의 실행행위가 모두 표시되어 있는 경우라면 공소사실이 특정되었다(97도632).
3. 이 사건 공소사실의 범죄일시는 "2014년 6월에서 8월 초순 사이 일자불상경"으로 비교적 개괄적으로 표시되어 있다. 그러나 기록에 의하면, 피해자는 지적장애 2급의 장애인으로서 피해를 입은 정확한 일자를 기억하거나 표현하는 데 어려움이 있음을 알 수 있다. 피해자의 진술 외에는 객관적인 증거를 확보하기 쉽지 않은 성폭력범죄의 특성에 비추어 볼 때, 검사로서는 피해자가 가진 진술능력의 한계로 말미암아 공소사실의 범죄일시를 일정한 시점으로 특정하기 곤란하여 부득이하게 개괄적으로 표시할 수밖에 없었을 것으로 보인다. 또한 이 사건 공소사실은 범죄장소, 범행의 태양 등에 비추어 다른 사실과 구별될 수 있으므로 피고인의 방어권을 침해하였다고 볼 수도 없다. 이러한 사정을 위 법리에 비추어 살펴보면, 원심판결에 상고이유 주장과 같은 공소사실의 특정에 관한 법리를 오해한 잘못이 없다(2016도14989).

판례 기타 공소사실의 특정이 부정된 경우

1. 피고인은 2004.06. 일자불상경 피고인 운영의 엔돌핀 노래연습장에서 성명불상의 부녀자들을 시간당 일정액을 지급하기로 하고 부른 다음, 동녀들로 하여금 그 곳을 찾아온 손님들을 상대로 노래와 춤으로 유흥을 돋우게 함으로써 접대부를 알선한 것이라는 공소사실(2006도7773)
2. 절도죄의 공소사실에 대하여 "피고인이 성명불상자들과 합동하여 통행중인 성명불상 여자로부터 품명불상의 재물을 절취하였다"라는 기재(75도2946)
3. 정보통신망상의 비밀을 침해한 것으로 기소된 피고인에 대하여, 막연히 피해자의 이메일 출력물을 보여준 것이 타인의 비밀을 누설한 행위에 해당한다는 취지로 기재되어 있을 뿐, 그 이메일 출력물의 내용이나 제목 등에 관해서는 아무런 기재가 없고 기록상 이를 알 수 있을 만한 자료가 없는 경우(2005도7309)
4. 검사가 "피고인 乙에 대한 공소사실에 피고인 乙의 다른 공동피고인들과의 관계를 피고인 甲의 부인이고 피고인 丙 주식회사의 경리 담당 직원이라고 특정한 다음, 피고인 甲과 '공모하여' 공소사실 기재와 같이 관세법위반의 범행을 저질렀다고 기재"한 경우, 이는 공모공동정범의 공모관계를 제대로 특정한 것으로 볼 수 없다(2016도2696).
5. 증권거래법이 규정하고 있는 미공개정보 이용행위금지 위반죄에 대한 공소사실 가운데 미공개정보를 언제 어떻게 매매거래에 이용하였다는 것인지에 관한 구체적인 범죄사실이 전혀 적시되지 않은 경우(2003도7112)
6. 피고인들이 불특정 다수 인터넷 이용자들의 컴퓨터에 자신들의 프로그램을 설치하여 경쟁업체 프로그램이 정상적으로 사용되거나 설치되지 못하도록 함으로써 인터넷 이용자들의 인터넷 이용에 관한 업무를 방해하였다고 하여 '컴퓨터 등 장애 업무방해'로 공소사실을 기재한 경우(2008도10115)
7. 유사석유제품 원료의 판매자인 피고인이 원료를 혼합하는 구매자와 함께 유사석유제품 제조의 공동정범으로 기소된 사안에서, 피고인의 상대방 공모공동정범이 누구인지, 몇 명인지, 그 상대방이 언제, 어디서 원료 혼합행위를 하였는지를 밝히지 않은 경우(2005도3777)
8. 컴퓨터 등 장애 업무방해죄에 관한 공소사실에 "컴퓨터 사용자들의 컴퓨터 사용에 관한 업무"라고만 기재한 경우(2008도11187)
9. 음란도서의 판매죄에 있어서는 그 음란성 판단의 어려움 및 그 특수성을 고려해 볼 때 그 도서에 게재된 도화가 음란성 있는 도화에 해당한다는 구체적 사실의 기재없이 "걸", "포토스타" 등으로 기재되었다면, "걸"과 "포토스타"를 제외한 나머지 음화판매부분은 특정되었다고 볼 수 없다(91도2492).

10. 집시법 제20조 제1항에 따라 해산명령을 할 수 있는 집회 또는 시위의 종류와 태양이 다양하므로, 검사가 집시법상의 해산명령 위반의 점으로 공소를 제기함에 있어서는 공소의 범위를 확정하고 피고인의 방어권 행사를 보장할 수 있도록 피고인이 집시법 제20조 제1항 각 호 중 어느 사유로 해산명령을 받았는지를 특정할 수 있을 정도로 공소사실과 적용법조를 기재하여야 한다. 따라서 집회 및 시위에 관한 법률상 해산 명령 위반 공소사실에 대한 적용법조로 처벌규정인 같은 법 제24조 제5호, 제20조 제2항만을 기재하였다 면, 공소장에 기재된 공소사실 및 적용법조에 나타난 사항들을 종합하더라도 해산명령의 근거사유가 특정 되었다고 볼 수 없는바, 공소사실이 특정되지 않았다고 보아야 한다(2009도5698).

11. 관세포탈죄는 포탈세액이 구체적으로 계산되어 확정될 수 있어야 하는 것인데, 장부 기타 증빙서류를 허위 작성하거나 이를 은닉하는 등의 방법으로 실제 거래가격을 줄이거나 신고하지 아니함으로써 관세를 포탈 한 경우, 포탈세액의 계산기초가 되는 당해 수입물품의 대가로서 구매자가 실제 지급하였거나 지급하여야 할 가격을 인정할 확실한 증거를 요한다고 고집할 수는 없는 것이다. 따라서 이러한 경우에는 일반적으로 용인될 수 있는 객관적, 합리적인 방법으로서 구 관세법이 규정한 제31조 내지 제35조를 순차적으로 적용 하여 포탈세액을 추정하는 방법도 허용된다고 할 것이고, 그 추정계산의 기초가 되는 거래가격 또는 비용 의 증명책임은 검사에게 있다(2014도16271).

3 임의적 기재사항

1. 의의
수개의 사실 또는 법조에 대하여 심판의 순서를 정하여 공소장을 기재하는 것

2. 허용범위
통설은 공소사실의 동일성이 인정되는 범위에서만 허용된다고 보나, 판례는 공소사실의 동일성이 인 정되지 않는 별개의 범죄사실에 대하여도 허용된다.

3. 예비적 기재와 택일적 기재
(1) **예비적 기재**: 수개의 사실에 대하여 심판의 순서를 정하여 심판을 구하는 기재방법
   예 선순위(절도죄) → 후순위(권리행사방해죄)로 기소
(2) **택일적 기재**: 수개의 사실에 대하여 심판의 순서를 정하지 않고 심판을 구하는 기재방법
   예 절도죄 또는 권리행사방해죄로 기소
(3) 예비적·택일적 기재는 공소제기 시뿐만 아니라 공소장변경 시에도 적용된다.
   기출 공소제기 후에는 공소사실의 동일성이 인정되더라도 공소장의 공소사실과 적용법조를 예비적·택일적으로 변경할 수 없다(X).

4. 법원의 판단

(1) **심판의 대상**: 예비적·택일적으로 기재한 모든 공소사실이 법원의 심판대상

판례

공소사실과 적용법조가 택일적으로 기재되어 공소가 제기된 경우에 그중 어느 하나의 범죄사실만에 관하여 유죄의 선고가 있은 제1심판결에 대하여 항소가 제기되었을 때 항소심에서 항소이유 있다고 인정하여 제1심판결을 파기하고 자판을 하는 경우에는 다시 사건 전체에 대하여 판결을 하는 것이어서 택일적으로 공소제기된 범죄사실 가운데 제1심판결에서 유죄로 인정된 이외의 다른 범죄사실이라도 그것이 철회되지 아니하는 한 당연히 항소심의 심판의 대상이 된다(70도2660).

(2) **판단순서**

① 택일적 기재 – 심판순서에 제한이 없으므로 어느 것을 먼저 심판하더라도 적법

② 예비적 기재 ┬ 검사의 기소순위에 제한
 └ 예비적 기재사실을 먼저 판단하면 위법 → 상소이유

(3) **판단방법**

① 예비적 기재의 경우
 ┌ 본위적 공소사실을 유죄로 인정 → 검사의 상소 불허
 └ 본위적 공소사실을 배척하고 예비적 공소사실 유죄 → 검사의 상소 허용

② 택일적 기재의 경우: 판단순서에 제한이 없으므로 하나가 유죄로 인정되는 경우
 → 검사의 상소 불허

4 공소장일본주의

1. 의의

공소제기를 할 때 공소장 하나만을 법원에 제출하여야 하고 법원에 예단이 생기게 할 수 있는 서류 기타 물건을 첨부하거나 그 내용을 인용해서는 안 된다는 원칙

2. 이론적 근거

① 당사자주의 소송구조, ② 예단배제의 법칙, ③ 공판중심주의, ④ 위법수집증거배제의 법칙, ⑤ 전문법칙

3. 내용

(1) **첨부의 금지**: 법원의 심증형성에 영향을 줄 수 있는 서류 기타 물건 첨부 금지

but 법원에 예단을 줄 염려가 없는 서류(변호인선임서·체포영장·긴급체포서·구속영장 등)는 공소장에 첨부해도 무방

기출 피고인이 구속되어 있는 경우에 공소장에 구속영장 기타 구속에 관한 서류를 첨부하는 것은 공소장일본주의에 위반된다(X).

(2) **인용의 금지**: 예단이 생길 수 있는 문서내용을 인용하는 것은 금지

but 문서를 수단으로 한 협박·공갈·명예훼손 등 사건 → 문서 인용 적법

(3) **여사기재의 금지**: 공소장의 필요적 기재사항 이외의 사항이 기재 금지

① **전과의 기재**: 전과가 범죄구성요건에 해당하는 누범전과·상습범 전과의 경우나 범죄사실의 내용(전과를 수단으로 한 공갈, 협박)을 이루는 경우 이외에는 공소장에 동종과 이종의 전과를 기재하는 것은 금지

   but 판례 → 전과는 피고인을 특정할 수 있는 사항에 속하는 것으로 허용

② **범죄의 동기**: 범죄의 동기는 범죄사실이 아니므로 원칙적으로 기재금지

   but 살인죄나 방화죄와 같은 동기범죄 → 허용

③ **악성격**: 원칙적으로 기재 금지

   but 악성격이 공소사실의 내용을 이루거나(공갈·강요의 수단) 밀접한 관련을 가지고 있는 경우(상습성 인정의 자료)에는 기재 허용

④ **여죄**: 예단을 줄 염려가 있으므로 기재 금지

   but 판례 → 여죄의 기재는 위법이 아님.

> **판례**
>
> 1. 공소장의 공소사실 첫머리에 피고인이 전에 받은 '소년부송치처분'과 '직업 없음'을 기재하였다 하더라도 이는 '피고인을 특정할 수 있는 사항'에 속하는 것이어서 그와 같은 내용의 기재가 있다 하여 공소제기의 절차가 법률의 규정에 위반된 것이라고 할 수 없다(90도1813).
> 2. 공소장에 누범이나 상습범을 구성하지 않는 전과사실을 기재하였다 하더라도 이는 피고인을 특정할 수 있는 사항에 속한다 할 것으로서 그 공소장기재는 적법하다 할 것이다(66도793).
> 3. 살인, 방화 등의 경우 범죄의 직접적인 동기 또는 공소범죄사실과 밀접불가분의 관계에 있는 동기를 공소사실에 기재하는 것이 공소장일본주의 위반이 아님은 명백하고 설사 범죄의 직접적인 동기가 아닌 경우에도 동기의 기재는 공소장의 효력에 영향을 미치지 아니한다(2007도748).

4. 공소장일본주의 위반의 효과

공소제기절차가 법률의 규정에 위반하여 무효가 되어 법원은 공소기각판결 선고

> **판례**
>
> 공소장일본주의에 위배된 공소제기라고 인정되는 때에는 그 절차가 법률의 규정에 위반하여 무효인 때에 해당하는 것으로 보아 공소기각의 판결을 선고하는 것이 원칙이다. 다만, 공소장 기재의 방식에 관하여 피고인측으로부터 아무런 이의가 제기되지 아니하였고, 법원 역시 범죄사실의 실체를 파악하는 데 지장이 없다고 판단하여 그대로 공판절차를 진행한 결과 증거조사절차가 마무리되어 법관의 심증형성이 이루어진 단계에 이른 경우에는 소송절차의 동적 안정성 및 소송경제의 이념 등에 비추어 볼 때 더 이상 공소장일본주의 위배를 주장하여 이미 진행된 소송절차의 효력을 다툴 수 없다고 보아야 하나, 피고인측으로부터 이의가 유효하게 제기되어 있는 이상 공판절차가 진행되어 법관의 심증형성의 단계에 이르렀다고 하여 공소장일본주의 위배의 하자가 치유된다고 볼 수 없다(2012도2957).

5. 공소장일본주의가 적용되지 않는 경우

(1) 공소장일본주의는 공소제기 시에 대해서만 적용 → 공판절차 갱신 후의 절차, 상소심의 절차, 파기환송 후의 절차 등에는 공소장일본주의는 적용 ×

(2) 약식명령청구, 즉결심판 청구(정식재판청구가 있는 경우도 동일) → 적용 ×
∴ 수사기록과 증거물을 판사에게 제출하여야 하므로

> **판례**
>
> 1. 약식명령의 청구와 동시에 증거서류 및 증거물이 법원에 제출되었다 하여 공소장일본주의를 위반하였다 할 수 없고, 그 후 약식명령에 대한 정식재판청구가 제기되었음에도 법원이 증거서류 및 증거물을 검사에게 반환하지 않고 보관하고 있다고 하여 그 이전에 이미 적법하게 제기된 공소제기의 절차가 위법하게 된다고 할 수도 없다(2007도3906).
> 2. 법원은 즉결심판에 대한 정식재판의 청구가 적법한 때에는 공판절차에 의하여 심판하여야 하는바, 이에 따라 정식재판청구에 의한 제1회 공판기일 전에 사건기록 및 증거물이 경찰서장, 관할 지방검찰청 또는 지청의 장을 거쳐 관할 법원에 송부된다고 하여 그 이전에 이미 적법하게 제기된 경찰서장의 즉결심판청구의 절차가 위법하게 된다고 볼 수 없다(2008도7375).

제3절 ▶ 공소제기와 법원의 심판대상

■ 공소제기의 효력

1. 소송계속

(1) **의의**: 공소제기에 의하여 사건이 법원의 심리와 재판의 대상이 되는 상태

(2) **적극적 효과**

① 공소제기 적법 → 법원은 심판할 권리와 의무, 검사와 피고인은 심판을 받을 권리와 의무를 진다(실체재판 선고).

② 공소제기 부적법 → 형식적 소송행위(형식재판 선고)

(3) **소극적 효과**

① 이중기소 금지 → 공소제기가 있으면 동일한 사건에 대하여 다시 공소제기 ×

② 동일사건이 같은 법원에 이중으로 공소제기 → 공소기각판결

③ 동일사건이 다른 법원에 이중으로 공소제기(관할의 경합) → 공소기각결정

> **기출** 공소가 제기되면 동일사건에 대해 다시 공소를 제기할 수 없으므로 동일사건이 수개의 법원에 계속된 때에는 공소기각의 판결을 해야 한다(X).

> **기출** 동일법원에 이중기소 된 경우에는 공소기각의 결정을 하고, 수개의 법원에 이중기소된 경우 심판할 수 없게 된 법원은 공소기각의 판결을 하여야 한다(X).

2. 공소제기의 효력범위

(1) 공소제기의 인적 효력범위(주관적 범위)

① 의의: 공소제기는 검사가 공소장에 피고인으로 지정한 자 이외의 사람에게는 효력이 미치지 않는다.

② 내용

　㉠ 검사가 지정한 피고인: 검사가 지정한 피고인이란 공소장에 특정되어 있는 피고인을 말한다.

　㉡ 공소제기 후 진범 발견: 진범인에게는 공소제기의 효력이 미치지 않으므로 공소제기 후 진범이 발견되어도 진범에 대한 새로운 공소제기가 필요

　㉢ 공범 중 1인에 대한 공소제기: 공범자 가운데 일부에 대한 공소제기의 효력은 다른 공범자에게는 미치지 않는다.

　다만, 예외적으로 공범자 1인에 대한 공소시효 정지의 효력은 다른 공범자에게도 미친다(제253조②). 공범처벌의 일률성을 기하기 위한 특례규정이다.

(2) 공소제기의 물적 효력범위(객관적 범위)

① 의의: 범죄사실의 일부에 대한 공소제기는 전부에 대해 효력이 미친다(제248조②). 즉 공소제기의 효력은 공소장에 기재된 공소사실과 단일성·동일성이 인정되는 범위 내의 전부에 미친다.

② 공소사실의 단일성·동일성

　㉠ 공소사실의 단일성이란 소송법적 행위의 단일성을 의미하고 동일성은 기본적 사실의 동일성을 의미한다.

　㉡ 공소제기의 물적 효력범위로서 공소사실의 단일성·동일성은 법원의 잠재적 심판의 범위를 의미하며, 그것은 공소장변경의 한계가 되고 기판력의 객관적 범위와 일치한다.

(3) 일죄의 일부에 대한 공소제기

① 범죄 혐의가 인정되고 소송조건이 구비되었음에도 불구하고 검사가 일죄의 일부에 대한 공소제기가 적법한가에 대해 판례는 전면적으로 허용한다.

> **판례**
>
> 하나의 행위가 부작위범인 직무유기죄와 작위범인 범인도피죄의 구성요건을 동시에 충족하는 경우 공소제기권자는 재량에 의하여 작위범인 범인도피죄로 공소를 제기하지 않고 부작위범인 직무유기죄로만 공소를 제기할 수도 있다(99도1904).

② 일죄 일부의 기소시 공소제기의 효력

　㉠ 공소제기의 효력범위: 공소불가분의 원칙상 일죄의 전부에 대하여 공소제기의 효력이 미침.
　if 잔여 부분의 범죄사실 추가 → 공소장 변경

　㉡ 법원의 심판대상: 일죄의 일부는 현실적 심판의 대상, 일죄의 전부는 잠재적 심판의 대상
　if 일죄의 전부에 대한 심판 → 공소장 변경

　㉢ 기판력: 잠재적 심판의 대상이 된 일죄의 전부에 대하여 미침.
　if 일죄 일부에 대해 판결이 확정 후 나머지 부분에 대해 공소제기 → 면소판결

　기출 검사가 일죄의 일부만을 공소제기하고 법원이 일죄의 일부에 대해서만 유죄판결을 하였다면 그 판결의 기판력은 일죄의 일부에만 미친다(X).

3. 공소시효의 정지

(1) 공소가 제기되면 공소시효의 진행이 정지된다.

　→ 공소제기의 유효·무효 불문하므로 공소제기가 무효인 경우에도 공소시효 정지

(2) 공범 1인에 대한 공소시효 정지는 다른 공범자에게도 그 효력이 미침.

제4절	공소장 변경제도 : 심판대상의 조정

1 공소제기로 인한 법원의 심판대상

1. 불고불리의 원칙

법원의 심판대상은 피고인과 공소사실임. 불고불리 원칙상 법원은 공소가 제기되지 아니한 사실에 대해서는 심판을 할 수 없음.

> **판례** ≡ 불고불리의 원칙에 위배되는 경우

1. 포괄일죄라도 그를 구성하는 개개의 사실이 공소장에 명시되어 있지 않은 이상 그 부분은 심판의 대상이 될 수 없다(71도1548).
2. 어느 범죄사실이 일반법과 특별법에 모두 해당하는 경우라 하여도 검사가 형이 보다 가벼운 일반법의 죄로 기소하면서 그 일반법의 적용을 청구하고 있는 이상 법원은 형이 더 무거운 특별법을 적용하여 특별법위반의 죄로 처단할 수는 없다(2005도9743).
3. 특정경제범죄 가중처벌 등에 관한 법률 위반(배임)죄는 재산상 이익의 가액이 일정액 이상이라는 것이 범죄구성요건의 일부로 되어 있고 그에 따라 형벌도 가중되는 만큼 그 재산상 이익의 가액은 엄격하고 신중하게 판단하여야 한다. 따라서 업무상배임으로 인한 재산상의 이익이 있었다는 점은 인정되지만 그 가액을 구체적으로 산정할 수 없는 경우에는 재산상 이익의 가액을 기준으로 가중 처벌하는 특정경제범죄 가중처벌 등에 관한 법률 위반(배임)죄로 의율할 수는 없다(2012도5220).

> **판례** ≡ 불고불리의 원칙에 위배되지 않는 경우

1. 공소사실의 범행일시가 오기임이 분명한 경우 오기된 범죄일시를 사실대로 바로 잡아 인정하는 것은 정당하다(87도18101).
2. 법정형에 징역형과 벌금형을 병과할 수 있도록 규정되어 있는 경우, 법원은 공소장에 기재된 적용법조나 검사의 구형과 관계없이 심리·확정한 사실에 대하여 재량으로 벌금형의 병과 여부를 정할 수 있다(2010도7404).
3. 법원이 인정하는 범죄사실이 공소사실과 차이가 없이 동일한 경우에는 비록 검사가 재판시법인 개정 후 신법의 적용을 구하였더라도 그 범행에 대한 형의 경중의 차이가 없으면 공소장 변경절차를 거치지 않고도 정당하게 적용되어야 할 행위시법인 구법을 적용할 수 있다(2000도3350).
4. 누범가중의 사유가 되는 전과사실은 범죄사실이 아니므로 공소장에 기재된 바 없더라도 이를 심리 처단할 수 있다 할 것이다(71도2004).

2. 심판의 대상

(1) 심판대상의 의의

① 의의 : 형사소송법에서 법원이 심리 및 판단을 하여야 할 대상을 말한다.

② 범죄사실과 공소사실

    ㉠ **범죄사실** : 과거의 일정한 시점에 있었던 역사적 사실

    ㉡ **공소사실** : 검사가 공소장에 기재한 범죄사실 또는 공소를 제기한 범죄사실

    → 범죄사실과 공소사실은 일치하는 개념이 아님.

    예 甲이 2005년 1월 10일 밤 7시에 노량진역 앞에서 소매치기를 하였다는 역사적 사실(범죄사실)에 대해서 검사가 공소장에 "甲이 2005년 1월 10일 밤 8시에 노량진역 앞 상점에서 물건을 훔쳤다."고 기재한 경우(공소사실)

(2) 법원의 심판대상

① 의의 : 공소장에 기재된 공소사실이 현실적 심판의 대상이고 공소사실과 동일성이 인정되는 사실이 잠재적 심판의 대상

② 적용례

    ㉠ 역사적으로 강도죄(범죄사실, 잠재적 심판범위)를 범한 甲을, 검사가 절도죄(공소사실, 현실적 심판범위)로 공소제기한 경우, 법원은 공소장변경이 없는 한 절도죄에 대한 유죄판결만을 선고할 수 있다. 법원의 현실적 심판대상은 절도죄에 한정되기 때문이다.

    ㉡ 그런데 공판심리 중 공소장변경을 통하여 검사가 甲에 대한 죄명과 공소사실을 강도죄로 변경하였다면, 법원은 강도죄에 대하여도 유죄판결을 할 수 있다. 공소장변경을 통해 언제라도 강도죄로 변경될 가능성이 있으므로 이를 잠재적 심판대상이라고 한다.

    ㉢ 공소장변경이 없어, 법원이 甲에 대해 절도죄로 유죄판결을 선고하고 그 판결이 확정되었다면, 추후 검사가 甲을 다시금 강도죄로 공소제기 하였다 하더라도 법원은 甲에 대하여 면소판결을 선고하여야 한다.

2 공소장 변경제도

1. 의의

(1) **의의** : 검사가 공소사실의 동일성을 해하지 않는 범위 안에서 공소장에 기재된 공소사실 또는 적용법조를 추가 · 철회 · 변경하는 제도

(2) **구별개념**

공소장 정정	공소장 변경	추가기소, 공소취소
	동일성 인정범위 내	별개의 범죄사실
명백한 오기, 누락의 정정 (법원의 허가 불필요)	법원의 심판대상 변동 (법원의 허가 필요)	

판례

1. 피의자가 다른 사람의 성명을 모용한 탓으로 공소장에 피모용자가 피고인으로 표시되었다 하더라도 이는 당사자의 표시상의 착오일 뿐이고, 이는 피고인의 표시상의 착오를 정정하는 것이지 공소장을 변경하는 것이 아니므로 형사소송법 제298조에 따른 공소장변경의 절차를 밟을 필요가 없고 법원의 허가도 필요로 하지 아니한다(92도2554). ✗ 공소장변경의 절차는 밟을 필요는 없지만, 법원의 허가를 받아야만 공소장을 정정할 수 있다. ✗

2. 공소장변경의 방식에 의한 공소사실의 철회는 공소사실의 동일성이 인정되는 범위 내의 일부 공소사실에 한하여 가능한 것이므로, 공소장에 기재된 수개의 공소사실이 서로 동일성이 없고 실체적 경합관계에 있는 경우에 그 일부를 소추대상에서 철회하려면 공소장변경의 방식에 의할 것이 아니라 공소의 일부취소절차에 의하여야 한다(91도1438).

3. 실체적 경합관계에 있는 수개의 공소사실 중 어느 한 공소사실을 전부 철회하는 검찰관의 공판정에서의 구두에 의한 공소장변경신청이 있는 경우 이것이 그 부분의 공소를 취소하는 취지가 명백하다면 비록 공소취소신청이라는 형식을 갖추지 아니하였더라도 이를 공소취소로 보아 공소기각결정을 하여야 한다(91도1438).

2. 공소장변경의 한계

(1) 공소사실의 동일성

① 공소장변경은 공소사실의 동일성을 해하지 아니하는 한도에서 허용

② 공소사실의 동일성 = 공소사실의 단일성 + 협의의 동일성을 포함하는 개념

  ㉠ 단일성 → 형법상 죄수론이 아니라 형사소송법상의 행위개념

    예 실체법상 수죄인 경합범은 소송상으로도 수죄이나,

    예 실체법상으로는 수죄인 상상적 경합은 소송법상으로는 일죄(과형상일죄)가 된다.

  ㉡ 협의 동일성 → 협의의 동일성은 사건의 시간적 전후관계를 의미

(2) 기준

① 공소사실의 동일성의 여부는 그 사실의 기초가 되는 사회적 사실관계가 기본적인 점에서 동일한가의 여부를 구체적 사실에 관하여 개별적으로 판단(기본적 사실동일성)

  → 공소장에 기재된 공소사실이 변경된 공소사실과 시간적·장소적으로 밀접한 관계가 있거나, 택일관계에 있으면 기본적 사실이 동일하다고 할 수 있다.

  기출 확정된 판결의 공소사실과 공소제기된 공소사실 간에 그 일시만 달리하는 사안에서 사안의 성질상 두 개의 공소사실이 양립할 수 있다고 볼 사정이 있는 경우에는 기본적 사실은 동일하다 할 수 없다(O).

② 다만, 판례는 기본적 사실동일설의 입장을 취하면서도 기본적 사실동일설의 입장을 취하는 경우에도 규범적인 요소를 전적으로 배제할 수는 없다는 이유로 강도상해죄와 장물취득죄 사이에는 동일성을 인정할 수 없다고 판시한 바 있다.

  → 기판력의 악용을 통하여 범죄자가 축소 처벌받는 것은 정의에 반한다는 점을 고려한 것으로 볼 수 있다.

  예 甲은 乙과 합동하여 2020.01.01. 강남역 노상에서 행인인 A에게 강도상해죄를 범하고 함께 노량진으로 가서 강취한 신용카드와 현금을 나누어 가졌다(범죄사실 : 강도상해). 검사는 甲이 분실신고된 신용카드를 사용한 사실을 파악하여 甲에 대하여 수사를 하였는데, 甲은 乙이 강취한 신용카드를 신논현역 6번출구 근처에서 교부받아 사용하였다고 진술하였다.

이에 甲을 장물취득죄로 기소하였고, 법원은 甲에게 장물취득죄를 선고하여 기간도과로 확정되었다. 판결이 확정된 이후 乙이 검거되었는데 검사는 甲과 乙이 함께 강도상해를 저질렀음을 밝혀내고 다시금 甲을 강도상해죄로 기소하였다.

▷ 통설에 의하면 장물취득죄와 강도상해죄는 동일한 사실관계를 지칭하는 것이므로 법원은 강도상해죄에 대하여 면소판결을 하여야 한다고 본다. 그러나 판례는 전원합의체판결을 통하여 규범적 요소(죄명·구성요건)까지도 고려해야 한다고 하면서 장물취득죄의 기판력은 강도상해에 미치지 않는다고 판시하였다(강도상해로 유죄선고).

판례

1. 공소사실의 동일성은 그 사실의 기초가 되는 사회적 사실관계가 기본적인 점에서 동일하면 그대로 유지된다 할 것이고, 이러한 기본적 사실관계의 동일성을 판단함에 있어서는 그 사실의 동일성이 갖는 기능을 염두에 두고 피고인의 행위와 그 사회적인 사실관계를 기본으로 하되 규범적 요소도 아울러 고려하여야 한다(93도2080전합). ▶ 판례는 두 사실이 구성요건적으로 상당한 정도 부합하는 경우에만 공소사실의 동일성을 인정하고 있다. ✕
2. 포괄일죄의 경우 공소장변경 허가 여부를 결정함에 있어서는 포괄일죄를 구성하는 개개 공소사실 별로 종전 것과의 동일성 여부를 따지기 보다는 변경된 공소사실이 전체적으로 포괄일죄의 범주 내에 있는지 여부에 초점을 맞추어야 한다. ▶ 포괄일죄를 구성하는 개개 공소사실별로 종전 것과의 동일성 여부를 판단하여야 한다. ✕

판례 ▤ 공소사실의 동일성이 인정되는 경우

1. 수금하여 보관 중 횡령 → 일부는 수금권한이 없는데도 있는 것처럼 가장하여 사기죄로 공소장 변경(83도2500)
2. 다방을 경영하게 해주겠다는 명목으로 금원을 수령한 이상 횡령죄를 사기죄로 변경(83도2500)
3. 처음에 어느 물건을 장물인줄 알면서 남에게 양여하였다 하여 장물양여죄로 공소를 제기하였다가, 나중에 그 물건을 절취한 사실을 이유로 야간주거침입절도나 절도로서 공소장에 기재한 공소사실을 변경하는 경우(64도664)
4. 피고인이 후원인으로부터 금원을 받은 단독범으로 기소 → 후원인과의 공동정범으로 변경(2008도8138)
5. 피해자를 살해하려고 목을 누르는 등 폭행을 가하였으나 미수에 그쳤다는 살인미수 공소사실 → 피해자를 강간하려고 목을 누르는 등 폭행을 가하였으나 미수에 그치고 피해자에게 상해를 입혔다 강간치상으로 공소장 변경(84도666)
6. 참고인에 대하여 허위진술을 하여 달라고 요구하면서 이에 불응하면 어떠한 위해를 가할 듯한 태세를 보여 외포케 하여 참고인을 협박하였다는 공소사실과 위와 같이 협박하여 겁을 먹은 참고인으로 하여금 허위로 진술케 함으로써 수사기관에 검거되어 신병이 확보된 채 조사를 받고 있던 자를 증거불충분으로 풀려나게 하여 도피케 하였다는 공소사실은 동일성이 인정된다(85도897).
7. 흉기를 휴대하고 다방에 모여 강도예비를 하였다는 공소사실과 폭력범죄에 공용될 우려가 있는 흉기를 휴대하고 있었다는 폭력행위 등 처벌에 관한 법률 제7조 위반의 공소사실 사이(86도2396)
8. 임차권 양도계약 중개수수료 교부자를 갑에서 을로 변경(2009도9593)

| 판례 | 공소사실의 동일성이 인정되지 않는 경우 |

1. 강도상해 범행이 완료 된 후 다른 장소에서 장물을 교부받은 경우 강도상해죄와 장물취득죄의 사이(93 도2080) → 甲은 장물취득죄로 제1심에서 징역 1년을 선고받고 항소하였으나 공범이 검거되어 강도상 해죄로 처벌될 상황에 이르자 항소를 취하하여 확정되었다. 이후 검사가 甲에 대하여 강도상해죄로 공 소제기한 경우 법원이 취할 조치? → 확정된 장물취득의 범죄사실과 강도상해의 공소사실은 동일성이 인정되지 않으므로 유·무죄의 실체판결을 하여야 한다.
2. 과실로 교통사고를 발생시켰다는 교통사고처리 특례법 위반죄의 공소사실과 고의로 교통사고를 낸 뒤 보험금을 청구하여 수령하거나 미수에 그쳤다는 사기 및 사기미수의 공소사실은 동일성이 인정되지 않 는다(2009도14263).
3. 상해의 공소사실에 폭력행위 등 처벌에 관한 법률 위반(집단·흉기 등 협박) 등의 공소사실(2008도 3656)
4. "피고인은 2008.10. 하순경 성남시 모란시장 부근 도로에 정차한 승용차 안에서 A에게 필로폰 약 0.3g을 건네주어 이를 교부하였다."라는 공소사실과, "피고인은 2008.10. 중순경 장소 불상지에서 A에게 전화 로 350만원을 주면 필로폰 10g을 구해다 주겠다고 거짓말하여 A, B로부터 같은 달 하순 경 성남 모란역 에서 필로폰 대금 및 수고비 합계 370만원을 교부받았다."라는 공소사실(대판 2012.4.13. 2010도16659) → 마약류관리법 위반 + 사기죄
5. '공무원인 甲이 여행업자 등과 공모하여 탐방행사의 여행 경비를 부풀려 과다 청구하는 방법으로 학부 모들을 기망하여 2017.5.1.부터 2018.9.23.까지 총 11회에 걸쳐 6,500만원을 편취하였다'라는 공소사실로 기소하였다가, '공무원인 甲이 자신에게 탐방행사를 맡겨준 사례금 명목으로 2018.8.1.부터 2018.12.1까 지 총 5회에 걸쳐 乙로부터 1,300만원의 뇌물을 수수하였다'라는 공소사실을 예비적으로 추가한 경우 당초의 공소사실(사기)과 예비적 공소사실(뇌물수수)은 그 시기와 수단·방법 등의 범죄사실의 내용이 나 행위 태양 및 피해법익이 다르고 죄질에도 현저한 차이가 있어 그 기본적인 사실관계가 동일하다고 보기 어렵다(2015도1968).

3. 공소장 변경의 절차

(1) 검사의 신청에 의한 공소장 변경

① 검사의 신청

㉠ 서면신청 → 공소장변경허가신청서를 법원에 제출

다만, 법원은 공판정에서는 피고인에게 이익이 되거나 피고인이 동의하는 경우 구술에 의 한 공소장변경을 허가할 수 있음.

㉡ 시기 → 신청은 원칙적으로 사실심 변론종결 전까지 해야 함.

기출 공소장 변경은 항소심에서는 할 수 없다(X).

② 법원의 허가

㉠ 법원은 피고인 또는 변호인에게 허가신청서 부분을 즉시 송달함.

㉡ 검사의 공소장변경신청이 공소사실의 동일성을 해하지 않는 때에는 법원은 의무적으로 공 소장변경을 허가해야 한다.

vs. 변론종결 이후에는 변론을 재개하여 공소장변경을 허가할 것인지 여부는 법원의 재량 이다.

ⓒ 기각결정 : 검사의 신청이 현저히 시기에 늦거나 부적법한 공소사실로 변경신청한 경우
ⓓ 허가결정은 판결 전 소송절차에 관한 결정이므로 독립하여 항고할 수 없다. 다만, 법원 결정의 위법이 판결에 영향을 미친 경우에는 상소가능
if 동일성이 인정되지 않음에도 불구하고 법원이 허가 결정한 경우 → 법원은 공소장변경허가결정을 직권으로 취소할 수 있다.

> **판례**
>
> 1. 검사가 구술로 공소장변경허가신청을 하면서 변경하려는 공소사실의 일부만 진술하고 나머지는 전자적 형태의 문서로 저장한 저장매체를 제출하였다면, 공소사실의 내용을 구체적으로 진술한 부분에 한하여 공소장변경허가신청이 된 것으로 볼 수 있을 뿐이다(2016도11138).
> 2. 일죄의 관계에 있는 여러 범죄사실 중 일부에 대한 기판력은 현실적으로 심판대상이 되지 아니한 다른 부분에도 미치므로, 그 일부의 범죄사실에 대하여 공소가 제기된 뒤에 항소심에서 나머지 부분을 추가하였다고 하여 공소사실의 동일성을 해하는 것이라고 볼 수 없으므로 법원은 이를 허가하여야 한다(2013도8118).
> 3. 공소사실 또는 적용법조의 추가, 철회 또는 변경의 허가에 관한 결정은 판결전의 소송절차에 관한 결정이라 할 것이므로, 그 결정을 함에 있어서 저지른 위법이 판결에 영향을 미친 경우에 한하여 그 판결에 대하여 상소를 하여 다툼으로써 불복하는 외에는 당사자가 이에 대하여 독립하여 상소할 수 없다(87모17). ✔ 검사의 공소장변경신청이 공소사실의 동일성에 반하는 내용임에도 법원이 이를 허가하는 결정을 하였을 때 피고인은 즉시항고로서 그 결정의 효력을 다툴 수 있다. ✕
> 4. 항소심에서 공소장변경을 허가하고 변경된 공소사실에 관하여 심리를 하였더라도 변경된 공소사실에 대하여 제1심과 마찬가지로 무죄를 선고하였을 것임이 분명한 경우에는 공소장변경을 허가하지 아니한 위법은 판결 결과에 영향을 미쳤다고 보기 어렵다(2006도6912). ✔ 공소장변경을 허가하지 아니한 위법은 판결 결과에 영향을 미친 것이다. ✕
> 5. 공소사실의 동일성이 인정되지 않는 등의 사유로 공소장변경허가결정에 위법사유가 있는 경우에는 공소장변경허가를 한 법원이 스스로 이를 취소할 수 있다(2001도116).

(2) 공소장 변경 후의 절차

① 신청서 낭독 : 검사는 공판기일에 제1항의 공소장변경허가신청서에 의하여 변경된 공소사실·죄명 및 적용법조를 낭독하여야 한다.
② 공판절차 정지 : 피고인의 방어에 불이익을 증가할 염려가 있다고 인정한 때에는 법원은 결정으로 피고인의 방어준비에 필요한 기간 동안 공판절차를 정지할 수 있다(임의적 정지).
   기출 ···정지하여야 한다(✕).

(3) 공소장 변경 허용여부

① 허용 ○ → 항소심, 상고심에서 파기환송 또는 파기이송 받은 원심법원, 간이공판절차, 재심심판절차, 국민참여재판절차
② 허용 ✕ → 상고심, 약식명령절차

> **판례**
>
> 1. 공소장변경은 제1심은 물론 항소심에서도 가능하고, 검사의 공소장변경허가신청이 공소사실의 동일성을 해하지 아니하는 한 법원은 이를 허가하여야 한다(2007도6553).
> 2. 피고인의 상고에 의하여 상고심에서 원심판결을 파기하고 사건을 항소심에 환송한 경우에도 공소사실의 동일성이 인정되면 공소장변경을 허용하여 심판대상으로 삼을 수 있다(2003도8153).

(4) **법원의 공소장 변경요구**

① **의의**: 법원은 심리경과에 비추어 상당하다고 인정할 때에는 공소사실 또는 적용법조의 추가 또는 변경을 검사에게 요구하여야 한다. 기출 철회요구(X)

② **법적성질**: 조문은 '요구하여야 한다.'라고 규정하여 의무처럼 규정하였으나 판례는 재량으로 이해한다.

③ **시기** ┬ 제1회 공판기일 이전에는 불가
└ 항소심에도 허용되며, 변론종결 후에도 재개하여 요구 가능

(5) **포괄일죄의 추가기소와 공소장 변경**

포괄일죄의 일부에 대한 공소제기 후 나머지 부분에 대한 추가기소는 이중기소금지의 원칙에 해당되어 허용되지 않는다.

→ 공소장변경절차를 거쳐야 한다.

> **판례**

1. 포괄적 일죄의 일부에 관하여 추가기소한 경우 이중기소 해당 여부 → 유기기구를 사용하여 손님에게 사행행위를 하게 한 범죄사실로 구속되었다가 보석으로 석방된 후 영업을 재개하여 동일한 장소에서 같은 유기기구를 사용하여 손님에게 사행행위를 하게 하는 동일한 형태의 영업을 하다가 다시 공소제기 되었다면 이는 단일한 범의 아래 반복적으로 계속하여 영업을 한 것으로서 구속으로 일시 영업이 중단되었다는 사정만으로는 범의의 갱신이 있다고 볼 수 없으므로 포괄적 일죄에 해당한다. 포괄적 일죄를 구성하는 행위의 일부에 관하여 추가기소하는 것은 일죄를 구성하는 행위 중 누락된 부분을 추가 보충하는 취지라고 볼 것이어서 거기에 이중기소의 위법이 있다 할 수 없다(93도2178).

2. 단순 사기범행이 먼저 기소된 후 상습사기 범행이 추가로 기소되었으나 심리과정에서 기소된 범죄사실이 모두 포괄하여 상습사기의 일죄를 구성하는 것으로 밝혀진 경우, 취하여야 할 조치 → 검사의 석명에 의하여 추가기소의 공소장 제출은 포괄일죄를 구성하는 행위로서 먼저 기소된 공소장에 누락된 것을 추가·보충하고 죄명과 적용법조를 포괄일죄의 죄명과 적용법조로 변경하는 취지의 것으로서, 1개의 죄에 대하여 중복하여 공소를 제기하는 것이 아님이 분명하여진 경우에는, 그 추가기소에 의하여 공소장변경이 이루어진 것으로 보아 전후에 기소된 범죄사실 전부에 대하여 실체판결을 하여야 하고 추가기소에 대하여 공소기각판결을 할 필요는 없다(99도3929).

4. 공소장 변경의 필요성

(1) **의의**: 공소사실의 동일성을 전제로 하여 법원이 어떤 범위에서 공소장변경 없이 공소장에 기재된 공소사실과 다른 사실을 심판할 수 있는가의 문제를 말한다.

(2) **판단기준**: 공소장에 기재된 사실과 다른 사실을 인정할 때에는 원칙적으로 공소장변경을 요하지만, 피고인의 방어권 행사에 실질적으로 불이익을 초래할 염려가 없는 경우에는 공소장변경이 필요 없다(실질적 불이익설).

(3) **유형별 고찰**

① 구성요건이 동일한 경우
  ㉠ 범죄의 일시·장소 → 공소장 변경 필요(원칙)
  ㉡ 범행의 수단과 방법 → 공소장 변경 필요(원칙)
  ㉢ 범죄의 객체 → 공소장 변경 필요(원칙)

  ⓔ 기타 → 단순한 상해 정도의 차이(84도1803, 4개월 ⇨ 8개월)나 인과관계 진행상의 차이(89도1557), 뇌물전달자가 다른 경우(84도682) 또는 재산범죄에 있어서 범행객체인 재산이나 재물의 사법상의 권리의 귀속주체에 관한 차이(77도3522)등 사소한 사항 → 공소장 변경 요하지 않음.

② **구성요건이 다른 경우**

  ㉠ **축소사실의 인정**: 구성요건을 달리하는 사실이 공소사실에 포함되어 있는 경우에는 공소장변경 없이 법원이 유죄를 인정할 수 있다는 것을 말한다.

   예 강간치상 → 강간

  ㉡ **축소사실 심판의 재량**: 법원이 축소사실에 대하여 반드시 유죄를 선고해야 하는지의 문제 → ≪중·방·정≫ 피고인의 방어권에 실질적 불이익을 초래할 염려가 없다고 인정되는 때에는 축소사실에 해당하는 사안이 자체로 중대하고, 공소장이 변경되지 않았다는 이유로 이를 처벌하지 않으면 현저히 정의와 형평에 반하는 결과가 초래된다면 법원이 직권으로 축소사실을 인정하지 않았다면 위법하다(판례).

  기출 공소장 변경 없이 공소사실과 다른 사실을 인정할 수 있는 경우 법원은 예외없이 다른 사실을 인정하여야 한다(X).

  판례 ┋ **공소장 변경 없이도 사실인정이 가능한 경우**

1. 강간죄 ⇨ 폭행죄(2010도10512)
2. 강도강간죄 ⇨ 강도죄(87도792)
3. 강도상해죄 ⇨ (야간주거침입)절도죄와 상해죄(65도599)
4. 강간치사죄 ⇨ 강간죄 또는 강간미수죄(68도1601)
5. 강제추행치상죄 ⇨ 강제추행죄(96도1922)
6. 강간치상죄 ⇨ 강간죄(2001도6777)
7. 강간치상죄 ⇨ 준강제추행죄(2007도7260)
8. 특수절도죄 ⇨ 절도죄(73도1256)
9. 수뢰후 부정처사죄 ⇨ 뇌물수수죄(99도2530)
10. 특수강도강간미수 ⇨ 특수강도(96도1232)
11. 허위사실적시 명예훼손 ⇨ 사실적시 명예훼손(2006도7915)
12. 특정범죄가중처벌 등에 관한 법률위반(누범준강도 / 상습절도 / 상습관세 / 수뢰죄) ⇨ 준강도 /단순절도 / 관세법위반 / 수뢰죄(82도1716·84도34·80도217·대판 1994.11.04. 94도129)
13. 장물취득죄 ⇨ 장물보관죄(2003도1366)
14. 배임죄 ⇨ 횡령죄(99도2651)
15. 경합범 ⇨ 포괄일죄 또는 상상적 경합(87도546) 또는 포괄일죄 ⇨ 실체적 경합(86도2075)과 같은 죄수판단의 변화
16. 공동정범으로 기소되었으나 방조범임을 주장한 경우 ⇨ 방조범(2001도4792)
17. 국가공무원법 위반죄와 관련하여, 국가공무원이나 사립학교 교원이 민주노동당에 정기적으로 납부한 금품의 명목을 당비에서 후원금으로 인정하는 것(2012도12867)
18. 정범 ⇨ 간접정범(2016도21075)
19. 성폭력특별법 위반(장애인강간 및 장애인강제추행) ⇨ 성폭력특별법위반(장애인위계등간음 및 장애인위계등추행)(2014도9315)

판례 공소장 변경 없으면 사실인정이 불가능한 경우

1. 고의범 ⇨ 과실범(80도2824)
2. 살인죄 ⇨ 폭행치사죄(81도1489)
3. 장물보관죄 ⇨ 업무상과실장물보관죄(83도3334)
4. 미수 ⇨ 예비・음모(82도2939)
5. 명예훼손죄 ⇨ 모욕죄(70도1859)
6. 강간치상죄 ⇨ 강제추행치상죄(68도776)
7. 강간치상죄 ⇨ 강제추행죄(68노394)
8. 성폭력특별법상 주거침입강간미수죄 ⇨ 성폭력특별법상 주거침입 강제추행죄(2008도2409)
9. 특가법상 미성년자약취후 재물취득 미수 ⇨ 특가법상 미성년자약취후 재물요구 기수(2008도3747)
10. 사실적시명예훼손 ⇨ 허위사실적시명예훼손(2001도5008)
11. 사기죄 ⇨ 상습사기죄(2006도5041)
12. 특수강도죄 ⇨ 특수공갈죄(68도995)
13. 특수절도죄 ⇨ 장물운반죄(64도681)
14. 강제집행면탈죄 ⇨ 권리행사방해죄(70도1859)
15. 강도상해교사 ⇨ 공갈교사(92도3156)
16. 공무집행방해죄 ⇨ 폭력행위의 범죄(91도2395. 불법체포에 대한 저항행위에 대해 공무방해로 기소한 사안에서 법원이 폭행죄를 직권인정하는 것은 위법하다고 본 사례)
17. 업무상과실치사죄 ⇨ 단순과실치사죄(68도1998. 자동차운전자를 단순과실치사죄를 적용할 경우 교통사고처리특례법의 적용을 배제받는 불이익발생)
18. 폭행치상 ⇨ 폭행(70도2216)
19. 일반법(형법상 뇌물) ⇨ 특별법(특가법상 뇌물)(2005도9743)

CHAPTER
02 공소시효

1 의의

일정기간 동안 공소를 제기하지 않고 방치하는 경우 국가의 소추권이 소멸되는 제도

2 공소시효의 기간

1. 공소시효 완성기간

기 간	해당범죄의 법정형				
	사형	무기	징역·금고	자격정지	기타
25년	사형				의제 공소시효
15년		무기징역 무기금고			
10년			장기 10년 이상 징역·금고		
7년			장기 10년 미만 징역·금고 (5년 이상 10년 미만)		
5년			장기 5년 미만 징역·금고	장기 10년 이상 자격정지	벌금
3년				장기 5년 이상 자격정지 (5~10년 사이 자격정지)	
1년				장기 5년 미만 자격정지	구류·과료·몰수

2. 의제공소시효

공소가 제기된 범죄에 대하여 판결의 확정 없이 공소를 제기한 때로부터 25년 경과 → 공소시효가 완성된 것으로 간주

3. 시효기간의 기준

(1) 기간결정의 기준이 되는 형 → 법정형

① 공소시효는 법정형을 기준으로 계산(선고형 ×)

② 병과형, 선택형 → 중한 형을 기준으로 계산

③ 형의가중·감경

　㉠ 형법에 의하여 형을 가중·감경 → 가중·감경하지 아니한 형을 기준

　　기출 형법에 의하여 형을 가중 또는 감경한 경우에는 가중 또는 감경한 형에 의하여 공소시효가 기간이 적용된다(X).

　㉡ 특별법에 의하여 형을 가중·감경 → 특별법상의 법정형이 기준(가중·감경한 형)

　　기출 특별법에 의하여 형을 감경하는 경우 공소시효 기간은 감경하지 아니한 형을 기준으로 한다(X).

④ 공범(교사·방조)의 경우 → 정범의 형을 기준

　단, 필요적 공범 → 개별적으로 판단

⑤ 형법 제1조에 의하여 구법 > 신법 → 신법적용 ⇨ 신법이 공소시효의 기준

　기출 법률의 개정으로 법정형이 가벼워진 경우 구법의 법정형이 공소시효 기간의 기준이다(X).

(2) 법정형 판단의 기초가 되는 범죄사실

① 예비적·택일적으로 기재한 경우 → 각각의 범죄사실에 대하여 개별적으로 결정

② 과형상 일죄의 경우 → 각각의 범죄사실에 대하여 개별적으로 공소시효를 결정

　기출 상상적 경합의 관계에 있는 범죄 중 한 개의 공소시효가 완성된 경우에는 다른 범죄의 공소시효까지 완성된 것으로 본다(X).

③ 공소장변경 ┬ 변경된 공소사실에 대한 법정형이 기준
　　　　　　　└ 공소시효 완성 여부의 판단은 처음 공소제기 시를 기준

　기출 공소장변경절차에 의하여 공소사실이 변경됨에 따라 그 법정형에 차이가 있는 경우에는 변경 전의 공소사실에 대한 법정형이 공소시효의 기준이 된다(X).

　기출 공소장이 변경된 경우 공소시효의 기간은 변경된 공소사실의 법정형을 당초 공소제기 시를 기준으로 하는 것이 아니라 공소장 변경 시를 기준으로 판단한다(X).

4. 공소시효의 기산점

(1) 범죄행위가 종료한 때부터 진행

범 죄	공소시효의 기산점
결과범	결과가 발생한 때
결과적 가중범	중한 결과가 발생한 때
미수범	행위를 종료하지 못하였거나 결과가 발생하지 아니하여 더 이상 범죄가 진행될 수 없는 때
계속범	법익침해가 종료된 때로부터 예 공익근무요원의 복무이탈죄 ⇨ 최종복무이탈행위가 마쳐진 때부터
포괄일죄	최종의 범죄행위가 종료된 때로부터
신고기간이 정해져 있는 범죄	신고의무의 소멸시로부터(78도2318)

(2) 공범의 경우 → 최종행위가 종료한 때로부터 전체 공범에 대한 시효기간을 기산

5. 시효기간의 계산방법

초일은 시간을 계산함이 없이 1일로 산정. 말일이 공휴일 또는 토요일이어도 그 날은 산입

판례

1. 결과적 가중범의 경우 기본범죄행위가 종료되더라도 중한 결과가 발생하여야 공소시효가 진행된다(2002도3924).
2. 업무상과실치사상죄의 공소시효는 피해자들이 사상에 이른 결과가 발생함으로써 그 범죄행위가 종료한 때부터 진행한다(96도1231).
3. 포괄일죄의 공소시효는 최종의 범죄행위가 종료한 때부터 진행한다(2002도2939). ✗ 포괄일죄의 공소시효는 각각의 행위에 대해 개별적으로 진행한다. ✕
4. 정보통신망을 이용한 명예훼손의 경우 게재행위만으로 범죄가 성립하고 종료하므로 그때부터 공소시효를 기산해야 하고, 게시물이 삭제된 시점을 범죄의 종료시기로 보아서 그때부터 공소시효를 기산해야 하는 것은 아니다(2006도346).
5. 범죄단체조직죄는 범죄를 목적으로 하는 단체를 구성한 때로부터 공소시효가 진행된다(2009도1274).
6. 강제집행면탈죄는 허위채무부담 내용의 채무변제계약 공정증서를 작성한 후 이에 기하여 채권압류 및 추심명령을 받은 때로부터 공소시효가 진행된다(2009도875).
7. 복무이탈행위의 공소시효는 최종의 복무이탈행위가 마쳐진 때부터 진행한다(2005도7032).
8. 부정수표단속법상 부정수표방해죄의 공소시효 기산점 → 수표발행시(2003도3394)
9. 피고인이 회사의 대표이사로서 임원들과 사이에 무효인 주식매수선택권 부여계약을 체결한 것만으로는 회사에 현실적인 손해가 발생하거나 재산상 실해발생의 위험이 초래되었다고 볼 수 없고, 이후 임원들의 주식매수선택권 행사에 응하여 신주를 발행해 준 때에 비로소 배임의 범죄행위가 완성되어 그때부터 공소시효가 진행된다. ✗ 업무상 배임죄는 회사의 대표이사가 법령이나 정관에 위배되어 법률상 무효인 계약을 체결한 시점으로부터 공소시효가 진행된다. ✕
10. 도주죄는 즉시범으로서 간수의 실력을 벗어난 시점이 기산점이다. 따라서 도주 중에는 공소시효가 진행된다(79도622).
11. 미수범의 범죄행위는 행위를 종료하지 못하였거나 결과가 발생하지 아니하여 더 이상 범죄가 진행될 수 없는 때에 종료하고, 그때부터 미수범의 공소시효가 진행한다(2016도14820).

❸ 공소시효 정지

1. 정지사유

공소제기	공소제기로 진행이 정지되고, 공소기각 또는 관할위반의 재판이 확정된 때부터 다시 진행
법인의 해외도피	범인이 형사처분을 면할 목적으로 국외에 있는 동안
재정신청	검사의 불기소처분에 대해 재정신청이 있으면 고등법원의 재정결정이 확정될 때까지
소년보호사건의 심리개시결정	심리개시결정을 하면 그 결정이 있는 때로부터 보호처분결정이 확정될 때까지
가정보호사건과 성매매사건	가정보호사건이 법원에 송치된 때로부터 시효진행이 정지
헌정질서 파괴범	국가의 소추권행사에 장애사유가 존재한 기간
대통령의 불소추특권	대통령의 재직 기간 중(내란·외환의 죄 제외)

2. 시효정지의 효력범위

(1) 주관적 범위

① 공소시효정지의 효력은 공소제기된 피고인에 대해서만 미친다.

② 공범의 1인에 대한 시효정지는 다른 공범에 대하여 효력이 미친다.

(2) 객관적 범위 : 공소사실과 단일성과 동일성이 인정되는 전범위에 미친다.

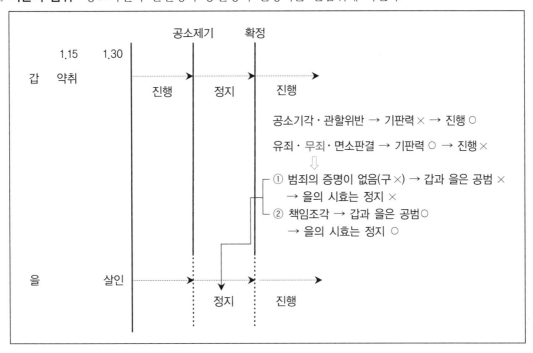

판례

공범의 1인으로 기소된 자가 구성요건에 해당하는 위법행위를 공동으로 하였다고 인정되기는 하나 책임조각을 이유로 무죄로 되는 경우와는 달리 범죄의 증명이 없다는 이유로 공범 중 1인이 무죄의 확정판결을 선고받은 경우에는 그를 공범이라고 할 수 없어 그에 대하여 제기된 공소로써는 진범에 대한 공소시효정지의 효력이 없다(98도4621). ✿ 공범 중 1인으로 기소된 자가 범죄의 증명이 없다는 이유로 무죄의 판결을 선고받은 경우 진범인에 대하여 공소시효 정지의 효력이 생긴다. ×

판례

1. 형사소송법 제253조 제3항이 정한 '범인이 형사처분을 면할 목적으로 국외에 있는 경우'는 범인이 국내에서 범죄를 저지르고 형사처분을 면할 목적으로 국외로 도피한 경우에 한정되지 아니하고, 범인이 국외에서 범죄를 저지르고 형사처분을 면할 목적으로 국외에서 체류를 계속하는 경우도 포함된다(2015도5916).

2. 피고인이 당해 사건으로 처벌받을 가능성이 있음을 인지하였다고 보기 어려운 경우라면 피고인이 다른 고소사건과 관련하여 형사처분을 면할 목적으로 국외에 있는 경우라고 하더라도 당해 사건의 형사처분을 면할 목적으로 국외에 있었다고 볼 수 없다(2013도9162). → 정지 ×

3. 통상 범인이 외국에서 다른 범죄로 외국의 수감시설에 수감된 경우, 그 범행에 대한 법정형이 당해 범죄의 법정형보다 월등하게 높고, 실제 그 범죄로 인한 수감기간이 당해 범죄의 공소시효 기간보다도 현저하게 길어서 범인이 수감기간 중에 생활근거지가 있는 우리나라로 돌아오려고 했을 것으로 넉넉잡아 인정할 수 있는 사정이 있다면, 그 수감기간에는 '형사처분을 면할 목적'이 유지되지 않았다고 볼 여지가 있다(2008도4101). → 정지 ×

4. [1] 뇌물공여죄와 뇌물수수죄 사이와 같은 이른바 대향범 관계에 있는 자는 강학상으로는 필요적 공범이라고 불리고 있으나, 서로 대향된 행위의 존재를 필요로 할 뿐 각자 자신의 구성요건을 실현하고 별도의 형벌 규정에 따라 처벌되는 것이어서, 2인 이상이 가공하여 공동의 구성요건을 실현하는 공범관계에 있는 자와는 본질적으로 다르다.
   [2] "공범의 1인에 대한 시효정지는 다른 공범자에 대하여 효력이 미친다."라고 규정한 형사소송법 제253조 제2항에서 '공범'에는 뇌물공여죄와 뇌물수수죄 사이와 같은 대향범 관계에 있는 자는 포함되지 않는다(2012도4842).

5. 공범 중 1인에 대해 약식명령이 확정된 후 그에 대한 정식재판청구권회복결정이 있었다고 하더라도 그 사이의 기간 동안에는 특별한 사정이 없는 한 다른 공범자에 대한 공소시효는 정지함이 없이 계속 진행한다(2011도15137).

4 공소시효 완성의 효과

(1) 공소시효가 완성된 경우

┌ 공소제기 전 → 검사는 불기소처분
└ 공소제기 후 → 법원은 면소판결 선고

(2) 이를 간과하고 유죄, 무죄 실체재판을 한 경우 → 항소·상고 이유

5 공소시효의 특칙

1. 공소시효 배제

(1) **살인범죄** : 사람을 살해한 범죄(종범은 제외)로 사형에 해당하는 범죄에 대하여는 공소시효를 적용하지 아니한다.

(2) 13세 미만의 사람 및 신체적인 또는 정신적인 장애가 있는 사람에 대하여 성폭력범죄를 범한 경우 공소시효를 적용하지 아니한다.

(3) 강간등 살인

(4) 헌정질서파괴범죄

2. 공소시효 연장

(1) 성폭력범죄로 피해를 당한 미성년자가 성년에 달한 날부터 진행

(2) 아동·청소년 대상 성범죄의 공소시효는 해당 성범죄로 피해를 당한 아동·청소년이 성년에 달한 날부터 진행

(3) 성폭력범죄는 DNA 증거 등 그 죄를 증명할 수 있는 과학적인 증거가 있는 때에는 공소시효가 10년 연장됨.

05

공판

CHAPTER
01 **공판절차**

제1절 ▶ 공판절차의 기본원칙

1 공판중심주의
형사사건의 실체를 공개된 법정에서 심리된 것을 기초로 판단하여야 한다는 원칙

2 공개주의

1. 의의
일반 국민에게 법원의 재판과정(심리와 판결)에 대한 방청을 허용하는 원칙

2. 제한
(1) 방청인 제한
(2) 퇴정명령
(3) **법정에서의 촬영, 녹음 등**
① 재판장 허가 얻어 촬영
② 재판장은 피고인의 동의 얻어 촬영 허가(원칙)
단, 피고인의 동의여부 불구하고 공공의 이익을 위하여 허가할 수 있음.
> 기출 재판장은 공공의 이익을 위하여 상당한 이유가 있는 경우라도 피고인의 동의가 있는 경우에 한하여 법정 안에서 녹화, 촬영, 중개방송 등의 행위를 허가할 수 있다(X).
③ 촬영 등은 공판 또는 변론의 개시전과 판결선고시 한함.
(4) **심리공개원칙**
① 재판의 심리와 판결은 공개한다.
② 비공개
㉠ 국가안전보장, 안녕질서, 선량한 풍속을 해할 우려 有 → 심리는 비공개 가능
단, 판결선고는 반드시 공개 기출 심리와 판결을 비공개 할 수 있다(X).
㉡ 소년보호사건 → 심리 비공개 한다.
> 기출 소년보호사건의 심리에도 원칙적으로 공개주의가 적용되나, 소년부 판사가 상당하다고 인정되는 경우 비공개로 진행할 수 있다(X).
㉢ 가정보호사건, 성폭력사범 → 비공개할 수 있다.

3. 위반

절대적 항소이유 및 상대적 상고이유가 된다.

┌─ 판례 ─┐

1. 공개금지사유가 없음에도 불구하고 재판의 심리에 관한 공개를 금지하기로 결정하였다면 그러한 공개금지결정은 피고인의 공개재판을 받을 권리를 침해한 것으로서 그 절차에 의하여 이루어진 증인의 증언은 증거능력이 없다고 할 것이고, 변호인의 반대신문권이 보장되었더라도 달리 볼 수 없으며, 이러한 법리는 공개금지결정의 선고가 없는 등으로 공개금지결정의 사유를 알 수 없는 경우에도 마찬가지이다(2014도5939).
2. 헌법 제109조는 재판공개의 원칙을 규정하고 있는 것으로서 검사의 공소제기 절차에는 적용될 여지가 없다(2006도1427).
3. 미리 방청권을 발행하게 하고 그 소지자에 한하여 방청을 허용하는 등의 방법으로 방청인의 수를 제한하는 조치를 취하는 것이 공개재판주의의 취지에 반하는 것은 아니다(90도646).

❸ 구두변론주의

1. 의의

(1) 법원은 당사자의 구두에 의한 공격·방어를 기초로 하여 심판을 해야 한다는 원칙

(2) 공판정에서의 변론은 구두로 하여야 한다.

2. 구두주의

실체형성행위에 대해서만 타당하며, 절차형성행위는 서면주의가 지배

> 기출 형사소송법은 시일의 경과에 따라 기억이 애매하게 되고 변론내용의 증명곤란을 피하기 위하여 서면주의를 원칙으로 하고 구두변론주의를 보충하고 있다(X).

3. 변론주의

(1) 당사자의 변론(주장과 입증)에 의하여 재판하는 주의를 말한다.

(2) 제도적 표현 → 공소장변경제도, 당사자의 공판정 출석권, 검사의 모두진술, 당사자의 증거신청권, 검사의 논고, 피고인·변호인의 최후진술권, 교호신문제도, 증거조사의 이의신청 등이 있다.

4 직접심리주의

1. 의의

공판정에서 직접 조사한 증거만을 재판의 기초로 삼을 수 있다는 원칙

2. 형식적 직접주의와 실질적 직접주의

구 분	형식적 직접주의	실질적 직접주의
개 념	법관이 직접 증거조사를 한 증거를 토대로 하여 심증을 형성해야 한다는 원칙	가급적 원본증거를 채택하여야 하고 대체물은 원칙적으로 허용되지 않는다는 원칙
관련제도	공판개정 후 판사의 경질이 있으면 공판절차를 갱신하여야 함(제301조)	전문법칙, 최량증거의 법칙
예 외	① 수명법관이나 수탁판사에 의한 증거조사 ② 전촉제도(제167조②) ③ 공판정 밖에서 행하는 증거조사 ④ 공판기일 전의 법원의 증거조사	① 전문법칙의 예외규정(제311조 내지 제316조) ② 전문증거에 대한 당사자의 동의 ③ 간이공판절차

5 집중심리주의

1. 의의

'심리에 2일 이상을 요하는 사건은 연일 계속하여 심리해야 한다는 원칙'을 말한다. '계속심리주의'라고도 한다.

기출 특정강력범죄의 심리와 판결에 한하여 집중심리주의가 적용된다(X).

2. 내용

(1) 심리에 2일 이상이 필요한 경우에는 부득이한 사정이 없는 한 매일 계속 개정

(2) 재판장은 여러 공판기일을 일괄하여 지정할 수 있다.

(3) 재판장은 매일 계속 개정하지 못하는 경우에도 특별한 사정이 없는 한 전회의 공판기일부터 14일 이내로 다음 공판기일을 지정

기출 전회의 공판기일로부터 5일 이내로 다음 공판기일을 지정하여야 한다(X).

제2절　공판준비절차

1 의의

공판준비절차란 '공판기일에서의 심리를 준비하기 위하여 공판기일 전에 수소법원에 의해 행하여지는 준비절차'를 말한다.

2 공판기일 전 절차

1. 공소장부본의 송달

(1) 법원은 피고인 또는 변호인에게 제1회 공판기일 전 5일까지 송달 [기출] 7일(X)

(2) 공소장 부본의 송달이 없거나 5일의 유예기간을 두지 않고 송달한 경우
　　① 모두진술의 단계까지 이의신청 가능
　　② 이의신청하지 않고 사건의 실체에 대하여 진술하면 그 하자는 치유

2. 의견서의 제출

피고인 또는 변호인은 공소장 부본을 송달받은 날로부터 7일 이내에 제출

3. 국선변호인 선정 고지

재판장이 국선변호인 선정이 필요한 사건의 경우 변호인 없는 피고인에게 서면으로 고지

4. 공판기일의 지정 · 변경

(1) **지정**: 공소장 부분이 송달되고 국선변호인 선정절차가 완료되면 재판장은 공판기일을 정하여야 한다.

(2) **변경**
　　① 재판장은 직권 또는 검사 · 피고인 · 변호인의 신청에 의하여 기일 변경 가능
　　② 공판기일 변경신청을 기각한 명령은 송달하지 않음.
　　　[기출] 공판기일변경신청 기각한 명령은 즉시 송달하여야 한다(X).

5. 공판기일 통지와 소환

(1) **공판기일의 통지**: 공판기일은 검사, 변호인과 보조인에게 통지하여야 한다.

(2) **피고인 소환**
　　① 공판기일에는 피고인, 대표자 또는 대리인을 소환
　　② 피고인을 소환함에는 소환장을 발부하여야 하며 이를 송달해야 하며, 제1회 공판기일은 소환장 송달 후 5일 이상의 유예기간을 두어야 한다.
　　③ 소환장 송달과 동일한 효력
　　　㉠ 피고인이 기일에 출석한다는 서면을 제출한 경우
　　　　[기출] 피고인이 기일에 출석한다는 서면을 제출하더라도 이를 소환장의 송달과 동일한 효력이 있다고 할 수 없다(X).
　　　㉡ 출석한 피고인에 대하여 차회 기일을 정하여 출석을 명한 때
　　　　[기출] 차회기일을 정하여 출석을 명한 때에는 소환장과 동일한 효력이 없다(X).

ⓒ 구금된 피고인에 대하여는 교도관에게 통지하여 소환하고, 피고인이 교도관으로부터 소환
통지를 받은 때

ⓔ 법원의 구내에 있는 피고인에 대하여 공판기일을 통지한 때

④ **소환의 효과**: 피고인은 원칙적으로 출석의무를 지고 정당한 이유 없이 출석하지 아니한 때에
는 구인할 수 있고, 소송비용을 부담시킬 수 있다.

3 공판기일 전 준비절차

1. 의의
공판기일의 효율적이고 집중적인 심리를 준비하기 위하여 검사·피고인 또는 변호인의 의견을 들어
쟁점과 증거를 정리하는 절차

2. 대상 및 방법
(1) **대상**

효율적이고 집중적인 심리가 필요한 사건 ① 사안이 복잡하고 쟁점이 많은 사건, ② 증거관계가
많거나 복잡한 사건, ③ 증거개시가 문제된 사건 등

(2) **방법**

① 재판장은 효율적이고 집중적인 심리를 위하여 사건을 공판준비절차에 부칠 수 있다.

다만, 국민참여재판의 공판준비절차는 필수적

② 준비방법: 서면으로 준비하도록 하는 방법과 공판준비기일을 여는 방법 중 선택

3. 공판준비기일
(1) **기일지정 및 신청**

① 검사·피고인 또는 변호인의 의견을 들어 공판준비기일을 지정 가능

② 검사, 피고인 또는 변호인은 법원에 대하여 공판준비기일의 지정을 신청 가능

→ 신청에 관한 법원의 결정에 대하여는 불복 불가 [기출] 불복할 수 있다(X).

(2) **통지**: 검사, 피고인 및(또는 ×) 변호인에게 공판준비기일을 통지

[기출] 법원은 검사, 피고인 또는 변호인에게 공판준비기일을 통지하여야 한다(X).

[기출] 법원은 검사 및 변호인에게 공판준비기일을 통지하여야 하며, 필요하다고 인정하는 때에는 피고인에게도
공판준비기일을 통지할 수 있다(X).

(3) **출석**

① 검사 및 변호인이 출석하여야 함. → 변호인이 없는 경우 직권으로 변호인 선정(필요적 국선)

[기출] 피고인 출석은 필수사항이 아님.

[기출] 공판준비기일에는 검사 및 변호인은 물론 피고인도 반드시 출석하여야 한다(X).

② 필요하다고 인정될 때에는 피고인 소환 가능

③ 피고인은 소환 없는 때에도 출석 가능(이 경우 재판장이 진술거부권 고지)

[기출] 법원이 필요하다고 인정하는 때에는 피고인을 소환할 수 있으며, 피고인은 법원의 소환이 없는 때에는
공판준비기일에 출석할 수 없다(X).

(4) **공판준비 기일진행**

① 법원은 합의부원으로 하여금 공판준비기일을 진행하게 할 수 있다.

② 공판준비기일은 공개한다. 다만, 공개하면 절차의 진행이 방해될 우려가 있는 때에는 공개하지 아니할 수 있다.

> 기출 공판준비기일은 원칙적으로 공개하지 아니한다(X).
> 기출 공판준비기일은 반드시 공개하여야 한다(X).
> 기출 공판준비기일은 공개한다. 다만, 검사와 피고인 및 변호인이 공개를 원하지 않거나 공개하면 증거가 인멸되거나 절차 진행이 방해될 우려가 있는 때에는 공개하지 아니할 수 있다(X).

(5) **공판준비내용**

쟁점정리	① 공소사실 또는 적용법조를 명확하게 하는 행위(제1호) ② 공소사실 또는 적용법조의 추가·철회 또는 변경을 허가하는 행위(제2호) 　🔑 공소장변경신청은 가능하나, 공소장변경요구는 불가 ③ 공소사실과 관련하여 주장할 내용을 명확히 하여 사건의 쟁점을 정리하는 행위(제3호) ④ 계산이 어렵거나 그 밖에 복잡한 내용에 관하여 설명하도록 하는 행위(제4호)
증거정리	① 증거신청을 하도록 하는 행위(제5호) ② 신청된 증거와 관련하여 입증 취지 및 내용 등을 명확하게 하는 행위(제6호) ③ 증거신청에 관한 의견을 확인하는 행위(제7호) ④ 증거 채부(採否)의 결정을 하는 행위(제8호) 　🔑 증거보전, 증인신문청구 인용여부 결정(×), 압수수색영장 발부결정(×) ⑤ 증거조사의 순서 및 방법을 정하는 행위(제9호) 　🔑 증거조사의 순서 및 방법을 정할 수 없다(×). 　🔑 증거를 조사하는 행위(×)
증거개시	서류등의 열람 또는 등사와 관련된 신청의 당부를 결정하는 행위(제10호)
심리계획	① 공판기일을 지정 또는 변경하는 행위(제11호) ② 그 밖에 공판절차의 진행에 필요한 사항을 정하는 행위(제12호)

4. 공판준비절차 종결

(1) **종결사유**

① 쟁점 및 증거의 정리가 완료된 때

② 사건을 공판준비절차에 부친 뒤 3개월이 지난 때

③ 검사·변호인 또는 소환받은 피고인이 출석하지 아니한 때

　※ ②, ③에 해당하는 경우로서 상당한 이유가 있는 때에는 예외

(2) **종결의 효과**

① 증거신청의 제한(실권효): 공판준비기일에서 신청하지 못한 증거는 공판기일에 증거신청 불가

② 예외

　㉠ 소송을 현저히 지연시키지 아니하거나 중대한 과실 없이 공판기일에 제출하지 못하는 등 부득이한 사유를 소명한 때

ⓒ 실권효 규정에도 불구하고 법원은 직권으로 증거조사 가능

　기출 법원은 공판준비기일이 종결되면 증거를 조사할 수 없다(X).

　기출 공판준비기일에 당사자가 신청하지 못한 증거에 대해서는 소송이 현저히 지연되지 않는 경우에 한하여 법원이 공판기일에 직권으로 증거조사를 할 수 있다(X).

　기출 검사, 피고인 또는 변호인이 공판준비기일에서 신청하지 못한 증거에 대해 법원은 공판기일에 직권으로 증거를 조사할 수 없다(X).

5. 공판준비 기일 재개

(1) 필요하다고 인정한 때에는 직권 또는 검사, 피고인이나 변호인의 신청에 의하여 결정으로 종결한 공판준비기일을 재개할 수 있음.

(2) 제1회 공판기일 후에도 사건을 공판준비절차에 부칠 수 있다.

6. 공판기일 전의 증거조사 및 증거제출

(1) **신청에 의한 증거조사** : 법원은 검사, 피고인 또는 변호인의 신청에 의하여 공판준비에 필요하다고 인정한 때에는 공판기일 전에 피고인 또는 증인을 신문할 수 있고, 검증·감정 또는 번역을 명할 수 있다.

(2) **증거제출** : 검사·피고인 또는 변호인은 공판기일 전에 서류나 물건을 증거로 법원에 제출할 수 있다.

4 증거개시제도

1. 의의

피고인의 방어권을 충실히 보장하고 신속한 재판이 가능하도록 하기 위해서 공소제기 후 관련서류나 물건에 대해 열람·등사를 허용하는 제도

2. 검사가 보관하는 서류 등의 열람·등사

피고인 또는 변호인은 검사에게 공소제기된 사건에 관한 서류 또는 물건의 목록과 공소사실의 인정 또는 양형에 영향을 미칠 수 있는 다음 서류 등의 열람·등사 또는 서면의 교부를 신청할 수 있다.

(1) **주체** : 피고인 또는 변호인

단, 변호인이 있는 피고인은 열람만 가능

(2) **방법** : 소송계속 중(공소제기~재판확정) + 검사에게 신청

→ 신청대상 : 사실상 제한 × (검사가 신청할 증거 이외에 피고인에게 유리한 증거를 포함한 전면적 개시를 원칙)

　기출 검사의 증거개시는 검사가 신청할 예정인 증거 이외에 피고인에게 유리한 증거를 포함한 전면적 개시를 원칙으로 하며, 이는 공소제기 전후 언제든지 가능하다(X).

　기출 피고인에게 변호인이 있는 경우에도 피고인은 열람·등사 또는 서면의 교부를 신청할 수 있다(X).

　기출 검사가 신청할 예정인 증거라도 피고인에게 유리한 증거는 검사의 증거개시의 대상이 아니다(X).

(3) 열람·등사의 제한

① 검사는 국가안보, 증인보호 등 이유로 거부/일부 거부도 가능 → 거부시 지체 없이 서면으로 통지 [기출] 거부시 48시간 내 통지(X), 7일 이내(X), 서면 또는 구두(X)

　⇨ 서류 또는 물건의 목록에 대하여는 열람 또는 등사를 거부할 수 없다.

　　[기출] 변호인이 공소제기된 사건에 관한 서류 또는 물건의 목록에 대한 열람 또는 등사를 신청한 경우 검사는 국가안보 또는 증인보호의 필요성이 있다고 인정하는 때에는 그 열람·등사를 거부할 수 있다(X).

② 특수매체기록 포함 → 최소한의 범위에 한하여 가능

　　[기출] 증거개시 대상이 되는 '서류 등'에는 문서가 아닌 특수매체는 포함되지 아니한다(X).

(4) 법원에 대한 신청

① 피고인 또는 변호인은 검사가 신청을 거부하거나 그 범위를 제한한 때 또는 48시간 이내 통지하지 아니할 때에는 법원에 그 서류 등의 열람·등사 또는 서면의 교부를 허용하도록 할 것을 신청가능

② 법원개시 결정에도 검사가 거부 시: 당해 서류, 증거물 향후 제출금지, 피고인도 검사신청 거부 가능

　　[기출] 검사, 피고인 또는 변호인이 열람·등사 또는 서면의 교부에 관한 법원의 결정을 지체 없이 이행하지 아니하는 때에도 해당 증인 및 서류 등에 대한 증거신청을 할 수 있다(X).

(5) 피고인에게 유리한 증거를 검사가 거부 시(검사 객관의무에 비추어 유리한 증거도 제출 의무가 있음) → ① 헌재 : 위헌적 조치, ② 대법원 : 직무상 과실 → 국가배상 인정, ③ 법원의 열람·등사 결정에도 검사가 열람만 시켜주고 등사거부도 위헌(헌재)

3. 피고인 또는 변호인이 보관하는 서류 등의 열람·등사

(1) 소송계속 중 피고인측이 현장부재·심신상실 또는 심신미약 등 법률상·사실상의 주장을 한 때 열람·등사, 서면의 교부 요구 가능

(2) **대상** : 사실상 제한 없음.

(3) 검사가 교부를 거부한 때에는 피고인 또는 변호인도 교부 거부 가능

　다만, 법원이 신청을 기각하는 결정을 한 때에는 거부 불가

▊판례▊

1. 피고인이 공판조서의 열람 또는 등사를 청구하였음에도 법원이 불응하여 피고인의 열람 또는 등사청구권이 침해된 경우에는 그 공판조서를 유죄의 증거로 할 수 없을 뿐만 아니라 공판조서에 기재된 당해 피고인이나 증인의 진술도 증거로 할 수 없다(2011도15869). ✿ <u>공판조서의 기재 내용 자체에는 영향이 없으므로 위 공판조서에 기재된 당해 피고인의 진술은 유죄의 증거로 할 수 있다.</u> ✕

2. 판례에 따르면 피고인의 공판조서 열람·등사의 청구에 법원이 응하지 아니한 것이 피고인의 방어권이나 변호인의 변호권을 본질적으로 침해한 정도에 이르지는 않은 경우 그 공판조서는 증거로 사용할 수 있다(2007도3906).

3. 법원의 개시결정에도 불구하고 검사가 피고인에게 유리한 증거서류의 열람·등사를 거부한 것은 피고인의 신속하고 공정한 재판을 받을 권리와 변호인의 조력을 받을 권리를 침해한 것으로 헌법에 위반된다(2009헌마257).

4. 법원의 증거개시에 관한 결정에 대하여는 집행정지의 효력이 있는 즉시항고를 할 수 없다(2012모1393). ✿ <u>있다.</u> ✕

5. 형사소송법 제266조의4 제5항은 검사가 수사서류의 열람·등사에 관한 법원의 허용 결정을 지체 없이 이행하지 아니하는 때에는 해당 증인 및 서류 등에 대한 증거신청을 할 수 없도록 규정하고 있다. 이는 검사가 그와 같은 불이익을 감수하기만 하면 법원의 열람·등사 결정을 따르지 않을 수도 있다는 의미가 아니라, 피고인의 열람·등사권을 보장하기 위하여 검사로 하여금 법원의 열람·등사에 관한 결정을 신속히 이행하도록 강제하는 한편, 이를 이행하지 아니하는 경우에는 증거신청상의 불이익도 감수하여야 한다는 의미로 해석하여야 할 것이다(2011다48452). ✄ 이는 검사가 그와 같은 불이익을 감수하기만 하면 법원의 열람·등사 결정을 따르지 않을 수도 있다는 의미이다. ✕

6. 검찰청이 보관하고 있는 불기소처분기록에 포함된 불기소결정서가 변호인의 열람·지정에 의한 공개의 대상이 된다. ✄ 검찰청이 보관하고 있는 불기소결정서는 수사기관 내부의 의사결정과정 또는 검토과정에 관한 문서로서, 이를 공개하면 수사에 관한 직무의 수행을 현저히 곤란하게 하므로 변호인의 열람·지정에 의한 공개의 대상이 될 수 없다. ✕

제3절 ▸ 공판정의 심리

1 공판정의 구성

1. 공판정의 구성

(1) 공판정은 판사와 검사, 법원사무관 등이 출석하여 개정한다.

(2) 검사의 좌석과 피고인 및 변호인의 좌석은 대등하며, 법대의 좌우측에 마주 보고 위치하고, 증인의 좌석은 법대의 정면에 위치함. 다만, 피고인신문을 하는 때에는 피고인은 증인석에 좌석한다.

2. 검사의 출석

(1) 원칙 → 개정요건

(2) 예외 → 검사가 공판기일의 통지를 2회 이상 받고 출석하지 아니하거나 판결만을 선고하는 때

> 기출 검사의 출석은 공판개정의 요건이므로, 검사가 공판기일의 통지를 2회 이상 받고도 출석하지 아니하거나 판결만을 선고하는 때에도 검사의 출석 없이 개정할 수 없다(✕).

3. 피고인의 출석

(1) 원칙 → 개정요건, 재정의무도 있음.

(2) 예외

① 의사무능력자 → 책임능력에 관한 규정이 없는 범죄에서 법정대리인 또는 특별대리인이 출석

② 법인 → 법인의 대표자가 출석. 대표자는 대리인을 출석하게 할 수 있다.

③ 경미사건

㉠ 다액 500만원 이하의 벌금, 과료 기출 구류(✕)

㉡ 장기 3년 이하의 징역 또는 금고, 다액 500만원 초과하는 벌금 또는 구류에 해당하는 사건에서 불출석을 허가한 경우 기출 …허가신청이 있는 때(✕)

㉢ 즉결심판절차에서 피고인에게 벌금 또는 과료를 선고하는 경우

④ 유리한 재판을 하는 경우
  ㉠ 공소기각 또는 면소의 재판을 할 것이 명백한 사건
  ㉡ 심신상실 또는 질병 + 무죄·면소·형면제·공소기각
    기출 선고유예, 집행유예 재판사건(X)
    기출 유죄판결의 일종인 형면제의 판결을 하는 경우에 위와 같은 불출석 개정은 허용되지 않는다(X).
⑤ 퇴정 → 재판장의 퇴정명령, 무단퇴정
⑥ 출석거부 → 구속된 피고인이 출석을 거부하고 교도관에 의한 인치가 불가능하거나 현저히 곤란하다고 인정되는 경우
    기출 구속된 피고인이 정당한 사유 없이 출석을 거부한다면, 교도관에 의한 인치가 불가능하거나 현저히 곤란한 사정이 없다고 하여도, 출석한 검사와 변호인의 동의가 있는 이상 피고인의 출석 없이 공판절차를 진행할 수 있다(X).
⑦ 소재불명
  ㉠ 제1심 공판절차에서 송달불능보고서가 접수된 때로부터 6월이 경과하도록 소재불명
  ㉡ 단, 사형·무기 또는 장기 10년이 넘는 징역이나 금고에 해당하는 경우는 제외
⑧ 피고인 불출석 → 항소심과 약식명령에 대한 정식재판청구사건에서 피고인이 정당한 사유 없이 2회 이상 출정하지 아니한 경우
⑨ 출석이 부적당한 경우
  ㉠ 상고심
    기출 피고인은 상고심의 공판기일에 반드시 출석하여야 한다(X).
  ㉡ 치료감호청구사건

4. 변호인의 출석

(1) 변호인의 출석은 원칙적으로 공판개정의 요건이 되지 않음.
(2) 필요적 변호사건의 경우에는 변호인의 출석은 공판개정의 요건
  → 판결만을 선고하는 때에는 예외
    기출 국선변호인이 선정된 사건에서 변호인의 출석 없이는 판결을 선고할 수 없다(X).

2 소송지휘권과 법정경찰권

1. 소송지휘권

재판장의 소송지휘권	① 공판기일의 지정·변경 ③ 진술거부권 고지 등 ⑤ 불필요한 변론의 제한	② 인정신문 ④ 증인신문 또는 피고인신문 순서의 변경 ⑥ 석명권[7] 등 **기출** 증거신청에 대한 결정
법원의 소송지휘권	① 국선변호인 선정 ③ 공소장변경의 요구와 허가 ⑤ 재판장의 처분에 대한 이의신청의 결정 ⑦ 공판절차의 정지 ⑨ 특별대리인 선임	② 증거신청에 대한 결정 ④ 증거조사 및 증거결정에 대한 이의신청의 결정 ⑥ 공판기일 전 증거조사 ⑧ 간이공판절차 개시결정

---

7) 석명권이란 소송관계를 명료하게 하기 위하여 소송관계인에게 사실상 또는 법률상의 사상에 관하여 질문하고 입증을 촉구하는 법원의 합목적적 활동을 말한다.

2. 법정경찰권

의 의	① 법정경찰권이란 법정질서를 유지하고 심판의 방해를 저지·배제하기 위하여 행하는 법원의 권력작용을 말한다. ② 재판장의 권한으로 규정하고 있다(법원조직법 제58조①).
내 용	① 방해예방 작용 ⇨ 방청권의 발행과 방청객의 소지품검사, 피고인에 대한 간수명령 등 ② 방해배제 작용 ⇨ ㉠ 피고인의 퇴정제지, ㉡ 피고인 및 방청인에 대한 퇴정명령, ㉢ 법원의 허가 없는 녹화등의 제지, ㉣ 경찰관의 파견요구 등 ③ 제재작용 ⇨ 위반자에 대한 20일 이내의 감치 또는 100만원 이하의 과태료의 질서벌부과
한 계	① 시간적 한계 ⇨ 심리의 개시부터 종료 시까지(다만, 심리에 전후한 시간도 포함) ② 장소적 한계 ⇨ 법정 내(다만, 법정의 심리에 영향을 미치는 한도 내에서 법정 외에도 미침.) ③ 인적 한계 ⇨ 심리에 관계있는 모든 사람(방청인뿐 아니라 피고인·변호인·검사·법원사무관, 배석판사에게도 미침.)

제4절 ▶ 공판기일의 절차

✎ 공판기일절차의 개관

모두절차		사실심리절차		결심절차/판결선고절차
① 진술거부권의 고지 ② 인정신문 ③ 검사의 모두진술 ④ 피고인의 모두진술 ⑤ 재판장의 쟁점정리 및 　검사·변호인의 입증계획 진술	⇨	① 증거조사 ② 피고인신문	⇨	<결심절차> ① 검사의 의견진술 ② 변호인의 최종변론 ③ 피고인의 최후진술 <판결선고절차> ① 평의와 합의 ② 판결선고

1 모두절차

1. 진술거부권 고지

재판장은 피고인에게 진술을 하지 아니하거나 개개의 질문에 진술을 거부할 수 있음을 고지

2. 인정신문

피고인임에 틀림없음을 확인 → 진술거부권행사가 가능

3. 검사의 모두진술

(1) 검사는 공소장에 의하여 공소사실·죄명 및 적용법조를 낭독해야 한다.

(2) 재판장은 필요하다고 인정하는 때에는 검사에게 공소의 요지를 진술하게 할 수 있음.

> **기출** 재판장은 피고인 또는 변호인의 동의하에 공판정에서의 검사의 공소장 낭독 또는 공소요지 진술을 생략할 수 있다(X).

> **기출** 피고인 출석 없이 개정한 경우에는 검사의 모두진술을 요하지 않는다(X).

4. 피고인의 모두진술

피고인은 검사의 모두진술이 끝난 뒤에 공소사실의 인정 여부를 진술하여야 한다(진술거부권 행사의 경우 예외).

5. 재판장의 쟁점정리

(1) 재판장은 피고인의 모두진술이 끝난 다음에 피고인 또는 변호인에게 쟁점의 정리를 위하여 필요한 질문을 할 수 있음.

(2) 재판장은 증거조사를 하기에 앞서 검사 및 변호인으로 하여금 공소사실 등의 증명과 관련된 주장 및 입증계획 등을 진술하게 할 수 있음.

2 사실심리절차

1. 증거조사

(1) 증거신청 및 결정

① 신청권자: 검사, 피고인 또는 변호인, 범죄피해자(증인신문 신청)

② 신청시기: 제한이 없음.

but ㉠ 공판준비절차에서 신청하지 아니한 증거는 시기가 늦은 신청으로 부적합

㉡ 고의로 증거를 뒤늦게 신청하여 공판절차의 완결을 지연이 인정될 때 각하결정을 할 수 있다. ≪뒤짐·각하≫

> **기출** 법원은 검사, 피고인 또는 변호인이 고의로 증거를 뒤늦게 신청함으로써 공판의 완결을 지연하는 것으로 인정할 때에도 이를 각하하여서는 아니 된다(X).

③ 신청순서: 검사가 먼저하고 피고인 또는 변호인이 한다.

> **기출** 증거신청은 피고인 또는 변호인이 먼저 한 후 검사가 한다(X).

④ 신청방식

㉠ 증거신청은 서면 또는 구두로 할 수 있음.

㉡ 증거로 할 부분을 특정하여 명시해야 함.

㉢ 필요한 증거를 일괄하여 신청해야 함.

⑤ 결정

㉠ 법원은 재량으로 증거신청에 대하여 증거결정(각하결정, 기각결정, 채택결정)을 해야 한다.

→ 법원은 증거신청을 기각·각하하거나 보류하는 경우, 당해 증거서류 또는 증거물을 제출받아서는 아니 됨.

> **기출** 법원이 증거신청을 기각하는 경우에도 일단 증거신청인으로부터 당해 증거물 등을 제출받아야 한다(X).

　　ⓛ 증거신청의 채택 여부는 법원의 재량 → 필요하지 않다고 인정할 때에는 조사하지 않을 수 있다.

　　　　[기출] 당사자의 증거신청에 대한 채택 여부는 법원의 재량사항이 아니므로 법원은 피고인이나 변호인이 신청한 증거에 대하여 불필요하다고 인정할 때에도 조사하여야 한다(X).

　　　　[기출] 피고인이 증인신청을 철회한 경우 법원은 직권으로 당해 증인을 신문하여 이를 증거로 채택할 수는 없다(X).

　　ⓒ 법원은 증거결정을 함에 있어서 필요하다고 인정할 때에는 피고인 또는 변호인의 의견을 들을 수 있다.

　　　　[기출] 법원은 증거결정을 함에 있어서 검사, 피고인 또는 변호인의 의견을 들어야 한다(X).

(2) 법원의 직권에 의한 증거조사

　① 법원은 직권으로 증거를 조사할 수 있음. → 직권증거조사는 법원의 권한이자 의무에 해당

　② 법원은 검사가 신청한 증거를 조사한 후 피고인·변호인이 신청한 증거를 조사함.

　　법원은 이 조사가 끝난 후 직권으로 결정한 증거를 조사함. → 신문 순서 변경 가능

　　　[기출] 법원은 검사나 피고인·변호인이 증거조사 순서의 변경을 신청하는 경우에만 피고인 또는 변호인이 신청한 증거를 조사한 후 검사가 신청한 증거를 조사할 수 있다(X).

　　　[기출] 법원은 검사가 신청한 증거를 조사한 후 피고인 또는 변호인이 신청한 증거를 조사하여야 하고, 그 순서를 직권으로 변경할 수는 없다(X).

　③ 조서 또는 서류가 피고인의 자백 진술을 내용으로 하는 경우 다른 증거를 조사한 후에 조사하여야 한다.

　　　[기출] …다른 증거보다 먼저 이를 조사하여야 한다(X).

(3) 조사방식

　① 증거서류

　　　㉠ 당사자의 신청에 따라 증거서류를 조사 → 신청인이 낭독

　　　　[기출] 검사, 피고인 또는 변호인의 신청에 따라 증거서류 등을 조사하는 때에는 재판장이 제시하고 증거서류를 낭독하여야 한다(X).

　　　ⓛ 법원이 직권으로 증거서류를 조사 → 소지인 또는 재판장이 낭독

　　　ⓒ 재판장은 필요하다고 인정하는 때에는 내용의 고지 또는 제시·열람하게 하는 방법으로 조사할 수 있음.

　　　　[기출] 증거서류를 조사하는 때에는 낭독 또는 내용고지의 방법으로 하여야 하고, 증거서류를 제시하여 열람하게 하는 방법으로 조사하여서는 안 된다(X).

　　　ⓔ 재판장은 신청이나 직권으로 증거서류를 조사하는 때에는 법원사무관 등으로 하여금 낭독 또는 고지하게 할 수 있다.

　　　　[기출] 법원이 직권으로 증거서류를 조사하는 때에는 소지인 또는 재판장이 이를 낭독하여야 하며, 법원사무관 등으로 하여금 낭독하게 할 수 없다(X).

　② 증거물

　　　㉠ 당사자의 신청에 따라 증거물 조사 → 신청인이 제시

　　　ⓛ 법원이 직권으로 증거물 조사 → 소지인 또는 재판장이 제시

　③ 증거물인 서면 → 제시 및 낭독(내용고지 또는 열람)

　④ 영상녹화물 → 봉인을 해제하고 영상녹화물의 전부 또는 일부를 재생

⑤ 녹음·녹화매체 → 재생하여 청취 또는 시청

⑥ 증인 등 → 당사자와 재판장이 신문하여 조사함.

⑷ **이의신청**

① **대상**: 증거결정과 증거조사에 관한 모든 절차와 처분은 이의신청을 할 수 있음.

② **사유**

㉠ 법원의 증거결정은 법령위반만을 이유로 할 수 있음.

㉡ 법원의 증거조사는 법령위반 또는 상당하지 아니함을 이유로 할 수 있음.

`기출` 당사자는 증거신청에 대한 법원의 결정이 상당하지 아니한 때에는 이의신청을 할 수 있다(X).

`기출` 법원의 증거결정에 대한 이의신청은 법령의 위반이 있거나 상당하지 아니함을 이유로 하여 이를 할 수 있다(X).

`기출` 증거조사에 대한 이의신청은 법령의 위반이 있을 경우에만 할 수 있다(X).

③ **시기방법**: ㉠ 개개의 행위, 처분 또는 결정시 마다 즉시 / ㉡ 서면 또는 구술로 가능

④ **법원의 결정**

㉠ 결정은 이의신청이 있은 후 즉시 하여야 한다.

㉡ 시기에 늦은 이의신청, 소송지연만을 목적으로 하는 것임이 명백한 이의신청은 결정으로 이를 기각하여야 한다.

㉢ 시기에 늦은 이의신청이 중요한 사항을 대상으로 하고 있는 경우에는 시기에 늦은 것만을 이유로 하여 기각하여서는 아니 된다.

`기출` 중요한 사항을 대상으로 하고 있는 경우에도 시기에 늦은 경우에는 기각결정을 하여야 한다(X).

㉣ 증거능력이 없음을 이유로 한 이의신청을 이유 있다고 인정할 경우에는 그 증거의 전부 또는 일부를 배제한다는 취지의 결정을 하여야 한다.

`기출` ……이유 있다고 인정할 경우에는 그 증거의 증거조사를 다시 하여야 한다는 취지의 결정을 하여야 한다(X).

⑤ **불복**

㉠ 이의신청에 대한 결정으로 판단된 사항에 대해서는 다시 이의신청 불가

㉡ 판결 전 소송절차에 관한 결정이므로 항고 불가 `기출` 항고는 허용된다(X).

2. 피고인 신문

⑴ **의의**: 피고인에 대하여 공소사실과 그 정상에 관하여 필요한 사항을 신문하는 절차

⑵ **순서**

① 검사와 변호인 → 피고인신문은 증거조사 완료 후에 실시

`기출` 피고인신문 후 증거조사 한다(X).

다만, 재판장은 필요하다고 인정하는 때에는 증거조사가 완료되기 전이라도 이를 허가할 수 있음.

② 재판장 → 필요하다고 인정하는 때에는 피고인을 신문할 수 있음. → 신문순서 변경 가능

`기출` 검사와 변호인만이 피고인을 신문할 수 있다(X).

③ 합의부원 → 재판장에게 고하고 신문 가능

(3) 방법

① 피고인신문을 하는 때에는 피고인은 증인석에 좌석

② 재정인의 앞에서 충분한 진술을 할 수 없다고 인정한 때에는 그 재정인을 퇴정

(4) 신뢰관계자 동석

① 피고인이 신체적 또는 정신적 장애로 사물을 변별하거나 의사를 결정·전달할 능력이 미약한 경우

② 피고인의 연령·성별·국적 등의 사정을 고려하여, 그 심리적 안정의 도모와 원활한 의사소통을 위하여 필요한 경우

3. 최후변론

(1) 검사의 의견진술

① 검사는 사실과 법률적용에 관하여 의견을 진술하여야 한다.

다만, 검사의 출석 없이 개정할 수 있는 경우에는 공소장의 기재사항에 의하여 검사의 의견진술이 있는 것으로 간주

② 검사의 의견진술의 기회를 부여하지 않고 변론을 종결하는 것은 위법(의견의 기회를 부여하면 족함.)

③ 법원은 검사의 구형에 구속되지 아니하며, 구형을 초과하는 형선고 가능

> **판례**
>
> 원심 재판장은 피고인 신문과 증거조사가 종료되었음을 선언한 후 검사에게 의견진술의 기회를 주었음이 명백한바, 이러한 경우 검사가 양형에 관한 의견진술을 하지 않았다 하더라도 이로써 판결에 영향을 미친 법률위반이 있는 경우에 해당한다고 할 수 없고, 검사의 구형은 양형에 관한 의견진술에 불과하여 법원이 그 의견에 구속된다고 할 수 없다(2001도5225). ✖ 공판기일에 재판장이 검사에게 의견진술의 기회를 주었는데 검사가 양형에 관한 의견진술을 하지 않았다면 이로써 판결에 영향을 미친 법률위반이 있는 경우에 해당한다. ✕

(2) 변호인과 피고인의 의견진술 : 재판장은 검사의 의견을 들은 후 피고인과 변호인 모두에게 최종의 의견을 진술할 기회를 주어야 한다.

> **판례**
>
> 1. 피고인과 변호인에게 최종의견 진술의 기회를 주지 않은 채 심리를 마치고 선고한 판결은 위법이고 이는 판결에 영향을 미친 법률위반이 있는 경우에 해당한다(75도1010).
> 2. 필요적 변호를 요하는 사건에 있어서 변호인의 변호를 듣지 않았을뿐더러 피고인의 최후진술을 들은바 없이 판결을 선고한 경우 명백히 법령위반이 있어 판결에 영향을 미치는 사유가 있다고 인정된다(62도225).
> 3. 피고인의 변호인이 공판기일통지서를 받고도 공판기일에 출석하지 아니하고 변호인 없이 변론을 종결한 경우에는 변호인에게 변론의 기회를 주지 아니하였다고 볼 수 없다(76도4376).

3 판결선고절차

1. 의의

변론종결 후 변론을 재개하지 않는 한 법원은 판결을 선고하여야 한다. 공판절차의 최종단계는 판결선고절차이다.

2. 방법

(1) 공판정에서 재판서에 의하여야 하는 것이 원칙(주문을 낭독하고 이유의 요지를 설명)

(2) 재판장이 주문을 낭독하고 이유의 요지를 설명

→ 판결의 선고는 반드시 공개(심리를 비공개한 경우라도)

3. 선고기일

(1) 변론을 종결한 기일에 함이 원칙

(2) 판결서는 선고 후 작성(단, 5일 이내 작성)

→ 단, 특별한 사정이 있는 경우 변론종결 후 14일 이내

4. 피고인 출석

(1) 판결을 선고하는 공판기일에도 피고인이 출석하여야 한다(검사와 변호인 출석 불요).

(2) 예외 : 피고인이 진술하지 아니하거나, 재판장의 허가 없이 퇴정하거나, 재판장의 질서유지를 위한 퇴정명령을 받은 때에는 피고인의 출석 없이 판결할 수 있다(제330조). 피고인의 출석 없이 개정할 수 있는 경우에도 같다.

5. 선고의 효과

당해 심급의 공판절차는 종료되고 상소기간이 진행

PART

05

제5절 증인신문

1 증인의 의의와 증인적격

1. 증인의 의의

(1) 법원 또는 법관에 대하여 자기가 과거에 체험한 사실을 진술하는 제3자를 말한다.

(2) 증인에 대한 증거조사를 증인신문이라고 한다.

2. 증인적격

(1) 증인으로 될 수 있는 자격을 말함. 원칙적으로 누구나 증인적격이 인정

(2) 증인적격이 없는 자의 증언은 증거능력이 부정

(3) **증인적격 ○** : 공소 유지에 관여하지 않은 검사, 사법경찰관, 검찰주사, 공범이 아닌 공동피고인

(4) **증인적격 ×** : 법관, 법원사무관, 공판유지 검사, 공범인 공동피고인(→ if 변론이 분리되면 증인적격 有)

> **판례**
>
> 1. 형사소송에 있어서 경찰공무원은 당해 피고인에 대한 수사를 담당하였는지의 여부에 관계없이 그 피고인에 대한 공판과정에서는 제3자라고 할 수 있어 수사 담당 경찰공무원이라 하더라도 증인의 지위에 있을 수 있음을 부정할 수 없다(2001헌바41).
> 2. 공범인 공동피고인은 당해 소송절차에서는 피고인의 지위에 있으므로 다른 공동피고인에 대한 공소사실에 관하여 증인이 될 수 없으나, 소송절차가 분리되어 피고인의 지위에서 벗어나게 되면 다른 공동피고인에 대한 공소사실에 관하여 증인이 될 수 있다(2008도3300).
> 3. 공동피고인인 절도범과 그 장물범은 서로 다른 공동피고인의 범죄사실에 관하여는 증인의 지위에 있다 할 것이므로, 피고인이 증거로 함에 동의한 바 없는 공동피고인에 대한 피의자신문조서는 공동피고인의 증언에 의하여 그 성립의 진정이 인정되지 아니하는 한 피고인의 공소 범죄사실을 인정하는 증거로 할 수 없다(2005도7601).

2 증인의 의무

1. 출석의무

(1) 의의

① 소환 받은 증인에게는 출석의무가 있다.

② 증인적격 없는 자(피고인, 공무상비밀에 관한 공무원 등) → 출석의무 없음.

③ 증언거부권자 → 증언은 거부할 수 있으나 출석자체를 거부할 수는 없다.

(2) 증인소환

① 소환장은 급속을 요하는 경우를 제외하고 늦어도 출석일시 24시간 이전에 송달하도록 하여야 한다.

② 증인이 법원의 구내에 있을 때에는 소환함이 없이 신문 가능

> **기출** 증인이 법원의 구내에 있을 때에는 구인함이 없이 신문할 수 있다(X).

(3) 불출석 제재

① **구인** : 정당한 사유 없이 소환에 응하지 아니한 증인은 구속영장을 발부하여 구인할 수 있다.

② **소송비용 · 과태료** : 정당한 사유 없이 출석하지 아니한 때에는 결정으로 당해 불출석으로 인한 소송비용을 증인이 부담하도록 명하고, 500만원 이하의 과태료를 부과할 수 있다.

> **기출** 증인에 대한 강제처분으로서 소환, 동행명령, 과태료 부과, 구인 등이 가능하지만 소송비용 부담은 불가능하다(X).

③ **감치** : 증인이 과태료 재판을 받고도 정당한 사유 없이 다시 출석하지 아니한 때에는 법원은 결정으로 증인을 7일 이내의 감치에 처한다. **기출** 10일 이내(X), 벌금(X)

④ **즉시항고** : 법원의 소송비용 부담 · 과태료 · 감치결정에 대하여는 즉시항고 가능. 이 경우 집행정지의 효력(제410조)은 인정되지 않는다.

2. 선서의무

(1) 의의 : 선서 없이 한 증언은 증거능력이 없음.

(2) 선서절차

① 선서는 모든 증인마다 개별적으로 해야 하며, 소위 '대표선서'는 허용되지 않음.

② 동일 심급에서 동일증인에 대한 선서는 1회로써 족함.

(3) 선서무능력자

① 16세 미만의 자(**기출** 미성년자 X) 또는 선서의 취지를 이해하지 못하는 자는 선서시키지 아니하고 신문

② 선서무능력자에게 선서를 시키고 승언 → 선서는 무효이지만 증언은 유효(증거능력이 인정될 수 있음.)

> **기출** 선서와 증언의 효력은 인정되지 않는다(X).

(4) 제재 : 정당한 이유 없이 선서를 거부한 때에는 50만원 이하의 과태료에 처함.

(즉시항고 가능 → 재판의 집행정지 O) **기출** 500만원(X)

3. 증언의무

(1) 의의

① 증인은 신문받은 사항에 대하여 증언할 의무가 있다.

② 증인이 주신문에 대해서만 증언하고 반대신문에 대해서 증언을 거부 → 증거능력 없음.

(2) 증언능력

① 증인이 증인적격이 있는 자라 할지라도 증언능력이 없는 경우 그 증언은 증거능력이 없다.

② 형사미성년자라고 하여 반드시 증언능력이 없는 것은 아니다.

(3) 재제 : 정당한 이유 없이 증언을 거부한 때에는 50만원 이하의 과태료

(즉시항고 가능 → 재판의 집행정지 O)

3 증인의 권리

1. 증언거부권

(1) **의의**: 증언의무가 있는 증인이 증언을 거부할 수 있는 권리(출석자체를 거부할 수 없음.)

(2) **내용**

① 자기나 친족 등이 형사소추 또는 공소제기를 당하거나 유죄판결을 받을 사실이 발로될 염려 있는 증언을 거부할 수 있음.

> **기출** 법정대리인, 후견감독인인 자는 그의 피대리인, 피후견감독인이 형사소추 또는 공소제기를 당하거나 유죄판결을 받을 사실이 발로될 염려 있는 증언을 거부할 수 있다(X).

> **기출** …출석을 거부할 수 있다(X).

② 변호사, 변리사, 공증인, 공인회계사, 세무사, 대서업자, 의사, 한의사, 치과의사, 약사, 약종상, 조산사, 간호사, 종교의 직에 있는 자 또는 이러한 직에 있었던 자가 업무상 알게 된 사실로서 타인의 비밀에 관한 것은 증언을 거부할 수 있다. 단, 본인의 승낙이 있거나 중대한 공익상 필요가 있는 때에는 예외로 한다.

> **기출** 공무원이 직무상 알게 된 비밀과 변호사가 업무상 알게 된 비밀에 대해서는 당해 공무원과 변호사에게 증언거부권이 있으므로 증인으로서 출석을 거부할 수 있다(X).

> **기출** 변호사는 중대한 공익상의 필요가 있는 때에는 증언을 거부할 권리가 있다(X).

(3) 재판장은 신문 전에 증언을 거부할 수 있음을 설명

(4) 증언거부권자도 증언거부권을 포기하고 증언 가능. 증언을 거부한 자는 거부사유를 소명하여야 한다.

> **기출** 증언을 거부하는 자는 거부사유를 소명할 필요가 없다(X).

> **판례**

> 1. 이미 유죄의 확정판결을 받은 경우에는 일사부재리의 원칙에 의해 다시 처벌받지 아니하므로 자신에 대한 유죄판결이 확정된 증인은 공범에 대한 피고사건에서 증언을 거부할 수 없고, 설령 증인이 자신에 대한 형사사건에서 시종일관 그 범행을 부인하였다 하더라도 그러한 사정만으로 증인이 진실대로 진술할 것을 기대할 수 있는 가능성이 없는 경우에 해당한다고 할 수 없으므로 허위의 진술에 대하여 위증죄의 성립을 부정할 수 없다(2011도11994).

> 2. 헌법 제12조 제2항에 정한 불이익 진술의 강요금지 원칙을 구체화한 자기부죄거부특권에 관한 것이거나 기타 증언거부사유가 있음에도 증인이 증언거부권을 고지받지 못함으로 인하여 그 증언거부권을 행사하는 데 사실상 장애가 초래되었다고 볼 수 있는 경우에는 위증죄의 성립을 부정하여야 할 것이다(2009도11249).

> 3. 피고인들이 증·수뢰사건으로 기소되어 공동피고인으로 함께 재판을 받으면서 서로 뇌물을 주고받은 사실이 없다고 다투던 중, 증·수뢰의 상대방인 공동피고인에 대한 사건이 변론 분리되어 뇌물공여 또는 뇌물수수의 증인으로 채택된 경우, 그 증인에게는 증언거부권이 인정되고, 위증죄도 성립될 수 있다. ~~그 증인에게는 증언거부권이 인정되지 않는다.~~ ✗

> 4. 전 남편에 대한 도로교통법 위반(음주운전)사건의 증인으로 법정에 출석한 전처가 증언거부권을 고지받지 않은 채 공소사실을 부인하는 전 남편의 변명에 부합하는 내용을 적극적으로 허위 진술한 사안에서, 증인으로 출석하여 증언한 경위와 그 증언 내용, 증언거부권을 고지받았더라도 그와 같이 증언을 하였을 것이라는 취지의 진술 내용 등을 전체적·종합적으로 고려할 때 선서 전에 재판장으로부터 증언거부권을 고지받지 아니하였다 하더라도 이로 인하여 증언거부권이 사실상 침해당한 것으로 평가할 수는 없는 경우라면, 위증죄가 성립한다(2007도6273).

> 5. 사촌관계에 있는 甲의 도박 사실 여부에 관하여 증언거부사유가 발생하게 되었는데도 재판장으로부터 증언거부권을 고지받지 못한 상태에서 허위 진술을 하게 되었다면, 위증죄가 성립하지 아니한다(2009도13257).

2. 비용상환청구권

소환받은 증인은 법률규정에 따라 여비·일당과 숙박료를 청구할 수 있음. 단, 정당한 사유 없이 선서 또는 증언을 거부한 자는 예외

3. 증인신문조서열람권

자신에 대한 증인신문조서의 열람·등사 청구 가능

4 증인신문의 방법

1. 절차

(1) **준비절차**: 증인의 동일성 확인, 증언거부권 고지, 위증의 벌 경고

(2) **개별신문**

① 증인신문은 개별신문을 원칙으로 한다. 신문하지 아니한 증인이 재정한 때에는 퇴정을 명하여야 한다.

② 퇴정여부는 법원의 재량에 속하므로 다른 증인의 면전에서 증인을 신문해도 적법

③ 필요한 때에는 증인과 다른 증인 또는 피고인과 대질하게 할 수 있다.

(3) **신문방법**

① 증인신문은 구두로 해야 한다.

→ 들을 수 없는 때에는 서면으로 묻고, 말할 수 없는 때에는 서면으로 답하게 할 수 있다.

② 피고인 또는 어떤 재정인의 면전에서 충분한 진술을 할 수 없다고 인정한 때에는 그를 퇴정하게 하고 진술하게 할 수 있다.

→ 피고인을 퇴정하게 한 경우에 증인의 진술이 종료한 때에는 퇴정한 피고인을 입정하게 한 후 법원사무관 등으로 하여금 진술의 요지를 고지하게 하여야 한다.

> **판례**
>
> 1. 형사소송법 제297조의 규정에 따라 재판장은 증인이 피고인의 면전에서 충분한 진술을 할 수 없다고 인정한 때에는 피고인을 퇴정하게 하고 증인신문을 진행함으로써 피고인의 직접적인 증인 대면을 제한할 수 있지만, 반대신문권은 배제할 수 없다(2009도9344). ✄ <u>반대신문권도 배제할 수 있다. × ✄ 변호인이 재정하여 피고인을 위해 증인을 상대로 반대신문을 한 이상 피고인에게 별도로 반대신문의 기회를 줄 필요는 없다. ×</u>
> 2. 변호인이 없는 피고인을 일시 퇴정하게 하고 증인신문을 한 후 그 다음 공판기일에서 재판장이 증인신문 결과 등을 공판조서(증인신문조서)에 의하여 고지하였는데 피고인이 "변경할 점과 이의할 점이 없다"고 진술하여 책문권 포기 의사를 명시하였다면, 실질적인 반대신문의 기회를 부여받지 못한 하자가 치유되었다(2009도9344). ✄ <u>피고인이 "변경할 점과 이의할 점이 없다"고 진술하였을지라도 이는 실질적인 반대신문의 기회를 부여하지 아니한 것이다. ×</u>

2. 교호신문 제도

(1) **의의** : 교호신문제도에 있어서의 증인신문은 주신문 ⇨ 반대신문 ⇨ 재주신문 ⇨ 재반대신문의 순서로 진행

(2) **방식** : 신청한 검사, 변호인 또는 피고인이 먼저 신문 → 상대방 → 재판장 순

재판장은 교호신문순서를 변경할 수 있음.

> 기출 재판장은 당사자의 증인신문 도중이라도 증인을 신문할 수 있지만, 당사자의 신문순서를 변경할 수는 없다(X).

(3) **주신문**

① 증언의 증명력을 다투기 위하여 필요한 사항에 관한 신문 가능

② 원칙적으로 유도신문 불가 ≪적·준·다·특별한·상≫

다만, 다음의 경우에는 예외적으로 유도신문이 허용

㉠ 증인과 피고인과의 관계, 증인의 경력, 교우관계 등 실질적인 신문에 앞서 미리 밝혀둘 필요가 있는 준비적인 사항에 관한 신문의 경우

㉡ 검사, 피고인 및 변호인 사이에 다툼이 없는 명백한 사항에 관한 신문의 경우

㉢ 증인이 주신문을 하는 자에 대하여 적의 또는 반감을 보일 경우

㉣ 증인이 종전의 진술과 상반되는 진술을 하는 때에 그 종전 진술에 관한 신문의 경우

㉤ 기타 유도신문을 필요로 하는 특별한 사정이 있는 경우

> **판례**
>
> 검사가 증인에게 주신문을 하면서 유도신문을 하였으나 그 다음 공판기일에서 재판장이 증인신문 결과 등을 각 공판조서(증인신문조서)에 의하여 고지하였음에도 피고인과 변호인이 이의제기를 하지 않았다면 주신문의 하자는 치유된다(2012도2937).

(4) **반대신문**

① 주신문 후에 나타난 사항과 이에 관련된 사항 및 증언의 증명력을 다투기 위하여 필요한 사항에 한하여 한다.

② 반대신문은 원칙적으로 유도신문이 허용

> 기출 주신문과 반대신문에 있어서는 유도신문이 금지된다(X).

③ 주신문에 나타나지 않은 새로운 사항은 재판장의 허가를 받아야 하고 이 경우 주신문으로 본다.

> 기출 반대신문자는 주신문자의 동의하에 주신문에 나타나지 아니한 새로운 사항에 관하여 신문할 수 있다(X).
> 기출 반대신문의 기회에 주신문에 나타나지 아니한 새로운 사항을 신문하는 것은 재판장의 허가 없이 가능하다(X).

(5) **추가신문**

① 재주신문까지는 법원의 허가 없이 할 수 있다.

② 재판장이 허가한 경우에는 재반대신문, 재재주신문 등이 가능

3. 비디오 등 중계장치 등에 의한 증인신문

(1) **의의**

① 검사와 피고인 또는 변호인의 의견을 들어 비디오 등 중계장치에 의한 중계시설을 통하여 신문하거나 차폐시설 등을 설치하고 신문할 수 있다.

② 증인의 보호를 위해 필요하다고 인정하는 경우 → 비공개 가능

(2) **대상**

① 아동복지법에 해당하는 죄의 피해자

② 아동·청소년 성보호에 관한 법률에 해당 죄의 아동·청소년 또는 피해자

③ 범죄의 성질, 증인의 연령, 심신의 상태, 피고인과의 관계, 그 밖의 사정으로 인하여 피고인 등과 대면하여 진술하는 경우 심리적인 부담으로 정신의 평온을 현저하게 잃을 우려가 있다고 인정되는 자

> 판례

> 1. 피고인 뿐만 아니라 변호인에 대해서도 차폐시설을 설치하는 방식으로 증인신문이 이루어지는 경우 피고인과 변호인 모두 증인이 증언하는 모습이나 태도 등을 관찰할 수 없게 되어 그 한도에서 반대신문권이 제한될 수 있으므로, 변호인에 대한 차폐시설의 설치는 이미 인적사항에 관하여 비밀조치가 취해진 증인이 변호인을 대면하여 진술함으로써 자신의 신분이 노출되는 것에 대하여 심한 심리적인 부담을 느끼는 등의 특별한 사정이 있는 경우에 예외적으로 허용될 수 있을 뿐이다(2014도18006).
> 2. 차폐시설 등을 설치할 경우 법원은 피고인뿐만 아니라 검사, 변호인에 대하여도 차폐시설 등을 설치하는 방식으로 증인신문을 할 수 있다. 그리고 방청인에 대하여까지 차폐시설 등을 설치하는 방식으로 증인신문을 할 수 있다(2014도18006). ✘ 그러나 방청인에 대하여까지 차폐시설 등을 설치하는 방식으로 증인신문을 할 수는 없다. ✕

4. 공판정 외의 증인신문

(1) **의의**: 법원은 증인의 연령, 직업, 건강상태 기타의 사정을 고려하여 검사, 피고인 또는 변호인의 의견을 묻고 법정 외에 소환하거나 현재지에서 신문할 수 있다.

(2) **절차**

① 법원은 공판정 외의 증인신문에 관하여 검사, 피고인 또는 변호인의 의견을 물어야 하지만 이들의 의견에 구속되지는 않는다.

② 법원은 필요한 때에는 결정으로 지정한 장소에 증인의 동행을 명할 수 있다. 증인이 정당한 사유 없이 동행을 거부하는 때에는 구인할 수 있다.

③ 수탁판사는 증인이 관할구역 내에 현재하지 아니한 때에는 그 현재지의 지방법원판사에게 전촉할 수 있다(제2항).

④ 수명법관 또는 수탁판사는 증인의 신문에 관하여 법원 또는 재판장에 속한 처분을 할 수 있다.

5 피해자의 진술권

1. 의의

(1) 법원은 범죄로 인한 피해자 또는 그 법정대리인(피해자 사망시 배우자·직계친족·형제자매를 포함)의 신청이 있는 때에는 그 피해자 등을 증인으로 신문하여야 한다.
> 기출 신문할 수 있다(X).

(2) 형사피해자의 진술권은 헌법과 형사소송법에 명문으로 규정
> 기출 형사피해자의 진술권은 헌법과 형사소송법에 명문으로 규정되어 있는 것은 아니다(X).

2. 증인신문 절차

(1) 법원은 피해의 정도 및 결과, 피고인의 처벌에 관한 의견, 그밖에 당해 사건에 관한 의견을 진술할 기회를 주어야 함.

(2) 진술을 신청한 피해자가 출석통지를 받고도 정당한 이유 없이 출석하지 아니한 때에는 그 신청을 철회한 것으로 본다. 기출 다시 소환하여야 한다(X).

(3) 피해자, 법정대리인 또는 검사의 신청에 따라 결정으로 심리 비공개 가능

(4) 피해자가 현저하게 불안 또는 긴장 → 신뢰관계인 동석 가능(직권 또는 신청)

(5) 피해자가 13세 미만이거나 신체적 또는 정신적 장애 → 부득이한 경우가 아닌 한 신뢰관계인 동석 의무

3. 제한

(1) 다음 아래의 경우 피해자를 증인으로 신문할 필요가 없다.
  ① 공판절차에서 충분히 진술하여 다시 진술할 필요가 없다고 인정되는 경우
  ② 공판절차가 현저하게 지연될 우려가 있는 경우

(2) 신청한 자가 다수인 경우에는 증인으로 신문할 자의 수를 제한할 수 있다.

4. 증인신문 외 의견진술

(1) 법원은 직권 또는 피해자 등의 신청에 따라 범죄사실의 인정에 해당하지 않는 사항에 관하여 증인신문에 의하지 아니하고 의견진술 가능

(2) 검사, 피고인 또는 변호인은 재판장의 허가를 받아 피해자 등에게 질문 가능

(3) 피해자 등의 의견진술은 범죄사실의 인정을 위한 증거로 할 수 없음.

제6절 공판절차의 특수문제

1 간이공판절차

1. 의의

피고인이 공판정에서 자백한 경우에 형사소송법이 규정한 증거조사를 간이화하고 증거능력에 대한 제한을 완화하는 공판절차

2. 절차개시요건

(1) **제1심 관할 사건**

① 제1심 관할사건에 대해서만 인정
→ 항소심 허용 ×, 상고심 허용 ×

② 제1심 관할사건이라면 단독판사의 관할사건은 물론 합의부 관할사건에도 적용

[기출] 단독판사 사건의 1심 관할사건에 한한다(X).

[기출] 사형, 무기 또는 단기 1년 이상의 징역이나 금고에 해당하는 사건과 이와 동시에 심판할 공범 사건에 대해서는 간이공판절차로 진행할 수 없다(X).

③ 국민참여재판 허용 ×

(2) **피고인의 공판정에서의 자백**

① 주체

㉠ 피고인 [기출] 변호인의 자백(X)

㉡ 피고인이 법인인 경우 대표자가 자백의 주체

㉢ 피고인이 의사무능력자인 경우 법정대리인이나 특별대리인이 자백의 주체

② 내용

㉠ 공소장에 기재된 공소사실을 전부 인정 + 위법성조각사유나 책임조각사유를 다투지 않는 경우

[예] 술에 취해 기억이 없다. → 심신상실·미약 주장: 간이공판 ×

[예] 술에 취해 그랬습니다. → 자백: 간이공판 ○

㉡ 공소사실을 인정하면서 죄명·적용법조만을 다투거나 정상관계사유나 형면제의 원인되는 사실을 주장하는 경우도 자백에 해당

③ 일부자백

㉠ 경합범의 중 일부 자백한 경우 → 자백한 부분만 간이공판절차

㉡ 과형상일죄나 예비적·택일적 기재는 상호 불가분의 관계에 있는 경우 → 일부만 간이공판 절차 개시 불가능

[기출] 포괄일죄, 과형상일죄, 공소사실의 예비적·택일적 기재의 일부에 대해 자백을 하여도 간이공판절차에 의해 심판할 수 있다(X).

④ **자백의 장소와 시기**: 자백은 공판정에서 할 것 + 모두진술시까지

[기출] 피고인은 공판준비절차에서 공소사실에 대하여 자백한 경우 간이공판절차가 허용된다(X).

⑤ **자백의 신빙성 有**

if 신빙성 × → 간이공판 취소사유

> **판례**
>
> 1. 간이공판절차의 요건으로서의 피고인의 자백은 공소장 기재사실을 인정하고 나아가 위법성이나 책임의 조각사유가 되는 사실을 진술하지 아니하는 것으로 충분하다(87도1269).
> 2. 음주만취하여 운전 중 교통사고를 내고 도주한 범죄사실로 기소된 피고인이 법정에서 "공소사실은 모두 사실과 다름없다"고 하면서 술에 만취되어 기억이 없다는 취지로 진술한 경우, 간이공판절차에 의하여 심판할 대상에 해당하지 않는다(2004도2116).
> 3. 범행을 부인하는 진술을 하고 있지 않으며, 피고인의 공판정에서의 진술의 전체를 모아 볼 때, 피고인에 대한 공소장 기재 범죄사실을 자백하면서 다만 피고인의 딸의 부탁으로 한 것이라는 범행의 동기를 부인 진술한 것이라고 풀이되는 경우 간이공판절차에 의하여 심판할 것을 결정한 제1심 결정은 정당하다(81도2422).
> 4. 피고인이 공소사실에 대하여 검사가 신문을 할 때에는 공소사실을 모두 사실과 다름 없다고 진술하였으나 변호인이 신문을 할 때에는 범의나 공소사실을 부인하였다면 그 공소사실은 간이공판절차에 의하여 심판할 대상이 아니다(97도3221).
> 5. 상습폭행죄로 기소된 사건에서 피고인이 폭행사실을 인정한 경우라도 상습성을 부인한다면 간이공판절차에 의하여 심판할 수 없다. ✗ 상습성을 부인하더라도 간이공판절차에 의하여 심판할 수 있다. ✗

3. 간이공판절차의 개시결정

(1) 결정여부는 법원의 재량에 속한다.

> **기출** 피고인이 공판정에서 공소사실에 대하여 자백한 때에는 법원은 그 공소사실에 한하여 간이공판절차에 의하여 심판할 것을 결정하여야 한다(X).

(2) 간이공판절차의 개시결정은 판결 전 소송절차에 관한 결정이므로 항고 불가

> **기출** 즉시항고는 할 수 없으나 보통항고는 가능하다(X).
> **기출** 항고할 수 있다(X).

4. 간이공판절차의 특칙

(1) **증거능력 제한의 완화**

① 증거동의 의제 : 검사·피고인·변호인이 증거로 함에 이의를 하지 않는 한 증거동의가 의제되어 전문증거의 증거능력 부여

② 완화범위

㉠ 전문법칙에 한함.

→ 전문법칙 이외의 법칙인 자백배제법칙, 위법수집증거배제법칙에 의한 증거능력 제한은 간이공판절차에서도 그대로 적용

㉡ 간이공판절차는 증거능력의 문제에 한함.

→ 증명력의 문제인 자백보강법칙도 그대로 적용

(2) **증거조사의 간이화**

① **상당한 방법** : 정식의 증거조사방식에 의할 필요는 없고, 법원이 상당하다고 인정하는 방법으로 증거조사를 하면 족하다. 기출 증거조사 생략(X)

② **간이공판절차에 적용되지 않는 규정≪방·시·결·의·퇴정≫** : 증인신문방식(교호신문방식), 증거조사의 시기와 방식, 증거조사 결과와 피고인의 의견, 증인신문시의 피고인 퇴정

기출 간이공판절차로 심판하더라도 증거사결과에 대한 피고인의 의견을 물어야 한다(X).

③ **간이공판절차에 적용되는 규정≪신·선·이·참여≫** : 당사자의 증거신청권, 증인선서, 증거조사에 대한 이의신청권, 당사자의 증거조사참여권

판례

1. 간이공판절차의 증거조사에서 증거방법을 표시하고 증거조사 내용을 '증거조사함'이라고 표시하는 방법으로 하였다면, 이는 법원이 채택한 상당한 증거조사방법이라고 인정할 수 있다(80도333).
2. 피고인이 제1심법원에서 공소사실에 대하여 자백하여 제1심법원이 간이공판절차에 회부하여 상당하다고 인정하는 방법으로 증거조사를 한 이상, 항소심에 이르러 피고인이 범행을 부인하였더라도 제1심법원에서 이미 증거능력이 있었던 증거는 항소심에서도 증거능력이 그대로 유지된다(2004도8313).

5. 간이공판절차의 취소

(1) **취소사유** : 자백이 신빙할 수 없거나 간이공판절차로 심판하는 것이 현저히 부당하다고 인정할 때

(2) **취소절차**

① 법원의 직권에 의하여 한다. 다만, 취소 전 검사의 의견을 들어야 한다.

기출 검사의 의견을 듣지 아니하고 취소할 수 있다(X).

② 취소사유가 있는 때에는 법원은 반드시 취소해야 한다.

(3) **취소효과**

① 공판절차를 갱신하여야 한다.

기출 간이공판절차가 취소되더라도 그 이전에 이루어진 증거조사는 효력이 유지됨이 원칙이다(X).

② 다만, 검사·피고인·변호인이 이의가 없는 때에는 그렇지 않음.

기출 이의에 관계없이 공판절차를 갱신하여야 한다(X).

2 공판절차의 정지와 갱신

1. 공판절차의 정지

변 심 질+재 피 관 위 → 공판절차를 정지하여야 한다.

↳ 임의적 정지(유일)

(1) **의의** : 심리를 진행할 수 없는 일정한 사유가 있는 경우 법원의 결정으로 심리를 진행하지 않는 것을 말한다.

(2) **사유**

① **공소장 변경** : 공소장 변경이 피고인의 불이익을 증가할 염려 有 → 정지할 수 있다.

기출 법원은 공소사실이 변경된 경우에는 검사와 변호인의 의견을 들어 결정으로 상당한 기간을 정하여 공판절차를 정지하여야 한다(X).

② 심신상실 또는 질병

예외 ┬ 무죄·면소·형의 면제 또는 공소기각의 재판을 할 것이 명백한 때
     └ 경미사건에 있어서 대리인이 출석할 수 있는 경우

③ 재심청구의 경합: 재심청구가 경합된 경우 상소법원은 하급법원의 소송절차가 종료할 때까지 소송절차를 정지하여야 한다.

④ 기피신청

예외: 간이기각결정을 하는 경우와 급속을 요하는 경우

⑤ 관할신청: 토지관할의 병합심리신청, 관할지정신청 또는 관할이전신청이 제기된 경우 그 신청에 대한 결정이 있기까지 소송절차를 정지하여야 한다. 단 급속을 요하는 경우는 예외

⑥ 위헌재청: 헌법재판소의 위헌결정이 있을 때까지 정지하여야 한다.

2. 공판절차 갱신

(1) **의의**: 판결선고 이전에 법원이 이미 진행한 공판절차를 다시 처음부터 진행하는 것을 말한다.

(2) **사유** → ≪경·간·참·심≫

① 판사의 경질. 다만, 판결만을 선고할 때에는 예외

> 기출 공판개정 후 아직 실체 심리에 들어가지 아니한 경우에도 판사의 경질이 있으면 공판절차를 갱신하여야 한다(X).

② 간이공판절차의 취소. 다만, 검사, 피고인, 변호인의 이의가 없는 경우 갱신 불요

③ 국민참여재판에 있어서 배심원의 교체

④ 심신상실로 인한 공판절차정지 후 재개

> 기출 질병으로 공판절차가 정지된 경우 그 정지사유가 소멸하면 공판절차를 갱신하여야 한다(X).

(3) **갱신절차**

① 종래의 절차를 무효로 하고 처음부터 절차를 다시 시작

→ 진술거부권 등 고지

> 기출 공판절차를 갱신하는 경우에는 진술거부권을 다시 고지할 필요는 없다(X).

② 갱신 전의 공판기일에서 증거조사된 서류 또는 물건에 관하여 다시 증거조사

③ 검사, 피고인 및 변호인의 동의가 있는 때에는 상당하다고 인정하는 방법으로 가능

(4) **갱신 전 소송행위의 효력**

① 판사경질의 경우 → 실체형성행위(피고인 신문, 증인신문, 증거조사 등)만 효력 상실

② 간이공판절차 취소, 심신상실로 인한 공판절차 정지의 경우 → 실체형성행위, 절차형성행위 모두 효력 상실

3 변론의 병합·분리·재개

1. 의의

(1) **변론의 병합**: 수개의 사건이 동일 또는 별개의 법원에 계속되어 있는 경우에 한 개의 절차로 병합하여 동시에 심리하는 것

(2) **변론의 분리**: 병합된 수개의 사건을 분리하여 별개의 절차에서 심리하는 것

(3) **변론의 재개**: '변론의 재개'란 일단 종결한 변론을 다시 여는 것

2. 절차

(1) 법원은 필요하다고 인정할 때에는 직권 또는 검사·피고인·변호인의 신청에 의하여 변론을 분리 하거나 병합할 수 있음.

(2) 법원은 필요하다고 인정할 때에는 직권 또는 검사·피고인·변호인의 신청에 의하여 결정으로 종 결한 변론을 재개할 수 있음.

제7절 국민참여재판

1 의의

국민참여재판이란 「국민의 형사재판 참여에 관한 법률」에 의하여 도입된 배심원이 참여하는 형사재판

2 대상사건 및 관할

1. 대상사건

(1) 합의부 사건(제척·기피사건은 제외)

(2) (1)에 해당하는 사건의 미수죄·교사죄·방조죄·예비죄·음모죄에 해당하는 사건

(3) (1)(2)에 해당하는 사건과 「형사소송법」제11조에 따라 병합된 관련사건

> **판례**
>
> 우리 헌법상 헌법과 법률이 정한 법관에 의한 재판을 받을 권리는 직업법관에 의한 재판을 주된 내용으로 하는 것이므로 국민참여재판을 받을 권리가 헌법 제27조 제1항에서 규정한 재판을 받을 권리의 보호범위에 속한다 고 볼 수 없다(2008헌바12).

2. 관할

(1) **참여심급**: 제1심 절차(합의부 관할사건)에 한하여 국민참여재판 인정

(2) **관할법원**

① 지방법원 본원 합의부에서 관할한다.

② 피고인이 국민참여재판을 원하는 의사를 표시한 경우 지방법원 지원 합의부가 제9조 제1항의 배제결정을 하지 아니하는 경우에는 국민참여재판 절차 회부결정을 하여 사건을 지방법원 본 원 합의부로 이송하여야 한다.

③ 지방법원 지원 합의부가 가지는 사건 중 지방법원 지원 합의부가 참여재판 회부결정을 한 사건 → 지방법원 합의부가 관할권을 갖음.

(3) 공소장변경의 경우

① 원칙 : 공소사실의 일부 철회 또는 변경으로 대상사건에 해당하지 아니하게 된 경우(합의부 →
단독사건)에도 국민참여재판을 계속 진행하는 것이 원칙

⇨ 이러한 경우 예외적으로 단독사건에 대하여도 국민참여재판 가능

> **기출** 국민참여재판을 진행하던 중 공소사실의 변경으로 대상사건에 해당하지 않게 된 경우에는 국민참여재
> 판으로 진행할 수 없다(X).

② 예외

㉠ 국민참여재판으로 진행하는 것이 적당하지 아니하다고 인정되는 때에는 결정으로 당해사
건을 지방법원 합의부가 국민참여재판에 의하지 아니하고 심판할 수 있다.

→ 단서의 결정에 대하여는 불복 불가

㉡ 단서 결정 전에 행한 소송행위는 그 결정 이후에도 그 효력에 영향이 없다.

3. 필요적 국선

변호인이 없는 때에는 법원은 직권으로 변호인을 선정하여야 한다.

❸ 국민참여재판절차 회부

1. 개시요건

(1) 국민참여재판의 요건

① 피고인이 국민참여재판을 원할 것
② 법원에 의한 배제결정이 없을 것

(2) 피고인의 의사확인

① 법원은 피고인에 대하여 국민참여재판을 원하는지 여부에 관한 의사를 서면 등의 방법으로 반
드시 확인

② 피고인은 공소장부본을 송달받은 날부터 7일 이내에 국민참여재판을 원하는지 여부에 관한 의
사가 기재된 서면을 제출해야 함. **기출** 14일(X)

→ 서면으로 제출하지 아니한 때에는 원하지 않는 것으로 간주

> **판례**
>
> 1. 공소장부본을 송달받은 날부터 7일 이내에 의사확인서를 제출하지 아니한 피고인도 제1회 공판기일이
>   열리기 전까지는 국민참여재판 신청을 할 수 있고 법원은 그 의사를 확인하여 국민참여재판으로 진행
>   할 수 있다(2009모1032).
> 2. 국민참여재판 신청의사를 확인하지 않고 재판을 진행하였다면 이는 참여재판을 받을 권리에 대한 중대
>   한 침해여서 절차는 위법하고 소송행위도 무효라고 보아야 한다(2012도7760).
> 3. 제1심 법원이 국민참여재판의 대상이 되는 사건임을 간과하여 피고인의 의사를 확인하지 않은 채 통상
>   의 공판절차로 재판을 진행하였다면 피고인에게 항소심에서 국민참여재판절차 등에 관한 충분한 안내
>   가 이루어지고 그 희망 여부에 관하여 숙고할 수 있는 상당한 시간이 사전에 부여되어 피고인이 이를
>   문제 삼지 않겠다는 의사를 명백히 밝혔다면 그 하자가 치유될 수는 있다(2012도1225). ✗ 피고인이 이
>   를 문제 삼지 않겠다는 의사를 명백히 밝히더라도 그 하자가 치유될 수는 없다. ✗

4. 제1심법원이 국민참여재판 대상인 강제추행치상 사건의 피고인에게 국민참여재판을 원하는지 확인하지 아니한 채 통상의 공판절차에 따라 재판을 진행하여 유죄를 인정하였는데, 원심법원이 제7회 공판기일에 국민참여재판으로 재판받기를 원하는지 물어보고 그에 관한 안내서를 교부한 후 선고기일을 연기한 다음 피고인이 답변서와 국민참여재판 의사 확인서를 제출하면서 '국민참여재판으로 진행하기를 원하지 않는다.'는 의사를 밝히자 제8회 공판기일에 제1심판결을 파기하고 무죄를 선고한 사안에서, 제1심이 피고인의 국민참여재판을 받을 권리를 침해하여 위법하게 절차를 진행하고 그에 따라 제1심 소송행위가 무효라 하더라도, 원심이 피고인에게 국민참여재판에 관하여 안내하고 숙고의 기회를 부여하였으며, 피고인도 그에 따라 숙고한 후 제1심의 절차적 위법을 문제 삼지 않겠다는 의사를 명백히 밝혔으므로, 제1심의 공판절차상 하자는 치유되었다(2011도15484).

2. 국민참여재판 배제결정

(1) 법원은 공소제기 후부터 공판준비기일이 종결된 다음날까지 국민참여재판을 하지 아니하기로 하는 배제결정을 할 수 있다.

> 기출 공판준비기일이 종결된 날까지(X)

> 기출 제1심 판결선고 전까지 국민참여재판을 하지 아니하기로 하는 결정을 할 수 있다(X).

(2) 배제사유

① 배심원·예비배심원·배심원후보자 또는 그 친족의 생명·신체·재산에 대한 침해 또는 침해의 우려가 있어서 출석의 어려움이 있거나 이 법에 따른 직무를 공정하게 수행하지 못할 염려가 있다고 인정되는 경우

② 공범 관계에 있는 피고인들 중 일부가 국민참여재판을 원하지 아니하여 국민참여재판의 진행에 어려움이 있다고 인정되는 경우

③ 「성폭력범죄의 처벌 등에 관한 특례법」제2조의 범죄로 인한 피해자 또는 법정대리인이 국민참여재판을 원하지 아니하는 경우

④ 그 밖에 국민참여재판으로 진행하는 것이 적절하지 아니하다고 인정되는 경우

(3) 법원은 결정을 하기 전에 검사·피고인 또는 변호인의 의견을 들어야 한다.

> 기출 법원은 직권으로 국민참여재판을 하지 아니하기로 하는 결정을 할 수 있으며, 이 경우 검사·피고인 또는 변호인의 의견을 들을 수 있다(X).

(4) 국민참여재판 배제결정에 대하여는 즉시항고를 할 수 있다.

> 기출 즉시항고를 할 수 없다(X).

판례

피고인이 법원에 국민참여재판을 신청하였음에도 불구하고 법원이 이에 대한 배제결정도 하지 않은 채 통상의 공판절차로 재판을 진행하는 것은 피고인의 국민참여재판을 받을 권리 및 법원의 배제결정에 대한 항고권 등의 중대한 절차적 권리를 침해한 것으로서 위법하다 할 것이고, 이와 같이 위법한 공판절차에서 이루어진 소송행위는 무효라고 보아야 할 것이다(2011도7106).

3. 국민참여재판 개시 후 통상절차 회부결정

(1) 법원은 직권 또는 검사·피고인 또는 변호인의 신청에 따라 결정으로 사건을 지방법원본원 합의부가 국민참여재판에 의하지 아니하고 심판하게 할 수 있다.

(2) **통상절차 회부결정의 사유** ≪구·질·성·부≫
  ① 피고인의 질병 등으로 공판절차가 장기간 정지된 경우
  ② 피고인에 대한 구속기간이 만료된 경우
  ③ 성폭력범죄 피해자 보호를 위해 필요한 경우
  ④ 그 밖에 국민참여재판을 계속 진행하는 것이 부적절하다고 인정하는 경우

(3) 결정에 대하여는 불복할 수 없음. 기출 즉시항고 할 수 있다(X).

(4) 배심원과 예비배심원은 해임된 것으로 본다.

(5) 결정 전에 행한 소송행위는 그 결정 이후에도 그 효력에 영향이 없음.
  기출 효력이 소급적으로 소멸한다(X).

❹ 배심원 선정절차

1. 배심원의 권한과 의무

(1) 배심원은 사실의 인정, 법령의 적용 및 형의 양정에 관한 의견을 제시할 권한이 있다.
  기출 법령의 적용은 법률문제이므로 배심원은 의견을 제시할 수 없고 법원이 결정한다(X).

(2) 배심원은 법령을 준수하고, 비밀유지 의무, 출석 및 선서의무 등이 있다.

2. 배심원의 수 및 자격

(1) **배심원 수** ≪사묵구·외칠·오주예배≫
  ① 원칙 : 법정형이 사형, 무기징역, 무기금고에 해당하는 사건 – 9인
  ② ① 이외의 사건 – 7인
  ③ 피고인이 공소사실의 주요내용을 인정한 때 – 5인
  ④ 예비배심원 – 5인 이내

(2) **배심원의 자격**
  ① 만 20세 이상의 대한민국 국민 중에서 선정
  ② 결격사유 ≪복선치자·집이·실어≫
    ㉠ 금치산자 또는 한정치산자
    ㉡ 파산자로서 복권되지 아니한 사람
    ㉢ 금고 이상의 실형을 선고받고 그 집행이 종료되거나 집행이 면제된 후 5년을 경과하지 아니한 사람
    ㉣ 금고 이상의 형의 집행유예를 선고받고 그 기간이 완료된 날부터 2년을 경과하지 아니한 사람
    ㉤ 금고 이상의 형의 선고유예를 받고 그 선고유예기간 중에 있는 사람
    ㉥ 법원의 판결에 의하여 자격이 상실 또는 정지된 사람

③ 제외사유
  ㉠ 대통령
  ㉡ 국회의원·지방자치단체의 장 및 지방의회의원
  ㉢ 입법부·사법부·행정부 등의 정무직 공무원
  ㉣ 법관·검사·변호사·법무사
  ㉤ 법원·검찰·경찰·교정·보호관찰 공무원
  ㉥ 군인·군무원·소방공무원·예비군
④ 제척사유
  ㉠ 피해자
  ㉡ 피고인 또는 피해자의 친족이나 이러한 관계에 있었던 사람
  ㉢ 피고인 또는 피해자의 법정대리인
  ㉣ 사건에 관한 증인·감정인·피해자의 대리인
  ㉤ 사건에 관한 피고인의 대리인·변호인·보조인
  ㉥ 사건에 관한 검사 또는 사법경찰관의 직무를 행한 사람
  ㉦ 사건에 관하여 전심재판 또는 그 기초가 되는 조사·심리에 관여한 사람
⑤ 면제사유(재량) － ≪장·기·해·칠·오후·체구≫
  → 결격사유나 제외사유에 해당하는 자는 배심원으로 선정할 수 없으나, 면제사유에 해당하는
    자는 배심원으로 선정될 수 있다.
  ㉠ 만 70세 이상인 사람
  ㉡ 과거 5년 이내에 배심원후보자로서 선정기일에 출석한 사람
  ㉢ 금고 이상의 형에 해당하는 죄로 기소되어 사건이 종결되지 아니한 사람
  ㉣ 법령에 따라 체포 또는 구금되어 있는 사람
  ㉤ 배심원 직무의 수행이 자신이나 제3자에게 위해를 초래하거나 직업상 회복할 수 없는 손해
    를 입게 될 우려가 있는 사람
  ㉥ 중병·상해 또는 장애로 인하여 법원에 출석하기 곤란한 사람
  ㉦ 그 밖의 부득이한 사유로 배심원 직무를 수행하기 어려운 사람
      기출 배심원은 만 20세 이상의 대한민국 국민 중에서 선정되고 과거 5년 이내에 배심원후보자로서 선정
          기일에 출석한 사람은 배심원으로 선정될 수 없다(X).
      기출 만 70세 이상이거나 금고 이상의 형에 해당하는 죄로 기소되어 사건이 종결되지 아니한 자에 대하
          여는 배심원 직무의 수행을 면제하여야 한다(X).

3. 배심원의 선정 및 해임

(1) 선정예비절차

① 지방법원장은 매년 주민등록자료를 활용하여 배심원후보예정자명부를 작성

기출 법무부장관(X)

② 배심원후보자를 무작위 추출 방식으로 정하여 배심원과 예비배심원의 선정기일을 통지

(2) 배심원 선정기일

① 선정기일의 통지

㉠ 법원은 검사·피고인 또는 변호인에게 선정기일을 통지하여야 한다.

㉡ 검사와 변호인은 선정기일에 출석

vs. 피고인은 법원의 허가를 받아 출석 가능

㉢ 변호인이 선정기일에 출석하지 아니한 경우 법원은 국선변호인을 선정

② 선정기일 진행

㉠ 법원은 합의부원으로 하여금 선정기일의 절차를 진행하게 할 수 있다.

㉡ 선정기일은 비공개

③ 후보자에 대한 질문

㉠ 법원은 결격사유 내지 면제사유, 불공평한 우려 등을 판단하기 위하여 배심원 후보자에게 질문을 할 수 있다.

㉡ 검사·피고인 또는 변호인은 법원으로 하여금 필요한 질문을 하도록 요청할 수 있고, 법원은 검사 또는 변호인으로 하여금 직접 질문하게 할 수 있다.

④ 이유부 기피신청

㉠ 법원은 배심원후보자가 결격·제외·제척·면제 사유에 해당하거나 불공평한 판단을 할 우려가 있다고 인정되는 때에는, 직권 또는 검사·피고인·변호인의 기피신청에 따라 당해 배심원후보자에 대하여 불선정결정을 하여야 한다.

㉡ 기피신청 기각결정에 대하여는 즉시 이의신청을 할 수 있다.

→ 이의신청에 대한 결정에 대하여는 불복할 수 없음.

⑤ 무이유부 기피신청

㉠ 검사와 변호인은 각자 배심원이 9인인 경우에는 5인, 배심원이 7인인 경우에는 4인, 배심원이 5인인 경우에는 3인의 범위 내에서 배심원후보자에 대하여 이유를 제시하지 아니하는 기피신청을 할 수 있다.

㉡ 무이유부 기피신청이 있는 때에는 법원은 당해 배심원후보자를 배심원으로 선정할 수 없음.

㉢ 검사, 피고인 또는 변호인에게 교대로 무이유기피신청을 할 수 있는 기회 부여

⑥ **선정방식**: 필요한 수의 배심원과 예비배심원 후보자가 확정되면 법원은 무작위의 방법으로 배심원과 예비배심원을 선정

5 국민참여재판의 절차

1. 공판준비절차

(1) 재판장은 피고인이 국민참여재판을 원하는 의사를 표시한 경우 배제결정을 하는 경우를 제외하고는 사건을 공판준비절차에 부쳐야 한다.

(2) 법원은 주장과 증거를 정리하고 심리계획을 수립하기 위하여 공판준비기일을 지정해야 함. 공판준비기일은 원칙적으로 공개한다.

(3) 공판준비기일에는 배심원이 참여하지 않는다.

2. 배심원의 권한

(1) **배심원과 예비배심원이 할 수 있는 행위**

① 피고인·증인에 대하여 필요한 사항을 신문하여 줄 것을 재판장에게 요청하는 행위

② 필요하다고 인정되는 경우 재판장의 허가를 받아 각자 필기를 하여 이를 평의에 사용하는 행위

(2) **배심원과 예비배심원이 할 수 없는 행위**

① 심리 도중에 법정을 떠나거나 평의·평결 또는 토의가 완결되기 전에 재판장의 허락 없이 평의·평결 또는 토의 장소를 떠나는 행위

② 평의가 시작되기 전에 당해 사건에 관한 자신의 견해를 밝히거나 의논하는 행위

③ 재판절차 외에서 당해 사건에 관한 정보를 수집하거나 조사하는 행위

④ 평의·평결 또는 토의에 관한 비밀을 누설하는 행위

(3) 배심원과 예비배심원은 법률에 따라 공정하게 그 직무를 수행할 것을 다짐하는 취지의 선서를 하여야 한다.

(4) 재판장은 배심원과 예비배심원에 대하여 배심원과 예비배심원의 권한·의무·재판절차 그 밖에 직무수행을 원활히 하는 데 필요한 사항을 설명하여야 한다.

(5) 배심원 또는 예비배심원은 법원의 증거능력에 관한 심리에 관여할 수 없다.

3. 평결 및 의견

(1) 심리에 관여한 배심원은 유·무죄에 관하여 평의하고, 전원의 의견이 일치하면 그에 따라 평결한다.
→ 배심원 과반수의 요청이 있으면 심리에 관여한 판사의 의견을 들을 수 있음.

(2) 전원의 의견이 일치하지 아니하는 때에는 평결 전에 심리에 관여한 판사의 의견을 듣고, 다수결의 방법으로 유·무죄의 평결을 한다.

(3) 평결이 유죄인 경우 배심원은 심리에 관여한 판사와 함께 양형에 관하여 토의하고 그에 관한 의견을 개진한다.

(4) 평결과 의견은 법원을 기속하지 아니한다.

4. 판결의 선고

(1) 재판장은 판결선고시 피고인에게 배심원의 평결결과를 고지해야 하며, 배심원의 평결결과와 다른 판결을 선고하는 때에는 피고인에게 그 이유를 설명하여야 한다.

(2) 판결서에는 배심원이 재판에 참여하였다는 취지를 기재해야 하고, 배심원의 의견을 기재할 수 있음. 배심원의 평결결과와 다른 판결을 선고하는 때에는 판결서에 그 이유를 기재하여야 한다.

CHAPTER

02 증거

제1절 증거일반

① 증거의 의의

형사소송에 있어서 사실관계의 확인을 위한 객관적인 자료를 말한다.

② 증거방법과 증거자료

증거는 증거방법과 증거자료의 두 가지 의미를 포함한다.

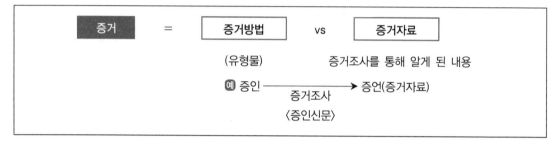

증인은 증거방법이고 증인신문은 증거조사이며, 그로 인하여 얻어낸 증언 자체는 증거자료에 해당한다.

1. 증거의 방법

증인·증거물 또는 증거서류 등 사실인정의 자료가 되는 유형물 자체를 말한다. 증거방법은 증거조사의 객체가 된다.

2. 증거자료

증인신문에 의하여 얻게 된 증언, 증거물의 조사에 의하여 얻게 된 증거물의 성질 등 증거방법을 조사함에 의하여 알게 된 내용을 말한다.

3 증명과 소명

1. 증명
법관이 요증사실에 대하여 합리적 의심의 여지가 없을 정도로 강력한 심증을 가지게 되는 것을 말한다.
- 요증사실: 증명을 요하는 사실
- 입증취지: ⑩ 칼 → "살해도구"
- 증명: 증거를 엮어 요증사실에 합리적 의심 없는 정도의 심증야기

2. 소명
어떤 사실의 존부에 관하여 법관에게 확신을 갖게 할 필요는 없고 법관으로 하여금 단지 진실할 것이라는 인식을 갖게 함으로써 족한 것을 말한다.

§307② 범죄사실의 인정은 합리적인 의심이 없는 정도의 증명에 이르러야 한다.

　　　　증명(원칙)　　　　vs.　　　소명: 일응 추측할 정도의 심증야기

　　친족　⑩ 유전자 검사　　　⑩ 가족관계등록부

📑 **형사소송법상 소명이 허용되는 경우**

> ① 기피신청시 기피사유의 소명(제19조②)
> ② 증언거부시 증언거부사유의 소명(제150조)
> ③ 증거보전 청구시 청구사유의 소명(제184조③)
> ④ 수사상 증인신문 청구시 청구사유의 소명(제221조의2③)
> ⑤ 공판준비기일 종결 후 공판기일에 증거를 제출할 수 있는 사유(제266의13①)
> ⑥ 상소권회복 청구시 원인된 사유의 소명(제346조②)
> ⑦ 약식명령에 대한 정식재판 청구사유의 소명(제458조①)

4 증거의 종류

1. 직접증거와 간접증거
(1) **직접증거**: 범행현장을 직접 목격한 증인의 증언이나 피고인의 자백과 같이 직접 요증사실의 증명에 이용되는 증거이다.

　　⑩ 사문서 위조죄가 요증사실인 경우 압수된 위조사문서

　　[기출] 범죄현장을 목격한 목격자의 진술은 직접증거이면서 본래의 증거이다(O).

(2) **간접증거**: 범행현장에 남아있는 지문과 같이 요증사실을 간접적으로 추인할 수 있는 사실을 간접증거(또는 정황증거)

　　⑩ 범행현장에 갑의 지문 有: 갑이 현장에 다녀갔다. → 갑이 범인일 수 있다는 정황

　　⑩ 상해사건에 있어서 피해자의 진단서

　　[기출] 간접증거는 요증사실을 추측·인정하게 하는 각종의 정황에 관한 사실을 증명하는 증거이다(O).

　　[기출] 피고인 옷에 묻은 혈흔과 상해진단서 등은 간접증거에 해당한다(O).

　　[기출] 범행현장에서 채취한 피고인의 지문은 직접증거에 해당한다(X).

판례 간접증거

1. 형사재판에 있어 유죄의 인정은 반드시 직접증거에 의하여 형성되어야만 하는 것은 아니고 경험칙과 논리법칙에 위반되지 아니하는 한 간접증거에 의하여 형성되어도 되는 것이며, 간접증거가 개별적으로는 범죄사실에 대한 완전한 증명력을 가지지 못하더라도 전체 증거를 상호 관련하에 종합적으로 고찰할 경우 그 단독으로는 가지지 못하는 종합적 증명력이 있는 것으로 판단되면 그에 의하여도 범죄사실을 인정할 수 있다(대판 2001.11.27. 2001도4392).
2. 상해사건 발생 직후 피해자를 진찰한 바 있는 의사의 진술 및 상해진단서를 발행한 의사의 진술이나 진단서는 가해자의 상해 사실 자체에 대한 직접적인 증거가 되는 것은 아니고, 다른 증거에 의하여 상해의 가해행위가 인정되는 경우에 그에 대한 상해의 부위나 정도의 점에 대한 증거가 된다(대판 1995.9.29. 95도852).
3. 살인죄 등과 같이 법정형이 무거운 범죄의 경우에도 직접증거 없이 간접증거만에 의하여 유죄를 인정할 수 있고 피해자의 시체가 발견되지 아니하였더라도 간접증거를 상호 관련하에서 종합적으로 고찰하여 살인죄의 공소사실을 인정할 수 있다(대판 2008.3.13. 2007도10754).
4. 범행에 관한 간접증거만이 존재하고 더구나 그 간접증거의 증명력에 한계가 있는 경우, 범인으로 지목되고 있는 자에게 범행을 저지를 만한 동기가 발견되지 않는다면, 만연히 무엇인가 동기가 분명히 있는데도 이를 범인이 숨기고 있다고 단정할 것이 아니라 반대로 간접증거의 증명력이 그만큼 떨어진다고 평가하는 것이 형사 증거법의 이념에 부합하는 것이라 할 것이다(대판 2006.3.9. 2005도8675).

(3) 관계
① 직접증거와 간접증거간의 증명력의 우열은 없다.
② 같은 증거도 요증사실에 따라 직접증거가 되기도 하고 간접증거가 되기도 한다.
　　예 피고인이 마약을 소지하고 있는 것을 보았다는 증인의 증언은 마약소지죄가 요증사실인 경우 직접증거가 되나, 마약투약죄가 요증사실인 경우에는 간접증거가 된다.

2. 인증과 물증
(1) **인증**: 피고인, 증인, 감정인 등과 같이 살아 있는 사람이 증거방법이 되는 경우를 말한다.
(2) **물증**: 사람 이외의 유체물이 증거방법으로 되는 경우를 말한다.

3. 인적증거·물적증거·서증
(1) **인적 증거**: 증인의 증언, 피고인의 진술 등 사람이 언어(서면 또는 구술)로 진술하는 내용이 증거로 되는 경우
(2) **물적 증거**: 사람의 언어 이외의 증거, 즉 증거방법의 존재 또는 상태가 증거로 되는 경우를 말한다.
(3) **서증**: 증거서류와 증거물인 서면을 합하여 서증이라 한다. 증거서류와 증거물인 서면은 증거조사 방법에 차이가 있다. 증거서류는 낭독의 방식에 의하지만, 증거물인 서면은 제시와 낭독방식으로 증거를 조사한다.

4. 진술증거와 비진술증거

(1) **진술증거**

① 의의 : 사람의 진술(구술 또는 서면)의 의미내용이 증거로 되는 경우를 말한다. 전문법칙이 적용된다.

② 원본증거 : 사실을 체험한 자가 직접 법원에 진술하는 증거(본래증거)를 말한다.

③ 전문증거 : 서면이나 타인의 진술 형식으로 간접적으로 법원에 전달되는 증거를 말한다.

(2) **비진술증거** : 진술증거 이외의 단순한 증거물이나 사람의 신체성상 등이 증거로 되는 경우를 말한다. 전문법칙이 적용되지 않는다.

5. 실질증거와 보조증거

(1) **실질증거** : 주요사실의 존부를 직·간접으로 증명하기 위해 사용되는 증거를 말한다.

  예 증인의 증언

(2) **보조증거** : 주요사실이 아닌 사실로서 실질증거의 증거능력 또는 증명력과 관련된 사실을 증명하기 위한 증거를 말한다.

  예 살인현장을 목격하였다는 증인 을의 증언은 실질증거이나, 증인 을은 그 시간에 다른 곳에 있었다는 증인 병의 증언은 보조증거이다.

(3) 증명력을 증강하기 위한 보강증거(증강증거)와 증명력을 감쇄하기 위한 탄핵증거로 나뉜다.

  `기출` 탄핵증거란 실질증거의 증명력을 증강하기 위한 증거를 말한다(X).

6. 본증과 반증

(1) **본증** : 거증책임을 지는 당사자가 제출하는 증거를 말한다.

  `기출` 피고인이 거증책임을 부담하는 경우에는 피고인이 제출한 증거가 본증이 된다(O).

(2) **반증** : 반대당사자가 본증에 의하여 증명될 사실을 부정하기 위하여 제출하는 증거를 말한다.

5 증거능력과 증명력

1. 증거능력

(1) 엄격한 증명의 자료로 사용될 수 있는 법률상의 자격을 말한다. 증거능력은 형식적으로 법률로 정해져 있다.

(2) 증거재판주의, 자백배제법칙, 위법수집증거배제법칙, 전문법칙, 증거동의는 증거능력과 관련된 증거법칙에 해당한다.

2. 증명력

(1) 증거가 가지는 실질적인 가치, 즉 신빙성을 말한다. 증명력은 법관의 자유판단에 의한다(자유심증주의).

(2) 자유심증주의, 자백의 보강법칙, 탄핵증거, 공판조서의 증명력은 증명력과 관련된 증거법칙에 해당한다.

  `기출` 논리적으로 증거능력의 판단은 증명력의 판단에 선행되어야 한다(O).

  `기출` 증거능력이 없는 증거라도 증명력이 있으면 실질증거로 사용할 수 있다(X).

제2절 증거재판주의

> **제307조【증거재판주의】** ① 사실의 인정은 증거에 의하여야 한다.
> ② 범죄사실의 인정은 합리적인 의심이 없는 정도의 증명에 이르러야 한다.

증명의 방법

- 엄격한 증명(증명의 원칙) : 증거능력 · 적법한 증거조사 → 요함
- 자유로운 증명 : 증거능력 · 적법한 증거조사 → 불요

1 의의

공소범죄사실을 인정함에는 증거능력이 있고 적법한 증거조사를 거친 증거에 의하여야 한다는 원칙을 말한다.

2 엄격한 증명

1. 의의

법률상 증거능력이 있고 적법한 증거조사를 거친 증거에 의한 증명을 말한다.

2. 대상

형벌권의 존부와 범위에 관한 사실, 즉 주요사실을 의미한다.

(1) 공소범죄사실

　① 구성요건 해당사실

　　㉠ 객관적 구성요건 : 행위의 주체, 객체, 행위, 결과, 인과관계

　　㉡ 주관적 구성요건 : 고의, 과실, 목적, 공모공동정범에 있어서 공모, 불법영득의사

> **판례**
>
> 1. 공모나 모의(대판 1989.9.13. 88도1114)
> 2. 행위지의 법률에 의하여 범죄를 구성하는가 여부(대판 1973.5.1. 73도289) ⇨ 범죄구성요건에 해당하는 외국법의 존재는 엄격한 증명에 의해 입증되어야 한다는 사례
> 3. 불법영득의사(대판 2001.09.04. 2000도1743)
> 4. 범죄단체의 구성, 가입행위(대판 2000.12.27. 2000도4370)
> 5. 위드마크 공식의 경우 그 적용을 위한 자료로는 음주량, 음주시각, 체중, 평소의 음주정도(대판 2000.06.27. 99도128)
> 6. 교사범에 있어서의 교사사실(대판 2000.02.25. 99도1252)
> 7. 민간인이 군에 입대하여 군인신분을 취득하였는가 여부(대판 1970.10.30. 70도1936)
> 8. 도로법 제54조 제2항 소정의 적재량 측정요구가 있었다는 점(대판 2005.06.24. 2004도7212)
> 9. 뇌물죄에서 수뢰액(대판 2011.5.26. 2009도2453)

② **위법성과 책임조각사유 부존재 사실**: 정당방위의 요건사실, 피해자 승낙의 부존재

> 기출 위법성·책임조각사유의 존재 → 자유로운 증명

> 판례
>
> 공연히 사실을 적시하여 사람의 명예를 훼손한 행위가 형법 제310조의 규정에 따라서 위법성이 조각되어 처벌대상이 되지 않기 위하여는 그것이 진실한 사실로서 오로지 공공의 이익에 관한 때에 해당된다는 점을 행위자가 증명하여야 하는 것이나, 그 증명은 유죄의 인정에 있어 요구되는 것과 같이 법관으로 하여금 의심할 여지가 없을 정도의 확신을 가지게 하는 증명력을 가진 엄격한 증거에 의하여야 하는 것은 아니므로, 이때에는 전문증거에 대한 증거능력의 제한을 규정한 형사소송법 제310조의2는 적용될 여지가 없다(대판 1996.10.25. 95도1473).
>
> if 진실성과 공공의 이익이 없다(위법성조각 부존재)는 주장은 엄격한 증명을 요함.

③ **처벌조건**: 친족상도례에 있어 친족관계의 부존재, 사전수뢰죄에서 피의자가 공무원이나 중재인이 된 사실 등

(2) **형벌권의 범위에 관한 사실**: 형의 가중·감면의 이유되는 사실 → 누범전과(형법 제35조), 상습범에서 상습성, 중지미수(형법 제26조), 자수·자복(형법 제52조)

> 기출 누범전과 이외의 전과 → 자유로운 증명의 대상

(3) **기타**: 주요사실이 엄격한 증명을 요할 경우의 간접사실, 특별한 경험법칙, 보조사실(보강증거), 법규(외국법, 관습법, 자치법규 등)

3 자유로운 증명

1. 정상에 관한 사실

양형의 기초가 되는 정상에 관한 사실

2. 소송법적 사실

형벌권 행사와 직접적인 관련성이 없는 순수한 소송법적 사실

> 예 관할권의 존재유무, 공소제기·공판개시여부, 친고죄의 고소유무, 피고인 구속기간준수여부, 피고인신문의 적법여부 ⇨ 순수한 소송법적 사실로 자유로운 증명의 대상 ○

3. 보조사실

증거의 증명력을 감쇄하는 사실은 자유로운 증명으로 족하지만(78도2292), 주요사실을 인정하는 증거의 증명력을 보강하는 자료가 되는 사실은 엄격한 증명을 요한다.

> 판례 고추탄 특명 임의로 감보는 심정

1. 친고죄에 있어서 고소의 유무(대판 1967.12.19. 67도1181; 대판 1999.02.09. 98도2074)
2. 추징의 대상이 되는지와 추징액의 인정(대판 1993.06.22. 91도3346)
3. 탄핵증거(대판 1998.02.27. 97도1770)
4. 제313조 단서의 특신상태(대판 2001.09.04.2000도1743)
5. 명예훼손죄에 있어 사실의 진실성 및 공공의 이익에 관한 점(대판 1996.10.25. 95도1473)
6. 진술의 임의성 판단(대판 1997.10.10. 97도1720)
7. 증명력 감쇄의 보조사실

8. 심신장애나 심신미약의 유무 및 정도(대판 1961.10.26. 4294형상590) ⇨ 같은 취지에서 판례는 심신장애여부는 전문가의 감정에 의해서만 결정할 수 있는 것이 아니고 법관이 목격자의 증언을 참작하여 결정할 수 있다고 본다(대판 1971.03.23. 71도212; 대판 1994.06.15. 94도581).

9. 양형의 자료가 되는데 불과한 정상사실(대전고판 2000.09.22. 2000노337)

제3절 거증책임

1 의의

(1) 어떠한 사실이 진위불명 시 최종적인 불이익을 받게 되는 당사자의 지위를 말한다.

(2) 형사절차에서의 거증책임은 검사에게 고정되어 있다.

2 검사의 거증책임

(1) 범죄의 성립과 형벌권의 발생에 영향을 미치는 모든 사실은 원칙적으로 검사가 거증책임을 지게 된다.

(2) 공소범죄사실, 처벌조건인 사실, 형의 가중·감면이 되는 사실, 소송법적 사실은 검사의 거증책임 이다.

3 증거능력의 전제

증거를 제출한 당사자에게 거증책임이 있다. 따라서 자백의 임의성의 기초사실에 대하여도 검사가 거증책임을 진다(99도4940).

4 거증책임 전환

상해죄 있어 동시범의 특례와 명예훼손죄에 있어 진실성과 공공성의 증명은 예외적으로 피고인이 거증책임 부담한다.

CHAPTER
03 증거의 증거능력

제1절 위법수집증거배제법칙

> **제308조의2 【위법수집증거의 배제】** 적법한 절차에 따르지 아니하고 수집한 증거는 증거로 할 수 없다.

1 의의

위법한 절차에 의하여 획득한 증거와 그 증거를 원인으로 얻은 부수적 증거에 대해 증거능력을 부인하는 원칙을 말한다.

2 적용범위

위법하게 수집한 증거 ─┬─ 중대한 위법 → 위법수집증거배제 법칙 → 증거능력 ×
                        └─ 경미한 위법[8] → 증거능력 ×(원칙) → 단, 증거동의 가능
                             ├─ 반대신문권 침해된 증인신문 조서
                             ├─ 당사자에 참여권 기회부여 × / 기일통지 ×
                             ├─ 공판정 진술 번복시 진술번복 조서
                             └─ 피고인 퇴정 후 증인신문사항 미고지(§297 위반)

1. 적법한 절차에 따르지 아니하고 수집한 증거

헌법과 형사소송법이 정한 절차를 따르지 않아 기본적 인권보장을 위한 적법절차에 따르지 않는 것을 말한다.

2. 중대한 위법의 예

(1) **헌법규정을 위반한 경우** ─┬─ 영장주의 위반
                                    └─ 적정절차 위반(**예** 참여권 보장 ×)

(2) 수사기관의 수사활동이 형벌법규를 저촉하는 경우

(3) 형사소송법의 효력규정을 위반하는 증거수집의 경우(**예** 선서능력있는 경우 선서없는 증인신문)

3. 효과

(1) 중대한 위법에 의한 위법수집증거는 **당사자가 증거로 함에 동의하더라도 원칙적으로 증거능력이 인정되지 않는다.**

(2) 위법수집증거는 증거능력이 없으므로 탄핵증거로도 사용할 수 없고, 정식의 공판절차에서는 물론 약식절차나 즉결심판절차에서도 증거로 사용할 수 없다.

---

8) 헌법·형소법 효력규정 등 기본적 인권보장과 관련이 없는 단순한 조서기재 방식의 위반 등을 칭한다.

판례 위법수집증거에 해당하는 경우

1. 압수절차가 위법하더라도 압수물의 증거능력은 인정된다는 이유만으로 압수물의 증거능력을 인정한 것은 위법하다(대판 2007.11.15. 2007도3061 전원합의체).

2. 요건을 갖추지 못한 긴급체포는 영장주의에 위배되는 중대한 위법이 있는 경우이므로, 그 체포에 의한 유치 중에 작성된 피의자신문조서는 위법하게 수집된 증거로서 유죄의 증거로 할 수 없다(대판 2002.06.11. 2000 도5701).

3. 변호인의 접견교통권 제한은 헌법이 보장한 기본권을 침해하는 것으로서 그러한 위법한 상태에서 얻어진 피의자의 자백은 그 증거능력을 부인하여 유죄의 증거에서 배제하여야 한다(대판 1990.09.25. 90도1586).

4. 수사기관이 피의자를 신문함에 있어서 피의자에게 미리 진술거부권을 고지하지 않은 때에는 그 피의자의 진술은 위법하게 수집된 증거로서 진술의 임의성이 인정되는 경우라도 증거능력이 부인되어야 한다(대판 1992.06.23. 92도682).

5. 검사가 피의자를 구속 기소한 후 다시 그를 소환하여 공범들과의 활동 등에 관한 신문을 하면서 피의자신 문조서가 아닌 일반적인 진술조서의 형식으로 조서를 작성한 경우, 조서의 내용이 피의자신문조서와 실질 적으로 같고, 그 진술의 임의성이 인정되는 경우라도 미리 피의자에게 진술거부권을 고지하지 않았다면 그 조서는 유죄의 증거로 할 수 없다(대판 2009.08.20. 2008도8213).

6. 甲은 외국인투자촉진법에 의한 신고와 관련하여 허위의 서류를 제출한 직접 당사자이고, 피고인인 乙은 이 를 대행해 준 사람인데, 검사가 사전조사를 거쳐 허위의 외국인투자라는 정황들을 포착한 후에 甲을 참고인 으로 소환하여 진술거부권을 고지하지 않은 채 참고인 진술조서를 작성한 경우, 검사가 甲을 소환·조사한 것은(설령 입건 이전이라도) 甲의 범죄혐의가 있다고 보아 수사를 개시하는 행위를 한 것이므로, 그 진술조 서는 실질적으로 피의자신문조서와 같다고 볼 것임에도 진술거부권을 고지하지 않은 이상 위법수집증거로 서 증거능력이 없다(대판 2011.11.10. 2010도8294).

7. 선거관리위원회 위원·직원이 관계인에게 진술이 녹음된다는 사실을 미리 알려 주지 아니한 채 진술을 녹 음하였다면, 그와 같은 조사절차에 의하여 수집한 녹음파일 내지 그에 터 잡아 작성된 녹취록은 형사소송법 제308조의2에서 정하는 '적법한 절차에 따르지 아니하고 수집한 증거'에 해당하여 원칙적으로 유죄의 증거 로 쓸 수 없다(대판 2014.10.15. 2011도3509).

8. 사법경찰관 사무취급이 행한 검증이 사건발생 후 범행장소에서 긴급을 요하여 판사의 영장 없이 시행된 것이라면 이는 형사소송법 제216조 제3항에 의한 검증이라 할 것임에도 불구하고 기록상 사후영장을 받은 흔적이 없다면 검증조서는 유죄의 증거로 할 수 없다(대판 1984.03.13. 83도3006).

9. 증인신문의 일시와 장소를 피의자 및 변호인에게 미리 통지하지 아니하여 증인신문에 참여할 수 있는 기회 를 주지 아니하였고, 또 변호인이 제1심 공판기일에 위 증인신문조서의 증거조사에 관하여 이의신청을 하 였다면, 위 증인신문조서는 증거능력이 없다(대판 1992.02.28. 91도2337).

10. 형사소송법 제297조에 따라 변호인이 없는 피고인을 일시 퇴정하게 하고 증인신문을 한 다음 피고인에게 실질적인 반대신문의 기회를 부여하지 아니한 채 이루어진 증인의 법정진술은 위법한 증거로서 증거능력 이 없다고 볼 여지가 있다(대판 2010.01.14. 2009도9344).

11. 공판준비 또는 공판기일에서 이미 증언을 마친 증인을 검사가 소환한 후 피고인에게 유리한 그 증언 내용 을 추궁하여 이를 일방적으로 번복시키는 방식으로 작성한 진술조서는 피고인이 증거로 할 수 있음에 동 의하지 아니하는 한 그 증거능력이 없다고 하여야 할 것이다(대판 2000.06.15. 99도1108 전원합의체).

12. 형사소송법 제217조 제2항·제3항에 위반하여 압수수색영장을 청구하여 이를 발부받지 아니하고도 즉시 반환하지 아니한 압수물은 이를 유죄 인정의 증거로 사용할 수 없는 것이고, 헌법과 형사소송법이 선언한 영장주의의 중요성에 비추어 볼 때 피고인이나 변호인이 이를 증거로 함에 동의하였다고 하더라도 달리 볼 것은 아니다(대판 2009.12.24. 2009도11401).

13. 형사소송법 제218조 규정에 위반하여 소유자, 소지자 또는 보관자가 아닌 자로부터 제출받은 물건을 압수 한 경우 그 압수물 및 압수물을 찍은 사진은 이를 유죄 인정의 증거로 사용할 수 없는 것이고, 헌법과 형사 소송법이 선언한 영장주의의 중요성에 비추어 볼 때 피고인이나 변호인이 이를 증거로 함에 동의하였다고 하더라도 달리 볼 것은 아니다(대판 2010.01.28. 2009도10092).

14. 수사기관 사무실 등으로 옮긴 저장매체에서 범죄혐의와 관련성에 대한 구분 없이 저장된 전자정보 중 임의로 문서출력 또는 파일복사를 하는 행위는 특별한 사정이 없는 한 영장주의 등 원칙에 반하는 위법한 집행이 된다. 압수된 서류와 파일 출력물이 이 사건 압수·수색영장의 압수 대상이 아니거나 그 혐의사실과 무관하고, 피고인이 수사기관에서 한 자백 역시 절차에 따르지 않고 수집한 증거에 기초하여 획득된 것이라면 모두 증거능력이 부정되어야 한다(대판 2012.03.29. 2011도10508).

15. 경찰이 피고인 아닌 갑, 을을 사실상 강제연행하여 불법체포한 상태에서 갑, 을 간의 성매매행위나 피고인들의 유흥업소 영업행위를 처벌하기 위하여 갑, 을에게서 자술서를 받고 갑, 을에 대한 진술조서를 작성한 경우, 위 각 자술서와 진술조서는 헌법과 형사소송법이 규정한 체포·구속에 관한 영장주의 원칙에 위배하여 수집된 것으로서 수사기관이 피고인 아닌 자를 상대로 적법한 절차에 따르지 아니하고 수집한 증거에 해당하여 형사소송법 제308조의2에 따라 증거능력이 부정된다는 이유로, 이를 피고인들에 대한 유죄 인정의 증거로 삼을 수 없다(대판 2011.06.30. 2009도6717).

판례 위법수집증거에 해당하지 않는 경우

1. 수사기관에 의한 진술거부권 고지의 대상이 되는 피의자의 지위는 수사기관이 조사대상자에 대한 범죄혐의를 인정해 수사를 개시하는 행위를 한 때에 인정된다. 피의자의 지위에 있지 않은 자에 대해서는 진술거부권이 고지되지 않았다 하더라도 증거능력을 부정할 것은 아니다(대판 2011.11.10. 2011도8125).

2. 검찰관이 피고인을 뇌물수수 혐의로 기소한 후, 형사사법공조절차를 거치지 아니한 채 과테말라 공화국에 현지출장하여 그곳 호텔에서 뇌물공여자 甲을 상대로 참고인 진술조서를 작성한 경우, 위법수집증거배제법칙이 적용된다고 볼 수 없다(대판 2011.07.14. 2011도3809).

3. 범죄의 피해자인 검사가 그 사건의 수사에 관여하거나 압수·수색영장의 집행에 참여한 검사가 다시 수사에 관여하였다는 이유만으로 바로 그 수사가 위법하거나 그에 따른 참고인이나 피의자의 진술에 임의성이 없다고 볼 수는 없다. 압수·수색영장의 집행과정에서 폭행 등의 피해를 당한 검사 등이 수사에 관여하였다는 이유만으로 그 검사 등이 작성한 참고인진술조서 등의 증거능력이 부정될 수 없다(대판 2013.9.12. 2011도12918).

3 독수과실이론

1. 의의

위법수사에 의하여 획득한 1차 증거를 근거로 하여 파생된 2차 증거까지도 증거능력을 배제하자는 이론이다.

판례

1. 적법한 절차에 따르지 아니한 위법행위를 기초로 하여 증거가 수집된 경우에는 당해 증거뿐 아니라 그에 터 잡아 획득한 2차적 증거에 대해서도 그 증거능력은 부정되어야 한다.
다만, 위와 같은 위법수집증거배제의 원칙은 수사과정의 위법행위를 억지함으로써 국민의 기본적 인권을 보장하기 위한 것이므로 적법절차에 위배되는 행위의 영향이 차단되거나 소멸되었다고 볼 수 있는 상태에서 수집한 증거는 그 증거능력을 인정하더라도 적법절차의 실질적 내용에 대한 침해가 일어나지는 않는다 할 것이니 그 증거능력을 부정할 이유는 없다. 따라서 증거수집 과정에서 이루어진 적법절차 위반행위의 내용과 경위 및 그 관련 사정을 종합하여 볼 때 당초의 적법절차 위반행위와 증거수집 행위의 중간에 그 행위의 위법 요소가 제거 내지 배제되었다고 볼 만한 다른 사정이 개입됨으로써 인과관계가 단절된 것으로 평가할 수 있는 예외적인 경우에는 이를 유죄 인정의 증거로 사용할 수 있다(대판 2013.3.14. 2010도2094).

판례

1. 위법한 강제연행 상태에서 호흡측정 방법에 의한 음주측정을 한 다음 강제연행 상태로부터 시간적·장소적으로 단절되었다고 볼 수도 없고 피의자의 심적 상태 또한 강제연행 상태로부터 완전히 벗어났다고 볼 수 없는 상황에서 피의자가 호흡측정 결과에 대한 탄핵을 하기 위하여 스스로 혈액채취 방법에 의한 측정을 할 것을 요구하여 혈액채취가 이루어졌다고 하더라도 그 사이에 위법한 체포 상태에 의한 영향이 완전하게 배제되고 피의자의 의사결정의 자유가 확실하게 보장되었다고 볼 만한 다른 사정이 개입되지 않은 이상 불법체포와 증거수집 사이의 인과관계가 단절된 것으로 볼 수는 없다. 따라서 그러한 혈액채취에 의한 측정 결과 역시 유죄 인정의 증거로 쓸 수 없다고 보아야 한다. 그리고 이는 수사기관이 위법한 체포 상태를 이용하여 증거를 수집하는 등의 행위를 효과적으로 억지하기 위한 것이므로, 피고인이나 변호인이 이를 증거로 함에 동의하였다고 하여도 달리 볼 것은 아니다(대판 2013.03.14. 2010도2094).

2. 범행 현장에서 지문채취 대상물에 대한 지문채취가 먼저 이루어진 이상, 수사기관이 그 이후에 지문채취 대상물을 적법한 절차에 의하지 아니한 채 압수하였다고 하더라도, 위와 같이 채취된 지문은 위법하게 압수한 지문채취 대상물로부터 획득한 2차적 증거에 해당하지 아니함이 분명하므로 이를 가리켜 위법수집증거라고 할 수 없다(대판 2008.10.23. 2008도7471).

---

2. 예외

(1) 절차에 따르지 아니한 증거 수집과 2차적 증거 수집 사이 인과관계의 희석 또는 단절 여부를 중심으로 2차적 증거 수집과 관련된 모든 사정을 전체적·종합적으로 고려하여 예외적인 경우에는 유죄 인정의 증거로 사용할 수 있다.

(2) **독수과실의 예외이론** → ≪오·불·독·선≫

　① **오염순화의 예외**(희석이론)

　　㉠ 위법행위 이후 피고인의 자발적 행위 등 존재시 오염순환

　　㉡ 위법행위 이후 이를 알면서 법관이 영장발부 등 사법적으로 개입시

　② **불가피한 발견의 예외** : 어차피 불가피하게 발견되었을 경우라면 인과관계 희석단절

　④ **독립된 오염원의 예외** : 위법행위와 독립된 다른 원인으로 증거가 발견된 경우

　⑤ **선의의 신뢰이론** : 수사기관이 요건이 결여된 영장을 신뢰하여 집행시 이를 탓할 수 없음.

(3) 판례의 경우 1차 증거 이후에 ① 상당한 시간 경과 + ② 변호인의 조력 + ③ 임의성(자유로운 의사) = 독수과실 예외(= 증거능력 ○)

판례

1. 강도 현행범으로 체포된 피고인에게 진술거부권을 고지하지 아니한 채 강도범행에 대한 자백을 받고, 최초 자백 이후 40여 일이 지난 후에 변호인의 충분한 조력을 받으면서 공개된 법정에서 임의로 이루어진 것이고, 피해자의 진술은 법원의 적법한 소환에 따라 자발적으로 출석하여 위증의 벌을 경고 받고 선서한 후 공개된 법정에서 임의로 이루어진 것이어서, 예외적으로 유죄 인정의 증거로 사용할 수 있는 2차적 증거에 해당한다(대판 2009.03.12. 2008도11437).

2. 구속집행 당시 영장이 제시되지는 않았으나, 피고인이 청구한 구속적부심사절차에서 영장을 제시받아 그 기재된 범죄사실을 숙지하고 있으며, 구속 중 이루어진 법정진술의 임의성 등을 다투지 않고 오히려 변호인과의 충분한 상의를 거친 후 공소사실 전부에 대하여 자백한 경우라면, 그 자백을 증거로 할 수 있다(대판 2009.04.23. 2009도526).

3. 마약 투약 혐의를 받고 있던 피고인을 경찰관들이 영장 없이 강제로 연행한 상태에서 마약 투약 여부의 확인을 위한 1차 채뇨절차가 이루어졌다고 하더라도, 그 후 피고인이 법관이 발부한 영장에 의하여 적법하게 구금되고, 압수·수색영장에 의하여 2차 채뇨 및 채모절차가 적법하게 이루어진 이상, 이와 같은 사정은 체포과정에서의 절차적 위법과 2차적 증거수집 사이의 인과관계를 희석하게 할 만한 정황에 속한다(대판 2013.03.14. 2012도13611).

4. 수사기관이 법관의 영장에 의하지 아니하고 신용카드 매출전표의 거래명의자에 관한 정보를 획득한 경우, 이에 터 잡아 수집한 2차적 증거들의 증거능력을 판단할 때, 수사기관이 의도적으로 영장주의의 정신을 회피하는 방법으로 증거를 확보한 것이 아니라고 볼만한 사정, 체포되었던 피의자가 석방된 후 상당한 시간이 경과하였음에도 다시 동일한 내용의 자백을 하였다거나 그 범행의 피해품을 수사기관에 임의로 제출하였다는 사정 등은 통상 2차적 증거의 증거능력을 인정할 만한 정황에 속한다(대판 2013.03.28. 2012도13607).

4 사인의 불법수집증거

사인이 타인의 기본권을 침해하여 위법하게 수집한 증거도 위법수집증거배제법칙이 적용되는지 문제된다. 판례는 "국민의 사생활 영역에 관계된 모든 증거 제출이 곧바로 금지된다고 볼 수 없는바, 법원으로서는 효과적인 형사소추 및 형사소송에서의 진실발견이라는 공익과 개인의 사생활의 보호이익을 비교형량하여 그 허용 여부를 결정"하여야 한다고 보아(97도1230) 이익형량설을 취하고 있다.

판례

1. 사인이 공갈 목적을 숨기고 피고인의 동의하에 찍은 나체사진이 피고인에 대한 간통죄에 있어서 위법수집증거로서 증거능력이 부정되는지 문제된 사안: "국민의 사생활 영역에 관계된 모든 증거의 제출이 곧바로 금지되는 것으로 볼 수는 없고, 법원으로서는 효과적인 형사소추 및 형사소송에서의 진실발견이라는 공익과 개인의 사생활의 보호이익을 비교형량하여 그 허용여부를 결정하여야 한다."(대판 1997.09.30. 97도1230) ➡ 나체사진의 증거능력을 인정한 사안

2. 피고인들 사이의 간통 범행을 고소한 피고인 甲의 남편 乙이 甲의 주거에 침입하여 수집한 후 수사기관에 제출한 혈흔이 묻은 휴지들 및 침대시트를 목적물로 하여 이루어진 감정의뢰회보에 대하여, 乙이 甲의 주거에 침입한 시점은 甲이 그 주거에서의 실제상 거주를 종료한 이후이고, 감정의뢰회보는 피고인들에 대한 형사소추를 위하여 반드시 필요한 증거라 할 것이므로 공익의 실현을 위해서 감정의뢰회보를 증거로 제출하는 것이 허용되어야 하고, 이로 말미암아 甲의 주거의 자유나 사생활의 비밀이 일정 정도 침해되는 결과를 초래한다 하더라도 이는 甲이 수인하여야 할 기본권의 제한에 해당된다(대판 2010.9.9. 2008도3990).

3. 사문서위조·위조사문서행사 및 소송사기로 이어지는 일련의 범행에 대하여 피고인을 형사소추하기 위해서는 이 사건 업무일지가 반드시 필요한 증거로 보이므로, 설령 그것이 제3자에 의하여 절취된 것으로서 위 소송사기 등의 피해자측이 이를 수사기관에 증거자료로 제출하기 위하여 대가를 지급하였다 하더라도, 공익의 실현을 위하여는 이 사건 업무일지를 범죄의 증거로 제출하는 것이 허용되어야 하고, 이로 말미암아 피고인의 사생활 영역을 침해하는 결과가 초래된다 하더라도 이는 피고인이 수인하여야 할 기본권의 제한에 해당된다(대판 2008.6.26. 2008도1584).

제2절 자백배제법칙

> **헌법 제12조** ⑦ 피고인의 자백이 고문·폭행·협박·구속의 부당한 장기화 또는 기망 기타의 방법에 의하여 자의로 진술된 것이 아니라고 인정될 때 또는 정식재판에 있어서 피고인의 자백이 그에게 불리한 유일한 증거일 때에는 이를 유죄의 증거로 삼거나 이를 이유로 처벌할 수 없다.
>
> **제309조【강제 등 자백의 증거능력】** 피고인의 자백이 고문, 폭행, 협박, 신체구속의 부당한 장기화 또는 기망 기타의 방법으로 임의로 진술한 것이 아니라고 의심할 만한 이유가 있는 때에는 이를 유죄의 증거로 하지 못한다.

1 의의

자백배제법칙이란 임의성 없는 자백의 증거능력을 부정하는 원칙을 말한다(헌법 제12조⑦, 형사소송법 제309조). 자백배제법칙은 고문 등을 통한 자백편중의 수사관행에 제동을 걸기 위해 고안된 제도이다.

2 적용범위

1. 피고인의 자백

(1) **주체**: 자백에 있어 진술자의 법적 지위는 불문한다. 따라서 피고인으로서의 진술 이외에 피의자·참고인·증인 등의 지위에서 한 진술도 자백에 해당한다.

(2) **상대방**: 법원·법관·수사기관을 불문한다. 범죄사실을 일기에 기재하는 것처럼 상대방이 없는 경우도 자백에 해당한다.

> 기출 자백은 반드시 공판정에서 한 진술이어야 한다(X).

(3) **형식**: 진술의 형식을 묻지 아니하므로 구두에 의한 진술뿐 아니라 서면에 의한 진술도 자백에 해당한다.

(4) **내용**: 자기의 범죄사실을 전부이든 일부이든 승인하는 진술이면 자백이며, 형사책임을 긍정할 것까지 요하는 것은 아니다.

2. 고문·폭행·협박에 의한 자백

고문이란 신체에 대하여 위해를 가하는 것을 말하고, 폭행이란 이에 대한 유형력의 행사를 말하며, 협박은 해악을 고지하여 공포심을 일으키는 것을 말한다. 이러한 고문·폭행·협박에 의한 자백은 임의성이 없어 증거능력이 부정된다.

판례

1. 피고인이 검사 이전의 수사기관에서 고문 등 가혹행위로 인하여 임의성 없는 자백을 하고 그 후 검사의 조사단계에서도 임의성 없는 심리상태가 계속되어 동일한 내용의 자백을 하였다면 검사의 조사단계에서 고문 등 자백의 강요행위가 없었다고 하여도 검사 앞에서의 자백도 임의성 없는 자백이라고 볼 수 밖에 없다(대판 2011.10.27. 2009도1603).
2. 피고인이 수사기관에서 가혹행위 등으로 인하여 임의성 없는 자백을 하고 그 후 법정에서도 임의성 없는 심리상태가 계속되어 동일한 내용의 자백을 하였다면 법정에서의 자백도 임의성 없는 자백이라고 보아야 한다(대판 2012.11.29. 2010도3029).

---

3. 신체구속의 부당한 장기화

부당한 장기간의 구속 후 자백한 경우와 구속 자체가 불법인 불법구속의 상태에서 자백한 경우를 말한다.

4. 기망에 의한 자백

(1) 기망 등을 사용하여 상대방을 착오에 빠뜨려 얻은 자백을 말한다. 기망에는 적극적인 사술이 사용되어야 하며 단순히 상대방의 착오를 이용하는 것으로는 족하지 않다.

(2) 공범자가 자백하였다고 거짓말을 하였거나, 거짓말탐지기의 검사결과 피의자의 진술이 거짓임이 판명되었다고 기망하거나, 증거가 발견되었다고 기망하여 자백을 받는 경우를 들 수 있다.

판례

피고인의 자백이 심문에 참여한 검찰주사가 "피의사실을 자백하면 피의사실부분은 가볍게 처리하고 보호감호의 청구를 하지 않겠다."는 각서를 작성하여 주면서 자백을 유도한 것에 기인한 것이라면 위 자백은 기망에 의하여 임의로 진술한 것이 아니라고 의심할 만한 이유가 있는 때에 해당하여 증거로 할 수 없다(대판 1985.12.10. 85도2182).

---

5. 약속에 의한 자백

(1) **증거능력이 부정되는 사례**

① 검사가 기소유예를 해주겠다고 하여 이를 믿고 한 자백, ② 검사가 특정범죄가중처벌등에 관한 법률을 적용하지 않고 가벼운 수뢰죄로 처벌받게 해주겠다는 약속에 의하여 자백한 경우(83도2782)

(2) **증거능력이 인정되는 사례**

① 담배나 커피를 주겠다는 약속에 의한 자백, ② 증거가 발견되면 자백하겠다는 약속에 의한 자백, ③ 거짓말탐지기 결과 일정한 반응이 나타나면 자백하겠다는 약속에 의한 자백(83도712)

6. 기타 임의성에 의심이 있는 자백

(1) **철야신문에 의한 자백** : 철야신문 자체가 위법한 것은 아니나 정상적인 판단능력을 상실할 정도의 수면부족 상태에서의 자백은 증거능력이 없다.

판례

1. 피고인의 검찰에서의 자백은 피고인이 검찰에 연행된 때로부터 약 30시간 동안 잠을 재우지 아니한 채 검사 2명이 교대로 신문을 하면서 회유한 끝에 받아낸 것으로 임의로 진술한 것이 아니라고 의심할 만한 이유가 있는 때에 해당한다고 보아, 형사소송법 제309조의 규정에 의하여 그 피의자신문조서는 증거능력이 없다(대판 1997.6.27. 95도1964).

2. 구속영장 없이 13여일간 불법구속되어 있으면서 고문이나 잠을 재우지 않는 등 진술의 자유를 침해하는 위법사유가 있는 증거의 증거능력을 부정하고 있다(대판 1988.11.08. 86도1646).

3. 별건으로 수감 중인 자를 약 1년 3개월의 기간 동안 무려 270회나 검찰청으로 소환하여 밤늦은 시각 또는 그 다음날 새벽까지 조사를 하였거나, 국외로 출국하여야 하는 상황에 놓여있는 자를 심리적으로 압박하여 조사를 하였을 가능성이 충분하다면 그들에 대한 진술조서는 임의성을 의심할 만한 사정이 있는데, 검사가 그 임의성의 의문점을 해소하는 증명을 하지 못하였으므로 그 진술조서는 증거능력이 없다고 한 사례(대판 2006.01.26. 2004도517)

(2) **진술거부권 불고지**: 위법수집증거배제법칙에 따라 증거능력을 배제하고 있다.

3 효과

1. 증거능력의 절대적 부정

(1) 피고인의 동의가 있는 경우에도 증거능력 부정된다.

판례

임의성이 인정되지 아니하여 증거능력이 없는 진술증거는 피고인이 증거로 함에 동의하더라도 증거로 삼을 수 없다(대판 2006.11.23. 2004도7900).

(2) 탄핵증거로도 사용할 수 없다.

2. 상소이유

임의성 없는 자백을 유죄인정의 자료로 삼은 경우에는 상대적 항소이유(제261조의5 제1호) 및 상대적 상고이유(제383조 제1호)가 된다.

4 임의성의 거증책임과 증명방법

판례

1. 진술의 임의성에 다툼이 있을 때에는 그 임의성을 의심할 만한 합리적이고 구체적인 사실을 피고인이 증명할 것이 아니고 검사가 그 임의성의 의문점을 없애는 증명을 하여야 할 것이고, 검사가 그 임의성의 의문점을 없애는 증명을 하지 못한 경우에는 그 진술증거는 증거능력이 부정된다(대판 2008.7.10. 2007도7760).

2. 피고인의 자백이 임의성이 없다고 의심할 만한 사유가 있는 때에 해당한다 할지라도 그 임의성이 없다고 의심하게 된 사유들과 피고인의 자백과의 사이에 인과관계가 존재하지 않은 것이 명백한 때에는 그 자백은 임의성이 있는 것으로 인정된다(대판 1984.11.27. 84도2252).

제3절 전문증거

1 의의

전문증거란 사실인정의 기초가 되는 경험사실을 경험자 자신이 직접 법원에 진술하지 않고 다른 형태에 의하여 간접적으로 보고하는 것을 말한다. 이는 사실을 체험한 자가 중간의 매개체를 거치지 않고 직접 법원에 진술하는 원본증거와 구별된다.

예 피고인 A가 B를 살해한 혐의로 기소된 사건

(1) **원본증거**: A가 B를 살해하는 현장을 목격한 C가 증인으로서 법정에 출석하여 "나는 A가 B를 살해하는 것을 보았다."고 증언하는 경우

(2) **전문증거**: C가 목격한 바를 D에게 말하고 D가 증인으로서 법정에 출석하여 "나는 C로부터 A가 B를 살해하는 것을 보았다는 말을 들었다."라고 증언하는 경우

> 기출 범죄 피해자로부터 피해내용을 전해 들었다는 증인의 법정증언은 전문증거이나 범죄피해자의 법정증언은 본래증거이다(O).
> 기출 범행 목격자의 공판정에서의 증언은 전문증거이다(X).
> 기출 피고인의 공판정에서의 자백은 전문증거이다(X).

2 유형

1. 전문진술

요증사실을 경험한 자로부터 그 경험내용을 전해들은 자가 그 내용을 법원에 진술할 때 그 진술을 말한다.

> 기출 경찰관이 범인에게 들은 내용에 대해 법정에서 한 진술

2. 전문서류

(1) **진술서**: 요증사실을 경험자 자신이 경험사실을 서면에 기재하는 서류를 말한다.

> 기출 피고인 스스로 작성한 진술서

예 일기장, 업무용 수첩, SNS, 개인 블로그 등

(2) **진술조서 · 진술녹취서**

① **진술조서**: 요증사실을 경험자로부터 전해들은 자가 그 내용을 서면에 기재하는 서류를 말한다.

예 피의자신문조서, 참고인진술조서, 증인신문조서

② **진술녹취서**: 일반인이 타인의 진술을 녹음한 경우 등이 이에 해당한다.

3 전문증거의 범위

1. 진술증거

(1) 전문법칙은 진술증거(진술 + 진술서류)에 대해서만 적용된다.

(2) 범행에 사용된 도구, 검증의 대상인 물건이나 장소, 문서위조의 경우 위조된 서증 등 비진술증거에는 전문법칙이 적용되지 않는다.

2. 요증사실 관련성

원진술자의 진술내용의 사실여부가 요증사실로 된 경우에만 전문증거가 되고, 원진술의 존재 자체가 요증사실인 경우에는 전문증거거 아니다.

📌 A가 B를 강간(공소사실 A강간죄)

┌ 강간피해자 B ⇨ 요증(강간)사실 직접 경험자 ○

├ 甲이 A가 B를 강간하는 것을 목격 ⇨ 요증(강간)사실 직접 경험자 ○

└ 을이 A가 B소유 지갑을 절취하는 것을 목격 ⇨ 요증(강간)사실 직접 경험자 ×

📌 원진술의 존재 자체가 요증사실인 경우 ⇨ 전문증거 ×, 원본증거 ○

┌ 甲으로부터 A가 B를 폭행하는 것을 보았다는 진술을 들은 乙의 증언

├ 요증사실(주요사실)이 A의 B폭행이라면, 乙의 증언 ⇨ 전문증거 ○

└ but 요증사실이 甲의 A명예훼손죄라면, 乙의 증언 ⇨ 전문증거 ×, 원본증거 ○

판례 📋 전문증거의 범위

1. 어떤 진술이 범죄사실에 대한 직접증거로 사용함에 있어서는 전문증거로 사용된다고 하더라도 그와 같은 진술을 하였다는 것 자체 또는 그 진술의 진실성과 관계없는 간접사실에 대한 정황증거로 사용함에 있어서는 반드시 전문증거가 되는 것은 아니다(대판 2000.02.25. 99도1252).

2. 어떤 증거가 전문증거인지 여부는 요증사실과 관계에서 정하여지는 바, 원진술의 내용인 사실이 요증사실인 경우에는 전문증거이나, 원진술의 존재자체가 요증사실인 경우, 예컨대 명예훼손사건에 있어서 명예훼손적 발언을 들은 자의 증언과 같은 경우는 본래증거이지 전문증거가 아니다(대판 2008.09.25. 2008도5347).

판례 📋 원본증거에 해당하는 경우

1. 타인의 진술을 내용으로 하는 진술이 전문증거인지는 요증사실과 관계에서 정하여지는데, 원진술의 내용인 사실이 요증사실인 경우에는 전문증거이나, 원진술의 존재 자체가 요증사실인 경우에는 본래증거이지 전문증거가 아니다(대판 2012.07.26. 2012도2937).

   ⇨ 기록에 의하면, 피해자 A가 제1심 법정에서 '피고인이 88체육관 부지를 공시지가로 매입하게 해 주고 KBS와의 시설이주 협의도 2개월 내로 완료하겠다고 말하였다'고 진술한 경우, 피고인의 위와 같은 원진술의 존재자체가 이 부분 각 사기죄(특정법위반) 또는 변호사법 위반죄에 있어서의 요증사실이므로, 이를 직접 경험한 A 등이 피고인으로부터 위와 같은 말을 들었다고 하는 진술은 전문증거가 아니라 본래증거에 해당한다.

2. A가 전화를 통하여 "피고인으로부터 2005. 8.경 건축허가 담당 공무원이 외국연수를 가므로 사례비를 주어야 한다는 말과 2006. 2.경 건축허가 담당 공무원이 4,000만 원을 요구하는데 사례비로 2,000만 원을 주어야 한다는 말을 들었다"는 취지로 수사기관, 제1심 및 원심 법정에서 진술한 경우, 피고인의 위와 같은 원진술의 존재자체가 이 사건 알선수재죄에 있어서의 요증사실이므로, 이를 직접 경험한 A는 피고인으로부터 위와 같은 말들을 들었다고 하는 진술들은 전문증거가 아니라 본래증거에 해당된다(대판 2008.11.13. 2008도8007).

판례 | 비진술증거로서 전문법칙이 적용되지 않는 경우

---

1. 정보통신망을 이용하여 공포심이나 불안감을 유발하는 글을 반복적으로 상대방에게 도달하게 하였다는 공소
사실에 대하여 휴대전화기에 저장된 문자정보는 범행의 직접적인 수단이 되는 것이므로 전문법칙이 적용될
여지가 없다(대판 2008.11.13. 2006도2556).

2. 부정수표단속법위반의 공소사실을 증명하기 위하여 제출되는 수표는 그 서류의 존재 또는 상태 자체가 증거가
되는 것이어서 증거물인 서면에 해당하고 어떠한 사실을 직접 경험한 사람의 진술에 갈음하는 대체물이 아니
므로, 증거능력은 증거물의 예에 의하여 판단하여야 하고, 이에 대하여는 형사소송법 제310조의2에서 정한 전
문법칙이 적용될 여지가 없다(대판 2015.04.23. 2015도2275).

3. 지령을 받고 국가기밀을 탐지·수집하였다는 공소사실과 관련하여 수령한 지령 및 탐지·수집하여 취득한 국
가기밀이 문건의 형태로 존재하는 경우나 편의제공의 목적물이 문건인 경우 등에는, 문건 내용의 진실성이
문제 되는 것이 아니라 그러한 내용의 문건이 존재하는 것 자체가 증거가 되는 것으로서, 위와 같은 공소사실
에 대하여는 전문법칙이 적용되지 않는다(대판 2013.07.26. 2013도2511).

   비교 甲이 반국가단체 구성원 A와 회합한 후 A로부터 지령을 받고 국가기밀을 탐지·수집하였다는 공소사실
   로 기소되었고, 甲의 컴퓨터에서 "A 선생 앞 : 2011년 면담은 1월 30일 북경에서 하였으면 하는 의견입니다."
   라는 등의 내용이 담겨져 있는 파일이 발견되었는데, 이 파일이 甲과 A의 회합을 입증하기 위한 증거로 제출된
   경우 전문증거에 해당한다(대판 1999.9.3. 99도2317).

제4절 | 전문법칙

1 전문법칙

1. 의의

전문증거는 증거가 아니며 증거능력이 없다는 것을 전문법칙이라 한다(제310조의2).

2. 이론적 근거

(1) **반대신문권 결여**: 원진술의 진실성을 당사자의 반대신문으로 음미할 수 있는 기회가 없기 때문에
증거능력이 부정되어야 한다는 견해이다.

(2) **신용성의 결여**: 전문증거는 와전될 가능성이 많고 선서가 없기 때문에 신용성이 결여되어 증거능
력이 부정된다는 견해이다.

(3) **직접주의 요청**: 원진술자의 진술내용과 태도를 관찰하여 심증을 형성하지 못하므로 직접주의에
도 반하기 때문에 증거로 사용할 수 없다는 견해이다.

3. 배제절차

(1) **간이공판절차**: 간이공판절차는 당사자의 이의가 없는 한 증거동의가 의제되어 증거능력이 인정
되므로 전문법칙의 적용이 없다.

(2) **약식절차**: 약식절차는 서면심리를 원칙으로 하기 때문에 공판절차를 전제로 한 전문법칙은 적용되
지 않는다.

(3) **즉결심판절차**: 즉결심판절차에서는 제312조 제3항 사법경찰관 작성의 피의자신문조서와 제313조
진술서 규정의 적용이 없으므로 전문법칙은 적용되지 않는다.

2 전문법칙의 예외

조 문		증거능력 인정의 예외요건
제311조(법관면전조서)		무조건 증거능력(법원의 검증조서, 증거보전 · 증인신문조서도 포함)
제312조	검사작성피신조서(제1항)	적 + 내용인정
	사경작성피신조서(제3항)	적 + 내용인정 (사경작성 공범에 대한 피신조서도 제312조③에 따라 판단)
	참고인진술조서(제4항)	적, 실, 특, 반대신문
	(수사단계의)진술서(제5항)	작성주체에 따라 제312조①~④항 적용 ⇨ 사경면전 피의자의 진술서(적 · 내용인정) ⇨ 수사기관면전 피고인 아닌자의 진술서(적 · 실 · 특 + 반대신문)
	검증조서(제6항)	적 + 작성자의 진정성립
제313조	진술서와 진술조서(제1항 · 제2항)	① 피고인의 진술서 : 작성자의 진정성립(+ 특신상태) 　⇨ 진정성립 부인시 디지털포렌식, 감정 등 객관적 방법에 의한 대체 　　증명(2항) ② 피고인 아닌 자의 진술서 : 작성자의 진정성립 　⇨ 부인시 대체증명 + 반대신문기회보장 ③ 피고인 아닌자(A)가 작성한 피고인 아닌 자(B)의 진술기재서류 　⇨ 원진술자(B의 진정성립) ④ 피고인 아닌 자(A)가 작성한 피고인(甲)의 진술서 　⇨ 작성자의 진정성립+특신상태
	감정서(제3항)	제313조 제1항 · 2항 준용 : 작성자의 진정성립 ⇨ 진정성립 부인시 대체증명 + 반대신문기회 보장
제314조		① 진술을 요하는 자가 사망 · 질병 · 외국거주 · 소재불명 기타 이에 준 　하는 사유로 진술할 수 없고(필요성) 　　　　　　　+ ② 특신상태의 증명
제315조		당연히 증거능력이 있는 서류(자체로 특신문서)
제316조	전문진술(피고인, 제1항)	특신상태
	전문진술(참고인, 제2항)	제314조와 동일(필요성 + 특신상태)

1. 법원 또는 법관 면전조서

> **제311조 【법원 또는 법관의 조서】** 사실의 인정은 증거에 의하여야 한다. 공판준비 또는 공판기일에 피고인이나 피고인 아닌 자의 진술을 기재한 조서와 법원 또는 법관의 검증의 결과를 기재한 조서는 증거로 할 수 있다. 제184조 및 제221조의2의 규정에 의하여 작성한 조서도 또한 같다.

(1) 의의

법원 또는 법관의 면전조서는 전문증거이지만 성립이 진정하고 신용성의 정황적 보장이 높기 때문에 무조건 증거능력을 인정하고 하는 것이다.

(2) 내용

① 공판준비 또는 공판조서

　㉠ 공판준비기일, 공판기일에서 피고인 또는 피고인 아닌 자의 진술을 기재한 조서

　　예 공판준비절차에서 피고인을 신문한 조서(제273조 제1항), 공판기일 전의 법원의 검증조서 중 피고인의 진술을 기재한 부분

　　예 공판절차 갱신 전의 공판조서, 상소심에 의한 파기환송 전의 공판조서, 이송된 사건의 이송 전의 공판조서, 관할위반의 재판이 확정된 후에 재기소된 경우의 공판조서 등

　㉡ 조서는 당해사건에 대한 조서를 의미한다. 다른 사건에 대한 조서는 제315조 제3호(특히 신용문서)의 문서로서 증거능력이 인정된다(판례).

　㉢ 피고인 아닌 자에는 증인, 감정인뿐만 아니라 공범자, 공동피고인도 포함한다.

② 검증조서

　㉠ 법원 또는 법관이 작성한 검증조서는 당연히 증거능력 인정된다.

　㉡ 당해사건의 검증조서로 제한된다.

　㉢ 검증조서에 첨부된 사진, 도화는 검증조서와 일체를 이루는 것으로 보아 검증조서와 같이 취급한다.

③ 증거보전·증인신문절차에서 작성한 문서 증거보전절차에서 작성한 조서(제184조), 제1회 공판기일 전 검사의 신청에 의하여 행한 증인신문절차에서 작성된 조서(제221의2조)는 무조건 증거능력이 인정된다.

> **판례** 〓 제311조 관련판례
>
> 1. 피고인이나 피고인 아닌 자의 진술을 기재한 당해 사건의 공판조서는 형사소송법 제311조 전문의 규정에 의하여 당연히 증거능력이 있다(대판 2003.10.10. 2003도3282).
> 2. 녹음된 진술자의 상태 등을 확인하기 위하여 법원이 녹음테이프에 대한 검증을 실시한 경우, 그 검증조서는 당연히 증거능력이 인정된다(대판 2008.7.10. 2007도10755).
> 3. 피고인 아닌 자(A)가 작성한 피고인 아닌 자(B)의 진술을 기재한 녹음테이프가 법원에 제출되어, 법원이 그 녹취록과 녹음테이프의 일치여부에 대해 검증을 한 경우 ⇨ 녹취록과 녹음테이프의 일치여부에 대해서는 제311조가 적용되어 무조건 증거능력이 인정된다. 그러나 B의 진술은 제310조의2의 적용을 받아 원칙적으로 증거능력이 없고, 제313조 제1항·제2항의 요건을 갖춘 경우에 한하여 예외적으로 증거능력이 인정된다(대판 1996.10.15. 96도1669).

2. 피의자신문조서(제312조 제1·3항)

(1) 검사작성 피의자신문조서(제1항)

> **제312조 【검사 또는 사법경찰관의 조서 등】** ① 검사가 작성한 피의자신문조서는 적법한 절차와 방식에 따라 작성된 것으로서 공판준비, 공판기일에 그 피의자였던 피고인 또는 변호인이 그 내용을 인정할 때에 한하여 증거로 할 수 있다.

① 적용범위

  ㉠ 피고인이 된 피의자신문조서만 적용된다.

  ㉡ 피고인이 된 피의자란 당해 피고인만을 의미하고, 공범자나 공동피고인에 대한 피의자신문조서는 제312조 제4항(참고인 진술조서)을 적용한다.

② 증거능력 인정요건

  ㉠ 적법성과 피고인 또는 변호인이 그 내용을 인정할 때에 한하여 증거능력 인정된다.

  ㉡ 적법한 절차와 방식: 기명날인 또는 서명의 진정성, 피의자신문과 참여자, 변호인 참여, 진술거부권 고지, 수사과정의 기록 등 규정에 따라 작성된 것을 의미한다.

  ㉢ 내용의 인정: 피의자신문조서의 기재내용이 진술내용대로 기재되어 있다는 의미가 아니라 그와 같이 진술한 내용이 실제사실에 부합한다는 의미이다.

판례 　제312조 제1항 관련판례(검사작성 피의자신문조서)

1. 피의자의 진술을 녹취 내지 기재한 서류 또는 문서가 수사기관에서의 조사과정에서 작성된 것이라면 그것이 '진술조서, 진술서, 자술서'라는 형식을 취하였다고 하더라도 피의자신문조서와 달리 볼 수 없다(대판 2014.4.10. 2014도1779).

2. 수사과정에서 담당 검사가 피의자인 갑과 그 사건에 관하여 대화하는 내용과 장면을 녹화한 비디오테이프에 대한 법원의 검증조서는 피의자 진술을 기재한 피의자신문조서와 실질적으로 같다고 볼 것이므로 피의자신문조서에 준하여 그 증거능력을 가려야 한다(대판 1992.6.23. 92도682).

3. 검찰주사가 검사의 지시에 따라 검사가 참석하지 않은 상태에서 피의자였던 피고인을 신문하여 작성하고 검사는 검찰주사의 조사직후 피고인에게 개괄적으로 질문한 사실이 있을 뿐인 경우, 참고인에 대한 진술조서는 검사의 서명·날인이 되어 있다고 하더라도 검사가 작성한 것이라고는 볼 수 없으므로, 형사소송법 제312조 제1항 소정의 "검사가 피의자나 피의자아닌 자의 진술을 기재한 조서"에 해당하지 않는 것임이 명백하다(대판 1990.9.28. 90도1483).

4. 검사가 피의사실에 관하여 전반적 핵심적 사항을 질문하고 이를 토대로 신문에 참여한 검찰주사보가 직접 문답하여 작성한 피의자신문조서를 작성한 경우 검사 작성의 피의자신문조서가 아니라고는 볼 수 없다(대판 1984.7.10. 84도846).

5. 검사직무대리자는 법원조직법에 규정된 합의부의 심판사건에 관하여서는 기소, 불기소등의 최종적 결정을 할 수 없음은 물론 수사도 할 수 없으므로 검사직무대리자가 작성한 합의부사건의 피고인에 대한 피의자신문조서는 증거로 할 수 없다(대판 1978.2.28. 78도49).

6. 사법연수생인 검사 직무대리가 검찰총장으로부터 명 받은 범위 내에서 법원조직법에 의한 합의부의 심판사건에 해당하지 아니하는 사건에 관하여 검사의 직무를 대리하여 피고인에 대한 피의자신문조서를 작성할 경우, 그 피의자신문조서는 형사소송법 제312조 제1항의 요건을 갖추고 있는 한 당해 지방검찰청 또는 지청 검사가 작성한 피의자신문조서와 마찬가지로 그 증거능력이 인정된다(대판 2010.4.15. 2010도1107).

> **판례** ᅴ **제312조 제1항 관련판례(적법한 절차와 방식)**
>
> 1. 조서말미에 피고인의 기명만 있고 날인이 없거나, 간인이 없는 검사작성의 피의자신문조서는 증거
>   능력이 없다(대판 1999.04.13. 99도237).
>
>   **기출** 형사소송법상의 조서방법에 따라야 하지만 조서 말미에 피고인의 기명만 있거나 날인만 있더라
>   도 그 하자가 경미한 이상 증거능력이 인정된다(×).
> 2. 검사작성의 피의자신문 조서에 직성자인 검사의 서명·날인이 되어 있지 아니한 경우 그 피의자신
>   문조서는 공무원이 작성하는 서류로서의 요건을 갖추지 못한 것으로서 위법규정에 위반되어 무효
>   이고 따라서 이에 대하여 증거능력을 인정할 수 없다(대판 2001.9.28. 2001도4091).
>
>   **기출** 피고인이 법정에서 그 피의자신문조서에 대하여 진정성립과 임의성을 인정하면 증거능력을 인
>   정할 수 있다(×).

(2) 사경작성 피의자신문조서(제312조 제3항)

> **제312조 【검사 또는 사법경찰관의 조서 등】** ③ 검사 이외의 수사기관이 작성한 피의자신문조서는 적법한
> 절차와 방식에 따라 작성된 것으로서 공판준비, 공판기일에 그 피의자였던 피고인 또는 변호인이 그 내용
> 을 인정할 때에 한하여 증거로 할 수 있다.

① 작성주체
  ㉠ 사법경찰관, 사법경찰관리가 작성한 피의자신문조서가 여기에 해당한다.
  ㉡ 외국의 권한 있는 수사기관이 작성한 수사보고서나 피의자신문조서도 같다.
② 증거능력 인정요건
  ㉠ 적법성과 피고인 또는 변호인이 그 내용을 인정할 때에 한하여 증거능력이 인정된다.
  ㉡ 적법한 절차와 방식
  ㉢ 내용의 인정
    기출 사법경찰관이 작성한 피의자신문조서는 그 피의자였던 피고인이 아니라 그의 변호인이 내용인정
    을 하더라도 증거능력이 인정된다(O).
③ 적용범위
  ㉠ 공동피의자였던 다른 피고인에 대한 관계에서도 적용된다.
  ㉡ 전혀 별개의 사건에서 피의자였던 피고인에 대한 피의자신문조서에도 적용된다.
    예 별개 사건(B)에서라도 사경이 작성한 당해 사건(A, 위증죄)에 관한 같은 피고인(갑)의
    진술에도 적용된다. 즉, B사건을 조사하기 위해 사경이 작성한 피신조서 내용에 A에 관
    한 갑의 진술이 포함되어 있는 경우
    ➡ B사건에서 작성한 피신조서가 A사건 재판에 제출된 경우 → A사건의 피고인 갑이
    내용을 인정하여야 증거능력 인정됨.
  ㉢ 제314조[9] 적용여부 : 당해 피고인과 공범관계에 있는 다른 피의자에 대한 검사 이외의 수사
    기관 작성의 피의자신문조서는 그 조서의 내용을 부인하면 증거능력이 부정되므로 그 당연

---

9) 제314조(증거능력에 대한 예외) 제312조 또는 제313조의 경우에 공판준비 또는 공판기일에 진술을 요하는 자가 사망·질병·외국거주·소재불명, 그
  밖에 이에 준하는 사유로 인하여 진술할 수 없는 때에는 그 조서 및 그 밖의 서류(피고인 또는 피고인 아닌 자가 작성하였거나 진술한 내용이 포함된
  문자·사진·영상 등의 정보로서 컴퓨터용디스크, 그 밖에 이와 비슷한 정보저장매체에 저장된 것을 포함한다)를 증거로 할 수 있다. 다만, 그 진술 또는
  작성이 특히 신빙할 수 있는 상태하에서 행하여졌음이 증명된 때에 한한다.

한 결과로 그 피의자신문조서에 대하여는 사망 등 사유로 인하여 법정에서 진술할 수 없는 때에 예외적으로 증거능력을 인정하는 규정인 형사소송법 제314조가 적용되지 아니한다(대판 2009.11.26. 2009도6602).

판례 제312조 제3항 관련판례(사법경찰관 작성)

1. 검찰에 송치되기 전에 구속피의자로부터 받은 검사 작성의 피의자신문조서는 극히 이례에 속하는 것으로 그렇게 했어야 할 특별한 사정이 보이지 않는 한 송치 후에 작성된 피의자신문조서와 마찬가지로 취급하기는 어렵다(대판 1994.8.9. 94도1228).
2. 미국 범죄수사대(CID), 연방수사국(FBI)의 수사관들이 작성한 수사보고서 및 피고인이 위 수사관들에 의한 조사를 받는 과정에서 작성하여 제출한 진술서는 피고인이 그 내용을 부인하는 이상 증거로 쓸 수 없다(대판 2006.1.13. 2003도6548).

판례 제312조 제3항 관련판례(적법한 절차와 방식)

1. 형사소송법 제244조의3 제2항에 규정한 방식에 위반하여 진술거부권 행사 여부에 대한 피의자의 답변이 자필로 기재되어 있지 아니하거나 그 답변 부분에 피의자의 기명날인 또는 서명이 되어 있지 아니한 사법경찰관 작성의 피의자신문조서는 제312조 제3항에서 정한 '적법한 절차와 방식'에 따라 작성된 조서라 할 수 없으므로 그 증거능력을 인정할 수 없다(대판 2013.03.28. 2010도3359).
2. 피의자가 변호인의 참여를 원한다는 의사를 명백하게 표시하였음에도 수사기관이 정당한 사유 없이 변호인을 참여하게 하지 아니한 채 피의자를 신문하여 작성한 피의자신문조서는 형사소송법 제308조의2에서 정한 '적법한 절차에 따르지 아니하고 수집한 증거'에 해당하므로 이를 증거로 할 수 없다(대판 2013.03.28. 2010도3359).

판례 제312조 제3항 관련판례(내용인정)

1. '그 내용을 인정할 때'라 함은 위 피의자신문조서의 기재 내용이 진술내용대로 기재되어 있다는 의미가 아니고 그와 같이 진술한 내용이 실제사실과 부합한다는 것을 의미한다(대판 2010.6.24. 2010도5040).
2. 피고인이 제1심 제4회 공판기일부터 공소사실을 일관되게 부인하여 경찰 작성 피의자신문조서의 진술 내용을 인정하지 않는 경우, 제1심 제4회 공판기일에 피고인이 위 서증의 내용을 인정한 것으로 공판조서에 기재된 것은 착오 기재 등으로 보아 위 피의자신문조서의 증거능력을 부정하여야 한다(대판 2010.6.24. 2010도5040).
3. 당해 피고인과 공범관계에 있는 공동피고인에 대해 검사 이외의 수사기관이 작성한 피의자신문조서는 그 공동피고인의 법정진술에 의하여 성립의 진정이 인정되더라도 당해 피고인이 공판기일에서 그 조서의 내용을 부인하면 증거능력이 부정된다(대판 2009.10.15. 2009도1889).
   기출 경찰에서 공범 乙과 함께 특수절도의 범행을 일체 자백한 피의자 甲이 제1심 법정에서 이를 번복하면서 범행일체를 부인하고 있는 경우, 乙에 대한 사법경찰관 작성의 피의자신문조서는 甲이 내용을 부인하면, 乙이 성립의 진정을 인정하여도 甲에 대해 증거능력이 없다(O).
4. 당해 피고인과 공범관계에 있는 다른 공동피고인 또는 피의자에 대한 사법경찰관이 작성한 피의자신문조서는 원진술자인 피의자 또는 그의 변호인이 내용을 인정하는 것으로 족하지 아니하고, 당해 피고인 또는 그 변호인이 내용을 인정하여야만 증거능력이 인정된다(대판 2009.7.9. 2009도2865).
   기출 피고인 甲이 공판정에서 공동피고인인 공범 乙에 대한 사법경찰관 작성 피의자신문조서의 내용을 부인하면 乙이 법정에서 그 조서의 내용을 인정하더라도 그 조서를 피고인 甲의 공소사실에 대한 증거로 사용할 수 없다(O).

5. 전혀 별개의 사건에서 피의자였던 피고인 자신에 대하여 사법경찰관이 작성한 피의자신문조서에 대해서도 제312조 제3항이 적용되어야 한다. 따라서 피고인이(피고인 자신의) 다른 사건에서 내용을 인정한 사경작성 피의자신문조서라도 피고인이 현재의 피고사건에서 다시금 내용을 인정하여야만 증거능력이 인정된다(대판 1995.03.24. 94도2287). 즉, 판례는 당해사건에서 내용을 인정할 것을 요건으로 하고 있다.

6. 양벌규정에 따라 처벌되는 행위자와 행위자가 아닌 법인 또는 개인 간의 관계는 행위자가 저지른 법규 위반행위가 사업주의 법규위반행위와 사실관계가 동일하거나 적어도 중요부분을 공유한다는 점에서 내용상 불가분적 관련성을 지니므로 형법총칙의 공범관계 등과 마찬가지로 인권보장적인 요청에 따라 형사소송법 제312조 제3항이 이들 사이에서도 적용된다(대판 2020.6.11. 2016도9367).

3. 검사 또는 사법경찰관 작성 참고인 진술조서(제312조 제4항)

> **제312조 【검사 또는 사법경찰관의 조서 등】** ④ 검사 또는 사법경찰관이 피고인이 아닌 자의 진술을 기재한 조서는 적법한 절차와 방식에 따라 작성된 것으로서 그 조서가 검사 또는 사법경찰관 앞에서 진술한 내용과 동일하게 기재되어 있음이 원진술자의 공판준비 또는 공판기일에서의 진술이나 영상녹화물 또는 그 밖의 객관적인 방법에 의하여 증명되고, 피고인 또는 변호인이 공판준비 또는 공판기일에 그 기재 내용에 관하여 원진술자를 신문할 수 있었던 때에는 증거로 할 수 있다. 다만, 그 조서에 기재된 진술이 특히 신빙할 수 있는 상태하에서 행하여졌음이 증명된 때에 한한다.

(1) 적용범위

① 진술조서란 검사 또는 사법경찰관이 피의자 아닌 자, 즉 참고인의 진술을 기재한 조서를 말한다.

② 검사 또는 사법경찰관이 피의자 아닌 자(참고인, 피해자 등)의 진술을 기재한 조서

> **판례** 진술조서의 범위
>
> 피의자의 진술을 녹취 내지 기재한 서류 또는 문서가 수사기관에서의 조사과정에서 작성된 것이라면 그것이 진술조서, 진술서, 자술서라는 형식을 취하였다 하더라도 피의자신문조서이지 진술조서가 아니다(대판 1983.7.26. 82도385).

(2) 증거능력 인정요건

① 적법한 절차와 방식

② 실질적 진정성립

  ㉠ 조서가 검사 또는 사법경찰관 앞에서 진술한 내용과 동일하게 기재함을 인정

  ㉡ 원진술자의 진술이나, 영상녹화물 기타 객관적 방법으로 증명될 수 있음.

③ 특신상태: 진술내용의 신빙성과 임의성 담보 有(예 변호인이 참여한 상태)

④ 반대신문권 기회보장: 기회 보장으로 족함.

1. 사법경찰리 작성의 피해자에 대한 진술조서가 피해자의 화상으로 인한 서명불능을 이유로 입회하고 있던 피해자의 동생에게 대신 읽어 주고 그 동생으로 하여금 서명·날인하게 하는 방법으로 작성된 경우 이는 증거로 사용할 수 없다(대판 1997.4.11. 96도2865).

2. 진술자와 피고인의 관계, 범죄의 종류, 진술자 보호의 필요성 등 여러 사정으로 볼 때 상당한 이유가 있는 경우에는 수사기관이 진술자의 성명을 가명으로 기재하여 조서를 작성하였다고 해서 그 이유만으로 그 조서가 '적법한 절차와 방식'에 따라 작성되지 않았다고 할 것은 아니다(대판 2012.5.24. 2011도7757).

3. 외국에 거주하는 참고인과의 전화 대화내용을 문답형식으로 기재한 검찰주사보 작성의 수사보고서는 원진술자의 서명 또는 날인이 없으면 증거능력이 없다(대판 1999.2.26. 98도2742).

판례 三 실질적 진정성립 의미와 그 증명에 관한 판례

1. 원진술자가 공판기일에서 검사 작성의 진술조서와 피의자신문조서에 대하여 실질적 진정성립을 부인한 바가 없고, 오히려 위 각 서류들의 작성시 검사가 읽어 보라고 준 위 조서들을 모두 읽지는 못하고 각 10분 정도 쭉 읽어보니 자신의 진술과 크게 다름이 없어 서명·무인을 하였다는 취지로 진술하였다면 위 각 조서들은 증거능력이 있다(대판 2005.1.14. 2004도6646).

2. 피고인이나 그 변호인이 검사작성의 당해 피고인에 대한 피의자신문조서의 성립의 진정함을 인정하는 진술을 하였다 하더라도, 그 피의자신문조서에 대하여 구 형사소송법 제292조에서 정한 증거조사가 완료되기 전에는 최초의 진술을 번복함으로써 그 피의자신문조서를 유죄 인정의 자료로 사용할 수 없도록 할 수 있으나, 그 피의자신문조서에 대하여 위의 증거조사가 완료된 뒤에는 그와 같은 번복의 의사표시에 의하여 이미 인정된 조서의 증거능력이 당연히 상실되는 것은 아니다. 다만, 적법절차 보장의 정신에 비추어 성립의 진정함을 인정한 최초의 진술에 그 효력을 그대로 유지하기 어려운 중대한 하자가 있고 그에 관하여 진술인에게 귀책사유가 없는 경우에 한하여 예외적으로 증거조사 절차가 완료된 뒤에도 그 진술을 취소할 수 있다(대판 2008.7.10. 2007도7760).

> 기출 피고인이나 그 변호인이 검사 작성의 당해 피고인에 대한 피의자신문조서의 성립의 진정함을 인정하는 진술을 하였다하더라도, 그 피의자신문조서에 대하여 증거조사가 완료되기 전에는 최초의 진술을 번복함으로써 그 피의자신문조서를 유죄 인정의 자료로 사용할 수 없도록 할 수 있으며, 그 피의자신문조서에 대하여 위의 증거조사가 완료된 뒤에도 그와 같은 번복의 의사표시에 의하여 이미 인정된 조서의 증거능력이 당연히 상실된다(X).

> 기출 피고인이 조서의 진정성립을 인정한 경우 증거조사가 완료된 후에는 절차유지의 원칙상 일절 번복이 허용되지 않는다(X).

판례 실질적 진정성립을 인정하는 진술이 아니라고 본 사례

1. 원진술자가 법정에서 한 "수사기관에서 사실대로 진술하고 서명날인하였다."는 취지의 진술만으로 그에 대한 진술조서의 진정성립을 인정하기에 부족하다(대판 1996.10.15. 96도1301).

2. 진술자가 법정에서 진술조서의 진술기재내용이 자기가 진술한 것과 다른데도 검사 또는 사법경찰관리가 마음대로 공소사실에 부합되도록 기재한 다음 괜찮으니 서명날인하라고 요구하여서 할 수 없이 진술조서의 끝부분에 서명날인한 것이라고 진술하였다면 진술조서는 증거능력이 없다(대판 1990.10.16. 90도1474).

3. 원심은 증인들에 대한 각 사법경찰관 작성의 진술조서에 대해 1심에서 '증인은 수사기관에서 수사를 받을 때 모두 사실대로 진술하고 조서에 기재된 내용을 확인한 다음 서명, 무인하셨지요'라는 질문에 '예, 조사받았습니다'고 진술했을 뿐 조서가 경찰관 앞에서 진술한 내용과 동일하게 기재돼 있는지 여부에 관해 질문받지도, 대답하지도 않은 사실 등이 있다. 검사의 질문에 단순히 '예, 조사받았습니다'라고 대답한 뒤 진술조서 기재내용에 대해 기억나지 않는다거나 시인하지 않는 듯한 답변만을 했을 뿐이라면 진술조서에 대해 실질적 진정성립이 인정되지 않는다(대판 2010.6.29. 2010도2722).

(3) 관련문제

① 검사가 공소제기 후 피고인의 진술을 기재한 조서의 경우

　　피의자신문조서와 실질적으로 같음 → §312① (적+내)

② 검사작성 공동피고인에 대한 피신조서의 증거능력

　　㉠ 검사작성 공범에 대한 피신조서 → §312① (적+내)

　　Q. 검사작성 공범인 공동피고인 을에 대한 피신조서를 피고인 갑이 증거부동의 했으나, 을이 법정(피고인신문절차)에서 진정성립을 인정한 경우, 공동피고인 을에 대한 피신조서를 피고인 갑 범죄사실에 대한 유죄 증거로 사용이 가능한가?

　　A. 당해 피고인 갑이 내용부인시 증거능력 없음(제312조 제1항).

　　㉡ 검사작성 공범 아닌 공동피고인 피신조서 → §312④ (적+실+특+반)

　　　⇨ 공동피고인인 절도범과 그 장물범(공범 ×)은 서로 다른 공동피고인의 범죄사실에 대해 증인의 지위에 있는바 당해 피고인 갑이 증거로 함에 동의한 바 없는 공범 아닌 공동피고인(을)에 대한 피신조서는 공동피고인(을)의 증언에 의하여 성립의 진정이 인정되지 않는 한 피고인(갑)의 공소사실을 인정하는 증거로 할 수 없다(제312조 제4항 적용).

③ 사경작성 공동피고인에 대한 피신조서의 증거능력

　　㉠ 사경작성 공범에 대한 피신조서 → §312③ (적+내)

　　　⇨ 당해 피고인과 공범관계에 있는 공동피고인에 대해 검사 이외의 수사기관이 작성한 피의자신문조서는 그 공동피고인의 법정진술에 의하여 성립의 진정이 인정되더라도 당해 피고인이 공판기일에서 그 조서의 내용을 부인하면 증거능력이 부정된다.[10]

　　㉡ 사경작성 공범 아닌 공동피고인에 대한 피신조서 → §312④ (적+성+특+반)

---

10) 대판 2009.07.09. 2009도2865

4. 진술서

(1) 서설

① 진술서란 피고인·피의자 또는 참고인이 스스로 자기의 의사·사상·관념 및 사실관계를 기재한 서면을 말한다. 자술서·시말서 등 명칭여하를 불문한다.

→ 진술한 내용이 포함된 문자·사진·영상 등의 정보로서 컴퓨터디스크, 그 밖에 이와 비슷한 정보저장매체에 저장된 것 포함

② 진술서의 종류

㉠ 제312조 제5항 ⇨ 수사과정에서 작성된 진술서

㉡ 제313조 제1항 ⇨ 수사과정 이외의 과정에서 작성한 피고인 또는 피고인 아닌 자의 진술서

(2) 수사과정에서 작성된 진술서(제312조 제5항)

> **제312조【검사 또는 사법경찰관의 조서 등】** ⑤ 제1항부터 제4항까지의 규정은 피고인 또는 피고인이 아닌 자가 수사과정에서 작성한 진술서에 관하여 준용한다.

① 제312조 제5항의 진술서의 증거능력 인정요건 → 작성주체에 따라 제312조①~④항 적용

② 구체적 예

㉠ 검사의 수사과정에서 작성한 피고인이 된 피의자의 진술서 → 제312조①

㉡ 사법경찰관의 수사과정에서 피의자가 작성한 진술서 → 제312조③

㉢ 검사 또는 사법경찰관의 수사과정에서 참고인이 작성한 진술서 → 제312조④

㉣ 사법경찰관에게 제출된 공범의 진술서 ⇨ 제312조③

> **판례**
>
> 현행범 체포 당시 임의제출 방식으로 압수된 피고인 소유 휴대전화기에 대한 압수조서 중 '압수경위'란에 기재된 내용에 피고인이 범행을 저지르는 현장을 직접 목격한 사람의 진술이 포함되어 있다면, 그 내용은 휴대전화기에 대한 임의제출 절차가 적법하였는지에 영향을 받지 않는 별개의 독립적인 증거에 해당한다(대판 2019.11.14. 2019도13290).

> **판례** 진술서 작성 과정에 관한 수사과정이 기록되지 않은 경우
>
> 피고인이 아닌 자가 수사과정에서 진술서를 작성하였으나 수사기관이 그에 대한 조사과정을 기록하지 아니한 경우, 증거능력을 인정할 수 없다(대판 2015.04.23. 2013도3790).

(3) 수사과정 이외의 과정에서 작성한 진술서(제313조 제1항, 2항)

> **제313조【진술서 등】** ① 전2조의 규정 이외에 피고인 또는 피고인이 아닌 자가 작성한 진술서나 그 진술을 기재한 서류로서 그 작성자 또는 진술자의 자필이거나 그 서명 또는 날인이 있는 것(피고인 또는 피고인 아닌 자가 작성하였거나 진술한 내용이 포함된 문자·사진·영상 등의 정보로서 컴퓨터용디스크, 그 밖에 이와 비슷한 정보저장매체에 저장된 것을 포함한다. 이하 이 조에서 같다)은 공판준비나 공판기일에서의 그 작성자 또는 진술자의 진술에 의하여 그 성립의 진정함이 증명된 때에는 증거로 할 수 있다. 단, 피고인의 진술을 기재한 서류는 공판준비 또는 공판기일에서의 그 작성자의 진술에 의하여 그 성립의 진정함이 증명되고 그 진술이 특히 신빙할 수 있는 상태하에서 행하여 진 때에 한하여 피고인의 공판준비 또는 공판기일에서의 진술에 불구하고 증거로 할 수 있다.

② 제1항 본문에도 불구하고 진술서의 작성자가 공판준비나 공판기일에서 그 성립의 진정을 부인하는 경우에는 과학적 분석결과에 기초한 디지털포렌식 자료, 감정 등 객관적 방법으로 성립의 진정함이 증명되는 때에는 증거로 할 수 있다. 다만, 피고인 아닌 자가 작성한 진술서는 피고인 또는 변호인이 공판준비 또는 공판기일에 그 기재 내용에 관하여 작성자를 신문할 수 있었을 것을 요한다.

① 진술서 및 진술기재서류(진술서면)
  ㉠ 진술서 : 제312조 제5항과의 관계상 수사 이전에 작성하였거나, 수사과정과 별개로 작성한 진술서에 제한된다.
  ㉡ 진술기재서류 : 본조의 진술을 기재한 서류(진술기재서류)란 제3자(수사기관은 제외)가 피고인 또는 피고인 아닌 자의 진술을 기재한 서류를 말한다.
② 피고인의 진술서 : 작성자의 진정성립
  ⇨ 진정성립 부인시 과학적 방법(디지털 포렌식 자료, 감정 등)에 의한 대체증명(2항)
    예 디지털 저장매체의 로그기록 등 객관적 사정에 의하여 동일인이 작성하였다고 볼 수 있다면 그 작성자의 부인에도 불구하고 진정성립을 인정할 수 있다.
③ 피고인 아닌 자의 진술서 : 작성자의 진정성립
  ⇨ 만약 부인시 대체증명 + 반대신문기회보장
④ 피고인 아닌 자(A)가 작성한 피고인 아닌 자(B)의 진술기재서류
  ⇨ 원진술자(B의 진정성립)
⑤ 피고인 아닌 자(A)가 작성한 피고인(甲)의 진술을 기재한 서류
  ⇨ 작성자의 진정성립 + 특신상태

판례

1. 컴퓨터용디스크 그 밖에 이와 비슷한 정보저장매체에 입력하여 기억된 문자정보 또는 그 출력물을 증거로 사용하는 경우, 이는 실질에 있어서 피고인 또는 피고인 아닌 사람이 작성한 진술서나 그 진술을 기재한 서류와 크게 다를 바 없고, 그 내용의 진실성에 관하여는 전문법칙이 적용되고, 형사소송법 제313조 제1항에 의하여 작성자 또는 진술자의 진술에 의하여 성립의 진정함이 증명된 때에 한하여 이를 증거로 사용할 수 있다. 다만 문자정보의 존재 자체가 직접 증거로 되는 경우에는 전문법칙이 적용되지 아니한다(대판 2013.2.15. 2010도3504).
2. 피해자가 남동생에게 도움을 요청하면서 피고인으로부터 당한 공갈 등 피해 내용을 담아 보낸 문자메시지를 촬영한 사진은 형사소송법 제313조에 규정된 '피해자의 진술서'에 준하는 것으로 보아야 한다(대판 2010.11.25. 2010도8735).
3. 압수물인 디지털 저장매체로부터 출력한 문건을 증거로 사용하기 위해서는 디지털 저장매체 원본에 저장된 내용과 출력한 문건의 동일성이 인정되어야 하고, 이를 위해서는 디지털 저장매체 원본이 압수 시부터 문건 출력 시까지 변경되지 않았음이 담보되어야 한다. 그리고 압수된 디지털 저장매체로부터 출력한 문건을 진술증거로 사용하는 경우, 그 기재 내용의 진실성에 관하여는 전문법칙이 적용되므로 형사소송법 제313조 제1항에 따라 공판준비나 공판기일에서의 그 작성자 또는 진술자의 진술에 의하여 그 성립의 진정함이 증명된 때에 한하여 이를 증거로 사용할 수 있다(대판 2013.6.13. 2012도16001).

5. 수사기관의 검증조서(제312조 제6항)

> **제312조【검사 또는 사법경찰관의 조서 등】** ⑥ 검사 또는 사법경찰관이 검증의 결과를 기재한 조서는 적법한 절차와 방식에 따라 작성된 것으로서 공판준비 또는 공판기일에서의 <u>작성자의 진술에 따라 그 성립의 진정함</u>이 증명된 때에는 증거로 할 수 있다.

(1) **검증조서의 의의**: 검증조서란 법원 또는 수사기관이 검증의 결과를 기재한 서면, 즉 오관의 작용에 의하여 물(物)의 존재와 상태에 대하여 직접 인식한 것을 기재한 서면을 말한다.

(2) **법관 또는 법관의 검증조서**

→ 법원·법관 작성 검증조서는 당연히 증거능력이 인정됨.

(3) **수사기관 작성 검증조서**

① 적법성과 작성자의 진술에 따라 그 성립의 진정이 증명되면 증거능력이 인정됨.

  기출 피고인의 진술에 따라(X), 원진술자의 진술(X), 특신상태를 요한다(X)

② 검증조서에 기재된 진술

→ 피의자신문조서 및 참고인 진술조서와 실질적으로 동일하므로 조서작성의 주체와 진술자에 따라 제312조 ①항 내지 ④항 적용 또는 제313조가 개별적으로 적용

③ 검증조서에 첨부된 사진·도화의 증거능력

→ 사진이나 도화는 검증결과의 이해를 쉽게 하기 위해 첨부된 것이므로 검증조서와 일체를 이루는 것으로 보아서 원칙적으로 제312조 제6항에 의하여 작성자가 성립의 진정을 인정하면 증거능력 인정

> **판례**
>
> 1. 대법원은 "사법경찰관 사무취급이 작성한 실황조서가 사고발생 직후 사고장소에서 긴급을 요하여 판사의 영장없이 시행된 것으로서 형사소송법 제216조 제3항에 의한 검증에 따라 작성된 것이라면 사후영장을 받지 않는 한 유죄의 증거로 삼을 수 없다."라고 판시하여(대판 1984.03.13. 83도3006) 영장주의 및 검증에 관한 절차적 요건을 준수할 것을 전제로 증거능력을 인정하고 있다.
> 2. 수사보고서에 검증의 결과에 해당하는 기재가 있는 경우, 그 기재 부분은 실황조사서에 해당하지 아니하며, 단지 수사의 경위 및 결과를 내부적으로 보고하기 위하여 작성된 서류에 불과하므로 그 기재 부분은 증거로 할 수 없다(대판 2001.5.29. 2000도2933).
> 3. 사법경찰관 작성의 검증조서에 대하여 피고인이 증거로 함에 동의만 하였을 뿐 공판정에서 검증조서에 기재된 진술내용 및 범행을 재연한 부분에 대하여 그 성립의 진정 및 내용을 인정한 흔적을 찾아 볼 수 없고 오히려 이를 부인하고 있는 경우에는 그 증거능력을 인정할 수 없고, 위 검증조서 중 범행에 부합되는 피고인의 진술을 기재한 부분과 범행을 재연한 부분을 제외한 나머지 부분만을 증거로 채용하여야 한다(대판 1998.03.13. 98도159).
> 4. 피의자이던 피고인이 사법경찰리의 면전에서 자백한 진술에 따라 사고 당시의 상황을 재현한 사진과 그 진술내용으로 된 사법경찰리 작성의 실황조사서는 피고인이 공판정에서 그 범행 재현의 상황을 모두 부인하고 있는 이상 이를 범죄사실의 인정자료로 할 수 없다(대판 1989.12.26. 89도1557).

6. 감정서(제313조 제3항)

> **제313조【진술서 등】** ③ 감정의 경과와 결과를 기재한 서류도 제1항 및 제2항과 같다.

(1) 감정서
① 감정의 경과와 결과를 기재한 서류
② 감정인은 피고인이 될 수 없으므로 제313조 제1항 본문의 피고인 아닌 자가 작성한 진술서 규정을 적용한다는 의미

(2) 증거능력 인정요건
① ┌ 감정인의 진술에 의하여 성립의 진정이 증명
　　부인시 → 과학적 방법(디지털 포렌식 자료, 감정 등)에 의한 대체증명
　　　　　　　　　　+
　　└ 피고인 또는 변호인이 감정인에 대한 반대신문의 기회 보장
② 감정인의 진술불능의 경우에는 제314조를 적용하여 증거능력 인정

(3) 적용범위
① 법원의 명령에 의하여 감정인이 제출하는 감정서(제170조) → 감정서 ○
② 수사기관의 감정촉탁을 받은 자가 작성한 감정서(제221조②) → 감정서 ○
③ 사인인 의사의 진단서 ┬ 감정서 ×
　　　　　　　　　　　　└ 진술서 ○ → 제313조 제1항이 직접 적용

판례

1. 사인인 의사가 작성한 진단서는 당연히 증거능력 있는 서류가 아니므로 제313조 제1항에 의하여 증거능력이 인정되어야 한다(대판 1969.3.31. 69도179).
2. 거짓말탐지기 검사결과의 증거능력(= 감정서에 준함) 거짓말탐지기의 검사는 그 기기의 성능, 조작기술 등에 있어 신뢰도가 극히 높다고 인정되고 그 검사자가 적격자이며, 검사를 받은 사람이 검사를 받음에 동의하였으며, 검사자가 검사자 자신이 실시한 검사의 방법, 경과 및 그 결과를 충실하게 기재하였다는 등의 전제조건이 증거에 의하여 확인되었을 경우에만 형사소송법 제313조 제3항에 의하여 이를 증거로 할 수 있는 것이고, 위와 같은 조건이 모두 충족되어 증거능력이 있는 경우에도 그 검사결과는 검사를 받는 사람의 진술의 신빙성을 가늠하는 정황증거로서의 기능을 하는데 그치는 것이다(대판 1987.7.21. 87도968).

7. 제314조의 적용

> **제314조【증거능력에 대한 예외】** 제312조 또는 제313조의 경우에 공판준비 또는 공판기일에 진술을 요하는 자가 사망·질병·외국거주·소재불명, 그 밖에 이에 준하는 사유로 인하여 진술할 수 없는 때에는 그 조서 및 그 밖의 서류(피고인 또는 피고인 아닌 자가 작성하였거나 진술한 내용이 포함된 문자·사진·영상 등의 정보로서 컴퓨터용디스크, 그 밖에 이와 비슷한 정보저장매체에 저장된 것을 포함한다)를 증거로 할 수 있다. 다만, 그 진술 또는 작성이 특히 신빙할 수 있는 상태하에서 행하여졌음이 증명된 때에 한한다.

(1) **취지** : 수사기관 작성의 피의자신문조서·참고인진술서·검증조서·진술서·감정서 등의 경우 원진술자가 공판준비 또는 공판기일에 나와 성립의 진정을 인정해야 증거능력이 부여된다. 그러나 원진술자가 공판정에 출석하여 진술할 수 없고(필요성), 특히 신빙할 수 있는 상태에 있는 경우(신용성의 정황적 보장)에는 실체진실발견과 소송경제를 도모하기 위해 예외적으로 증거능력을 인정하는 것이 입법취지이다.

(2) **적용대상**

① 당해 피고인에 대한 피신조서 → 제314조 적용 ×[11]

② 검사 또는 사법경찰관 작성 공범에 대한 피신조서

> **Q.** 검사 또는 사법경찰관 작성 공범(乙)에 대한 피신조서가 증거로 제출되었는데, 원진술자인 공범(乙)이 법정에 출석하지 않은 경우 당해 피고인 甲의 피고사건에서 위 피신조서가 제314조에 따라 증거능력이 인정될 수 있는가?
>
> **A.** 사법경찰관작성 피신조서와 관련하여 당해 피고인과 공범관계가 있는 다른 피의자에 대한 검사 이외의 수사기관 작성의 피의자신문조서는 당해 피고인이 공판기일에서 그 조서의 내용을 부인하면 증거능력이 부정되므로 그 당연한 결과로 그 피의자신문조서에 대하여는 사망 등 사유로 인하여 법정에서 진술할 수 없는 때에 예외적으로 증거능력을 인정하는 규정인 형사소송법 제314조가 적용되지 아니한다.

③ 검사 또는 사법경찰관 작성 공범 아닌 공동피고인에 대한 피신조서 → 제312조 제4항에 따라 증거능력이 판단되어야 한다. 따라서 원진술자인 상피고인 乙이 법정에 출석하지 않는 경우에는 제314조에 따라 증거능력이 인정될 수 있다.

④ 제312조, 제313조의 서류(진술조서, 진술서, 검증조서, 감정서 등) → 제314조 적용 ×
단, 형식적 진정성립도 인정되지 않는 서류 → 제314조 적용 ×

⑤ 외국수사기관 작성 수사서류 → 제314조 적용 ○

> **판례** 외국수사기관 작성의 수사서류에도 제314조가 적용될 수 있다고 본 사례
>
> 우리나라 법원의 형사사법공조요청에 따라 미합중국 법원이 지명한 미합중국 검사가 작성한 피해자 및 공범에 대한 증언녹취서는 형사소송법 제312조 또는 제313조에 해당하는 조서 또는 서류로서, 원진술자가 공판기일에서 진술할 수 없는 때에는 형사소송법 제314조에 의하여 증거능력을 인정할 수 있다(대판 1999.2.26. 98도2742).

(3) **증거능력 인정요건(필요성 + 특신상태)**

① 필요성 : 사망·질병·외국거주·소재불명 기타 이에 준하는 사유로 인하여 원진술자가 진술할 수 없는 경우

② 특신상태 : 합리적인 의심의 여지를 배제할 정도의 증명(자유로운 증명)이 필요

> **기출** 특신상태의 증명은 단지 그러할 개연성이 있는 정도로 충분하다(X).

---

11) 피고인의 출석 없이는 원칙적으로 개정할 수 없으며, 출석 없이 재판할 수 있는 경우에도 제314조를 적용하는 것은 타당하지 않다.

판례 제314조 필요성이 인정되는 사유에 해당하는 경우

1. 피해자(사건당시 4세 6월, 증언당시 6세 11월)가 공판정에서 진술을 한 경우라도 증인신문 당시 일정한 사항에 관하여 기억이 나지 않는다는 취지로 진술하여 그 진술의 일부가 재현불가능하게 된 경우(현주건조물방화치사 사건, 99도3786)
2. 노인성치매로 인한 기억력 장애 등으로 증언을 거절한 때(91도2281)
3. 무단전출 또는 주민등록 미등재로 인한 피해자의 소환불능의 경우(83도931)
4. 소환불응 및 그에 대한 구인집행도 안 되는 경우(89도351)
5. 진술을 요할 자가 주소지를 떠나 그 주소를 알 수 없어 공판정에 출석하지 않은 경우(83도931)
6. 피해자가 피고인의 보복이 두렵다는 이유로 주거를 옮기고 또 소환에도 응하지 아니하여 결국 구인장을 발부하였지만 그 집행이 되지 않은 경우(95도933)
7. 진술을 요할 자가 중풍·언어장애 등 장애등급 3급 5호의 장애로 인하여 법정에 출석할 수 없었고, 그 후 신병을 치료하기 위하여 속초로 간 후에는 그에 대한 소재탐지가 불가능하게 된 경우(99도202)
8. 일본에 거주하는 사람을 증인으로 채택하여 환문코자 하였으나 외교통상부로부터 현재 일본측에서 형사사건에 대하여는 양국 형법체계상의 상이함을 이유로 송달에 응하지 않고 있어 그 송달이 불가능하다는 취지의 회신을 받은 경우(87도1446)
9. 증인이 미국으로 출국하여 그 곳에 거주하고 있음이 밝혀지고 또한 증인이 제1심 법원에 경위서를 제출하면서 장기간 귀국할 수 없음을 통보한 경우(2004도5561)

판례 제314조 필요성이 인정되는 사유에 해당하지 않는 경우

1. 소환을 받고도 2회나 출석하지 아니한 자에 대하여 구인신청도 하지 아니한 채 도리어 검사가 소환신청을 철회한 경우(69도364)
2. 1심에서 송달불능이 된 증인을 항소심에서 다시 증인으로 채택하여 소환함에 있어, 1심에서 송달불능된 주소로만 소환하고 기록상 용이하게 알 수 있는 다른 주소로 소환하지 아니한 경우(73도2124)
3. 소환장이 주소불명 등으로 송달불능되었거나 소재탐지촉탁을 하였으나 아직 그 회보가 오지 않은 상태인 경우(96도575)
4. 증인의 주소지가 아닌 곳으로 소환장을 보내 송달불능이 되자 그곳을 중심으로 한 소재탐지 끝에 소재불능회보를 받은 경우(2006도7479)
5. 원진술자가 공판기일에 증인으로 소환받고도 출산을 앞두고 있다는 이유로 출석하지 아니한 경우(99도915)
6. 원진술자가 만 5세 무렵에 당한 성추행으로 인하여 외상후 스트레스 증후군을 앓고 있다는 등의 이유로 공판정에 출석하지 아니한 경우(2004도3619)
7. 정당하게 증언거부권을 행사하여 증언을 거절한 경우(2009도6788)
8. 정당한 증언거부사유가 없음에도 증언거부권을 행사하여 증언을 거절한 경우(2018도13945)
   ⊕ 단, 피고인이 증인의 증언거부상황을 초래하였다는 특별한 사정이 있는 경우는 제외
9. 피고인이 증거서류의 진정성립을 묻는 검사의 질문에 대하여 진술거부권을 행사하여 진술을 거부한 경우(2012도16001)

8. 당연히 증거능력 있는 서류

> **제315조 【당연히 증거능력 있는 서류】** 다음에 게기한 서류는 증거로 할 수 있다.
> 1. 가족관계기록사항에 관한 증명서, 공정증서등본 기타 공무원 또는 외국공무원의 직무상 증명할 수 있는 사항에 관하여 작성한 문서
> 2. 상업장부, 항해일지 기타 업무상 필요로 작성한 통상문서
> 3. 기타 특히 신용할 만한 정황에 의하여 작성된 문서

구 분	당연히 증거능력(○)	당연히 증거능력(×)
공무상 직무문서 (제315조 1)	① 등기부등초본·인감증명·전과조회회보·신원증명서 ② 주민등록 등본 ③ 가족관계 기록사항에 관한 증명서 ④ 군의관이 작성한 진단서 ⑤ 국립과학수사 연구소장 작성의 감정의뢰회보서 ⑥ 외국공무원의 직무문서 ⑦ 보건사회부장관의 시가보고서 ⑧ 세무공무원의 시가감정서 ⑨ 일본하관 통괄심리관 작성의 범칙물건감정서등본	① 외국의 수사기관이 작성한 조서·서류·수사보고서 ② 우리 수사기관의 조서·수사보고서 ③ 주중국 영사가 상급자의 지시로 작성한 사실확인서 중 공인부분을 제외한 부분 ④ 육군과학수사연구소 실험분석관이 작성한 감정서(76도2960)
업무상 통상문서 (제315조 2)	① 상업장부·항해일지·금전출납부·전표 ② 의사가 작성한 진료기록부 ③ 그때그때의 기계적으로 작성한 비밀장부 ④ 성매매업소에서 영업에 참고하기 위하여 성매매상대방에 관한 정보를 입력·작성한 메모리카드 ⑤ 이면에 필적을 연습한 업무일지(2008도1584)	① 사인인 의사의 진단서(제313조①) ② 외부에 보이기 위한 표면장부 ③ 체포·구속인 접견부(2011도5459) ④ 후보자별 최종결산내역, 각 견적서, 실제 견적서 등(2018도2841)
특신문서 (제315조 3)	① 공공기록·역서·정기간행물의 시장가격표·스포츠기록·공무소작성 통계와 연감 ② 구속전피의자심문조서, 체포·구속적부심문조서 ③ 다른 사건의 공판조서 ④ 법원의 판결사본 ⑤ 사법경찰관작성의 수사보고서 중 국가보안법상의 새세대16호라는 이적표현물의 복사물(대판 1992.08.14. 92도1211)	① 주민들의 진정서사본 ② 공소장 ③ 외국수사기관이 수사결과 얻은 정보를 회신하여온 문서 ④ 국정원 심리전단 직원의 노트북컴퓨터에서 발견된 전자정보 ⑤ 건강보험심사평가원의 입원진료 적정성 여부 등 검토의뢰에 대한 회신

9. 전문진술

> **제316조 【전문진술】** ① 피고인이 아닌 자(공소제기 전에 피고인을 피의자로 조사하였거나 그 조사에 참여하였던 자를 포함한다. 이하 이 조에서 같다)의 공판준비 또는 공판기일에서의 진술이 피고인의 진술을 그 내용으로 하는 것인 때에는 그 진술이 특히 신빙할 수 있는 상태하에서 행하여졌음이 증명된 때에 한하여 이를 증거로 할 수 있다.
> ② 피고인 아닌 자의 공판준비 또는 공판기일에서의 진술이 피고인 아닌 타인의 진술을 그 내용으로 하는 것인 때에는 원진술자가 사망, 질병, 외국거주, 소재불명 그 밖에 이에 준하는 사유로 인하여 진술할 수 없고, 그 진술이 특히 신빙할 수 있는 상태하에서 행하여졌음이 증명된 때에 한하여 이를 증거로 할 수 있다.

(1) 의의
- 제311조 내지 제315조 → 진술을 기재한 서면의 증거능력에 관한 것
- 제316조는 공판정에서의 진술 그 자체가 전문을 내용으로 하는 경우에 그에 대한 증거능력을 규정한 것

(2) 피고인 아닌 자가 피고인의 진술을 전문한 경우(제316조 제1항)

① 증거능력 인정요건
- ㉠ 피고인의 원진술이 특히 신빙할 수 있는 상태하에서 행하여졌음이 증명된 때에 증거능력 인정
  - **예** 피고인(피의자) A의 진술을 들은 피고인 아닌 자(甲)가 법정에 진술한 경우
    → 피고인(피의자) A의 진술(원진술)의 특신상태 有
- ㉡ 원진술자인 피고인이 출석하여 진술할 수 있으므로 사망, 외국거주 등의 필요성은 요건이 아님.

② 피고인 아닌 자
- ㉠ 당해 피고 사건의 제3자뿐만 아니라 공동피고인이나 공범자가 모두 포함
- ㉡ 공소제기 전에 피고인을 피의자로 조사하였거나 그 조사에 참여하였던 자도 포함
  - **기출** 공소제기 전 피고인을 피의자로 신문한 사법경찰관이 그 진술내용을 법정에서 진술한 경우 형사소송법 제316조 제1항의 적용대상이 될 수 없다(X).

③ 피고인의 진술
- ㉠ 피의자, 참고인, 기타의 지위에서 행해진 것도 포함
- ㉡ 공동피고인이나 공범자는 피고인에 해당하지 않음.
  → 제316조 제2항의 피고인 아닌 자에 해당

> **판례** 관련판례
>
> 1. 전문의 진술을 증거로 함에 있어서는 전문진술자가 원진술자로부터 진술을 들을 당시 원진술자가 증언능력에 준하는 능력을 갖춘 상태에 있어야 할 것이다(대판 2006.4.14. 2005도9561).
> 2. 증인의 증언내용이 피고인이 경찰에서 피의자로서 조사받을 때 담당경찰관이 없는 자리에서 자기에게 자백진술을 하였다는 내용이라면 원진술자의 진술에 특신상태가 인정되지 않는다면 유죄의 증거로 삼을 수 없다(80도1289).

(3) 피고인 아닌 자(갑)가 피고인 아닌 자(A)의 진술을 전문한 경우(제316조 제2항)

① 증거능력 인정요건

원진술자가 사망, 질병, 외국거주, 소재불명 그 밖에 이에 준하는 사유로 인하여 진술할 수 없고(필요성-원진술자의 진술불능) + 그 진술이 특히 신빙할 수 있는 상태하에서 행하여졌음이 증명되면 증거능력이 인정됨.

예 목격자 A(원진술자, 피고인 아닌 자)의 진술을 들은 피고인 아닌 자(갑)가 법정에 진술한 경우

→ 목격자(원진술자) A의 진술불능 + 특신상태 有

② 피고인 아닌 자(갑)

㉠ 제3자뿐만 아니라 공동피고인이나 공범자 포함

기출 피고인 아닌 자에는 공동피고인이나 공범자는 포함되지 아니한다(X).

㉡ 공소제기 전에 피고인을 피의자로 조사하였거나 그 조사에 참여하였던 자 포함

③ 피고인 아닌 타인(A) : 제3자뿐만 아니라 공동피고인이나 공범자 포함

④ 피고인 아닌 자(A)의 공판준비 또는 공판기일에서의 진술이 피고인 아닌 타인(B)의 진술을 그 내용으로 하는 것인 때에는 원진술자(B)가 사망, 질병, 외국거주, 소재불명, 그 밖에 이에 준하는 사유로 인하여 진술할 수 없고(필요성), 그 진술이 특히 신빙할 수 있는 상태하에서 행하여졌음이 증명된 때에 한하여(신용성)이를 증거로 할 수 있다.

판례 관련판례

1. 형사소송법 제316조 제2항에서 말하는 '피고인 아닌 자'라고 함은 제3자는 말할 것도 없고 공동피고인이나 공범자를 모두 포함한다(2004도8654).

2. 전문진술의 원진술자인 공동피고인들이 법정에서 공소사실을 부인하는 경우 '원진술자가 사망, 질병, 외국거주, 소재불명 그 밖에 이에 준하는 사유로 인하여 진술할 수 없는 때'에 해당되지 않으므로 그 증거능력을 인정할 수 없다(2008도6985).

3. 피고인 甲이 아닌 상피고인 乙도 피고인 아닌 자에 해당한다고 할 것이니 상피고인 乙이 제1심 법정에서 간통사실을 부인하는 이 사건에 있어서는 원진술자인 상피고인 乙이 사망, 질병 기타 사유로 인하여 진술할 수 없는 때에 해당되지 아니하므로 상피고인 乙의 진술을 그 내용으로 하는 증언 및 진술은 전문증거로서 증거능력이 없다(84도2279).

4. 원진술자가 제1심법원에 출석하여 진술을 하였다가 항소심에 이르러 진술할 수 없게 된 경우를 제316조 제2항에서 정한 원진술자가 진술할 수 없는 경우에 해당한다고는 할 수 없다(2001도3997).

5. 조사자 증언도 제316조 제2항에 따라 증거능력이 인정될 수 있지만, 원진술자가 법정에 출석하여 수사기관에서 한 진술을 부인하는 취지로 증언한 이상 원진술자의 진술을 내용으로 하는 조사자의 증언은 증거능력이 없다(2008도6985).

10. 재전문

(1) **의의**: 전문증거가 그 내용에서 다시 전문증거를 포함하는 경우와 같이 이중의 전문이 되는 경우를 말한다.

(2) **구체적 예**

① 피고인 아닌 A가 피고인 아닌 B에게 범죄피해사실을 털어놓았는데, B가 사법경찰관 X에게 이와 같은 사실을 진술하여 X가 이러한 내용을 참고인진술조서로 작성한 경우 ⇨ 전문진술이 기재된 서류(재전문의 일종)

② 피고인 아닌 A가 피고인 아닌 B에게 범죄피해사실을 털어놓았는데, B가 사법경찰관 X에게 이와 같은 사실을 진술하였고, 조사자인 X가 법정에서 이러한 내용을 증언한 경우 ⇨ 재전문 진술(재전문의 일종)

③ 피고인 아닌 A(유아)가 피고인 아닌 B(심리치료사)에게 범죄피해사실을 털어놓았는데, B가 C(A의 어머니)에게 이러한 사실을 이야기해주고, C가 사법경찰관 X에게 이와 같은 사실을 진술하여 사경 X가 이러한 내용을 참고인진술조서로 작성한 경우 ⇨ 재전문진술이 기재된 서류(재재전문)

(3) **재전문증거의 증거능력**

① 전문진술을 기재한 조서: 제312조 내지 제314조의 규정과 제316조의 요건을 충족하면 증거능력 인정

② 재전문진술이나 재전문진술을 기재한 조서: 증거동의 하지 않는 한 증거능력 부정

(4) **증거동의와 탄핵증거**

① 재전문의 경우라도 피고인의 증거동의가 있는 경우 증거능력 인정

② 탄핵증거로 사용되는 경우에도 증거로 사용가능

판례 🗏 관련판례
---

1. 전문진술이 기재된 조서(= 증거능력 인정) → 전문진술이나 전문진술을 기재한 조서는 형사소송법 제310조의2의 규정에 의하여 원칙적으로 증거능력이 없으나, **다만** 피고인 아닌 자의 공판준비 또는 공판기일에서의 진술이 피고인의 진술을 그 내용으로 하는 것인 때에는 형사소송법 제316조 제1항의 규정에 따라 그 진술이 특히 신빙할 수 있는 상태하에서 행하여진 때에 한하여 이를 증거로 할 수 있고, 그 전문진술이 기재된 조서는 형사소송법 제312조 내지 314조의 규정에 의하여 그 증거능력이 인정될 수 있는 경우에 해당하여야 함은 물론 나아가 형사소송법 제316조 제1항의 규정에 따른 위와 같은 조건을 갖춘 때에 예외적으로 증거능력을 인정하여야 할 것이다(대판 2000.09.08. 99도4814).

2. 재전문진술이나 재전문진술을 기재한 조서(= 증거능력 부정) → 형사소송법은 전문진술에 대하여 제316조에서 실질상 단순한 전문의 형태를 취하는 경우에 한하여 예외적으로 그 증거능력을 인정하는 규정을 두고 있을 뿐, 재전문진술이나 재전문진술을 기재한 조서에 대하여는 달리 그 증거능력을 인정하는 규정을 두고 있지 아니하고 있으므로, 피고인이 증거로 하는 데 동의하지 않는 한 형사소송법 제310조의2의 규정(전문법칙)에 의하여 이를 증거로 할 수 없다(대판 2000.3.10. 2000도159).

11. 전문법칙 관련문제

(1) 영상녹화물의 증거능력

① **문제점**: 수사과정에서 피의자의 진술을 영상 녹화한 영상녹화물이 유죄 인정의 엄격한 증명의 자료로 사용할 수 있는지 문제

② **판례**: 수사기관이 참고인을 조사하는 과정에서 형사소송법 제221조 제1항에 따라 작성한 영상녹화물은 공소사실을 직접 증명할 수 있는 독립적인 증거로 사용될 수 없다.

③ **성폭력처벌법 및 아동·청소년의 성보호에 관한 법률상의 특칙**

㉠ 성폭력처벌법은 영상물에 수록된 피해자의 진술은 피해자 또는 조사과정에서 동석하였던 신뢰관계 있는 자 또는 진술조력인의 진술에 의하여 그 성립의 진정함이 인정된 때 증거로 사용할 수 있다.

→ 최근 헌법재판소는 성폭력처벌법상 영상물에 수록된 피해자의 진술의 증거능력을 인정하는 성폭력처벌법상의 규정을 피고인의 반대신문권을 과도하게 침해한다는 이유로 위헌선언하였다(헌재결 2021.12.23. 2018헌바524).

㉡ 「아동·청소년의 성보호에 관한 법률」에 따라 촬영한 영상물에 수록된 피해자의 진술은 공판준비 또는 공판기일에 피해자 또는 조사과정에 동석하였던 신뢰관계에 있는 자의 진술에 의하여 그 성립의 진정함이 인정된 때에는 증거로 할 수 있다.

(2) 녹음테이프의 증거능력

① **진술녹음**: 전문증거에 해당하므로 전문법칙 적용 → 제311조 내지 제313조 적용

㉠ 검사가 피의자 진술 녹음 → 제312조 제1항

㉡ 사법경찰관이 피의자 진술 녹음 → 제312조 제3항

㉢ 검사, 사법경찰관이 참고인 진술 녹음 → 제312조 제4항

㉣ 사인이 녹음 → 제313조 제1항

② **현장녹음**: 녹음자의 진술에 의하여 성립의 진정이 증명되면 증거능력 인정

판례

1. 사인이 피고인 아닌 사람과의 대화내용을 녹음한 녹음테이프는 형사소송법 제311조, 제312조 규정 이외의 피고인 아닌 자의 진술을 기재한 서류와 다를 바 없으므로 피고인이 그 녹음테이프를 증거로 할 수 있음에 동의하지 아니하는 이상 그 증거능력을 부여하기 위하여는 첫째, 녹음테이프가 원본이거나 원본으로부터 복사한 사본일 것, 둘째 형사소송법 제313조 제1항에 따라 공판준비나 공판기일에서 원진술자의 진술에 의하여 그 녹음테이프에 녹음된 각자의 진술내용이 자신이 진술한 대로 녹음된 것이라는 점이 인정되어야 할 것이다(대판 2011.9.8. 2010도7497).

2. 디지털 녹음기로 녹음한 내용이 콤팩트디스크에 다시 복사되어 그 콤팩트디스크에 녹음된 내용을 담은 녹취록이 증거로 제출된 사안에서, 위 콤팩트디스크가 현장에서 녹음하는 데 사용된 디지털 녹음기의 녹음내용 원본을 그대로 복사한 것이라는 입증이 없는 이상, 그 콤팩트디스크의 내용이나 이를 녹취한 녹취록의 기재는 증거능력이 없다(대판 2007.03.15. 2006도8869).

3. 피해자가 피고인과의 대화내용을 녹음한 디지털녹음기에 대한 증거조사절차를 거치지 아니한 채 그 녹음내용을 재녹음한 카세트테이프에 대한 제1심 검증조서 중 피고인의 진술부분을 유죄의 증거로 채택한 원심의 조치가 잘못이 있다(대판 2005.12.23. 2005도2945).

⑶ 사진의 증거능력

판례

1. 검사는 휴대전화기 이용자가 그 문자정보를 읽을 수 있도록 한 휴대전화기의 화면을 촬영한 사진을 증거로 제출한 경우, 이를 증거로 사용하기 위해서는 문자정보가 저장된 휴대전화기를 법정에 제출할 수 없거나 그 제출이 곤란한 사정이 있고 그 사진의 영상이 휴대전화기의 화면에 표시된 문자정보와 정확하게 같다는 사실이 증명되어야 할 것이다(대판 2008.11.13. 2006도2556).

2. 정보통신망을 통하여 공포심이나 불안감을 유발하는 글을 반복적으로 상대방에게 도달하게 하는 행위를 하였다는 공소사실에 대하여 휴대전화기에 저장된 문자정보가 그 증거가 되는 경우, 그 문자정보는 범행의 직접적인 수단이고 경험자의 진술에 갈음하는 대체물에 해당하지 않으므로 형사소송법 제310조의2에서 정한 전문법칙이 적용되지 않는다(대판 2008.11.13. 2006도2556).

3. 피해자가 피고인으로부터 당한 공갈 등 피해 내용을 담아 남동생에게 보낸 문자메시지를 촬영한 사진은 형사소송법 제313조에 규정된 '피해자의 진술서'에 준하는 것인데, 제반 사정에 비추어 그 진정성립이 인정되어 증거로 할 수 있다(대판 2010.11.25. 2010도8735).

Q. 甲은 휴대전화기를 이용하여 A에게 공포심을 유발하는 글을 반복적으로 도달하게 한 혐의로 정보통신망이용촉진 및 정보보호등에 관한 법률위반죄로 기소되었다. 검사는 乙이 甲의 부탁을 받고 甲의 휴대전화기를 보관하고 있다는 사실을 알고 乙에게 부탁하여 甲의 휴대전화기를 임의제출 받았다. 한편 A는 B의 휴대전화기에 "甲으로부터 수차례 협박 문자메시지를 받았다"는 내용의 문자메시지를 발송하였다.

A1. 甲의 휴대전화기는 甲의 승낙이나 영장없이 위법하게 수집된 증거로서 증거능력이 부정된다(X).

➡ 비록 甲의 동의나 승낙이 없었다고 하여도 乙은 보관자의 지위에 있기 때문에 乙이 임의로 제출한 휴대전화기는 적법한 압수로서 증거능력이 부여된다(대판 2008.5.15. 2008도1097).

A2. 甲의 휴대전화기 화면을 촬영한 사진을 증거로 사용하려면 甲의 휴대전화기를 법정에 제출할 수 없거나 그 제출이 곤란한 사정이 있고, 그 사진의 영상이 甲의 휴대전화기 화면에 표시된 문자정보와 정확하게 같다는 사실이 증명되어야 한다(O).

A3. 甲의 휴대전화기 자체가 아니라 甲의 휴대전화기 화면에 표시된 문자메시지를 촬영한 사진이 증거로 제출된 경우 甲이 그 성립 및 내용의 진정을 부인하는 때에는 이를 증거로 사용할 수 없다(X).

➡ 정보통신망을 통하여 공포심이나 불안감을 유발하는 글을 반복적으로 상대방에게 도달하게 하는 행위를 하였다는 공소사실에 대하여 휴대전화기에 저장된 문자정보가 그 증거가 되는 경우, 그 문자정보는 범행의 직접적인 수단이고 경험자의 진술에 갈음하는 대체물에 해당하지 않으므로, 형사소송법 제310조의2에서 정한 전문법칙이 적용되지 않는다(대판 2008.11.13. 2006도2556).

A4. B의 휴대전화기에 저장된 문자메시지는 본래증거로서 형사소송법 제310조의2가 정한 전문법칙이 적용될 여지가 없다(X).

➡ B의 휴대전화기에 저장된 문자메시지는 전문증거로서 피해자의 진술서에 준하는 것이다. 따라서 문자메시지의 내용에 관하여는 전문법칙이 적용되어야 한다. 판례도 유사한 사례에서 "피해자가 피고인으로부터 당한 공갈 등 피해 내용을 담아 남동생에게 보낸 문자메시지를 촬영한 사진"은 형사소송법 제313조에 규정된 '피해자의 진술서'에 준하는 것인데, 제반 사정에 비추어 그 진정성립이 인정되어 증거로 할 수 있다(대판 2010.11.25. 2010도8735).

제5절 당사자의 동의와 증거능력

제318조 【당사자의 동의와 증거능력】 ① 검사와 피고인이 증거로 할 수 있음을 동의한 서류 또는 물건은 진정한 것으로 인정한 때에는 증거로 할 수 있다.

1 증거동의의 의의

1. 의의
검사와 피고인이 증거로 할 수 있음을 동의한 서류 또는 물건은 법원이 진정한 것으로 인정할 때에는 증거로 할 수 있다.

→ 전문법칙에 의하여 증거능력이 없는 증거라 할지라도 당사자가 동의한 때에는 증거로 할 수 있다.

2. 본질
증거동의의 본질은 반대신문권의 포기에 있음.

→ 반대신문과 관계없는 증거(**예** 임의성 없는 자백, 위법수집증거)는 증거동의의 대상 ×

판례

제318조 제1항은 전문증거금지원칙에 대한 예외로서 반대신문권을 포기하겠다는 피고인의 의사표시에 의하여 증거능력을 부여하는 규정이라고 판시한 바 있다(대판 1983.3.8. 82도2873).

2 동의의 주체와 대상

1. 동의의 주체
(1) 동의의 주체는 당사자인 검사와 피고인이다. 증거신청한 측의 상대방의 동의가 있어야 하며, 법원이 직권으로 채택한 증거에 대해서는 양당사자의 동의가 필요하다.

(2) 변호인은 피고인의 명시한 의사에 반하지 않는 한 증거동의를 할 수 있다(독립대리권).

→ 변호인의 동의 有 + 피고인이 즉시 이의하지 아니하면 변호인의 동의로 증거능력 인정

판례

형사소송법 제318조에 규정된 증거동의의 주체는 소송 주체인 검사와 피고인이고, 변호인은 피고인을 대리하여 증거동의에 관한 의견을 낼 수 있을 뿐이므로 피고인의 명시한 의사에 반하여 증거로 함에 동의할 수는 없다. 따라서 피고인이 출석한 공판기일에서 증거로 함에 부동의한다는 의견이 진술된 경우에는 그 후 피고인이 출석하지 아니한 공판기일에 변호인만이 출석하여 종전 의견을 번복하여 증거로 함에 동의하였다 하더라도 이는 특별한 사정이 없는 한 효력이 없다고 보아야 한다(대판 2013.03.28. 2013도3).

2. 동의의 상대방
증거동의 상대방은 법원이어야 한다. 검사에 대한 증거동의는 동의의 효력이 없다.

3 동의의 대상

1. 서류 또는 물건

(1) 서류

① 전문서류 → 전문법칙에 의하여 증거능력이 없는 서류

　　예 피의자신문조서, 참고인 진술조서, 진술서, 사진 등

② 전문진술 → 동의가 반대신문권 포기를 의미하므로 전문증거가 되는 진술(전문진술, 재전문진술)도 동의의 대상에 포함

> **판례**
>
> 1. 사법경찰리가 작성한 피해자에 대한 진술조서나 압수조서도 피고인이 공소사실의 증거로 하는 데 동의하였다면 이들은 모두 증거능력이 있다(대판 1990.6.26. 90도827).
> 2. 재전문진술을 기재한 조서에 대하여 피고인이 이를 증거로 함에 동의하여 증거능력이 있다(대판 2004.3.11. 2003도171).
> 3. 사진이 피고인 자신의 것에 틀림없다 진술하고, 이를 증거로 하는데 동의하였다면 증거능력이 있다(대판 1969.8.19. 69도938).
> 4. 피고인과 별개의 범죄사실로 기소되어 병합심리중인 공동피고인은 피고인의 범죄사실에 관하여는 증인의 지위에 있다 할 것이므로 선서없이 한 공동피고인의 법정진술이나 피고인이 증거로 함에 동의한 바 없는 공동피고인에 대한 피의자 신문조서는 피고인의 공소 범죄사실을 인정하는 증거로 할 수 없다(대법원 1982.9.14. 82도1000).

(2) **물건**: 비진술증거인 물건도 증거동의 대상에 포함된다(판례).

> **판례**
>
> 공소외인의 상해부위를 촬영한 사진'은 비진술증거로서 전문법칙이 적용되지 않으므로, 위 사진이 진술증거임을 전제로 전문법칙이 적용되어야 한다는 취지의 상고이유의 주장 또한 받아들일 수 없다. <중략> 피고인은 제1심 제1회 공판기일에 위 사진을 증거로 함에 동의하였고, 이에 따라 제1심법원이 위 사진에 대한 증거조사를 완료하였음을 알 수 있으므로, 상고이유의 주장과 같이 피고인이 원심(항소심)에 이르러 위 사진에 대한 증거동의의 의사표시를 취소 또는 철회하였다 하여, 위 사진의 증거능력이 상실되지 않는다(대판 2007.7.26. 2007도3906).

2. 증거능력 없는 증거

(1) 동의의 대상이 되는 것은 증거능력 없는 전문증거에 한한다.

　→ 증거능력이 인정된 증거는 동의의 대상이 아님.

　　예 피고인이 내용을 인정한 검사작성 피신조서 → 증거동의 대상 ×

(2) 임의성 없는 자백이나 위법수집증거 → 증거동의 대상 ×

　　비교 증언번복조서[12], 증인신문 참여권 침해[13] → 증거동의 대상 ○

---

12) 공판준비 또는 공판기일에서 피고인에게 유리한 증언을 한 증인을 수사기관이 법정 외에서 다시 참고인으로 조사하면서 그 증언을 번복하게 하여 작성한 참고인진술조서는 피고인이 동의한 경우 증거로 사용할 수 있다(대판 2000.6.15. 99도1108).

13) 당사자에게 참여의 기회를 주지 않고 행한 증인신문은 참여권을 침해한 것으로서 무효이지만, 피고인이 그 증인신문조서에 대하여 증거동의를 하면 그 하자는 치유된다(대판 1988.11.8. 86도1646).

(3) 유죄증거에 대한 반대증거 제출된 서류는 피고인에게 유리 → 증거동의 대상 ×

> **판례**
>
> 피고인이 유죄증거에 대한 반대증거로 제출한 서류에 대하여는 그것이 유죄사실을 인정하는 증거가 되는 것이 아닌 이상 반드시 그 진정 성립이 증명되지 아니하거나 이를 증거로 함에 있어서의 상대방의 동의가 없다고 하더라도 증거판단의 자료로 할 수 있다(대판 1981.12.22. 80도1547).

3. 동의의 시기와 방식

(1) **동의의 시기**: 원칙적으로 증거조사 전에 하여야 함(증거결정단계).

(2) **동의의 방식**: 명시적·묵시적, 포괄적·개별적 동의

> **판례**
>
> 1. 피고인 아닌 자의 진술조서에 대하여 "의견 없다"고 한 진술이나(대판 1972.06.13. 72도922) 피고인이 신청한 증인의 전문진술에 대하여 "별 의견이 없다"고 한 피고인의 진술(대판 1983.09.27. 83도516)에 대하여 증거동의로 볼 수 있다. → 묵시적 동의 허용
> 2. 개개의 증거에 대하여 개별적인 증거조사방식을 거치지 아니하고 "검사가 제시한 모든 증거에 대하여 피고인이 증거로 함에 동의한다."는 방식으로 이루어진 것이라 하여도 증거동의로서의 효력이 인정된다고 보아 포괄적 증거동의도 허용하는 취지로 판시한 바 있다(대판 1983.03.08. 82도2873). 다만, 판례는 "공판정 진술과 배치되는 부분 부동의"라는 식의 의사표시는 그 조서 전부를 증거로 함에 동의하지 아니한다는 취지로 해석해야 한다고 본다(대판 1984.10.10. 84도1552).

◼4 동의의 의제

> **제318조 【당사자의 동의와 증거능력】** ② 피고인의 출정 없이 증거조사를 할 수 있는 경우에 피고인이 출정하지 아니한 때에는 전항의 동의가 있는 것으로 간주한다. 단, 대리인 또는 변호인이 출정한 때에는 예외로 한다.

1. 피고인의 불출석

(1) **피고인의 출석 없이 증거조사할 수 있는 경우**: 피고인의 출정 없이 증거조사를 할 수 있는 경우에는 피고인이 출정하지 아니한 때에는 증거동의가 있는 것으로 간주한다. 다만, 대리인 또는 변호인이 출정한 때에는 예외로 한다.

> **기출** 피고인의 출정 없이 증거조사를 할 수 있는 경우에 피고인이 출정하지 아니한 때에는 피고인이 증거로 함에 동의한 것으로 간주할 수 없다(X).
>
> **기출** 피고인의 출정 없이 증거조사를 할 수 있는 경우 피고인이 출정하지 아니한 때에는, 피고인의 대리인 또는 변호인이 출정하여도 피고인이 증거로 함에 동의한 것으로 간주한다(X).

> **판례**
>
> 약식명령에 불복하여 정식재판을 청구한 피고인이 정식재판절차에서 2회 불출정하여 법원이 피고인의 출정 없이 증거조사를 하는 경우에 위 법 제318조 제2항에 따른 피고인의 증거동의가 간주된다(대판 2010.07.15. 2007도5776).

(2) **피고인과 변호인의 퇴정** : 피고인이 재판장의 허가없이 퇴정하고 변호인마저 동조하여 퇴정 → 증거동의 의제 ○

판례

필요적 변호사건에서도 피고인과 변호인이 임의 퇴정해 버린 것은 피고인 측의 방어권남용 내지 변호권의 포기로서 제330조에 의하여 피고인이나 변호인의 재정 없이도 심리·판결할 수 있고 제318조 제2항의 규정상 제318조 제1항 증거동의 의제도 가능하다(대판 1991.6.28. 91도865).

2. 간이공판절차

간이공판절차의 결정이 있는 사건의 증거에 관하여는 검사, 피고인, 변호인의 이의가 있는 경우를 제외하고는 전문증거에 대하여 당사자의 증거동의가 있는 것으로 간주된다.

기출 간이공판절차의 결정이 있는 사건의 증거에 관하여 검사, 피고인 또는 변호인이 증거로 함에 이의를 표시하였다 하더라도 마찬가지로 증거동의가 의제된다(X).

5 동의의 효과

1. 증거능력의 인정

(1) 당사자가 동의한 서류 또는 물건은 법원이 진정성을 인정하면 증거능력이 인정된다. 당사자의 증거동의에 의해서 곧바로 증거능력이 인정되는 것은 아니다.

(2) 진정성 여부는 자유로운 증명으로 증명이 가능하다.

2. 반대신문권 상실

(1) 당사자가 증거로 함에 동의한다는 것은 증거능력과 증명력을 다툴 권리를 포기한다는 것을 의미하며 증거의 증명력을 다툴 권리를 포기한다는 것은 원진술자에 대한 반대신문권을 포기한다는 것을 의미한다.

⇨ 증거로 함에 동의한 당사자는 동의한 증거(예 피해자 진술조서)의 증명력을 탄핵하기 위해 원진술자(피해자)를 증인으로 신청할 수 없다.

(2) 동의한 당사자라도 반대신문권 이외의 방법으로 증명력을 다투는 것은 허용된다.

3. 동의의 효력이 미치는 범위

(1) **물적 범위**

① 원칙적으로 동의의 대상으로 특정된 서류 또는 물건의 전체에 미친다.

② 다만, 증거내용이 가분인 때에는 그 일부분에 대하여 동의할 수 있다.

예 검증조서 중 범행부분은 부동의하고 현장상황 부분만 증거로 동의 ⇨ 가능

(2) **인적 범위**

증거동의는 동의한 피고인에 대해서만 그 효력이 미치고 다른 공동피고인에게는 미치지 않는다.

(3) **시간적 범위**

① 동의의 효력은 공판절차의 갱신이 있거나, 심급이 변경되어도 소멸되지 않는다.

② 제1심에서 증거동의한 후 제2심에서 부동의하거나 범행을 부인하는 경우

→ 증거능력 유지

6 동의의 철회, 취소

1. 동의의 철회

절차의 안정성을 해하지 않는 한 증거조사 완료 전까지 철회할 수 있다.

기출 구두변론 종결시까지 철회할 수 있다(X).

2. 동의의 취소

증거조사완료 후 증거동의 취소는 허용될 수 없다. 다만, 증거동의가 중대한 착오에 기한 경우 또는 수사기관의 강박에 의한 경우에 한하여 취소가 허용된다.

판례

"형사소송법 제318조에 규정된 증거동의의 의사표시는 증거조사가 완료되기 전까지 취소 또는 철회할 수 있으나, 일단 증거조사가 완료된 뒤에는 취소 또는 철회가 인정되지 아니하므로 제1심에서 한 증거동의를 제2심에서 취소할 수 없고, 일단 증거조사가 종료된 후에 증거동의의 의사표시를 취소 또는 철회하더라도 취소 또는 철회 이전에 이미 취득한 증거능력이 상실되지 않는다."라고 판시하여, 증거동의는 절차형성적 소송행위라는 견지에서 증거조사가 완료된 후에는 증거동의의 의사표시를 취소 또는 철회할 수 없다고 보아 증거조사완료시설이다(대판 1996.12.10. 96도2507).

제6절 탄핵증거

제318조의2 【증명력을 다투기 위한 증거】 ① 제312조부터 제316조까지의 규정에 따라 증거로 할 수 없는 서류나 진술이라도 공판준비 또는 공판기일에서의 피고인 또는 피고인 아닌 자(공소제기 전에 피고인을 피의자로 조사하였거나 그 조사에 참여하였던 자를 포함한다. 이하 이 조에서 같다)의 진술의 증명력을 다투기 위하여 증거로 할 수 있다. ② 제1항에도 불구하고 피고인 또는 피고인이 아닌 자의 진술을 내용으로 하는 영상녹화물은 공판준비 또는 공판기일에 피고인 또는 피고인 아닌 자가 진술함에 있어서 기억이 명백하지 아니한 사항에 관하여 기억을 환기시켜야 할 필요가 있다고 인정되는 때에 한하여 피고인 또는 피고인이 아닌 자에게 재생하여 시청하게 할 수 있다.

1 탄핵증거의 의의 및 성질

1. 의의

(1) **개념** : 증거능력 없는 전문증거라도 피고인 또는 피고인 아닌 자의 진술의 증명력을 다투기 위하여 사용할 수 있다.

예 丙이 "현장에서 甲이 乙을 살해하는 것을 보았다."고 증언을 하자, 피고인측에서 "丙이 살해하는 현장을 보지 못했다고 말하는 것을 들었다."는 丁의 진술서를 제출하는 경우 丁의 진술서가 탄핵증거이다.

(2) **취지** : 법관으로 하여금 증거가치를 재음미하게 함으로써 합리적인 증명력을 도모

2. 성질

(1) 전문법칙의 적용이 없는 경우이다.

(2) 자유심증주의의 예외가 아니며 이를 보강하는 제도이다.

3. 허용범위

탄핵증거는 자기모순 진술에 한하여 탄핵증거 사용할 수 있다. 즉, 공판정 진술과 상이한 공판정 외의 진술이나 진술을 기재한 서류에 한정된다.

2 탄핵의 대상과 범위

1. 탄핵의 대상

(1) 탄핵의 대상은 피고인 또는 피고인 아닌 자의 진술의 증명력이다.

(2) 공소제기 전에 피고인 또는 피의자를 조사하였거나 그 조사에 참여한 자의 진술은 모두 탄핵의 대상이 된다.

(3) 자기측이 신청한 증인이 자기 측에 불리한 증언을 한 경우 탄핵할 수 있다.

2. 탄핵의 범위

(1) 탄핵증거는 진술의 증명력을 다투기 위한 경우에만 허용

→ 탄핵증거는 범죄사실이나 그 간접사실을 인정하는 증거로 사용될 수 없다.

(2) 처음부터 증명력을 지지하거나 보강하는 것은 허용되지 않는다.

> **판례**
>
> 1. 탄핵증거는 진술의 증명력을 감쇄하기 위하여 인정되는 것이고 범죄사실 또는 그 간접사실의 인정의 증거로서는 허용되지 않는다(2011도5459).
> 2. 유죄의 자료가 되는 것으로 제출된 증거의 반대증거 서류에 대하여는 그것이 유죄사실을 인정하는 증거가 되는 것이 아닌 이상 반드시 그 진정성립이 증명되지 아니하거나 이를 증거로 함에 있어서의 상대방의 동의가 없다고 하더라도 증거판단의 자료로 할 수 있다(80도1547).
> 3. 원심이 검사가 탄핵증거로 신청한 체포·구속인접견부 사본은 피고인의 부인 진술을 탄핵한다는 것이므로 결국 검사에게 입증책임이 있는 공소사실 자체를 입증하기 위한 것에 불과하므로 피고인의 진술의 증명력을 다투기 위한 탄핵증거로 볼 수 없다는 이유로 그 증거신청을 기각한 것은 정당하다(2011도5459).

3 탄핵증거의 제한

1. 사용가능

(1) 증거능력 없는 전문증거

(2) 성립의 진정이 인정되지 아니하는 전문증거

> **판례**
>
> 사법경찰리 작성의 피고인에 대한 피의자신문조서는 피고인이 그 내용을 부인하는 이상 증거능력이 없으나, 그것이 임의로 작성된 것이 아니라고 의심할 만한 사정이 없는 한 피고인의 법정에서의 진술을 탄핵하기 위한 반대증거로 사용할 수 있다(2005도2617).

2. 사용 불가능

(I) 임의성 없는 자백 ┐
(2) 위법하게 수집된 증거 ┘ → 증거동의의 대상도 아님.

(3) 영상녹화물

　① 영상녹화물은 탄핵증거로는 사용할 수 없다.

　　기출 피고인의 진술을 내용으로 하는 영상녹화물은 공판준비 또는 공판기일에서의 피고인 진술의 증명력을 다투기 위하여 증거로 할 수 있다(X).

　② 다만, 피고인 또는 피고인이 아닌 자가 진술함에 있어서 기억이 명백하지 아니한 사항에 관하여 기억을 환기시켜야 할 필요가 있다고 인정되는 때에 한하여 피고인 또는 피고인이 아닌 자에게 재생하여 시청하게 할 수 있다.

　③ 영상녹화물의 재생은 검사의 신청이 있는 경우에 한하고, 기억의 환기가 필요한 피고인 또는 피고인 아닌 자에게만 이를 재생하여 시청하게 하여야 한다.

　　기출 기억환기를 위한 영상녹화물의 조사는 검사 또는 피고인의 신청이 있는 경우에 한한다(X).

■4■ 탄핵증거의 조사방법

1. 제출방법

어느 부분에 의하여 진술의 어느 부분을 다투려고 하는지 입증취지를 구체적으로 명시

2. 조사방식

(I) 탄핵증거도 공판정에서의 증거조사는 필요하다.

　기출 증거조사는 필요하지 않는다(X).

(2) 증거능력이 없는 전문증거에 사용하는 것이므로 엄격한 증명은 요하지 않는다.

　기출 엄격한 증명을 거쳐야 한다(X).

판례
---

1. 탄핵증거는 범죄사실을 인정하는 증거가 아니므로 엄격한 증거조사를 거쳐야 할 필요가 없음은 형사소송법 제318조의2의 규정에 따라 명백하다고 할 것이나, 법정에서 이에 대한 탄핵증거로서의 증거조사는 필요하다 (2005도2617).

2. 탄핵증거의 제출에 있어서도 상대방에게 이에 대한 공격방어의 수단을 강구할 기회를 사전에 부여하여야 한다는 점에서 그 증거와 증명하고자 하는 사실과의 관계 및 입증취지 등을 미리 구체적으로 명시하여야 할 것이므로, 증명력을 다투고자 하는 증거의 어느 부분에 의하여 진술의 어느 부분을 다투려고 한다는 것을 사전에 상대방에게 알려야 한다(2005도2617).

제7절 증명력 관련문제

1 자유심증주의

> **제308조【자유심증주의】** 증거의 증명력은 자유판단에 의한다.

1. 의의
증거의 증명력 평가를 법률로 규정하지 않고 법관의 자유로운 판단에 맡기는 원칙

2. 주체
개별법관이 증명력의 주체이다.
→ 합의부 또는 단독판사 ×

3. 대상
증거의 증명력이다.
→ 여기서 증거라 함은 엄격한 증명의 자료와 자유로운 증명의 자료 모두 포함

4. 자유판단
(1) **의의**
① 증명력 판단에 있어서 법관이 법률적 제한을 받지 않는다는 것
② 모순되는 증거 가운데 어느 것을 믿을 것인가도 자유롭게 결정
③ 법관은 동일증거의 일부만을 취신(取信)할 수 있다.
④ 단독으로는 증명력이 없는 여러 증거가 결합하여 증명력을 가지는 경우, 다수 증거를 종합한 종합증거에 의하여도 사실을 인정할 수 있다.

> **판례**
>
> 1. 증거의 취사와 이를 근거로 한 사실의 인정은 그것이 경험칙에 위배된다는 등의 특단의 사정이 없는 한 사실심법원의 전권에 속한다(87도2709).
> 2. 증거의 증명력은 법관의 자유판단에 맡겨져 있으나 그 판단은 논리와 경험칙에 합치하여야 하고, 형사재판에 있어서 유죄로 인정하기 위한 심증형성의 정도는 합리적인 의심을 할 여지가 없을 정도여야 하나, 이는 모든 가능한 의심을 배제할 정도에 이를 것까지 요구하는 것은 아니며, 증명력이 있는 것으로 인정되는 증거를 합리적인 근거가 없는 의심을 일으켜 이를 배척하는 것은 자유심증주의의 한계를 벗어나는 것으로 허용될 수 없다 할 것인바, 여기에서 말하는 합리적 의심이라 함은 모든 의문, 불신을 포함하는 것이 아니라 논리와 경험칙에 기하여 요증사실과 양립할 수 없는 사실의 개연성에 대한 합리성 있는 의문을 의미하는 것으로서, 피고인에게 유리한 정황을 사실인정과 관련하여 파악한 이성적 추론에 그 근거를 두어야 하는 것이므로 단순히 관념적인 의심이나 추상적인 가능성에 기초한 의심은 합리적 의심에 포함된다고 할 수 없다(2004도2221). ✿ 합리적 의심이라 함은 피고인에게 불리한 정황을 사실인정과 관련하여 파악한 이성적 추론에 그 근거를 두어야 하는 것이므로 단순히 관념적인 의심이나 추상적인 가능성에 기초한 의심은 합리적 의심에 포함된다고 할 수 없다. ×

3. 형사재판에서 범죄사실의 인정은 법관으로 하여금 합리적인 의심을 할 여지가 없을 정도의 확신을 가지게 하는 증명력을 가진 엄격한 증거에 의하여야 하므로, 검사의 증명이 위와 같은 확신을 가지게 하는 정도에 충분히 이르지 못한 경우에는 비록 피고인의 주장이나 변명이 모순되거나 석연치 않은 면이 있는 등 유죄의 의심이 간다고 하더라도 피고인의 이익으로 판단하여야 한다(2012도231).

(2) 구체적 고찰

① 증인의 증언 → 증인이 성년·미성년, 책임능력 유·무, 선서유무에 관계없이 법관이 자유롭게 증언을 취사선택

② 피고인의 자백 → 법관은 피고인이 자백한 때에도 자백의 진실성을 심리하여 자백과 다른 사실을 인정할 수 있다.

  기출 피고인의 자백에 법원은 기속된다(X).

③ 감정인의 의견 → 법관은 감정인의 감정결과에 구속당하지 않음.

④ 서증 → 증거서류의 증명력에 관하여도 법관의 자유판단을 제한할 증거법칙은 없으므로 법관이 자유롭게 증명력을 판단

  판례

[증언의 증명력]

1. 같은 사람의 검찰에서의 진술과 법정에서의 증언이 다를 경우 반드시 후자를 믿어야 된다는 법칙은 없다고 할 것이므로 같은 사람의 법정에서의 증언과 다른 검찰에서의 진술을 믿고서 범죄사실을 인정하더라도 그것이 위법하게 진술된 것이 아닌 이상 자유심증에 속한다(88도740).

2. 비가 오는 야간에 우연히 지나다가 20-30여명이 몰려 있던 싸움현장을 목격하였음에 불과한 사람이 그로부터 1개월여가 지난 뒤에 단순한 당시의 기억만으로 피해자를 때리려고 한 사람이 바로 피고인이었다고 지목하는 것은 경험칙상 그 확실성 여부가 의심스러운 것이다(84도2058).

3. 강간죄에서 공소사실을 인정할 증거로 사실상 피해자의 진술이 유일한 경우에 피고인의 진술이 경험칙상 합리성이 없고 그 자체로 모순되어 믿을 수 없다고 하여 그것이 공소사실을 인정하는 직접증거가 되는 것은 아니지만, 이러한 사정은 법관의 자유판단에 따라 피해자 진술의 신빙성을 뒷받침하거나 직접증거인 피해자 진술과 결합하여 공소사실을 뒷받침하는 간접정황이 될 수 있다(2018도7709). ✘ 법원이 증거보전절차에서의 진술을 믿지 않을 만한 사유가 있어서 믿지 않는 것은 자유심증주의의 남용이다. ✕

4. 피해자의 증언이나 진술이 공소사실에 부합하는 유일한 직접증거라 하더라도 그 증거가 합리적이고 이치에 맞는 내용이라면 이를 유죄의 증거로 한다하여 위법이라고 할 수는 없다(85도2769).

[감정의 증명력]

1. 법관은 심신상실이라는 감정결과에 반하여 책임능력을 인정하여 유죄판결을 할 수 있다(66도529).

2. 감정의견 중 다수의견이 아니라 소수의견을 채택할 수도 있다(75도2068).

[조서의 증명력]

1. 증거보전절차에서의 진술이 법원의 관여하에 행하여지는 것으로서 수사기관에서의 진술보다 임의성이 더 보장되는 것이기는 하나 보전된 증거가 항상 진실이라고 단정지울 수는 없는 것이므로 법원이 그것을 믿지 않을 만한 사유가 있어서 믿지 않는 것에 자유심증주의의 남용이 있다고 볼 수 없다(79도2125).

[간접증거의 증명력]

1. 유죄의 심증이 반드시 직접증거에 의하여 형성되어야만 하는 것은 아니고 경험칙과 논리법칙에 위반되지 아니하는 한 간접증거에 의하여 형성되어도 무방하며, 간접증거가 개별적으로는 범죄사실에 대한 완전한 증명력을 가지지 못하더라도 전체 증거를 상호 관련하에 종합적으로 고찰할 경우 그 단독으로는 가지지 못하는 종합적 증명력이 있는 것으로 판단되면 그에 의하여도 범죄사실을 인정할 수 있다(2013도4172). ✖ 간접증거가 개별적으로 완전한 증명력을 가지지 못한다면 종합적으로 고찰하여 증명력이 있는 것으로 판단되더라도 그에 의하여 범죄사실을 인정할 수 없다. ✕

2. 형사재판에 있어 심증형성은 반드시 직접증거에 의하여 형성되어야만 하는 것은 아니고 간접증거에 의할 수도 있는 것이며, 간접증거는 이를 개별적·고립적으로 평가하여서는 아니 되고 모든 관점에서 빠짐 없이 상호 관련시켜 종합적으로 평가하고, 치밀하고 모순 없는 논증을 거쳐야 한다(2004도2221). ✖ 형사재판에 있어 심증형성은 간접증거에 의할 수도 있으며, 간접증거는 이를 개별적·고립적으로 평가하고, 치밀하고 모둔 없는 논증을 거쳐야 한다. ✕

3. 상해진단서는 특별한 사정이 없는 한 피해자의 진술과 더불어 피고인의 상해사실에 대한 유력한 증거가 되며, 합리적인 근거없이 그 증명력을 함부로 배척할 수는 없다(2010도12728).
   [1] 범행에 관한 간접증거만이 존재하고 더구나 그 간접증거의 증명력에 한계가 있는 경우, 범인으로 지목되고 있는 자에게 범행을 저지를 만한 동기가 발견되지 않는다면, 만연히 무엇인가 동기가 분명히 있는데도 이를 범인이 숨기고 있다고 단정할 것이 아니라 반대로 간접증거의 증명력이 그만큼 떨어진다고 평가하는 것이 형사 증거법의 이념에 부합하는 것이라 할 것이다. ✖ 범행에 관한 간접증거는 존재하고 있으나, 범인으로 지목되고 있는 자에게 범행을 저지를 만한 동기가 발견되지 않는다면, 만연히 무엇인가 동기가 분명히 있는데도 이를 범인이 숨기고 있다고 단정할 것이다. ✕
   [2] 원심이 뚜렷한 확증도 없이 단지 위에서 본 바와 같이 정황증거 내지 간접증거들만으로서 이 사건 공소사실을 유죄로 인정한 것은 채증법칙을 위배하여 판결결과에 영향을 미친 사실오인의 위법을 범하였다 할 것이다(2005도8675). ✖ 범죄사실에 대한 뚜렷한 확증 없이 정황증거 내지 간접증거들만으로 공소사실을 유죄로 인정하더라도 채증법칙의 위반이라고 할 수 없다. ✕

4. 살인죄 등과 같이 법정형이 무거운 범죄의 경우에도 직접증거 없이 간접증거만에 의하여 유죄를 인정할 수 있고, 살해의 방법이나 피해자의 사망경위에 관한 중요한 단서인 피해자의 사체가 멸실된 경우라 하더라도 간접증거를 상호 관련하에서 종합적으로 고찰하여 살인죄의 공소사실을 인정할 수 있다(2012도2658).

[과학적 증거방법의 증명력]

1. [1] 유전자검사나 혈액형검사 등 과학적 증거방법은 아무런 합리적 근거 없이 함부로 이를 배척하는 것은 자유심증주의의 한계를 벗어나는 것으로서 허용될 수 없다.
   [2] 유전자검사 결과 주사기에서 마약성분과 함께 피고인의 혈흔이 확인됨으로써 피고인이 필로폰을 투약한 사정이 적극적으로 증명되는 경우, 반증의 여지가 있는 소변 및 모발검사에서 마약성분이 검출되지 않았다는 소극적 사정에 관한 증거만으로 이를 쉽사리 뒤집을 수 없다(2008도8486).

2. 피고인이 평소 투약량의 20배에 달하는 1g의 메스암페타민을 한꺼번에 물에 타서 마시는 방법으로 투약하였다는 것은 쉽게 믿기 어렵고, 또 만약 그렇게 투약하였다면 피고인의 생명이나 건강에 위험이 발생하였을 가능성이 없지 않았을 것으로 보여져, 피고인의 자백을 신빙하기 어렵다(2002도6766).

3. 모발성분분석 결과 40% 오차 이내이면 동일인의 모발로 감정을 한다는 것이나, 위 40%의 오차에 관하여는 경험상 그렇다는 진술뿐, 그 근거를 명확하게 제시하지 못하고 있으므로 위 감정 결과를 가지고 피고인이 이 사건 범행의 범인이라고 단정할 수는 없다(96도1144).

[범인식별절차의 증명력]

1. 용의자의 인상착의 등에 의한 범인식별 절차에 있어 용의자 한 사람을 단독으로 목격자와 대질시키거나 용의자의 사진 한 장만을 목격자에게 제시하여 범인 여부를 확인하는 것은 그 신빙성이 낮다(2007도1950).

2. [1] 범죄 발생 직후 목격자의 기억이 생생하게 살아있는 상황에서 현장이나 그 부근에서 범인식별 절차를 실시하는 경우에는, 용의자와 목격자의 일대일 대면도 허용된다.

　　[2] 피해자가 경찰관과 함께 범행 현장에서 범인을 추적하다 골목길에서 범인을 놓친 직후 골목길에 면한 집을 탐문하여 용의자를 확정한 경우, 그 현장에서 용의자와 피해자의 일대일 대면이 허용된다(2008도12111). ✖ …일대일 대면이 허용된다고 보기 어렵다. ✕

[제1심 판결 및 확정판결의 증명력]

1. 형사재판에 있어서 이와 관련된 다른 형사사건의 확정판결에서 인정된 사실은 특별한 사정이 없는 한 유력한 증거자료가 되는 것이나, 당해 형사재판에서 제출된 다른 증거 내용에 비추어 관련 형사사건의 확정판결에서의 사실판단을 그대로 채택하기 어렵다고 인정될 경우에는 이를 배척할 수 있다(2011도15653). ✖ …형사재판에서 당해 사건과 관련된 다른 형사사건의 확정판결에서 인정된 사실은 배척할 수 없다. ✕

2. [1] 항소심으로서는 제1심 증인이 한 진술의 신빙성 유무에 대한 제1심의 판단이 항소심의 판단과 다르다는 이유를 들어 제1심의 판단을 함부로 뒤집어서는 안 된다.

　　[2] 국민참여재판으로 진행된 제1심에서 배심원이 만장일치로 한 평결 결과를 받아들여 강도상해의 공소사실을 무죄로 판단하였으나, 항소심에서는 피해자에 대하여만 증인신문을 추가로 실시한 다음 제1심의 판단을 뒤집어 이를 유죄로 인정한 사안에서, 항소심 판단에 공판중심주의와 실질적 직접심리주의 원칙의 위반 및 증거재판주의에 관한 법리오해의 위법이 있다(2009도14065).

5. 판단기준

증명력의 판단은 논리와 경험법칙에 위배되지 않아야 한다.

6. 자유심증주의의 예외

(1) 자백의 보강법칙 → 피고인의 자백이 그 피고인에게 불이익한 유일의 증거일 때에는 이를 유죄의 증거로 하지 못하므로 자백의 보강법칙은 자유심증주의의 예외

(2) 공판조서의 증명력 → 공판기일의 소송절차로서 공판조서에 기재된 것은 그 조서만으로써 증명 (공판조서에 절대적 증명력 부여)하므로 자유심증주의의 예외

(3) 진술거부권의 행사 → 피고인이 진술을 거부한다고 하더라도 법관은 이를 근거로 그 피고인에게 불리하게 심증을 형성해서는 안되므로 자유심증주의의 예외

2 자백보강법칙

> **제310조 【불이익한 자백의 증거능력】** 피고인의 자백이 그 피고인에게 불이익한 유일의 증거인 때에는 이를 유죄의 증거로 하지 못한다.

1. 의의

(1) **개념**: 피고인의 자백이 그 피고인에게 불이익한 유일의 증거인 때에는 이를 유죄의 증거로 하지 못한다. → 자유심증주의에 대한 예외

(2) 근거 → 오판방지, 자백편중 수사의 억제

2. 적용범위 ≪약간보강 / 소죽(즉) 보강없음≫

(1) 자백의 보강법칙은 정식의 형사사건에서 적용된다. → 간이공판절차, 약식절차 포함

(2) 즉결심판절차와 소년보호사건에서는 적용되지 않음.

> [기출] 자백의 보강법칙은 간이공판절차와 약식명령절차 및 즉결심판사건도 적용된다(X).
> [기출] 자백의 보강법칙은 소년보호사건에서는 적용되나, 즉결심판사건에는 적용되지 않는다(X).

3. 보강을 필요로 하는 자백

(1) **피고인의 자백**

① 보강법칙은 피고인의 자백에 대하여만 적용

② 피고인의 공판정 자백의 경우에도 자백의 보강법칙이 적용됨. → 보강증거 필요

> [기출] 피고인의 자백이라 하더라도 공판정에서의 자백에는 보강증거를 요하지 않는다(X).

> **판례**
>
> 1. 피고인의 법정에서의 진술과 피고인에 대한 검찰 피의자신문조서의 진술기재들은 피고인의 법정 및 검찰에서의 자백으로서 형사소송법 제310조에서 규정하는 자백의 개념에 포함되어 그 자백만으로는 유죄의 증거로 삼을 수 없다(2007도10937). ✗ 피고인의 자백이라 하더라도 공판정에서의 자백에는 보강증거를 요하지 않는다. ✕
> 2. 피고인이 뇌물공여 혐의를 받기 전에 이와는 관계없이 준설공사에 필요한 각종 인·허가 등의 업무를 위임받아 이를 추진하는 과정에서 그 업무수행에 필요한 자금을 지출하면서, 스스로 그 지출한 자금내역을 자료로 남겨두기 위하여 뇌물자금과 기타 자금을 구별하지 아니하고 그 지출 일시, 금액, 상대방 등 내역을 그때그때 계속적·기계적으로 기입한 수첩의 기재 내용은 피고인이 자신의 범죄사실을 시인하는 자백이라고 볼 수 없으므로 증거능력이 있는 한 피고인의 금전출납을 증명할 수 있는 별개의 증거라고 할 것이다. 피고인의 검찰에서의 자백에 대한 보강증거가 될 수 있다(94도2865).

(2) 공범자의 자백

① 피고인의 자백이 아니기 때문에 자백의 보강법칙이 적용되지 않음. → 보강증거 불요
② 공범자의 자백 → 독립한 별개의 증거이므로 보강증거가 될 수 있다.

판례

1. 형사소송법 제310조의 '피고인의 자백'에는 공범인 공동피고인의 진술이 포함되지 아니한다하므로 공범인 공동피고인의 진술은 다른 공동피고인에 대한 범죄사실을 인정하는 데 있어서 증거로 쓸 수 있고 그에 대한 보강증거의 여부는 법관의 자유심증에 맡긴다(85도951).
2. 공동피고인의 자백은 이에 대한 피고인의 반대신문권이 보장되어 있어 증인으로 신문한 경우와 다를 바 없으므로 독립한 증거능력이 있고, 이는 피고인들 간에 이해관계가 상반된다고 하여도 마찬가지이다(92도917). ✔ 공범인 공동피고인의 각 진술은 상호 간에 서로 보강증거가 될 수 없다. × ✔ 형사소송법 제301조의 피고인의 자백에는 공범인 공동피고인의 진술은 포함되지 않으나, 이러한 공동피고인의 진술에 대하여는 피고인의 반대신문권이 보장되어 있지 않으므로 독립한 증거능력이 없다. ×
3. 공범인 공동피고인의 진술은 다른 공동피고인에 대한 범죄사실을 인정하는 증거로 할 수 있는 것일뿐만 아니라 공범인 공동피고인들의 각 진술은 상호 간에 서로 보강증거가 될 수 있다(90도1939).

4. 보강증거의 성질

(1) **증거능력**: 보강증거는 유죄판결을 가능하게 하는 증거이므로 증거능력이 있어야 한다.
→ 전문증거는 전문법칙의 예외를 제외하고 보강증거가 될 수 없다.

(2) **독립증거**

① 피고인의 자백과 실질적으로 독립된 별개의 증거이어야 한다.
→ 피고인의 자백을 내용으로 하는 피고인 아닌 자의 진술은 보강증거가 될 수 없음.
② 간접증거, 정황증거로도 보강증거가 될 수 있다.

판례

"피고인이 범행을 자인하는 것을 들었다."는 피고인 아닌 자의 진술 내용은 형사소송법 제310조의 피고인의 자백에는 포함되지 아니하나, 이는 피고인의 자백의 보강증거로 될 수 없다(2007도10937). ✔ 피고인의 범행을 자인하는 것을 들었다는 피고인 아닌 자의 진술내용은 형사소송법 제310조의 피고인의 자백에는 포함되지 아니하므로 이는 자백의 보강증거로 될 수 있다. ×

판례 간접증거 – 보강증거가 될 수 있는 증거

1. "위조신분증을 제시·행사하였다."는 자백에 대한 '제시·행사한 신분증'의 현존(82도3107)
2. "내가 거주하던 다세대주택의 여러 세대에서 7건의 절도행위를 하였다."는 자백에 대한 '각 절취품의 압수조서 및 압수물 사진'의 존재(대판 2008.5.29. 2008도2343) ✔ 피고인이 7건의 절도행위를 한 것으로 기소된 경우, 그 중 4건은 범행장소인 구체적 호수가 특정되지 않았을 때, 피고인의 집에서 해당 피해품을 압수한 압수조서와 압수물의 사진은 위 자백에 대한 보강증거가 될 수 없다. ×
3. "2010.2.18. 02 : 00경 필로폰 약 0.03g을 커피에 타 마신 후 스타렉스 차량을 1km 가량 운전하였다."라는 자백에 대한 "2010.2.18. 01 : 35경 스타렉스 차량을 타고 온 피고인으로부터 필로폰 0.06g을 건네 받은 후 피고인이 차량을 운전해 갔다."는 갑의 진술과 '2010.2.20. 피고인으로부터 채취한 소변에서 필로폰 양성 반응이 나왔다.'는 감정의뢰회보(2010도11272).

4. "면허 없이 내 차량을 운전하였다."는 자백에 대한 '차량이 피고인의 소유로 등록되어 있다.'는 내용의 자동차등록증(2000도2365)

5. 뇌물공여의 상대방이 뇌물 수수 사실을 부인하면서도 뇌물공여자를 만났던 사실 및 청탁을 받은 사실을 시인한 것이 뇌물 공여자의 자백에 대한 보강증거가 될 수 있다(94도993).

6. 뇌물수수자가 공사와 관련된 각종 편의를 제공한 사실은 뇌물공여자의 자백에 대한 보강증거가 된다(98도2890).

7. 피고인이 성명불상자로부터 반지 1개를 편취한 후 이 반지를 1984.4.20.경 명금당의 乙에게 매도하였다는 취지로 진술하고 있고 한편 검사의 乙에 대한 진술조서 기재에 위 일시 경 피고인으로부터 금반지 1개를 매입하였다고 진술하고 있다면 위 을의 진술은 보강하는 증거가 될 수 있다(85도1838).

판례 간접증거 – 보강증거가 될 수 없는 증거

필로폰 매수 대금을 송금한 사실에 대한 증거는 필로폰 투약행위(자백)에 대한 보강증거가 될 수 없다(2007도10937). ✘ 피고인이 필로폰을 매수하면서 그 대금으로 은행계좌에 송금한 사실에 대한 압수수색검증영장에 집행보고는 필로폰 매수행위뿐만 아니라 그와 실체적 경합범 관계에 있는 필로폰 투약행위에 대해서도 그 보강증거가 될 수 있다. ✘

5. 보강증거의 범위

(1) 보강증거는 자백의 진실성을 담보하는 정도면 족하다.

기출 자백에 대한 보강증거는 범죄사실의 전부 또는 중요부분을 인정할 수 있는 정도가 되어야 한다(X).

판례

자백에 대한 보강증거는 범죄사실의 전부 또는 중요 부분을 인정할 수 있는 정도가 되지 아니하더라도 피고인의 자백이 가공적인 것이 아닌 진실한 것임을 인정할 수 있는 정도만 되면 족할 뿐만 아니라, 직접증거가 아닌 간접증거나 정황증거도 보강증거가 될 수 있고, 또한 자백과 보강증거가 서로 어울려서 전체로서 범죄사실을 인정할 수 있으면 유죄의 증거로 충분하다(2010도11272). ✘ 자백에 대한 보강증거는 범죄사실의 전부 또는 중요부분을 인정할 수 있는 정도가 되지 않더라도, 피고인의 자백이 가공적인 아닌 진실한 것임을 인정할 수 있는 정도만 되면 족하지만, 직접증거가 아닌 간접증거나 정황증거는 보강증거가 될 수 없다. ✘

(2) 구체적 고찰

① 보강증거는 자백한 범죄의 객관적 구성요건 사실에 한해서만 필요

┌ 주관적 구성요소인 범의 → 보강증거 불요
└ 객관적 구성요건 이외의 사실인 처벌조건, 전과, 확정판결의 존부 → 보강증거 불요

판례

1. 피고인과 공소외 갑이 현대자동차 춘천영업소를 점거했다가 갑이 처벌받았다는 것에 대한 증거는 피고인이 그 보복으로 학교총장실을 침입점거 했다는 것이라는 피고인의 자백에 대한 보강증거가 될 수 없다(90도2010). ✘ 피고인이 주거침입의 범행을 자백하는 때에, 주거침입행위의 동기에 관한 참고인의 전문진술이 제출된 경우 보강증거가 될 수 있다. ✘

2. 범의는 자백만으로 인정할 수 있다(61도171). ✘ 고의와 같은 주관적 요소에도 보강증거가 요구된다. ✘

3. 전과에 관한 사실은 엄격한 의미에서의 범죄사실과는 구별되는 것으로서 피고인의 자백만으로서도 이를 인정할 수 있다(79도1528). ✗ 전과에 관한 사실을 보강증거 없이 피고인의 자백만으로 이를 인정한 경우에는 법령위반에 해당하므로 상소이유가 된다. ✕ ✗ 판례는 누범가중의 원인사실, 전과, 정상에 관한 사실에 대해서도 각각의 보강증거가 필요하다고 본다. ✕
4. 확정판결은 엄격한 의미의 범죄사실과는 구별되는 것이어서 피고인의 자백만으로서도 그 존부를 인정할 수 있다(83도820).

② 죄수와 보강증거
  ㉠ 실체적 경합범 → 개개의 범죄에 대하여 각각 보강증거 필요
  ㉡ 상상적 경합범 → 실체법상 수죄이므로 각 범죄에 대하여 보강증거 필요
  ㉢ 포괄일죄 ┬ 상습범·연속범 → 개별적으로 보강증거가 필요
             └ 영업범 → 개개의 행위에 대하여 개별적인 보강증거는 불요

  기출 포괄일죄인 상습범에 있어서 이를 구성하는 각 행위에 관하여 개별적으로 보강증거가 필요한 것은 아니다(X).

  판례

  1. 피고인의 습벽을 범죄구성요건으로 하는 포괄일죄인 상습범에 있어서도 이를 구성하는 각 행위에 관하여 개별적으로 보강증거가 필요하다(95도1794). ✗ 피고인의 습벽을 범죄구성요건으로 하며 포괄일죄인 상습범에 있어서 이를 구성하는 각 행위별로 보강증거를 요하는 것이 아니고 포괄적으로 보강증거를 요한다. ✕
  2. 실체적 경합범은 실질적으로 수죄이므로 각 범죄사실에 관하여 자백에 대한 보강증거가 있어야 한다(2007도10937).

6. 자백의 보강법칙 위반의 효과
자백을 유일한 증거로 하여 유죄판결을 선고한 경우 법률 위반으로 상소의 이유가 되고, 그 판결이 확정된 경우에는 비상상고의 이유가 된다.

판례

피고인의 자백이 그 피고인에게 불이익한 유일의 증거인 때에는 이를 유죄의 증거로 하지 못하는 것이므로, 보강증거가 없이 피고인의 자백만을 근거로 공소사실을 유죄로 판단한 경우에는 그 자체로 판결결과에 영향을 미친 위법이 있는 것으로 보아야 한다(2007도7835). ✗ 제1심 법원이 증거의 요지에서 피고인의 자백을 뒷받침할 만한 보강증거를 거시하지 않았음에도, 항소심이 적법하게 증거조사를 마쳐 채택한 증거들로 피고인의 자백을 뒷받침하기에 충분한 경우 제1심 법원의 판단을 유지한 것은 정당하다. ✕

3 공판조서의 증명력

> **제56조【공판조서의 증명력】** 공판기일의 소송절차로서 공판조서에 기재된 것은 그 조서만으로써 증명한다.

1. 의의

(1) 공판기일의 소송절차로서 공판조서에 기재된 것은 그 조서만으로써 증명한다. → 자유심증주의에 대한 예외

(2) 공판조서 이외의 자료에 의한 반증이 허용되지 않는 절대적인 것이다.

> **기출** 배타적 증명력이 인정되는 공판조서라 할지라도 공판조서 이외의 자료에 의한 반증이 허용되지 않는 것을 의미하는 것은 아니다(X).

> **판례**
>
> 1. 공판조서의 기재가 명백한 오기인 경우를 제외하고는 공판기일의 소송절차로서 공판조서에 기재된 것은 조서만으로써 증명하여야 하고, 그 증명력은 공판조서 이외의 자료에 의한 반증이 허용되지 않는 절대적인 것이다(2011도12571).
> 2. 검사 제출의 증거서류에 대하여 공판기일에 공판정에서 증거조사가 실시된 것으로 증거목록에 기재된 경우에는 그 증거목록의 기재는 공판조서의 일부로서 명백한 오기가 아닌 이상 절대적인 증명력을 가지게 된다(2015도3467).

2. 공판조서의 정확성 보장

(1) 재판장과 참여한 법원사무관 등이 기명날인 또는 서명

(2) 피고인 및 변호인의 열람·등사권, 이의신청권 인정

> **판례**
>
> 1. 피고인이 공판조서의 열람 또는 등사를 청구하였음에도 법원이 불응하여 피고인의 열람 또는 등사청구권이 침해된 경우에는 공판조서를 유죄의 증거로 할 수 없을 뿐만 아니라 공판조서에 기재된 당해 피고인이나 증인의 진술도 증거로 할 수 없다고 보아야 한다. 다만 그러한 증거들 이외에 적법하게 채택하여 조사한 다른 증거들만에 의하더라도 범죄사실을 인정하기에 충분하고, 또한 당해 공판조서의 내용 등에 비추어 보아 공판조서의 열람 또는 등사에 응하지 아니한 것이 피고인의 방어권이나 변호인의 변호권을 본질적으로 침해한 정도에 이르지는 않은 경우에는, 판결에서 공판조서 등을 증거로 사용하였다고 하더라도 그러한 잘못이 판결에 영향을 미친 위법이라고 할 수는 없다(2011도15869). ✔ 피고인의 열람 또는 등사청구권이 침해된 경우에는 그 공판조서를 유죄의 증거로 할 수 없으나, 공판조서에 기재된 증인의 진술은 증거로 할 수 있다. ✕
> 2. 피고인이 차회 공판기일 전 등 원하는 시기에 공판조서를 열람·등사하지 못하였다 하더라도 그 변론종결 이전에 이를 열람·등사한 경우에는 그 열람·등사가 늦어짐으로 인하여 피고인의 방어권 행사에 지장이 있었다는 등의 특별한 사정이 없는 한 형사소송법 제55조 제1항 소정의 피고인의 공판조서의 열람·등사청구권이 침해되었다고 볼 수 없어, 그 공판조서를 유죄의 증거로 할 수 있다고 보아야 한다(2007도3906). ✔ 피고인의 방어권 행사에 지장이 있었다 하더라도 변론종결 이전에 공판조서를 열람·등사한 경우에는 그 공판조서를 유죄의 증거로 할 수 있다. ✕

PART 05

3. 배타적 증명력이 인정되는 범위

(1) 공판조서에 기재된 소송절차

① 공판조서 → 당해 공판조서만을 의미

　vs. 다른 사건의 공판조서 → 제315조 제3호에 따라 당연히 증거능력 인정될 뿐이다.

② 배타적 증명력은 공판조서에 기재된 것에 한하여 인정된다.

③ 공판조서에 기재되지 않았다고 하여 소송절차의 부존재가 추정되는 것은 아니다.

　→ 공판조서 이외의 자료에 의한 증명이 허용

④ 공판조서의 기재가 명백한 오기인 경우 그 올바른 내용에 따라 증명력이 인정된다.

> **기출** 공판기일의 소송절차로서 공판조서에 기재된 것은 조서만으로 증명하여야 하는데, 이는 공판조서의 기재가 명백한 오기인 경우에도 마찬가지이다(X).

판례

1. 동일한 사항에 관하여 두 개의 서로 다른 내용이 기재된 공판조서가 병존하는 경우 그 중 어느 쪽이 진실한 것으로 볼 것인지는 공판조서의 증명력을 판단하는 문제로서 법관의 자유로운 심증에 따를 수밖에 없다(86도1646). ✗ 공판조서의 기재사항이 불분명하거나 서로 다른 내용이 기재된 공판조서가 병존하는 경우에는 배타적 증명력이 배제된다. ○

2. 공판조서의 기재가 명백한 오기인 경우에는 공판조서는 그 올바른 내용에 따라 증명력을 가진다(95도1289).

(2) 공판기일의 소송절차: 공판조서의 증명력은 공판기일의 절차에 한하여 인정된다.

> **기출** 공판기일 외의 공판준비절차, 증인신문, 검증 등(X)

4. 배타적 증명력이 있는 공판조서

(1) 유효한 공판조서의 존재: 공판조서가 처음부터 작성되지 않은 경우나 중대한 방식 위반으로 무효인 경우에는 배타적 증명력이 인정되지 않는다.

(2) 공판조서가 멸실·무효인 경우: 다른 자료에 의한 증명이 허용되지 않고, 상소심은 원판결을 파기환송하여야 한다.

CHAPTER
04 재판

제1절 재판의 기본개념

1 재판의 의의와 종류

1. 의의

협의의 의미로는 유죄·무죄의 실체적 종국재판을 의미하나, 광의로는 법원 또는 법관의 법률행위적 소송행위를 말한다.

2. 재판의 종류

(1) 재판의 기능에 의한 분류

구 분	종국재판	종국전의 재판
개 념	피고사건에 대한 소송계속을 그 심급에서 종결시키는 재판을 말한다.	종국재판에 이르기까지의 절차에 관한 재판을 말한다.
종 류	① 유죄·무죄판결 ② 관할위반판결·공소기각결정·공소기각판결·면소판결 ③ 상소심의 파기판결, 상소기각결정	종국재판 이외의 결정·명령 예 증거조사의 이의신청에 대한 결정, 보석허가결정, 증거조사기각결정, 공판절차정지결정, 공소장변경허가결정 등
취소·변경	법적 안정성이 강조되어 재판을 한 법원이 취소·변경할 수 없다.	합목적성이 강조되어 재판을 한 법원이 취소·변경할 수 있다.
상 소	상소의 이익이 있는 한 상소 허용	원칙적으로 상소가 허용되지 않는다.

기출 법원의 결정은 모두 종국 전 재판이다(X).
기출 공소기각 결정은 종국 전 재판이다(X).

(2) 재판의 형식에 의한 분류

구 분	판 결	결 정	명 령
개 념	수소법원에 의한 종국재판의 원칙적 형식 (사실을 확정하여 법령을 적용하는 재판)	수소법원에 의한 종국전 재판의 원칙적 형식 (법령해석에 관한 재판)	재판장·수명법관·수탁판사의 재판형식 (내용은 결정과 동일)
종 류	① 유죄·무죄판결 ② 관할위반, 공소기각, 면소판결	① 이의신청에 대한 결정 ② 보석·공소장변경의 허가결정 ③ 공소기각·항소기각결정	① 공판기일의 지정·변경 ② 피의자에 대한 구속영장의 발부
심 리	구두변론이 원칙 (필요적 변론)	구두변론을 요하지 않고 필요한 경우 사실조사 가능 (임의적 변론)	
판 결	이유명시, 재판서 작성	① 상소를 불허하는 결정 또는 명령은 이유명시가 불필요 ② 재판서 작성하지 않고 조서에만 기재하는 것도 가능	

재판 형태	선고의 방식	고지의 방식	
불복 방법	① 제1심 판결에 대한 불복: 　항소 ② 제2심 판결에 대한 불복: 　상고	항고 (보통항고, 즉시항고)	① 일반적 상소방법은 없음 ② 예외적으로 이의신청이나 　준항고 허용

기출 결정은 구두변론에 의할 것을 요한다(X).

(3) **재판의 내용에 의한 분류**

구 분	실체재판	형식재판
개 념	사건에 대한 실체적 법률관계를 판단하는 재판(본안재판)	사건에 대한 절차적 법률관계를 판단하는 재판(본안외 재판)
종 류	종국재판 중 유죄·무죄판결	① 종국전 재판 ② 종국재판 중 관할위반, 공소기각, 면소
재 판	판결의 형식에 의함	판결·결정·명령의 형식에 의함

❷ 재판의 성립 및 방식

1. 재판의 성립

(1) **내부적 성립**

① 의의: 재판의 의사표시적 내용이 재판기관의 내부에서 결정되는 것

② 시기 ┬ 합의부 → 합의부의 구성원인 법관들의 합의가 있을 때
　　　　└ 단독판사 → 재판서 작성시

③ 효과: 재판이 내부적으로 성립하면 법관이 경질되어도 공판절차를 갱신할 필요 없다.

(2) **외부적 성립**

① 의의: 재판의 의사표시적 내용이 재판을 받는 자에 의해서 인식될 수 있는 상태에 이른 것

② 시기: 판결 선고시 또는 결정·명령의 고지시

③ 선고와 고지의 방법

　㉠ 판결의 선고 → 재판장이 공판정에서 주문을 낭독하고 이유의 요지를 설명하며, 적절한 훈계를 할 수 있다.

　㉡ 결정·명령 → 공판정 외에서 할 수 있고, 재판서의 등본송달 기타 다른 적당한 방법으로 할 수 있다.

　㉢ 내부적 성립에 관하여지 않은 판사가 하여도 효력에 영향이 없다.

④ 효력

　㉠ 재판의 구속력 → 재판을 한 재판기관도 그 내용을 철회·변경할 수 없다.

　㉡ 상소기간의 진행 → 재판이 선고·고지된 날로부터 상소기간이 진행

　㉢ 구속영장 실효 → 무죄, 면소, 공소기각, 집행유예, 형면제 등의 판결이 선고되면 그 선고와 동시에 구속영장은 실효

　㉣ 재판의 집행력 → 결정 및 명령은 원칙적으로 집행력이 발생하며, 가납명령이 있는 재산형도 선고 즉시 집행할 수 있다.

2. 재판서

(1) 의의
① 재판의 형식에 따라 판결서, 결정서, 명령서로 구분
② 재판은 재판서에 의하는 것이 원칙이나, 결정·명령은 재판서에 의하지 아니하고 조서에만 기재할 수 있다.

(2) 기재사항
① 최종적 결론인 주문과 주문에 이르게 된 논리적 과적이 이유를 기재
② 판결서에는 기소한 검사와 공판에 관여한 검사의 관직·성명과 변호인의 성명을 기재

(3) 서명날인
① 재판서에는 재판한 법관이 서명날인하여야 한다.
② 재판장이 서명날인할 수 없는 때 → 다른 법관이 사유를 부기하고 서명날인
다른 법관이 서명날인할 수 없는 때 → 재판장이 사유를 부기하고 서명날인
③ 판결서 기타 대법원 규칙이 정한 재판서를 제외한 재판서에 대하여는 서명날인에 갈음하여 기명날인 가능
단, 판결과 각종영장(감정유치장, 감정처분허가장 포함)은 반드시 서명날인 필요

(4) 재판서의 결정
재판서에 오기 기타 이에 유사한 오류가 있는 것이 명백한 때에는 법원은 직권 또는 당사자의 신청에 의하여 경정결정을 할 수 있다.

(5) 재판서의 송부 · 송달 · 교부청구
① 재판서의 송부: 검사의 집행 지휘를 요하는 재판은 재판서 또는 재판을 기재한 조서의 등본 또는 초본을 재판의 선고 또는 고지한 때로부터 10일 이내에 검사에게 송부
기출 14일 이내(X)
② 재판서의 송달
㉠ 판결 → 선고일로부터 7일 이내에 피고인에게 그 판결서등본을 송달
단, 불구속 피고인과 법 제331조(무죄 등 선고)의 규정에 의하여 구속영장의 효력이 상실된 구속 피고인에 대하여는 신청하는 경우에 한하여 송달
㉡ 결정·명령 → 공판정 외에서 고지하는 경우에는 재판서등본의 송달 또는 다른 적당한 방법으로 하여야 한다.
③ 재판서 교부청구: 피고인 기타의 소송관계인, 고소인 또는 고발인은 비용을 납입하고 재판서 또는 재판을 기재한 조서의 등본 또는 초본의 교부를 청구할 수 있다.

제2절 종국재판

1 유죄판결

1. 의의

(1) 종류

① 형선고 판결과 형면제 판결, 선고유예 판결이 포함된다.

② 형의 선고와 동시에 형의 집행유예, 미결구금의 산입일수, 노역장 유치기간 및 가납명령 등은 판결로 선고하여야 한다.

(2) 이유명시 → ≪사요법조가감≫

① 형을 선고시 범죄 될 사실, 증거의 요지, 법령적용을 명시

② 범죄의 성립을 조각하는 이유 또는 형의 가중·감면의 이유가 되는 진술이 있는 때에는 이에 대한 판단을 명시

2. 범죄사실

(1) 의의 : 특정한 구성요건에 해당하는 위법하고 유책한 구체적 사실

(2) 범위

① 구성요건해당사실

㉠ 객관적 구성요건 요소 : 주체, 객체, 행위, 결과, 인과관계 등은 명시해야 한다.

例 공문서위조의 수단이나 방법, 증뢰죄에 있어서 공무원의 직무범위, 상해죄에 있어서 상해의 부위와 정도 → 구성요건해당사실이므로 명시필요

> 판례
>
> 1. 증뢰죄의 판시에 있어서 공무원의 직무권한의 범위에 관한 기재가 없는 경우 범죄사실이 명시되었다고 볼 수 없다(80도2309).
> 2. 상해부위의 판시없는 상해죄의 인정은 위법하다(2002도5016).

㉡ 주관적 구성요건 요소 : 고의나 과실도 범죄 될 사실이다.

┌ 고의 → 고의는 객관적 구성요건요소가 존재하면 그에 상응하여 인정되므로 이를 명시하지 않더라도 위법이 아니다.

└ 과실 → 과실범에 있어서는 주의의무 발생의 전제인 구체적 상황, 주의의무의 내용, 주의의무위반의 구체적 행위 등을 반드시 명시하여야 한다(통설).

> 판례
>
> 공모의 판시는 구체적 내용을 상세하게 판시하여야만 할 필요는 없고 범행에 관하여 의사 합치가 성립된 것이 밝혀지는 정도면 된다(92도3327).

ⓒ 예비와 미수·기수 → 명시할 것을 요한다.

② 공범관계 ┬ 공동정범, 교사범, 방조범 등의 구분을 명확히 명시
           └ 교사범·방조범은 정범 범죄사실도 명시

> **판례**
>
> 교사범, 방조범의 범죄사실 적시에 있어서 정범의 범죄구성요건이 되는 사실 기재가 없고 교사범, 방조범의 사실 적시만 있다면 죄가 되는 사실로 적시가 충분하지 않다(81도2422). ✗ 교사범, 방조범의 사실 적시만 있다면 죄가 되는 사실로 충분하다. ×

② 위법성과 책임 → 구성요건에 해당한 때에는 위법성과 책임은 사실상 추정되어 특별한 명시를 요하지 않는다.

③ 처벌조건이나 소송조건
   ㉠ 처벌조건 → 형벌권 발생의 조건이므로 유죄판결의 이유에 명시
   ㉡ 소송조건 → 범죄 될 사실이 아니므로 유죄판결의 이유에 명시할 필요가 없다.

④ 형의 가중·감면 사유
   ㉠ 누범의 전과와 같은 법률상 형의 가중사유나 법률상 형의 감면사유도 판결이유에 명시
   ㉡ but 양형사유인 정상에 관한 전과는 명시할 필요가 없다.

> **판례**
>
> 항소심에서 제1심 형량이 적절하다고 판단하여 항소기각의 판결을 선고하는 경우 양형의 조건이 되는 사유는 판결에 일일이 명시하지 아니하여도 위법이 아니다(94도2584).

(3) 명시의 정도
① 범죄의 일시와 장소 : 범죄사실을 특정하기 위하여 필요한 정도로 기재하면 족하다.
   → 행위자의 책임능력을 명확히 하여 공소시효의 완성여부를 명확히 할 정도로 판시하면 된다(70도2536).
② 포괄일죄의 경우 : 그 전체 범행의 시기와 종기, 범행방법, 범행횟수, 피해액의 합계 등을 명시하여 포괄적으로 판시하여도 좋다(69도1332).
   기출 포괄일죄의 경우 전체 범행의 시기와 종기, 범행방법, 범행횟수, 피해액의 합계 등을 명시함은 물론 그것을 구성하는 개개의 행위에 대하여 구체적으로 특정하여야 한다(X).
③ 상상적 경합범 : 사실상의 수죄이므로 각개의 범죄사실을 구체적으로 판시하여야 한다.
④ 실체적 경합범 : 각개의 범죄사실을 구체적으로 특정하여 판시하여야 한다.

3. 증거의 요지
(1) 의의 : 범죄 될 사실을 인정하는 자료가 된 증거의 요지
(2) 범위
① 유죄판결의 증거는 범죄사실을 증명할 적극적 증거를 명시하면 족하고, 범죄사실인정에 배치되는 소극적 증거는 명시할 필요가 없다.
   → 피고인이 알리바이를 주장하는 증거에 대해서도 증거판단을 설시할 필요가 없다.
   기출 소극적 증거까지 적시·판단하여야 한다(X).

판례

1. [1] 유죄판결의 증거는 범죄 될 사실을 증명할 적극적 증거를 거시하면 되므로 범죄사실에 배치되는 증거들에 관하여 배척한다는 취지의 판단이나 이유를 설시하지 아니하여도 잘못이라 할 수 없고 증언의 일부분만을 믿고 다른 부분을 믿지 않는다고 하여 채증법칙에 위배된다고는 할 수 없다. [2] 유죄판결의 증거는 범죄사실을 증명할 적극적 증거를 판단할 뿐이며, 범죄사실 인정에 배치되는 소극적 증거까지 적시·판단할 하여야 하는 것은 아니다(86도1606). ✄ 범죄사실 인정에 배치되는 소극적 증거까지 적시·판단하여야 한다. ✕

2. 사실인정에 배치되는 증거에 대한 판단을 반드시 판결이유에 기재하여야 하는 것은 아니므로 피고인의 알리바이를 내세우는 증인들의 증언에 관한 판단을 하지 아니하였더라도 위법이 아니다(82도1798).

---

② 범죄의 원인, 동기 및 일시·장소, 소송비용부담, 미결구금일수의 산입에 대하여는 범죄 될 사실이 아니므로 증거적시를 요하지 않는다.

(3) 증거요지의 설시방법

① 증거의 요지를 기재한다 함은 법원이 인정한 범죄사실의 내용과 적시된 증거의 요지를 대조하여 어떠한 증거자료에 의하여 범죄사실을 인정하였는가를 짐작할 수 있을 정도로 기재함을 의미한다.

따라서 어느 증거의 어느 부분에 의하여 어느 범죄사실을 인정하였는가를 구체적으로 설시할 필요는 없다.

예 검사작성의 피의자신문조서 중 '판시사실에 부합하는 진술기재'라고 설시한 경우도 적법한 증거설시에 해당한다.

기출 범죄사실에 대한 증거를 설시함에 있어서 어느 증거의 어느 부분에 의하여 어느 범죄사실을 인정했다고 구체적으로 설시하여야 한다(X).

판례

1. 범죄사실에 대한 증거를 설시함에 있어서 어느 증거의 어느 부분에 의하여 어느 범죄사실을 인정했다고 구체적으로 설시하여야 하는 것은 아니다(87도1240). ✄ 구체적으로 설시하여야 한다. ✕

2. 증거의 요지를 적시할 때 어느 증거의 어느 부분에 의하여 범죄사실을 인정하였느냐 하는 이유 설명까지 할 필요는 없지만 적어도 어떤 증거에 의하여 어떤 범죄사실을 인정하였는가를 알아볼 정도로 증거의 중요 부분을 표시하여야 한다(2009도2338).

3. 판결에 범죄사실에 대한 증거를 설시함에 있어 어느 증거의 어느 부분에 의하여 어느 범죄사실을 인정한다고 구체적으로 설시하지 아니하였다 하더라도 그 적시한 증거들에 의하여 범죄사실을 인정할 수 있으면 이를 위법한 증거설시라고 할 수 없지만(피고인의 자백이 그 피고인에게 불이익한 유일의 증거인 때에는 이를 유죄의 증거로 하지 못하는 것이므로), 항소심판결이 '피고인의 법정 진술과 적법하게 채택되어 조사된 증거들'로만 기재된 제1심 판결의 증거의 요지를 그대로 인용한 것은 위법하다(93도5312). ✄ 증거설시라고 할 수 없지만, 항소심판결이 '피고인의 법정 진술과 적법하게 채택되어 조사된 증거들'로만 기재된 제1심 판결의 증거의 요지를 그대로 인용하였다고 하여 위법하다고 할 수 없다. ✕

---

② 적시한 증거는 적법한 증거조사를 거친 증거능력 있는 증거에 한한다. 그러나 증거가 적법한 이유나 증거에 의하여 사실을 인정한 이유, 증거를 취사한 이유 등은 설시할 필요까지는 없다.

③ 공소사실에 부합하는 증거 또는 범죄사실에 배치되는 증거들에 관하여 이를 배척하는 경우에도 배척한다는 취지의 판단이나 이유를 설시할 필요는 없다.

4. 법령의 적용

(1) **의의** : 유죄판결의 이유에는 법령의 적용을 명시하여야 한다. 법령의 적용이란 인정된 범죄사실에 대하여 실체형벌법규를 적용하는 것을 말한다.

(2) **범위**

> 판례

1. 피고인을 공동정범으로 인정하였음이 판결 이유설시 자체에 비추어 명백한 이상 **법률적용에서 형법 제30조를 빠뜨려 명시하지 않았다고 하더라도 판결에 영향을 미친 위법이 있다 할 수 없다**(92도2196). ✗ 피고인을 공동정범으로 인정하였음이 판결이유설시 자체에 비추어 명백하더라도 법률적용에서 형법 제30조를 빠뜨려 명시하지 않았다고 한다면 판결에 영향을 미친 위법이 있다고 할 수 있다. ✗

2. 몰수와 압수장물의 환부를 주문에서 선고하면서 **판결이유에 적용법조를 표시하지 않은 경우에도 그 판결이유에 의하면 이 규정을 적용한 취지가 뚜렷이 인정되는 이상 위법이라고 할 수 없다**(71도510). ✗ 몰수와 압수장물의 환부를 선고하면서 적용 법률을 표시하지 않는 경우는 위법하다. ✗

3. 사기죄의 법률적용에 있어서 **본조**(제347조)**만을 적시하고 그것이 본조 제1항에 해당하는 범죄인지, 제2항에 해당하는 범죄인지를 밝히지 않았다고 하여 그것만으로 위법하다고 할 수는 없다**(71도1334). ✗ 형사소송법 제323조 제1항의 규정에 위배된 것이다. ✗

4. 경합범의 경우에 판결이유에서 경합범가중을 할 적용법조문만을 나열한 데 그쳤다면 주문에서 형종과 형기를 명기하였더라도(차이가 없을 것이므로, 어느 죄에 정한 형에 경합범가중을 한 것인지에 관하여 기재하지 아니하였다고 하더라도 특별한 사정이 없는 한) 형사소송법 제323조 제1항의 법령의 적용을 명시하지 아니한 위법이 있다고 할 수 없다(99도3092). ✗ 형사소송법 제323조 제1항의 규정에 위배된 것이다. ✗

5. 경합범에 해당하는 각 범죄사실에 해당하는 법조문을 나열한 다음 법정형이 선택적으로 규정된 일부 죄에 대하여 형종의 선택을 명시하지 아니하고, 어느 죄에 정한 형에 가중하는 지를 명시하지 아니하더라도, 주문에서 형종과 형기를 명기한 이상 법령을 위반하여 판결에 영향을 미친 위법이 있다고 할 수는 없다(2000도605). ✗ 경합범의 경우에 판결이유에서 경합범 가중을 할 적용법조문만을 나열한 데 그쳤다면 주문에서 형종과 형기를 명기하였더라도 형사소송법 제323조 제1항의 규정에 위배된 것이다. ✗

5. 소송관계인의 주장(진술)에 대한 판단

(1) **의의** : 피고인이 법률상 범죄의 성립을 조각하는 이유 또는 형의 가중·감면의 이유가 되는 사실의 진술이 있은 때에는 이에 대한 판단을 명시하도록 요구하고 있다.

(2) **명시방법**

① 범죄의 성립을 조각하는 이유의 사실이란 위법성조각사유와 책임조각사유를 말한다.

　→ 단순히 범죄사실 부인인 고의가 없다고 주장, 공소권이 소멸되었다는 주장은 명시할 필요 없음.

> 판례

1. 공정증서원본부실기재죄 및 그 행사죄로 공소제기된 피고인이 당해 등기가 실체적 권리관계에 부합하는 유효한 등기라고 주장하는 경우 그 주장이 받아들여지지 아니한 때에는 유죄의 선고를 하는 것으로 족하고 그에 대한 판단을 판결이유에 명시하여야 하는 것은 아니다. ✗ 명시하여야 한다. ✗

2. 공정증서원본불실기재 및 동행사죄로 공소제기된 경우 등기가 실체적 권리관계에 부합하는 유효한 등기라는 주장은 법률상 범죄의 성립 조각사유에 관한 주장에 해당하지 아니한다(97도1180). ✗ 해당한다. ✗

PART

05

3. 범행당시 술에 만취하였기 때문에 전혀 기억이 없다는 취지의 진술은 범행당시 심신상실 또는 심신미약의 상태에 있었다는 주장으로서 형사소송법 제323조 제2항 소정의 법률상 범죄의 성립을 조각하거나 형의 감면의 이유가 되는 사실의 진술에 해당한다(89도2354).

② 법률상 형의 가중·감면의 이유가 되는 사실이란 필요적 가중·감면 사실만을 의미한다.
→ 자수에 의한 형의 감경은 필요적 가중·감면사유가 아니므로 이에 대한 판단을 표시하지 아니하여도 위법은 아니다.

> **판례**
>
> **1.** 유죄판결 이유에서 그에 대한 판단을 명시하여야 할 '형의 감면의 이유되는 사실'에는 형의 필요적 가중, 감면의 이유되는 사실을 말하고 형의 감면이 법원의 재량에 맡겨진 경우, 즉 임의적 감면사유는 이에 해당하지 않는다(2017도14769). ✘ 형의 필요적 감면사유뿐만 아니라 임의적 감면사유도 이에 포함된다. ✘
> **2.** 피고인이 자수감경에 관한 주장을 하였음에도 판결 이유에서 이에 대하여 판단하지 아니한 것은 위법하지 아니하다(2011도12041). ✘ 위법하다. ✘ ✘ 형벌권의 범위에 관한 사실이므로 판결이유에 그에 대한 판단을 명시하여야 한다. ✘

6. 이유를 기재하지 않은 경우(이유불비)의 효과

- 판결에 이유를 붙이지 않거나 이유에 모순이 있는 경우 → 절대적 항소이유
- 판결의 법률위반이 있는 경우 → 상대적 상소이유

> **판례**
>
> 유죄판결의 판결이유에는 범죄사실, 증거의 요지와 법령의 적용을 명시하여야 하므로, 유죄판결을 선고하면서 판결이유에 이 중 어느 하나를 전부 누락한 경우에는 형사소송법 제383조 제1호에 정한 판결에 영향을 미친 법률위반으로서 파기사유가 된다(2010도9151).

2 무죄판결

1. 의의

피고사건이 범죄로 되지 아니하거나 범죄사실의 증명이 없는 경우에 법원이 선고하는 실체적 종국재판을 말한다.

2. 무죄판결의 사유

(1) 피고사건이 범죄로 되지 아니하는 때

① 공소제기된 사실 자체는 인정되지만 범죄구성요건을 충족하지 않는 경우
② 범죄구성요건을 충족하지만 위법성조각사유 또는 책임조각사유 등이 존재하여 범죄가 성립하지 않는 경우
③ 헌법재판소의 위헌결정, 헌법불합치결정으로 형벌법규가 소급하여 효력을 상실한 경우

1. 공소제기된 범죄사실에 대한 적용법조가 헌법재판소의 위헌결정으로 효력을 상실한 경우에는 무죄판결을 하여야 한다(2006도1955).

2. [1] 폐지 또는 실효된 형벌 관련 법령이 당초부터 위헌·무효인 경우 그 법령을 적용하여 공소가 제기된 피고사건에 대하여 법원은 무죄판결(면소판결×)을 하여야 한다.

   [2] 재심이 개시된 사건에서 형벌에 관한 법령이 재심판결 당시 폐지되었다 하더라도 그 폐지가 당초부터 헌법에 위배되어 효력이 없는 법령에 대한 것이었다면 형사소송법 제325조 전단이 규정하는 '범죄로 되지 아니한 때'의 무죄사유에 해당한다(2011도14044).

(2) 범죄사실의 증명이 없는 때

① 범죄사실의 부존재가 적극적으로 증명되는 경우

② 그 사실의 존재에 관하여 법관이 합리적 의심의 여지가 없는 정도의 확신을 얻지 못하는 경우 (증거불충분)

③ 법관이 피고인의 자백에 의하여 유죄의 심증을 얻었으나 보강증거가 없는 경우

3. 무죄판결의 판시방법

(1) 죄수론과 무죄판결

① 경합범의 수개의 범죄사실이 모두 무죄임이 판명된 경우에는 이를 통괄하여 "피고인은 무죄"라고 주문에 기재한다.

② 경합범 일부의 범죄사실에 관하여 무죄를 선고하는 때에는 그 부분에 관하여 무죄를 선고한다 (78도1787).

③ 상상적 경합, 결합범, 포괄일죄

   ㉠ 일부의 범죄사실이 유죄, 일부의 범죄사실이 무죄인 경우 주문에는 무죄로 판시할 수 없고 무죄부분은 유죄판결의 이유에서 설시하여야 한다.

   ㉡ 상상적 경합범의 관계에 있는 두 죄 중, 한 죄는 사면되어 면소판결의 대상이고 나머지 죄는 무죄일 경우, 주문에서 무죄로 판시한다. 면소부분은 판결이유에서만 설명하면 된다.

   → 상상적 경합범의 관계에 있는 두 죄 중, 한 죄는 사면되어 면소판결의 대상이고 나머지 죄는 무죄일 경우에 주문에서 따로 면소의 선고를 할 필요가 없다.

(2) 무죄판결의 이유 설시방법 : 무죄판결도 재판의 일종이므로 제39조 본문에 따라 이유를 명시하여야 한다.

4. 무죄판결의 효력

(1) 무죄판결 선고의 효력

① 무죄판결이 선고되면 당해심급은 종료되고 구속력이 발생

② 피고인에 대한 구속영장은 실효

③ 검사는 무죄판결에 대하여 상소할 수 있다. 그러나 피고인은 상소의 이익이 없어 무죄판결에 대하여 상소하지 못한다.

(2) **무죄판결 확정의 효력**

① 기판력이 발생한다. if 동일범죄사실에 대하여 공소가 제기 → 면소판결

② 국가는 무죄판결이 확정된 경우에는 당해 사건의 피고인이었던 자에 대하여 그 재판에 소요된 비용을 보상하여야 한다.

> 기출 비용을 보상할 의무는 없다(X).

(3) **재심에서의 무죄판결의 선고**: 재심에서 무죄를 선고할 때에는 그 판결을 관보와 그 법원소재지의 신문에 기재하여 공고하여야 함이 원칙

3 관할위반의 판결

1. 의의

피고사건이 법원의 관할에 속하지 아니한 때에는 판결로써 관할위반의 선고를 하여야 하는데(제319조) 이를 관할위반판결이라 한다. 관할위반판결은 형식재판인 동시에 종국재판이다.

2. 관할위반의 사유

(1) **관할의 조사**: 관할권의 존재는 소송조건이므로 법원은 직권으로 관할유무를 조사하여야 한다.

(2) **관할권 유무 판단의 기준**: 관할권 유무는 공소장에 기재된 공소사실을 기준으로 결정하며, 공소장이 변경된 경우에는 변경된 공소사실에 의한다(87도2196).

(3) **토지관할과 사물관할의 차이점**: 토지관할은 공소제기시에만 관할권이 존재하면 족하나 사물관할은 공소제기시 이외에 재판시에도 관할권이 존재하고 있어야 한다.

3. 토지관할과 상대적 소송조건

(1) 법원은 피고인의 신청이 없으면 토지관할에 관하여 관할위반의 선고를 하지 못한다.

(2) 관할위반 신청은 피고사건에 대한 진술 전에 하여야 한다.

> 기출 증거조사를 마치기 전에 하여야 한다(X).

4. 관할위반 판결의 효력

(1) 관할위반의 판결은 형식재판이므로 기판력은 발생하지 않는다.

(2) 관할위반의 판결이 선고 또는 확정이 되더라도 구속영장의 효력이 상실되지 않는다.

(3) 검사는 관할위반의 판결에 대해서 상소할 수 있다. 그러나 피고인은 무죄를 구하는 상소가 허용되지 않는다.

(4) 소송행위는 관할위반인 경우에도 그 효력에 영향이 없다.

4 공소기각의 재판

1. 의의

(1) **개념**: 공소기각의 재판(결정과 판결)은 피고사건에 대하여 관할권 이외의 형식적 소송조건이 결여된 경우에 실체심리 없이 소송을 종결시키는 형식재판인 동시에 종국재판

(2) **종류**: 공소기각의 재판에는 공소기각의 판결(제327조)과 공소기각의 결정(제328조)이 있다.

(3) **심리상의 특칙**

① **구두변론**: 공소기각의 결정은 구두변론에 의하지 아니할 수 있으나(제37조②), 공소기각의 판결은 구두변론을 거쳐야 한다(제37조①).

② **출석의무의 면제**: 공소기각의 재판을 할 것이 명백한 사건에 관하여는 피고인의 출석을 요하지 아니한다. 다만, 피고인은 대리인을 출석하게 할 수 있다(제277조).

③ **공판절차 정지의 예외**: 공소기각의 재판을 할 것으로 명백한 때에는 피고인이 심신상실상태에 있거나 질병으로 인하여 출정할 수 없는 때에도 공판절차를 정지하지 않고 피고인의 출정없이 재판할 수 있다(제306조④).

2. 공소기각결정(제328조①)

(1) **의의**

① 제328조는 형식적 소송조건의 흠결이 명백하고 중대한 경우에는 구두변론을 거치지 않고 결정의 형식으로 재판을 종결시키는 종국적 형식재판

② 공소기각결정은 재판의 형식이 결정이고 구두변론에 의하지 않을 수 있으며, 상소의 방법으로 즉시항고가 허용된다(제328조②)는 점에서 공소기각판결과 구별

(2) **공소기각결정의 사유**

① 공소가 취소되었을 때

② 피고인이 사망하거나 피고인인 법인이 존속하지 아니하게 되었을 때

③ 형사소송법 제12조 또는 제13조의 규정(관할경합의 경우)에 의하여 재판할 수 없는 때

④ 공소장에 기재된 사실이 진실하다 하더라도 범죄가 될 만한 사실이 포함되지 아니하는 때

3. 공소기각판결(제327조)

(1) **의의**: 공소기각의 판결은 피고사건에 형식적 소송조건이 결여된 경우에 판결로써 소송계속을 종결시키는 종국적 형식재판이다. 판결의 형식을 취하고 있다는 점에서 구두변론에 의하며(제37조①), 항소(제357조) 및 상고(제371조)가 원칙적인 불복방법이 된다.

(2) **공소기각 판결사유(제327조)** → ≪절반이다친재판≫

① 피고인에 대하여 재판권이 없을 때(제1호)

② 공소제기절차가 법률의 규정에 위반하여 무효인 때(제2호)

③ 이중기소: 공소가 제기된 사건에 대하여 다시 공소가 제기되었을 때(제3호)

④ 재기소금지(제329조) 규정 위배 : 공소취소 후 다른 중요한 증거가 발견되지 않았음에도 다시 공소가 제기되었을 때(제4호)
⑤ 친고죄에 대하여 고소의 취소가 있을 때(제5호)
⑥ 반의사불벌죄에 대해 처벌을 희망하지 않는 의사표시가 있거나 처벌을 희망하는 의사표시가 철회되었을 때(제6호)

판례

1. 범의를 가지지 아니한 자에 대하여 수사기관이 사술이나 계략 등을 써서 범의를 유발케 하여 범죄인을 검거하는 함정수사에 기하여 공소를 제기한 때에는 공소기각판결을 하여야 한다(2008도7362).
2. 검사의 공소제기가 소추재량을 현저히 일탈하였다고 판단되는 경우에는 공소기각판결을 할 수 있다(2016도5423).
3. '가정폭력범죄의 처벌 등에 관한 특례법'에 따른 보호처분의 결정이 확정된 경우에 그 보호처분은 확정판결이 아니고 따라서 기판력도 없으므로, 보호처분을 받은 동일한 사건에 대하여 다시 공소제기가 되었다면 면소판결을 할 것이 아니라 공소제기의 절차가 법률의 규정에 위배하여 무효인 때에 해당하므로 공소기각의 판결을 하여야 한다(2016도5423). ✘ 당해 보호처분은 확정판결과 동일하고 기판력도 있으므로 면소사유에 해당하며 공소제기의 절차가 법률의 규정에 위배하여 무효인 때에 해당하지 않는다. ✘
4. 교통사고로 인해 업무상 과실치상죄로 기소된 사안에서 피고인에게 업무상 주의의무위반이 없다고 증명됨과 동시에 교통사고처리특례법이 규정한 자동차종합보험에 가입하였던 사실이 인정된다면 법원은 공소기각의 판결을 선고하여야 한다(2004도4693).
5. 소년법상 보호처분을 받은 사건과 동일한 사건에 대하여 다시 공소가 제기되었다면 이에 대하여 면소판결을 할 것이 아니라 공소기각의 판결을 하여야 한다(96도47). ✘ 면소판결을 하여야 한다. ✘ ✘ 공소기각의 결정을 하여야 한다. ✘ ✘ 소년에 대한 보호처분은 확정판결에 해당하므로, 소년법상 보호처분을 받은 사건과 동일한 사건에 대하여 다시 공소제기가 되었다면 면소판결을 하여야 한다. ✘
6. 수표발행자가 수표발행 후 예금부족으로 인하여 제시기일에 지급되지 아니하게 하였으나 제1심 판결 선고 전에 부도수표가 회수된 경우에는 공소기각판결을 해야 한다(2009도9939).
이유 부정수표단속법 제2조 제4항에서 부정수표가 회수된 경우 공소를 제기할 수 없도록 하는 취지는 부정수표가 회수된 경우에는 수표소지인이 부정수표 발행자 또는 작성자의 처벌을 희망하지 아니하는 것과 마찬가지로 보아 같은 조 제2항 및 제3항의 죄를 이른바 반의사불벌죄로 규정한 취지로서 부도수표 회수나 수표소지인의 처벌을 희망하지 아니하는 의사의 표시가 제1심판결 선고 이전까지 이루어지는 경우에는 공소기각의 판결을 선고하여야 할 것이고, 이는 부정수표가 공범에 의하여 회수된 경우에도 마찬가지이다.

4. 공소기각재판에 대한 상소

(1) **공소기각결정에 대한 불복** : 공소기각결정에 대하여는 즉시항고할 수 있다(제328조②).
(2) **공소기각판결에 대한 불복** : 검사는 공소기각의 판결에 대하여 상소를 제기할 수 있다. 그러나 피고인은 공소기각의 판결에 대하여 무죄를 주장하는 상소를 할 수 없다.

5 면소판결

1. 의의
피고사건에 대하여 실체적 소송조건이 결여된 경우에 선고하는 종국판결

2. 면소판결의 본질
(1) 면소판결은 형식재판임에도 실체재판과 같은 일사부재리의 효력이 인정된다.

(2) 다수설과 판례는 면소판결 역시 형식재판에 해당한다.

3. 면소판결의 사유(제326조) → ≪사시폐지확정≫

(1) 확정판결이 있은 때(제1호)

→ 일사부재리의 효력이 미치는 재판을 의미

판례

1. 경범죄처벌법에 의하여 통고처분을 받고 범칙금을 납부한 후 그 범칙행위와 동일한 범죄사실로 다시 공소가 제기된 때에는 확정판결이 있음을 이유로 법원은 면소판결을 선고하여야 한다(2002도2642). ✗ 공소기각판결을 하여야 한다. ✗
2. 포괄일죄의 관계에 있는 범행의 일부에 대하여 판결이 확정된 경우에는 사실심 판결선고시(그 판결확정시를×)를 기준으로 그 이전에 이루어진 범행에 대하여는 확정판결의 기판력이 미쳐 면소의 판결을 선고하여야 할 것이다(2013도11649).

(2) 사면이 있은 때(제2호)

→ 사면은 일반사면만을 의미하고(99도2983), 특별사면은 제외된다. 왜냐하면 특별사면은 형집행이 면제됨에 불과하기 때문이다.

판례

면소판결의 사유인 '사면이 있을 때'란 일반사면이 있을 때를 말하는 것이므로, 특별사면 이전에 저지른 것으로 공소제기된 공소사실은 면소판결의 대상에 해당하지 아니한다(2011도1932). ✗ 일반사면과 특별사면을 불문하고 사면이 있는 경우에는 법원은 별도의 실체적 심리를 진행함이 없이 면소판결을 하여야 한다. ✗

(3) 공소시효가 완성되었을 때(의제되는 경우도 포함)(제3호)

→ 피고인 甲에 대하여 공소가 제기된 범죄가 판결의 확정이 없이 공소를 제기한 때로부터 25년을 경과한 경우 면소 판결을 하여야 한다.

판례

1. 공소장변경절차에 의하여 변경된 공소사실에 대한 법정형을 기준으로 공소제기 당시 이미 공소시효가 완성된 경우에는 면소판결을 해야 한다(2013도6182).
2. 몰수나 추징이 공소사실과 관련이 있다 하더라도 그 공소사실에 관하여 이미 공소시효가 완성되어 면소판결의 사유에 해당하는 경우에는 몰수나 추징도 할 수 없다(92도700).

(4) 범죄 후의 법령개폐로 형이 폐지되었을 때(제4호)

4. 면소판결에 대한 상소

(I) 면소판결은 피고인에게 유리한 재판이므로 원칙적으로 피고인은 무죄를 구하며 상소할 수 없다.
→ 다만, 헌법재판소가 헌법불합치결정을 하였음에도 불구하고 원심이 면소판결을 한 경우에는 예외적으로 무죄주장 상소가 가능하다(2010도5986).

> **판례**
>
> 1. 피고인은 면소판결에 대하여 무죄의 실체판결을 구하는 상소를 할 수 없는 것이 원칙이다(84도2106). ✖ 적법한 공소기각판결 또는 면소판결에 대해 피고인은 무죄를 주장하며 상소할 수 있다. ✕ ✖ 면소판결에 대하여 피고인이 무죄를 주장하여 상고할 수 있는가에 대하여 판례는 무죄판결이 확정되면 형사보상을 받을 수 있는 법률상의 이익이 있으므로 가능하다고 한다. ✕
> 2. 형벌에 관한 법령이 재심판결 당시 폐지되었다 하더라도 그 '폐지'가 당초부터 헌법에 위배되어 효력이 없는 법령에 대한 것이었다면 무죄사유에 해당하는 것으로 면소사유에 해당한다고 할 수 없다. 따라서 면소를 선고한 판결에 대하여 무죄의 실체판결을 구하는 상고를 할 수 없는 것이 원칙이지만(위와 같은 경우에는 면소를 할 수 없고, 무죄판결을 하여야 하므로) 면소판결에 대한 상고가 가능하다(2010도5986 전합). ✖ 그러나 면소를 선고한 판결에 대하여 무죄의 실체판결을 구하는 상고를 할 수 없는 것이 원칙이므로 면소판결에 대한 피고인의 상고를 기각한 것은 정당하다. ✕

(2) 반면 검사는 유죄를 주장하며 상소를 제기할 수 있다.

6 관련문제 : 재산형의 가납판결

1. 요건

(I) 벌금 · 과료 · 추징 등 재산형을 선고하는 경우이어야 한다.
(2) 판결 확정 후에 집행이 불가능하거나 집행 곤란의 염려가 있는 경우이어야 한다.

2. 선고와 집행

(I) 가납판결은 검사의 청구가 있는 경우뿐만 아니라 법원이 직권으로도 할 수 있다.
(2) 가납의 재판은 형의 선고와 동시에 판결로써 선고하여야 하고(제334조②), 이 판결은 즉시로 집행할 수 있다(제334조③).
(3) 가납의 재판은 상소에 의하여 정지되지 않는다.

3. 가납판결을 할 수 있는 재판

(I) 약식명령(제451조)
(2) 벌금 또는 과료를 선고하는 즉결심판(즉심법 제17조③)
(3) 부정수표단속법에 의하여 벌금을 선고하는 경우(필요적 가납판결) 등 재산형을 과하는 경우에 한하여 가납판결을 할 수 있다.

제3절 재판의 확정과 효력

1 재판의 확정

1. 의의

재판의 확정이란 재판이 통상의 불복방법에 의해서는 다툴 수 없게 되어 그 내용을 변경할 수 없게 된 상태를 말하고 이러한 상태에 있는 재판을 확정재판이라고 한다.

2. 재판의 확정시기

(1) 불복신청이 허용되지 않는 재판의 경우

불복신청이 허용되지 않는 재판의 경우 재판은 재판의 선고 또는 고지와 동시에 확정

📎 재판의 선고 또는 고지와 동시에 확정되는 재판

> ① 법원의 관할·판결 전의 소송절차에 관한 결정(제403조)
>   ⇨ 즉시항고를 할 수 있는 경우는 제외
> ② 항고법원·고등법원의 결정(제415조, 제419조)
>   ⇨ 재판에 영향을 미친 헌법·법률·명령 또는 규칙의 위반을 이유로 대법원에 즉시항고를 할 수 있는 경우는 제외
> ③ 대법원의 결정 및 대법원의 판결
>   ⇨ 대법원판결은 불복이 허용되지 않으므로 판결선고 또는 고지와 동시에 확정된다.

(2) 불복신청이 허용되는 재판의 경우

① 불복신청기간이 있는 경우: 불복신청기간이 경과하면 재판은 확정된다.
  ㉠ 항소, 상고, 약식명령, 즉결심판: 선고·고지일로부터 7일을 경과하면 재판이 확정
  ㉡ 즉시항고: 고지일로부터 7일을 경과하면 확정
  ㉢ 보통항고: 보통항고가 허용되는 결정은 항고기간의 제한이 없으므로 그 결정을 취소하여도 실익이 없게 된 때에 확정
② 불복신청의 포기 또는 취하: 상소 기타 불복신청의 포기 또는 취하에 의해 확정
③ 불복신청을 기각하는 재판의 확정: 재판은 그에 대한 불복신청을 기각하는 재판(제364조, 제399조)의 확정에 의하여 확정

2 재판확정의 효력

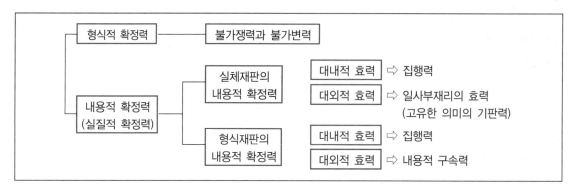

1. 형식적 확정력

(1) 재판이 통상의 불복방법에 의하여 다툴 수 없는 상태(불가쟁력)

(2) 종국재판, 종국 전의 재판, 실체재판, 형식재판을 불문하고 모든 재판에 대하여 발생

(3) 내용의 확정력을 인정하기 위한 전제가 될 뿐만 아니라 전과기록을 위한 전제가 되기도 한다.

(4) 종국재판이 형식적으로 확정되면 당해 사건에 관한 소송절차가 확정적으로 종결

2. 내용적 확정력

(1) 의의

① 재판이 형식적으로 확정되면 이에 따라 그 의사표시적 내용도 확정되는데 이를 재판의 내용적 확정(실질적 확정력)이라 한다.

② 재판 내용적 확정력은 실체재판(→ 실체적 확정력)·형식재판 불문하고 발생한다.

(2) 효과

① 대내적 효과 → 실체재판·형식재판 불문하고 재판이 확정되면 집행력이 발생

    📖 보석허가결정은 형식재판에만 집행력이 발생

    단, 무죄판결이 확정되면 집행력은 발생하지 않음.

② 대외적 효과

    ㉠ 형식재판의 경우(내용적 구속력) : 전소법원의 재판이 확정되면 후소법원은 동일한 사정 및 동일사항에 대하여 다시 판단할 수 없다.

        📖 A법원이 친고죄에 대하여 고소가 없었음을 이유로 공소기각판결을 하고 그 판결이 확정된 경우에 동일한 사정하에서 B법원에 공소제기가 되었다면 B법원은 A법원의 판단을 무시하고 실체재판을 할 수 없다.

    ㉡ 실체재판 및 면소판결의 경우 : 유·무죄의 실체판결과 면소판결이 확정되면 그 외부적 효력으로서 동일한 범죄사실에 대하여 후소법원은 심리가 금지되는 효력이 발생(일사부재리의 효력, 기판력)

3 기판력

1. 기판력의 의의

유·무죄의 실체판결과 면소판결이 확정되면 동일한 사건에 대하여 다시 심리·판결하는 것은 허용되지 않는 일사부재리의 효력을 의미한다(통설).

2. 기판력이 발생하는 재판

기판력 인정	기판력 부정
① 면소판결 ② 군사법원의 판결 ③ 유·무죄의 실체판결(정식재판) ④ 약식명령(89도1046) ⑤ 즉결심판(91도2536) ⑥ 경범죄처벌법에 의한 통고처분에 기한 범칙금의 납부 ⑦ 도로교통법상의 통고처분에 대하여 범칙금을 납부한 경우	① 소년에 대한 보호처분(64도30) ⇨ 공소기각 판결사유에 불과 ② 교통사고처리특례법 제4조 제1항에 의하여 보험 또는 공제가입이 증명된 경우로서 제3조 제2항 단서의 12대 제외사유에 해당하지 않는 경우 ⇨ 공소기각판결사유에 불과 ③ 행정벌에 지나지 않는 과태료의 부과처분 ④ 외국법원의 확정판결(83도2366) ⑤ 통고처분의 대상이 아닌 것을 통고처분한 경우 ⑥ 가정폭력처벌법상 보호처분결정(공소기각판결사유) 또는 불처분결정(공소제기 가능)

판례 기판력 인정

1. 유·무죄의 실체재판에는 일사부재리의 효력이 인정되고, 약식명령과 즉결심판도 확정되면 유죄판결과 동일한 효력이 인정되므로 일사부재리의 효력이 인정된다(83도939).
2. 도로교통법은 범칙금 납부통고서를 받은 사람이 그 범칙금을 납부한 경우 그 범칙행위에 대하여 다시 벌을 받지 아니한다고 규정하고 있는 바, 이는 범칙금의 납부에 확정재판의 효력에 준하는 효력을 인정하는 취지로 해석하여야 한다(2001도849).
3. 경범죄처벌법 제7조 제2항에 범칙자가 통고처분을 받고 범칙금을 납부한 경우에는 그 범칙행위에 대하여 다시 벌 받지 아니한다고 규정하고 있음은 위 범칙금의 납부에 확정재판의 효력에 준하는 효력을 인정하는 취지로 해석할 것이므로 이에 위반하여 공소가 제기된 경우에는 면소판결을 하여야 한다(85도2664).

판례 기판력 부정

1. 검사가 절도죄에 관하여 일단 기소유예의 처분을 한 것을 그 후 다시 재기하여 기소하였다 하여도 일사부재리의 원칙에 반하는 것이라 할 수 없다(83도2685). ✘ 기소유예처분 한 사건을 다시 공소제기 한 경우에는 일사부재리의 원칙에 반한다. ✕
2. 피고인이 동일한 행위에 관하여 외국에서 형사처벌을 과하는 확정판결을 받았다 하더라도 이런 외국판결은 우리나라에서는 기판력이 없으므로 여기에 일사부재리의 원칙이 적용될 수 없다(83도2366).
3. 구(舊) 행형법상의 징벌은 형법 법령에 위반한 행위에 대한 형사책임과 그 목적, 성격을 달리하므로, 징벌을 받은 뒤에 형사처벌을 하는 것은 일사부재리의 원칙에 반하는 것은 아니다(2000도3874). ✘ 달리하는 것이 아니므로, 징벌을 받은 뒤에 형사처벌을 하는 것은 일사부재리의 원칙에 반하는 것이다. ✕
4. 행정법상의 질서벌인 과태료부과처분은 형사처벌과 다른 성질을(유사한 성질✕)가지는 것으로 과태료를 납부한 후에 형사처벌을 가하는 것은 일사부재리의 원칙에 반하는 것이라고 할 수는 없다(96도158). ✘ 위배된다. ✕

5. 소년법 제30조의 보호처분을 받은 사건과 동일한 사건에 대하여 다시 공소제기가 되었다면 동조의 보호처분은 확정판결이 아니고 따라서 기판력도 없으므로 이에 대하여 면소판결을 할 것이 아니라 공소제기절차가 동법 제47조의 규정에 위배하여 무효인 때에 해당한 경우이므로 공소기각의 판결을 하여야 한다(85도21). ✗ 면소판결을 하여야 한다. ×

6. 전자감시제도는 범죄행위를 한 자에 대한 응보를 주된 목적으로 그 책임을 추궁하는 사후적 처분인 형벌과 구별되어 그 본질을 달리하는 것으로서 형벌에 관한 일사부재리의 원칙이 그대로 적용되지 않으므로, 위 법률이 형 집행의 종료 후에 부착명령을 집행하도록 규정하고 있다 하더라도 그것이 일사부재리의 원칙에 반한다고 볼 수 없다(2009전도13).

7. 가정폭력처벌법에 따른 보호처분의 결정 또는 불기소처분결정에 확정된 형사판결에 준하는 효력을 인정할 수 없다. 따라서 보호처분을 받은 사건과 동일한 사건에 대하여 다시 공소제기가 되었다면 공소제기가 위법 무효인 경우에 해당하여 공소기각 판결을 하여야 한다. 불처분결정이 확정된 후에 검사가 동일한 범죄사실에 대하여 다시 공소를 제기하였다거나 법원이 이에 대하여 유죄판결을 선고하였더라도 이중처벌금지의 원칙 내지 일사부재리의 원칙에 위배된다고 할 수 없다(2016도5423).

---

3. 기판력이 미치는 범위

(1) 주관적 범위(인적 범위) : 기판력은 공소가 제기된 피고인에 대해서만 발생한다.

(2) 객관적 범위(물적 범위)

① 기판력은 법원의 현실적 심판대상인 공소장에 기재된 공소사실(유죄확정된 사실)뿐만 아니라 그 공소사실과 단일하고 동일성이 미치는 전체 범죄사실에 미친다.

→ 판례는 기본적 사실동일성을 취하면서도, 기본적 사실관계가 동일한가의 여부는 순수하게 사회적·전법률적 관점만으로는 파악할 수 없고 규범적 요소까지 아울러 판단해야 한다고 보아, 기판력의 범위를 축소하고 있다.

② 과형상 일죄, 포괄일죄의 일부분에 대한 확정판결의 기판력은 공소제기 되지 않은 나머지 부분에 미친다.

판례 기판력의 물적 범위 – 기판력 인정

1. 공소사실이 피해자의 멱살을 잡아 부근 비닐하우스 안으로 끌고 들어가 옷을 전부 벗게 하고 강간하였다는 사안에서, 피고인이 당시 피해자를 따라 가면서 손목을 잡고 욕설을 하며 진로를 방해하는 등으로 공포심과 혐오심을 주었다는 경범죄처벌법위반의 범죄사실로 이미 즉결심판을 받아 확정된 경우(위 두 개의 범죄사실의 기초되는 사회적 사실관계는 그 기본적인 점에서 동일한 것이므로 기판력이 인정되어) 면소판결의 대상이 된다(83도1790).

2. 공소사실이 피해자와 말다툼하다가 도끼를 가지고 피해자의 뒷머리를 스치게 하여 두부타박상을 가하였다는 폭력행위등처벌에관한법률위반 사안에서, 피고인이 당시 같은 곳에서 피해자와 시비하며 음주소란을 피웠다는 경범죄처벌법위반의 범죄사실로 이미 즉결심판을 받아 확정된 경우(위 두개의 범죄사실의 기초되는 사회적 사실관계는 그 기본적인 점에서 동일한 것이므로 기판력이 인정되어) 면소판결의 대상이 된다(95도1270).

3. 공소사실이 피고인 A는 속칭 바람을 잡고 피고인 B는 시내버스 정류소에서 승객의 손가방을 열고 현금 등을 가져가 피고인들이 피해자의 재물을 합동하여 절취하였다는 사안에서, 피고인들이 당시 소매치기 용의자로 연행되어 심문을 받다가 그 무렵 그 부근 노상에서 피고인들이 승객들을 미는 등 정류소 질서를 어지럽히고 다수에게 불안감을 조성하였다는 경범죄처벌법위반의 범죄사실로 이미 즉결심판을 받아 확정된 경우(위 두개의 범죄사실의 기초되는 사회적 사실관계는 그 기본적인 점에서 동일한 것이므로 기판력이 인정되어) 면소판결의 대상이 된다(86감도270).

4. 공소사실이 청객행위를 하는 피해자를 발로 차고 넘어뜨리는 등 폭행하여 결국 사망에 이르게 하였다는 폭행치사 사안에서, 피고인이 당시 청객행위를 이유로 폭력전과를 과시하며 피해자에게 시비하고 행패를 부렸다는 내용으로 경범죄처벌법상 불안감 조성행위로 이미 즉결심판을 받아 확정된 경우(위 두개의 범죄사실의 기초되는 사회적 사실관계는 그 기본적인 점에서 동일한 것이므로 기판력이 인정되어) 면소판결의 대상이 된다(78도3062).

5. 17개월 동안 피해자의 휴대전화로 거의 동일한 내용을 담은 문자 메시지를 발송함으로써 이루어진 정보통신망 이용촉진 및 정보보호 등에 관한 법률 위반행위 중 일부 기간의 행위에 대하여 먼저 유죄판결이 확정된 후, 판결확정 전의 다른 일부 기간의 행위가 다시 기소된 사안에서, 이는 판결이 확정된 후 위 법률위반죄와 포괄일죄의 관계이므로 확정판결의 기판력이 미친다(2009도39).

6. 하나의 사건에 관하여 한 번 선서한 증인이 같은 기일에 여러 가지 사실에 관하여 기억에 반하는 허위의 진술을 한 경우, 당해 위증 사건의 허위진술 일자와 같은 날짜에 한 다른 허위진술로 인한 위증사건에 관한 판결이 확정 되었다면, 비록 종전 사건 공소사실에서 허위의 진술이라고 한 부분과 당해 공소사실에서 허위의 진술이라고 한 부분이 다르다 하여도 종전 사건의 확정판결의 기판력은 당해 사건에도 미치게 되어 당해 위증죄 부분은 면소되어야 한다(2006도9463).

7. 상상적 경합 관계에 있는 1죄에 대한 확정판결의 기판력은 다른 죄에 미친다(2017도11687). ✘ 미치지 아니한다. ✕

8. 포괄일죄와 과형상 일죄에 속하는 범죄사실에는 일사부재리의 효력이 인정된다(2013도11649).

9. 공소사실 중 명예훼손죄가, 확정판결의 범죄사실 중 업무방해죄와 상상적 경합관계에 있다고 보아 이미 확정된 위 확정판결의 기판력이 위 공소사실 중 명예훼손죄에 대하여도 미친다는 이유로 면소판결을 선고한 원심판결은 정당하다(2005도10233). ✘ 갑이 을의 기념전시회에 참석한 손님들에게 을이 공사대금을 주지 않는다는 취지로 소리를 치며 소란을 피워 업무방해죄로 유죄판결을 받아 판결이 확정된 후 다시 명예훼손죄로 기소된 경우, 양 죄는 죄질 및 피해법익을 달리하므로 전자의 확정판결의 기판력은 후자의 공소사실에 대하여 영향력을 미치지 아니한다. ✕

판례 기판력의 물적범위 – 기판력 부정

1. 甲은 장물취득죄로 제1심에서 징역 1년을 선고받고 항소하였으나 공범이 검거되어 강도상해죄로 처벌될 상황에 이르자 항소를 취하하여 확정되었다. 이후 검사가 甲에 대하여 강도상해죄로 공소제기한 경우 법원이 취할 조치? → 확정된 장물취득의 범죄사실과 강도상해의 공소사실은 동일성이 인정되지 않으므로 유·무죄의 실체판결을 하여야 한다(93도2080 전합).

2. 과실로 교통사고를 발생시켰다는 각 '교통사고처리 특례법 위반죄'와 고의로 교통사고를 낸 뒤 보험금을 청구하여 수령하거나 미수에 그쳤다는 '사기 및 사기미수죄'는 그 기본적 사실관계가 동일하다고 볼 수 없다(2009도14263).

3. 회사의 대표이사가 업무상 보관하던 회사 자금을 빼돌려 횡령한 다음 그 중 일부를 더 많은 장비납품 등의 계약을 체결할 수 있도록 해달라는 취지의 묵시적 청탁과 함께 배임증재에 공여한 경우, 위 횡령의 점에 대하여 약식명령이 확정되었다고 하더라도 그 기판력이 배임증재의 점에는 미치지 아니한다(2009도13463). ✘ 회사의 대표이사가 업무상 보관하던 회사 자금을 빼돌려 횡령한 다음 그 중 일부를 더 많은 장비납품 등의 계약을 체결할 수 있도록 해달라는 취지의 묵시적 청탁과 함께 배임증재에 공여한 경우, 업무상횡령에 대한 약식명령이 확정되었다면 그 기판력은 배임증재의 범죄사실에도 미친다. ✕

4. [1] 범칙금의 납부에 따라 확정판결에 준하는 효력이 인정되는 범위는 범칙금 통고의 이유에 기재된 당해 범칙행위 자체 및 그 범칙행위와 동일성이 인정되는 범칙행위에 한정된다. 따라서 범칙행위와 같은 시간과 장소에서 이루어진 행위라 하더라도 범칙행위의 동일성을 벗어난 형사범죄행위에 대하여는 범칙금의 납부에 따라 확정판결에 준하는 일사부재리의 효력이 미치지 아니한다.

[2] 피고인에게 적용된 경범죄처벌법 제1조 제26호(인근소란등)의 범칙행위와 흉기인 야채 손질용 칼 2자루를 휴대하여 피해자의 신체를 상해하였다는 폭력행위 등 처벌에 관한 법률 위반(집단·흉기등 상해)의 공소사실은 범죄사실의 내용이나 그 행위의 수단 및 태양, 각 행위에 따른 피해법익이 다르고, 그 죄질에도 현저한 차이가 있으며, 위 범칙행위의 내용이나 수단 및 태양 등에 비추어 그 행위과 정에서나 이로 인한 결과에 통상적으로 흉기휴대상해 행위까지 포함된다거나 이를 예상할 수 있다고는 볼 수 없어 기본적 사실관계가 동일한 것으로 평가할 수 없다는 이유로, 위 범칙행위에 대한 범칙금 납부의 효력이 위 공소사실에는 미치지 않는다(2009도12249).

5. 피고인이 경범죄처벌법상 '음주소란' 범칙행위로 범칙금 통고처분을 받아 이를 납부하였는데, 이와 근접한 일시·장소에서 위험한 물건인 과도(果刀)를 들고 피해자를 쫓아가며 "죽여 버린다."고 소리쳐 협박하였다는 내용의 폭력행위 등 처벌에 관한 법률 위반으로 기소된 사안에서, 범칙행위인 '음주소란'과 공소사실인 '흉기휴대협박행위'는 기본적 사실관계가 동일하다고 볼 수 없다는 이유로, 범칙금 납부의 효력이 공소사실에 미치지 않는다(2012도6612).

6. 위험물인 유사석유제품을 제조한 석유사업법 위반 및 소방법 위반의 범행(제1범죄행위)으로 경찰에 단속된 후 기소중지되어 한 달 이상 범행을 중단하였다가 다시 위험물인 유사석유제품을 제조함으로써 석유 및 석유대체연료 사업법 위반 및 위험물안전관리법 위반의 범행(제2범죄행위)을 하고, 그 후 제1범죄행위에 대하여 약식명령이 확정된 사안에서, 확정된 약식명령의 기판력은 제2범죄행위에 미치지 않는다(2006도3172).

7. 피고인이 공소사실의 내용이 된 사기범행과 관련하여 유사수신행위의 규제에 관한 법률에서 금지하고 있는 유사수신행위를 하였다는 범죄사실로 이미 유죄의 확정판결을 받았다 하더라도(이 법률 위반죄와 사기죄는 그 구성요건을 달리하는 별개의 범죄로서) 다시 사기죄로 처벌할 수 있다(2005도9678). ✯ <u>이미 유죄의 확정판결을 받았다면 다시 사기죄로 처벌할 수 없다.</u> ✕

8. 특정범죄가중처벌 등에 관한 법률 제5조의4 제5항(범죄전력 및 누범가중의 요건을 갖춘 경우에는 상습성이 인정되지 않은 경우에도 상습범에 관한 제1항 내지 제4항에 정한 법정형에 의하여 처벌한다는 규정)에 의해 기소되어 처벌받은 경우에 피고인에게 절도의 습벽이 인정된다면, 위 조항으로 처벌받은 확정판결의 기판력은 그 판결확정 전에 범한 다른 절도범행에 대하여는 미치지 아니한다(2009도13411). ✯ <u>위 조항으로 처벌받은 확정판결의 기판력은 그 판결확정 전에 범한 다른 절도범행에 대하여도 미치게 된다.</u> ✕

9. 같은 일시·장소에서 도로교통법상 안전운전의무위반의 범칙행위와 교통사고처리 특례법 위반의 범죄행위를 한 경우 안전운전의무 불이행을 이유로 통고처분을 받아 범칙금을 납부한 자를 교통사고처리 특례법 위반죄로 처벌하더라도 이중처벌에 해당하지 않는다(83도1296).

10. 피고인이 '1997.4.3. 21:50경 서울 용산구 이태원동에 있는 햄버거 가게 화장실에서 피해자 甲을 칼로 찔러 乙과 공모하여 甲을 살해하였다'는 내용으로 기소되었는데, 선행사건에서 '1997.2. 초순부터 1997.4.3. 22:00경까지 정당한 이유 없이 범죄에 공용될 우려가 있는 위험한 물건인 휴대용 칼을 소지하였고, 1997.4.3. 23:00경 乙이 범행 후 햄버거 가게 화장실에 버린 칼을 집어들고 나와 용산 미8군영 내 하수구에 버려 타인의 형사사건에 관한 증거를 인멸하였다.'는 내용의 범죄사실로 유죄판결을 받아 확정된 사안에서, 살인죄의 공소사실과 선행사건에서 유죄로 확정된 폭력행위 등 처벌에 관한 법률 위반(우범자)죄와 증거인멸죄의 범죄사실 사이에는 기본적 사실관계의 동일성이 없다(2016도15526). ✯ <u>있다.</u> ✕

(3) 시간적 적용범위

① 계속범·상습범 등이 확정판결 전후에 걸쳐서 행하여진 경우 사실심리가 가능한 최후 시점인 판결선고시를 기준으로 기판력의 범위를 결정

> **판례**

1. 원래 실체법상 상습사기의 일죄로 포괄될 수 있는 관계에 있는 일련의 사기 범행의 중간에 동종의 죄에 관한 확정판결이 있는 경우에는 그 확정판결에 의하여 원래 일죄로 포괄될 수 있었던 일련의 범행은 그 확정판결의 전후로 분리된다(99도4797).

2. 상습범의 범죄사실들 사이에 동일한 습벽에 의한 상습범의 확정판결이 있는 경우, 확정판결 전후의 범행은 일죄성이 분단되므로 검사는 공소장 변경절차에 의하여 확정판결 후의 범죄사실을 공소사실로 추가할 수 없고 별개의 독립된 범죄로 공소를 제기하여야 한다(2016도12342).

3. 사기죄에 있어서 동일한 피해자에 대하여 수회에 걸쳐 기망행위를 하여 금원을 편취한 경우, 그 범의가 단일하고 범행 방법이 동일하다면 사기죄의 포괄일죄만이 성립한다고 할 것이나, 포괄일죄의 중간에 별종의 범죄에 대한 확정판결이 끼어 있다 하더라도 그로 인해 사기죄의 포괄적 범죄는 둘로 나뉘는 것은 아니다(2002도2029). ✘ 포괄일죄의 중간에 별종의 범죄에 대한 확정판결이 끼어 있다면 그로 인해 사기죄의 포괄적 범죄는 둘로 나뉘는 것이다. ✕

4. 확정판결을 받은 범죄사실과 그 확정판결의 사실심판결 선고 전에 저질러진 범죄사실이 상습범으로서 포괄일죄에 해당하는 것으로 평가될 수 있다고 하더라도, 그 확정판결의 기판력이 그 전에 저질러진 범죄사실에까지 미치기 위하여는 그 확정판결에서 당해 피고인이 상습범으로 공소제기되어 처단되었어야 하고 상습범이 아닌 기본 구성요건의 범죄로 처단된 데에 그친 경우에는 설령 그 확정판결을 받은 범죄사실과 그 전에 저질러진 범죄사실을 종합하여 비로소 모두가 상습범으로서의 포괄적 일죄에 해당하는 것으로 판단된다고 하더라도 그 확정판결의 기판력이 그 사실심판결 선고 전에 저질러진 범죄사실에 미치는 것으로 볼 수 없다(2001도3206). ✘ 여러 개의 범죄사실 중 일부에 대하여 상습범이 아닌 기본범죄로 유죄판결이 확정되었더라도, 판결이 확정된 범죄사실과 판결 선고 전에 저질러진 나머지 범죄사실이 상습범으로서 포괄일죄의 관계에 있다면, 새로이 공소 제기된 그 나머지 범죄사실에 대해 법원은 면소판결을 하여야 한다. ✕

→ 비상습범으로 기소되어 판결이 확정된 경우, 뒤에 드러난 다른 범죄사실이나 그 밖의 사정을 부가하여 전의 확정판결의 효력을 상습범에 대한 판결로 바꾸어 적용할 수 없다.

→ 상습범으로서 포괄적 일죄의 관계에 있는 여러 개의 범죄사실 중 일부에 대하여 상습범이 아닌 기본 구성요건의 범죄로 유죄판결이 확정된 후에 검사가 그 확정판결의 사실심판결 선고 전에 저질러진 나머지 범죄사실을 상습범으로 기소한 경우 법원의 처리방법은? → 이전의 확정판결의 기판력은 그 사실심판결 선고 전의 나머지 범죄에 미치지 않으므로 기소사실에 대한 판결을 하여야 한다. 즉, 확정판결의 기판력이 미치지 않으므로 실체판결을 하여야 한다. ✘ 전의 확정판결에서 당해 피고인이 상습범으로 기소되지 않았더라도 법원은 면소판결을 하여야 한다. ✕

→ 포괄일죄 관계에 있는 죄 중 일부에 대한 유죄판결이 확정된 다음에 확정판결의 사실심 선고 전에 저질러진 범행을 나중에 기소한 경우, 그 확정판결의 죄명이 상습범인 경우에만 확정판결의 기판력이 새로이 기소된 죄에 미친다. ✘ 그 확정판결의 죄명이 상습범이었는지 여부와 무관하게 확정판결의 기판력이 새로이 기소된 죄에 미친다. ✕

② 약식명령의 경우에는 명령의 발령시 [기출] 송달시(X)

판례

1. 약식명령은 그 기판력의 시적 범위를 판결절차와 달리 하여야 할 이유가 없으므로 그 발령시를 기준으로 하여야 한다(84도1129).
2. 포괄일죄의 관계에 있는 범행의 일부에 대하여 약식명령이 확정된 경우에는 그 약식명령의 발령시(송달시×, 고지일×)를 기준으로 하여 그 이전에 이루어진 범행에 대하여는 면소의 판결을 선고하여야 한다(2013도4737). ✘ ~~그 기판력의 시간적 범위는 약식명령을 발령한 때가 아니라, 피고인이 약식명령을 고지받은 때라는 것이 판례이다.~~ × ✘ ~~약식명령이 기판력이 미치는 시적 범위는 약식명령의 송달시를 기준으로 하여야 한다.~~ ×

③ 항소심의 경우에는 항소심 판결선고시

판례

1. 판결의 기판력의 기준시점은 사실심리의 가능성이 있는 최후의 시점인 판결선고시이므로, 항소된 경우 그 시점은 항소심 판결선고시이다(82도2829). ✘ ~~포괄일죄의 관계에 있는 범행의 일부에 대하여 확정된 경우에는 그 판결확정시를 기준으로 그 이전에 이루어진 범행에 대하여는 확정판결의 기판력이 미쳐 면소의 판결을 선고하여야 할 것이다.~~ ×
2. 피고인이 항소하였으나 법정기간 내에 항소이유서를 제출하지 아니하여 결정으로 항소가 기각된 경우에 판결의 확정력이 미치는 시간적 한계는 항소기각 결정시이다(93도836).

	기판력의 발생시점
84도1129	1. 甲은 폭행죄로 약식명령이 청구되어 서울중앙지방법원에서 2010.10.5. 甲에게 벌금 50만원의 약식명령을 발령하였고, 그 약식명령은 2010.10.9. 甲에게 송달되었는데 甲은 그 후 정식재판을 청구하지 않아 그 약식명령이 확정되었다. → 2010.10.5. [이유] 약식명령도 명령시 기준 ⇨ 2010.10.5. 甲에게 벌금 50만원의 약식명령을 발령
82도2829	2. 乙은 강도강간죄로 공소제기 되어 서울중앙지방법원에서 2010.5.2. 변론을 종결한 후 2010.5.16. 乙에게 징역 7년을 선고하였고, 乙이 이에 항소하여 서울고등법원에서 2010.7.6. 변론을 종결한 후 2010.7.20. 乙에게 징역 6년을 선고하였으며, 乙이 이에 상고하였으나 대법원에서 2010.9.4. 乙의 상고를 기각함으로써 그 판결이 확정되었다. → 2010.7.20. [이유] 상고 경우라도 항소심 판결선고시 기준 ⇨ 乙이 이에 항소하여 서울고등법원에서 2010.7.20. 乙에게 징역 6년을 선고
통설, 판례	3. 丙은 특수절도죄로 공소제기 되어 서울중앙지방법원에서 2010.7.4. 변론을 종결한 후 2010.7.18. 징역 1년에 집행유예 2년을 선고하였는데, 丙과 검사가 모두 항소하지 않아 항소기간 도과로 판결이 확정되었다. → 2010.7.18. [이유] 모두 항소하지 않아 항소기간 도과로 판결이 확정된 경우 1심 판결선고시 기준 ⇨ 서울중앙지방법원 2010.7.18. 징역 1년에 집행유예 2년을 선고

4. 기판력 효과 및 배제

(1) **효과** : 기판력이 발생한 범죄사실과 동일성이 인정되는 범죄사실에 대하여는 공소제기 전에는 공소권 없음의 불기소 처분을, 공소제기 후에는 면소판결로 소송을 종결

(2) **배제** : 확정판결에 명백한 오류가 있는 경우 형사소송법은 기판력을 배제하기 위한 제도로 상소권 회복, 재심 및 비상상고를 인정

제4절 ▶ 소송비용

1 소송비용의 의의

소송비용이란 소송절차를 진행함에 따라 발생한 비용으로서 「형사소송비용 등에 관한 법률」에 의하여 특히 소송비용으로 규정된 것을 말한다. 따라서 이 범위에 속하지 않는 비용은 실제로 지출된 것이라 할지라도 소송비용에 포함되지 않는다.

🖉 소송비용에 포함되는 비용(형사소송 비용 등에 관한 법률 제2조)

① 증인·감정인·통역인 또는 번역인의 일당·여비 및 숙박료
② 감정인·통역인 또는 번역인의 감정료·통역료·번역료 그밖의 비용
③ 국선변호인의 일당·여비·숙박료 및 보수

2 소송비용의 부담자

1. 의의

형사소송법은 형사절차에 관한 모든 비용을 일단 국고에서 지급하도록 하고 그 중 일정한 비용만을 소송비용으로 지정하여 일정한 요건하에 피고인이나 제3자에게 부담시키고 있다.

2. 피고인의 부담

(1) **피고인 부담의 원칙**

① 형을 선고하는 때에는 피고인에게 소송비용의 전부 또는 일부를 부담하게 하여야 한다.
  → 형을 선고하는 때란 형의 집행유예를 포함하나 형의 면제나 선고유예는 여기에 해당하지 않는다.
  → 다만, 피고인의 경제적 사정으로 소송비용을 납부할 수 없는 때에는 소송비용부담을 면제할 수 있다.
② 형을 선고하지 않는 경우라도 피고인의 책임있는 사유로 발생된 비용은 피고인에게 부담하게 할 수 있다.
③ 공범의 소송비용은 공범인에게 연대하여 부담하게 할 수 있다.

(2) **예외** : 검사만이 상소 또는 재심의 청구를 한 경우에 상소 또는 재심의 청구가 기각되거나 취하된 때에는 그 소송비용을 피고인에게 부담하게 하지 못한다.

2. 고소인 · 고발인의 부담

(1) 고소 또는 고발에 의하여 공소를 제기한 사건에 관하여 피고인이 무죄 또는 면소의 판결을 받은 경우에 고소인 또는 고발인에게 고의 또는 중대한 과실이 있는 때에는 그에게 소송비용의 전부 또는 일부를 부담하게 할 수 있다.

기출 부담하여야 한다(X).

(2) 무죄 또는 면소의 판결에 한하므로 형면제, 선고유예, 공소기각의 재판을 받은 때에는 고소인 · 고발인에게 소송비용을 부담하게 할 수 없다.

3. 상소 또는 재심청구자의 비용부담

(1) 검사 아닌 자가 상소 또는 재심청구를 하는 경우에 상소 또는 재심청구가 기각되거나 취하된 때에는 그에게 소송비용을 부담하게 할 수 있다. 여기의 검사 아닌 자에는 피고인도 포함된다.

(2) 변호인이 피고인을 대리하여 상소 또는 재심청구를 취하한 때라도, 취하는 변호인의 행위가 아니라 피고인을 대리하여 한 것이므로 변호인에게 소송비용을 부담하게 할 수 없다.

(3) 피고인 아닌 자가 피고인이 제기한 상소 또는 재심의 청구를 취하한 경우에도 그에게 소송비용을 부담하게 할 수 있다.

4. 듣거나 말하는 데 장애가 있는 사람을 위한 비용 등의 예외

(1) 듣거나 말하는 데 장애가 있는 사람을 위한 통역 · 속기 · 녹음 · 녹화 등에 드는 비용은 국고에서 부담하고, 형사소송법 제186조부터 제194조까지에 따라 피고인 등에게 부담하게 할 소송비용에 산입하지 아니한다(규칙 제92조의2, 본조신설 2020.6.26.).

(2) 재정신청절차에서도 듣거나 말하는 데 장애가 있는 사람을 위한 통역인에게 지급되는 비용은 국가에 대한 비용부담의 범위에서 제외된다(규칙 제122조의2 제1호).

3 소송비용의 부담절차

1. 재판으로 소송절차가 종료되는 경우

(1) **피고인에게 소송비용을 부담하게 하는 때**

재판으로 소송절차가 종료되는 경우에 피고인에게 소송비용을 부담하게 하는 때에는 직권으로 재판하여야 한다. 이 재판에 대하여는 본안의 재판에 관하여 상소하는 경우에 한하여 불복할 수 있다.

(2) **피고인이 아닌 자에게 소송비용을 부담하게 하는 때**

피고인이 아닌 자에게 소송비용을 부담하게 하는 때에는 직권으로 결정하여야 하며, 이 결정에 대하여는 즉시항고할 수 있다.

2. 재판에 의하지 않고 소송절차가 종료되는 경우

(1) 재판에 의하지 않고 소송절차가 종료되는 경우에 피고인 아닌 자에게 소송비용을 부담하게 하는 때에는 사건의 최종계속법원이 직권으로 결정을 하여야 한다. 이 결정에 대하여는 즉시항고를 할 수 있다.

(2) 재판에 의하지 아니하고 소송절차가 종료되는 경우란 재심 또는 정식재판의 청구를 취하하는 때를 말한다.

4 소송비용부담액의 산정과 집행

1. 소송비용부담액의 산정

(1) 소송비용의 부담액을 재판에 의하여 구체적으로 명시할 것은 요하지 않는다.

(2) 소송비용의 부담을 명하는 재판에 그 금액을 표시하지 아니한 때에는 집행을 지휘하는 검사가 산정한다.

(3) 산정에 이의가 있는 때에는 법원에 이의신청을 할 수 있다.

2. 소송비용부담액의 집행

(1) 소송비용부담의 재판도 검사의 지휘에 의하여 집행한다.

(2) 재판집행비용은 집행을 받는 자의 부담으로 하고 「민사집행법」의 규정에 준하여 집행과 동시에 징수하여야 한다.

(3) 소송비용부담의 재판을 받은 자가 빈곤하여 이를 완납할 수 없는 때에는 그 재판의 확정 후 10일 이내에 재판을 선고한 법원에 소송비용의 전부 또는 일부에 대한 재판의 집행면제를 신청할 수 있다.

3. 소송비용부담과 불이익변경금지원칙

소송비용은 형벌도 아니고 형벌에 준하는 것도 아니므로, 소송비용에 대해서는 불이익변경금지원칙이 적용되지 않는다(대판 2008.03.14. 2008도488).

최정훈 형사소송법

상소 및 기타절차

CHAPTER 01 상소

제1절 상소일반

1 상소의 의의 및 종류

1. 상소의 의의

미확정 재판에 대하여 상급법원에 구제를 구하는 불복신청제도

- 미확정 → 확정재판에 대한 비상구제절차인 재심·비상상고는 상소가 아님.
- 재판 → 수사기관의 처분에 대한 불복인 검찰항고·재정신청, 준항고는 상소가 아님.
- 상급법원 → 당해 법원이나 동급법원에 구제를 구하는 이의신청, 약식명령, 즉결심판에 대한 정식 재판의 청구는 상소가 아님.

2. 종류

(1) **판결에 대한 상소**: 항소와 상고
(2) **결정에 대한 상소**: 일반항고와 재항고

2 상소권

1. 상소권자

상소권자에는 고유의 상소권자와 상소대리권자가 있다.

(1) **고유의 상소권자**
① 검사와 피고인은 당사자로서 당연히 상소권을 가진다.
② 검사 또는 피고인 아닌 자가 결정을 받은 때에는 항고할 수 있다.
　예 과태료의 결정을 받은 증인·감정인, 소송비용부담의 재판을 받은 피고인 이외의 자

(2) **상소대리권자**
① 피고인의 법정대리인은 피고인의 명시한 의사에 반해서도 상소할 수 있다.
② 피고인의 배우자·직계친족·형제자매 또는 원심의 대리인이나 변호인은 피고인의 명시한 의사에 반하지 않는 한 상소할 수 있다.
　기출 피고인의 변호인은 피고인의 명시한 의사에 반하여도 상소할 수 있다(X).
　기출 피고인의 법정대리인과 변호인은 피고인의 이익을 위하여 그의 명시적인 의사에 반하여도 상소를 제기할 수 있다(X).
③ 상소대리권자의 상소권은 독립대리권이다.
　→ 피고인의 상소권이 소멸(상소권 포기 또는 취하)하면 변호인은 상소하지 못함.
　기출 변호인은 피고인의 상소권이 소멸한 후에도 상소를 제기할 수 있다(X).

> **판례**
>
> 형사소송법 제341조 제1항에 "원심의 변호인은 피고인을 위하여 상소할 수 있다."함은 변호인에게 고유의 상소권을 인정한 것이 아니고 피고인의 상소권을 대리하여 행사하게 한 것에 불과하므로, 변호인은 피고인의 상소권이 소멸된 후에는 상소를 제기할 수 없다(98도253).

2. 상소권의 발생·소멸

(1) **발생**: 재판의 선고 또는 고지에 의해 발생

　기출 상소기간은 판결등본을 송달받은 날부터 기산한다(X).

(2) **소멸**: 상소기간의 경과나 상소의 포기 또는 취하, 피고인이 원판결선고 후 상소제기기간 내에 사망한 경우 등에 있어 소멸

3. 상소권의 회복

(1) **의의**: 상소제기기간이 경과한 후에 법원의 결정으로 일단 소멸한 상소권을 회복시키는 제도

(2) **회복사유**: 상소권자(고유상소권자·상소대리권자) 또는 그 대리인이 책임질 수 없는 사유(→ 고의, 과실에 기하지 아니한 경우)로 인하여 상소제기기간 내에 상소하지 못한 때에 한하여 상소권회복이 인정

> **판례** 상소권회복의 사유가 되는 경우
>
> 1. 교도소장이 결정정본을 송달받고 1주일이 지난 후에 그 사실을 피고인에게 알려 상소기간이 경과한 경우(91모31)
> 2. 공시송달의 요건이 갖추어지지 않았음에도 원심법원이 피고인의 소환을 공시송달의 방법으로 하고 피고인의 진술없이 공판절차를 진행하여 판결이 선고되고 동 판결 등본이 공시송달된 경우(83모55)
> 3. 소송촉진등에 관한 특례법 제23조, 동법시행규칙 제19조의 규정(소촉법상 궐석재판)에 따라 공시송달의 방법으로 공소장등이 송달되고 피고인이 불출석한 상태에서 심리가 진행되고 판결이 선고되어 피고인은 유죄판결이 선고된 것조차 모른 채 이에 대한 상소기간이 도과된 경우(83모37)
> 4. 피고인이 소송이 계속된 사실을 알면서 법원에 거주지 변경 신고를 하지 않은 잘못을 저질렀다고 하더라도, 위법한 공시송달에 터잡아 피고인의 진술 없이 공판이 진행되고 피고인이 출석하지 않은 기일에 판결이 선고된 경우, 피고인이 자기 또는 대리인이 책임질 수 없는 사유로 인하여 상소제기기간을 준수하지 못한 것으로 볼 수 있다(2005모507).

> **판례** 상소권회복의 사유가 되지 않는 경우
>
> 1. 재판계속 중인 형사피고인이 자기의 새로운 주소지에 대한 신고 등의 조치를 취하지 않음으로써 소송서류 등이 송달되지 않아 공판기일에 출석하지 못하거나 판결선고 사실을 알지 못한 것 경우(2007모795)
> 2. 교도관이 항소포기장을 항소장이라 속여 교부해 주는 등 기망에 의하여 항소권을 포기하였다는 것을 항소제기기간 도과 후에 알게 된 경우(84모40)
> 3. 피고인 또는 대리인이 질병으로 입원하였거나 기거불능으로 상소를 하지 못한 경우(86모46)
> 4. 공소제기 후 이사한 자가 법원에 주소변경사실을 신고하지 아니하여 소송서류의 송달을 받지 못해 기일에 출석하지 못하고 판결선고 사실을 알지 못한 채 상소기간을 도과한 경우(86모27)

(3) 회복청구

① 상소권회복청구는 그 사유가 종료한 날로부터 상소제기기간에 상당한 기간 내에 서면으로 원심법원에 제출하여야 한다.

> **기출** 상소법원에 제출(X)

② 상소권회복을 청구하는 자는 그 청구와 동시에 상소를 제기하여야 한다.

> **기출** 상소권회복의 청구는 반드시 서면으로 원심법원에 제출하여야 하고, 회복결정을 받은 후 7일 이내에 상소를 제기할 수 있다(X).

③ 상소회복의 청구에는 재소자 특칙이 적용된다.

(4) 청구에 대한 결정

① 상소권회복청구를 받은 법원은 청구의 허부에 관한 결정을 해야 하고, 법원은 이 결정을 할 때까지 재판의 집행을 정지하는 결정을 할 수 있다.

> **기출** 집행을 정지하여야 한다(X).

② 상소권회복 허부에 관한 결정에 대해서는 즉시항고할 수 있다.

> **기출** 즉시항고 할 수 없다(X).

4. 절차속행의 신청

(1) 상소의 포기 또는 취하가 부존재 또는 무효임을 주장하는 자는 그 포기 또는 취하 당시 소송기록이 있던 법원에 절차속행의 신청을 할 수 있다.

(2) 상소권회복청구권 → 상소제기가 없는 상태에서 상소권이 소멸한 경우의 구제방법

절차속행의 신청 → 상소제기 후 상소의 포기나 취하 등으로 상소권이 소멸한 경우의 구제방법

> **판례**
>
> 1. 상소권회복은 자기 또는 대리인이 책임질 수 없는 사유로 인하여 상소제기기간 내에 상소를 하지 못한 사람이 이를 청구하는 것이고, 상고를 포기한 후 그 포기가 무효라고 주장하는 경우 상고제기기간이 경과하기 전에는 상고포기의 효력을 다투면서 상고를 제기하여 그 상고의 적법 여부에 대한 판단을 받으면 되고, 별도로 상소권회복청구를 할 여지는 없다(99모40).
> 2. 상소권을 포기한 후 상소제기기간이 도과한 다음에 상소포기의 효력을 다투는 한편, 자기 또는 대리인이 책임질 수 없는 사유로 인하여 상소제기기간 내에 상소를 하지 못하였다고 주장하는 사람은 상소를 제기함과 동시에 상소권회복청구를 할 수 있다(2003모451).

> **판례**
>
> 항소심판결이 선고되면 제1심판결에 대한 항소권이 소멸되어 제1심판결에 대한 항소권 회복청구와 항소는 적법하다고 볼 수 없어, 제1심판결에 대하여 검사의 항소에 의한 항소심판결이 선고된 후 피고인이 동일한 제1심판결에 대하여 항소권 회복청구를 하는 경우 결정으로 이를 기각하여야 한다(2016모2874).

3 상소의 이익

1. 의의

상소에 의하여 원심재판에 대한 불만이나 불복을 제기함으로써 얻게 되는 법률상태의 개선 또는 변화를 말하는 것으로 상소제기의 적법·유효 요건이다.

2. 판단기준

(1) **검사의 상소이익** : 피고인에 불이익한 상소뿐만 아니라 피고인의 이익을 위해서도 상소할 수 있다 (객관의무).

(2) **피고인의 상소이익**

① 유죄판결(형선고, 형면제, 선고유예) → 상소이익 인정

② 무죄판결 → 상소할 수 없고, 무죄판결의 이유만을 다투는 상소도 할 수 없다.

③ 공소기각·관할위반·면소 재판 → 상소의 이익이 없기 때문에 상소할 수 없다(판례).
but 위헌결정이 있었음에도 면소판결을 선고한 경우에는 예외적으로 상소할 수 있다.

> **판례**
>
> 1. 공소기각의 판결이 있으면 피고인은 공소의 제기가 없었던 상태로 복귀되어 유죄판결의 위험으로부터 벗어나는 것이므로 그 판결은 피고인에게 불이익한 재판이라고 할 수 없다(85도1675).
> 2. 피고인은 이 사건 범죄사실을 저지른 일이 없으므로 무죄를 선고하여야 할 것임에도 불구하고 원심이 면소의 판결을 한 것은 잘못이라는데 있는바 면소판결에 대하여는 실체판결을 구하여 상소를 할 수 없다(86도1976).
> 3. 면소판결에 대하여 무죄판결인 실체판결이 선고되어야 한다고 주장하면서 상고할 수 없는 것이 원칙이지만, 위헌결정이 난 법률을 근거로 원심이 면소판결을 한 경우에는 이와 달리 면소를 할 수 없고 피고인에게 무죄의 선고를 하여야 하므로 면소를 선고한 판결에 대하여 상고가 가능하다(2010도5986).

4 상소의 제기와 포기·취하

1. 상소의 제기

(1) **상소장 제출**

① 상소는 상소제기기간 내에 상소장을 원심법원에 제출함으로써 이루어 진다.

② 재소자의 특칙 : 교도소 또는 구치소에 있는 피고인이 상소의 제기기간 내에 상소장을 교도소장 등에게 제출한 때에는 상소의 제기기간 내에 상소한 것으로 간주한다.

(2) **상소제기의 효력**

① 정지의 효력

㉠ 상소제기에 의하여 확정과 집행이 정지된다.

㉡ 다만, 항고는 즉시항고를 제외하고는 집행정지의 효력이 없고 가납재판은 상소에 의하여 집행이 정지되지 않는다.

② 이심의 효력

㉠ 상소제기 후에 상소장과 소송기록이 원심법원으로부터 상소법원으로 송부된 때 이심의 효력이 발생한다.

㉡ 상소기간 중 구속 등에 관한 결정은 소송기록이 원심법원에 있는 때에는 원심법원이 하여야 한다.

2. 상소의 포기 · 취하

(1) 의의

① **상소 포기**: 상소제기기간 내에 상소권 행사를 포기한다는 법원에 대한 소송행위

② **상소 취하**: 일단 제기된 상소를 철회하는 법원에 대한 소송행위

(2) 포기 · 취하권자

① 고유의 상소권자는 상소를 포기 또는 취하할 수 있다.

다만, 피고인 또는 상소대리권자는 사형 또는 무기징역 · 무기금고가 선고된 판결에 대하여는 상소의 포기 불가

※ 포기가 인정되지 않는 경우 ≪고약상무 · 진압≫

고소권, 약식명령에 대한 정식청구(피고인), 상소(사, 무), 진술거부권, 압수물 환부청구

② 법정대리인이 있는 피고인은 법정대리인의 동의를 얻어야 한다.

다만, 법정대리인의 사망 기타 사유로 인하여 그 동의를 얻을 수 없는 때는 예외

→ 미성년자인 피고인이 법정대리인의 동의를 얻지 않고 한 상소의 포기 또는 취하는 효력이 없다.

③ 상소의 법정대리인 또는 상소의 대리권자는 피고인의 동의를 얻어 상소를 취하할 수 있다.

`기출` 피고인의 법정대리인은 피고인의 동의가 없더라도 상소를 취하할 수 있다(X).

`기출` 상소취하권자는 상소포기권자와 그 범위가 같다(X).

`기출` 변호인은 피고인의 상소권이 소멸한 후에도 상소를 제기할 수 있다(X).

(3) 포기 · 취하의 방법

① 시기

㉠ 상소의 포기 → 상소의 제기기간 내이면 언제든지 가능

㉡ 상소의 취하 → 상소심의 종국재판이 있기까지 언제든지 가능

② 방식

㉠ 상소의 포기 · 취하는 서면으로 하여야 한다. 단, 공판정에서는 구술로 가능

`기출` 반드시 서면으로 하여야 한다(X).

㉡ 상소의 포기 → 원심법원

상소의 취하 → 상소법원

`기출` 상소의 포기와 취하는 상소법원에 하여야 한다(X).

`기출` 상소의 제기, 상소의 포기 및 취하는 원심법원에 하여야 한다(X).

㉢ 재소자 특칙 적용

> **판례**
>
> 1. 변호인은 피고인의 동의를 얻어 상소를 취하할 수 있으므로, 변호인의 상소취하에 피고인의 동의가 없다면 상소취하의 효력은 발생하지 아니한다. 한편 변호인이 상소취하를 할 때 원칙적으로 피고인은 이에 동의하는 취지의 서면을 제출하여야 하나, 피고인은 공판정에서 구술로써 상소취하를 할 수 있으므로, 변호인의 상소취하에 대한 피고인의 동의도 공판정에서 구술로써 할 수 있다. 다만 상소를 취하하거나 상소의 취하에 동의한 자는 다시 상소를 하지 못하는 제한을 받게 되므로, 상소취하에 대한 피고인의 구술 동의는 명시적으로 이루어져야만 한다(2015도7821).

2. 상소포기는 상소제기 이전에 한하여 할 수 있는 것이므로 피고인이 적법한 상소제기를 한 후에 그 상소를 포기한다 해도 상소포기의 효력은 발생할 수 없고 이미 한 상소제기의 효력이 존속하는 것이다(69모35).

(4) 포기 · 취하의 효력

① 재상소 금지 → 상소를 취하한 자 또는 상소를 포기나 취하에 동의한 자는 그 사건에 대해 다시 상소하지 못한다.

기출 상소를 취하하거나 포기하였더라도 상소제기 기간 내에는 다시 상소를 제기할 수 있다(X).

② 상소의 포기 · 취하의 부존재나 무효를 주장하는 자는 절차속행의 신청을 할 수 있다.

5 일부상소

1. 의의

(1) 재판의 일부에 대한 상소를 말한다.

(2) 일부에 대한 상소는 그 일부와 불가분의 관계에 있는 부분에 대하여도 효력이 미친다(상소불가분의 원칙).

→ 상소불가분의 원칙상 1개의 사건의 일부에 대한 상소는 허용되지 않는다.

→ 재판의 일부란 객관적 범위를 의미하며, 공동피고인의 일부가 상소하는 경우는 일부상소가 아니다.

2. 허용범위

일부상소는 재판의 내용이 가분이고 독립된 판결이 가능한 경우에 허용된다. 따라서 원심재판의 판단대상인 수개의 범죄가 경합범 관계에 있어야 하고, 그에 대한 판결주문의 분할이 가능한 경우에 한하여 일부상소가 허용된다(통설 · 판례).

(1) 허용되는 경우

① **경합범의 일부상소** : 경합범에 있어서 각 부분별로 각각 다른 수개의 재판 선고

예 실체적 경합 A죄(유기징역), B죄(벌금) 선고

② 확정판결 전후의 수개의 범죄에 대하여 수개의 형 선고

③ 경합범 전부에 대해서 무죄판결 선고

판례 일부상소가 허용되는 경우

1. 전부 무죄판결에 대하여는 그중 일부 공소사실만을 특정하여 상소할 수 있으므로 항소 대상이 되지 아니한 부분은 심판할 수 없다(73도142).

2. 경합범 관계에 있는 수죄 중 일부 무죄의 선고가 있는 경우에 피고인만이 항소한 때에는 항소심은 검사의 항소 없는 위 무죄부분에 대하여 심판할 수 없다(80도2847).

3. 경합범으로 동시에 기소된 사건에 대하여 일부 유죄, 일부 무죄의 선고를 하거나 일부의 죄에 대하여 징역형을, 다른 죄에 대하여 벌금형을 선고하는 등 판결주문이 수개일 때에는 그 1개의 주문에 포함된 부분을 다른 부분과 분리하여 일부상소를 할 수 있는 것이고 당사자 쌍방이 상소하지 아니한 부분은 분리 확정된다(99도4840).

(2) 허용되지 않는 경우

① **일죄의 일부**: 과형상일죄, 포괄일죄, 단순일죄 등 일죄의 일부에 대한 상소는 허용되지 않는다 (상소불가분의 원칙).

→ 포괄일죄의 일부에 대한 상소는 판결 전체가 상소심으로 이심

② **1개의 형이 선고된 경합범**: 경합범 전부에 대하여 한 개의 형이 선고된 때에도 일부상소는 허용되지 않는다.

③ **주형과 일체가 된 부가형**: 주형과 일체가 되어 있는 부가형·환형처분·집행유예·미결구금일수 산입, 압수물 환부, 소송비용부담의 재판 등은 주형과 분리하여 상소할 수 없다. 다만, 배상명령에 대하여는 독립하여 즉시항고가 허용된다.

> 기출 징역형과 몰수형 중 몰수형에 대하여 일부상소가 허용된다(X).

> 기출 피고인이 유죄판결에 대해서 상소를 제기하지 않고 배상명령에 대해서만 독립적으로 상소를 제기하는 것은 허용되지 않는다(X).

판례 일부상소가 허용되지 않는 경우

1. 제1심이 단순일죄의 관계에 있는 공소사실의 일부에 대하여만 유죄로 인정한 경우에 피고인만이 항소하여도 그 항소는 그 일죄의 전부에 미쳐서 항소심은 무죄부분에 대하여도 심판할 수 있다(2000도5000).

2. 제1심법원이 공소사실의 동일성이 인정되는 범위 내에서 공소가 제기된 범죄사실에 포함된 보다 가벼운 범죄사실을 유죄로 인정하면서 법정형이 보다 가벼운 다른 법조를 적용하여 피고인을 처벌하고, 유죄로 인정된 부분을 제외한 나머지 부분에 대하여는 무죄로 판단한 경우, 그에 대하여 피고인만이 유죄부분에 대하여 항소하고 검사는 무죄로 판단된 부분에 대하여 항소하지 아니하였다면 비록 그 죄 전부가 피고인의 항소와 상소불가분의 원칙으로 인하여 항소심에 이심되었다고 하더라도 무죄부분은 심판대상이 되지 않는다(2008도4740). ✖ 피고인만이 유죄 부분에 대하여 항소하고 검사는 무죄로 판단된 부분에 대하여 항소하지 아니하였더라도 무죄부분도 항소심의 심판대상이 된다. ✕

3. 포괄일죄의 일부만이 유죄로 인정된 경우 그 유죄부분에 대하여 피고인만이 상고하였을 뿐 무죄로 판단된 부분에 대하여 검사가 상고를 하지 않았다면, 무죄부분도 상고심에 이심되기는 하나 그 부분은 상고심으로서도 판단할 수 없다(2009도12934).

4. 상상적 경합관계에 있는 두 죄에 대하여 한 죄는 무죄, 한 죄는 유죄가 선고되어 검사만이 무죄 부분에 대하여 상고하였다 하여도 유죄 부분도 상고심의 심판대상이 되는 것이다(80도384).

5. 동일한 사실관계에 대하여 서로 양립할 수 없는 법조를 적용하여 주위적·예비적으로 공소제기된 사건에서 예비적 공소사실만 유죄로 인정되고 그 부분에 대하여 피고인만 상소한 경우, 예비적 공소사실만 유죄로 인정되고 그 부분에 대하여 피고인만 상소하였다고 하더라도 주위적 공소사실까지 함께 상소심의 심판대상에 포함된다(2006도1146). ✖ 주위적 공소사실은 상소심의 심판대상에 포함되지 않는다. ✕

6. 피고인이 몰수 또는 추징에 관한 부분만을 불복대상으로 삼아 상소를 제기하였다 하더라도 상소심으로서는 이를 적법한 상소제기로 다루어야 하므로 상소의 효력은 그 부분과 불가분의 관계에 있는 본안에 관한 판단 부분에까지 미쳐 그 전부가 상소심으로 이심되는 것이다(2008도5596). ✖ 그 불복범위인 몰수 또는 추징에 관한 부분에 한정된다. ✕ ✖ 피고사건에 대한 판결 중 몰수 또는 추징에 관한 부분만을 불복대상으로 삼아 상소가 제기된 경우 상소의 효력은 그 몰수 또는 추징의 부분에 한정된다. ✕

7. 소송비용부담의 재판에 대하여는 본안의 재판에 관하여 상소하는 경우에 한하여 불복할 수 있고(형사소송법 제191조 제2항), 소송비용부담의 재판에 대한 불복은 본안의 재판에 대한 상소의 전부 또는 일부가 이유 있는 경우에 한하여 받아들여질 수 있다(2016도12437). ✖ 소송비용부담의 재판에 대하여는 본안의 재판에 관하여 상소하지 않는 경우에도 불복할 수 있다. ✕

8. 형의 집행유예, 노역장유치 일수 등의 부수적 주문은 주형의 주문과 일체를 이루는 것이므로, 부수적 주문에 대하여만 독립하여 상소를 할 수 없다(2008도5596).

3. 일부상소의 방식

(1) 일부상소를 한다는 취지를 명시하고 불복부분을 특정하여야 한다.

(2) 일부 무죄, 일부 유죄의 판결에 대해서 불복부분을 특정하지 않은 경우 전부상소로 보아야 한다.

→ 피고인 상소한 때에는 유죄부분에 대한 상소로 해석

→ 검사가 일부 상소한 때에는 무죄부분을 상소한 것으로 해석

판례

1. 항소장에 경합범으로서 2개의 형이 선고된 죄 중 일죄에 대한 형만을 기재하고 나머지 일죄에 대한 형을 기재하지 아니하였다 하더라도 항소이유서에서 그 나머지 일죄에 대하여도 항소이유를 개진한 경우 판결 전부에 대한 항소로 보아야 한다(2004도3515). ✗ 판결 전부에 대한 항소로 볼 수는 없다. ✗

2. [1] 검사가 제출한 항소장의 불복의 범위란에 재판의 일부에 대하여서만 상소한다는 기재가 없는 한 검사의 청구대로 되지 아니한 판결전부에 대하여 상소한 것이라고 보아야 할 것이다.

   [2] 검사가 불복의 범위란에 아무런 기재를 아니하고, 판결주문란에 유죄부분의 형만을 기재하고 무죄의 주문은 기재하지 아니한 항소장을 제출하였으나 항소이유서에 무죄부분에 대하여도 항소이유를 개진한 경우, 판결전부에 대한 항소로 본다(91도1937).

4. 상소의 심판범위

(1) 상소제기된 부분만 상소심에 소송 계속되고 상소가 없는 부분의 재판은 확정

(2) 일부상소된 부분에 한하여 심판하여야 하며, 확정된 사건은 심판 불가

판례

1. 경합범 중 일부에 대하여 무죄, 일부에 대하여 유죄를 선고한 제1심판결에 대하여 검사만이 무죄 부분에 대하여 항소를 한 경우, 피고인과 검사가 항소하지 아니한 유죄판결 부분은 항소기간이 지남으로써 확정되므로, 항소심에서 이를 파기할 때에는 이를 파기할 때에는 무죄부분만을 파기할 수밖에 없다(91도1402). ✗ 항소심에서 이를 파기할 때에는 유죄부분만을 파기하여야 한다. ✗ ✗ 무죄부분에 대해 항소를 하였더라도 항소심은 피고인을 위하여 피고인이 항소하지 아니한 유죄부분을 심판할 수 있다. ✗ ✗ 항소심은 유죄부분도 다시 심리하여 무죄부분과 함께 형을 선고할 수 있다. ✗

2. 수개의 범죄사실에 대하여 항소심이 일부는 유죄, 일부는 무죄의 판결을 하고, 피고인 및 검사 쌍방이 상고를 제기하였으나, 유죄 부분에 대한 피고인의 상고는 이유 없고, 무죄부분에 대한 검사의 상고만 이유가 있는 경우, 유죄부분과 무죄부분이 제37조 전단의 경합범 관계에 있다면 항소심판결의 유죄부분도 무죄 부분과 함께 파기되어야 한다(2000도778).

3. 형법 제37조 전단 경합범 관계에 있는 공소사실 중 일부에 대하여 유죄, 나머지 부분에 대하여 무죄를 선고한 제1심판결에 대하여 검사만이 항소하면서 무죄 부분에 관하여는 항소이유를 기재하고 유죄 부분에 관하여는 이를 기재하지 않았으나 항소 범위는 '전부'로 표시하였다면, 이러한 경우 제1심판결 전부가 이심되어 원심의 심판대상이 되므로, 원심이 제1심판결 무죄 부분을 유죄로 인정하는 때에는 제1심판결 전부를 파기하고 경합범 관계에 있는 공소사실 전부에 대하여 하나의 형을 선고하여야 한다(2014도342).

6 불이익변경 금지의 원칙

1. 의의

피고인이 상소한 사건이나 피고인을 위하여 상소한 사건에 관하여 상소심은 원판결의 형보다 중한 형을 선고하지 못한다는 원칙

2. 적용범위

(1) 적용되는 경우

① 피고인만이 상소

② 검사가 피고인의 이익을 위하여 상소

③ 피고인과 검사 쌍방이 상소하였으나 검사의 상소가 기각

> 기출 피고인과 검사 쌍방이 제기한 항소에서 항소심이 검사의 항소를 기각하면서 원심보다 중한 형을 선고한 경우는 불이익 아니다(X).

④ 피고인만 항소한 제2심 유죄판결에 검사가 상고

⑤ 파기환송, 파기이송 사건

> 기출 파기환송 또는 파기이송 후의 환송 혹은 이송받은 법원은 다시 계속 심리하는 것이어서 상소심이라고 할 수 없으므로 불이익변경금지 원칙이 적용되지 않는다(X).

⑥ 약식명령에 피고인만 정식재판 청구한 경우 → 형종상향금지 원칙

> 기출 약식명령에 대하여 피고인이 정식재판을 청구한 사건에서 약식명령의 형보다 중한 형을 선고한 경우 불이익변경이 아니다(X).

> 기출 벌금형을 고지한 약식명령에 대하여 피고인이 정식재판을 청구한 사건에서 원심이 구류형을 선고했다면 불이익변경에 해당한다(X).

⑦ 즉결심판에 피고인만 정식재판 청구한 경우

> 기출 약식명령, 즉결심판에 대한 정식재판청구 사건에 대해서는 불이익변경금지의 원칙이 적용되지 않는다(X).

⑧ 재심사건, 비상상고 사건

> 기출 재심사건은 상소가 아니므로 불이익변경금지의 원칙이 적용되지 않는다(X).

(2) 적용되지 않는 경우

① 검사만이 상소한 경우

> 기출 검사만이 양형부당을 이유로 항소한 경우에 항소심이 제1심의 양형보다 가벼운 형을 선고하는 것은 위법하다(X).

② 피고인과 검사 쌍방이 상소한 경우

③ **병합사건**: 상소심에서 항소한 사건과 다른 사건이 병합되어 경합범으로 처단되어 결과적으로 제1심의 각 형량보다 중한 형이 선고되는 경우에도 불이익변경에 해당하지 않는다.

> 예 A: 징역 1년, B: 징역 1년 6월 ⇨ 징역 2년(불이익 아님)

3. 불이익변경금지의 원칙의 내용

(1) 불이익변경금지의 대상

① 형의 선고: 불이익변경이 금지되는 것은 '형의 선고'에 한한다.

→ 원판결보다 경한 형을 선고했으나 죄명, 적용법조를 피고인에게 불리하게 적용하는 것은 불이익이 아니다.

② 형의 범위 : 실질적으로 피고인에게 형벌과 같은 불이익을 주는 처분(부수적 처분 포함)은 모두 불이익변경금지의 대상이 된다.

(2) 불이익 변경 판단의 기준

① 형법 제50조를 기준[14]으로 하면서, 피고인에게 과하여지는 법익박탈의 정도를 전체적 · 실질적으로 비교하여 결정한다.

② 형에 관하여 비교판단하여야 하고, 그 형이 선고됨으로 인하여 다른 법규에 의해 초래될 수 있는 모든 법적, 경제적 불이익을 비교판단 하여야 하는 것은 아니다.

> 기출 불이익한가의 여부는 형에 관하여만 비교판단할 것이 아니라 그 형을 선고함로 인하여 다른 법규에 의해 초래될 수 있는 모든 법적, 경제적 불이익을 비교판단 하여야 한다(X).

(3) 형의 경중비교

① 형의 추가 → 불이익변경에 해당

예 징역 3년, 집행유예 5년 ⇨ 징역 8월, 집행유예 1년, 자격정지 1년

② 징역형과 금고형

예 징역 3년 ⇨ 금고 4년(불이익)

예 금고 4년 ⇨ 징역 3년(불이익 아님)

③ 자유형과 벌금형

불이익 ○	벌금액이 같고 노역장유치기간이 길어진 경우 예 벌금 100만원, 노역장유치 100일 → 벌금 100만원, 노역장유치 300일
불이익 ×	• 자유형을 벌금형으로 변경 예 징역 1년 → 벌금 300만원 • 자유형을 벌금형으로 변경하면서 벌금형에 대한 노역장유치기간이 자유형을 초과 예 징역 1년 → 벌금 1,000만원(노역장유치 400일) • 벌금액이 감경되면서 노역장유치기간이 길어진 경우 예 벌금 5,000만원(노역장유치 50일) → 벌금 3,000만원(노역장유치 100일) • 징역형을 감경하면서 벌금액이 같고 노역장유치기간이 길어진 경우 예 징역 1년, 벌금 1,000만원(노역장유치 400일) → 징역 8월, 벌금1,000만원(노역장유치 500일) • 벌금액이 감경되고 그 벌금형에 대한 노역장유치기간이 줄었으나 노역장유치 환산기준 금액이 낮아진 경우 예 벌금 1억5000, 노역장유치 1000일(1일 15만원) → 벌금 40,000만원, 노역장유치 800일(1일 5만원)

14) 제50조(형의 경중) ① 형의 경중은 제41조 각 호의 순서에 따른다. 다만, 무기금고와 유기징역은 무기금고를 무거운 것으로 하고 유기금고의 장기가 유기징역의 장기를 초과하는 때에는 유기금고를 무거운 것으로 한다.
② 같은 종류의 형은 장기가 긴 것과 다액이 많은 것을 무거운 것으로 하고 장기 또는 다액이 같은 경우에는 단기가 긴 것과 소액이 많은 것을 무거운 것으로 한다.
③ 제1항 및 제2항을 제외하고는 죄질과 범정(犯情)을 고려하여 경중을 정한다.
제41조(형의 종류) 형의 종류는 다음과 같다.
1. 사형 → 2. 징역 → 3. 금고 → 4. 자격상실 → 5. 자격정지 → 6. 벌금 → 7. 구류 → 8. 과료 → 9. 몰수

④ 부정기형과 정기형 → 중간형 기준

판례

원심법원이 선고한 부정기형을 상소심법원이 정기형으로 변경하는 경우, 부정기형을 변경할 때 불이익변경금지 원칙의 위반 여부는 부정기형의 장기와 단기의 중간형을 기준으로 삼는 것이 부정기형의 장기 또는 단기를 기준으로 삼는 것보다 상대적으로 우월한 기준으로 평가될 수 있음은 분명하다(2020도4140).

⑤ 집행유예와 형의 경중

불이익 ○	• 집행유예를 붙인 자유형에 대하여 집행유예를 배제, 유예기간 연장 　예 징역 1년, 집행유예 3년 → 징역 1년 　예 징역 1년, 집행유예 3년 → 징역 1년, 집행유예 4년 • 징역형 또는 금고형을 줄이면서 집행유예 배제 　예 징역 2년, 집행유예 3년 → 징역 1년 • 징역형을 늘리면서 집행유예를 추가 　예 징역 1년 → 징역 2년, 집행유예 3년 • 징역형에 집행유예를 붙이면서 벌금형을 병과하거나 벌금액이 늘어난 경우 　예 징역 6월 → 징역 6월, 집행유예 2년 + 벌금 5만원 　예 징역 2년, 벌금 750만원 → 징역 2년(집행유예 3년), 벌금 1,000만원 • 집행유예를 형의 집행면제로 변경 　예 집행유예 3년 → 형집행면제
불이익 ×	• 금고형을 징역형으로 변경하면서 집행유예를 추가 　예 금고 1년 → 징역 1년, 집행유예 3년 • 징역형에 대한 집행유예를 벌금으로 변경 　예 징역 1년, 집행유예 3년 → 벌금 1,000만원 • 집행면제의 판결을 집행유예로 변경 　예 징역 1년의 집행면제 → 징역 1년, 집행유예 3년

⑥ 선고유예와 형의 경중

불이익 ○	자유형에 대한 선고유예를 벌금형으로 변경 　예 징역 6월에 선고유예 → 벌금 1,000만원 **기출** 제1심 징역형의 선고유예의 판결에 대하여 피고인만이 항소한 경우에 2심이 벌금형을 선고한 것은 불이익변경금지의 원칙에 위배되지 않는다(X).
불이익 ×	징역 1년, 벌금 1,000만원의 선고유예 → 징역 1년, 집행유예 3년＋벌금 1,000만원

⑦ 몰수·추징과 미결구금일수산입

불이익 ○	징역형은 동일하지만 몰수·추징을 추가하거나 추징액을 늘리는 경우 　예 징역 6월, 집행유예 2년 → 징역 6월, 집행유예 2년, 압수물 몰수
불이익 ×	• 추징 → 몰수 • 징역 2년, 집행유예 3년, 5억 추징 → 징역 1년, 집행유예 2년, 6억 추징 • 징역 2년, 미결구금일수 60일 산입 → 징역 1년, 미결구금일수 30일 산입

⑧ 형과 치료감호: 치료감호 → 징역 1년(불이익)

(4) 불이익변경금지의 원칙과 관련한 이론 및 판례의 고찰

98도2550	1. 즉결심판에 대하여 피고인만이 정식재판을 청구한 사건에도 불이익변경금지의 원칙이 적용된다. ☒ 불이익변경금지의 원칙은 상소사건을 그 대상으로 하므로 즉결심판에 대한 정식재판청구시에는 적용되지 아니한다. ×
제439조	2. 재심사건에서도 불이익변경금지의 원칙이 적용된다. 3. 재심에는 원판결의 형보다 중한 형을 선고하지 못한다. ☒ 재심사건은 상소사건이 아니므로 불이익변경금지의 원칙이 적용되지 아니한다. ×
2014도6472 2005도8607	4. 피고인만의 상고에 의하여 원심판결을 파기하고 사건을 항소심에 환송한 경우 환송 전 원심판결과의 관계에서도 불이익변경금지의 원칙이 적용된다. ☒ 불이익변경금지의 원칙이 적용되는 것은 아니므로, 그 파기된 항소심 판결보다 중한 형을 선고할 수 있다. × 5. 피고인만 상고한 상고심에서 항소심판결을 파기하고 사건을 항소심에 환송한 경우에 그 항소심에서는 파기된 항소심판결보다 중한 형을 선고할 수 없다. ☒ 환송 후 원심판결이 환송 전 원심판결에서 선고하지 아니한 몰수를 새로이 선고하는 것은 불이익변경금지원칙에 위배되지 아니한다. × 6. 불이익변경금지 원칙은 피고인의 상고로 항소심판결이 상고심에서 파기되어 환송한 경우에서도 적용되므로, 파기환송 후의 항소심에서 공소장변경에 의해 새로운 범죄사실이 추가됨으로써 피고인의 책임이 무거워졌더라도 파기된 항소심판결에 비하여 중한 형을 선고할 수는 없다.
4290형비상1	7. 피고인만 항소한 항소심판결에 대해 검사만 상고한 경우 상고심에서도 불이익변경금지의 원칙이 적용된다.
2008도1092	8. 검사만이 양형부당을 이유로 항소한 경우에 항소심이 제1심의 양형보다 가벼운 형을 선고한 것은 위법하지 않다. ☒ 위법하다. × 9. 검사만이 양형부당을 이유로 항소한 경우에도 항소법원은 직권으로 심판하여 제1심의 양형보다 가벼운 형을 선고할 수 있다.
2005도7473 2008도7647	10. 피고인과 검사 쌍방이 상소한 결과 검사의 상소가 받아들여져 원심판결 전부가 파기됨으로써 피고인에 대한 형량 전체를 다시 정해야 하는 경우에는 불이익변경금지의 원칙이 적용되지 아니하며 사건이 경합범에 해당하는 경우에도 개개 범죄별로 불이익변경의 여부를 판단하여야 하는 것은 아니다. ☒ 사건이 경합범에 해당하는 경우에는 개개 범죄별로 불이익변경의 여부를 판단하여야 한다. × 11. 피고인과 검사 쌍방이 상소한 결과 검사의 상소가 받아들여져 원심판결 전부가 파기됨으로써 피고인에 대한 형량 전체를 다시 정해야 하는 경우에는 불이익변경금지의 원칙이 적용되지 않는다.
2015도11696	12. 검사의 항소이유가 실질적으로 구두변론을 거쳐 심리되지 않았다고 평가될 경우 항소심법원이 검사의 항소이유 주장을 받아들여 피고인에게 불리하게 제1심 판결을 변경하는 것은 허용되지 않는다.
98도2111	13. 피고인과 검사 쌍방이 항소하였으나 검사가 항소 부분에 대한 항소이유서를 제출하지 아니하여 결정으로 항소를 기각하여야 하는 경우에는 항소심은 불이익변경금지의 원칙에 따라 제1심판결의 형보다 중한 형을 선고하지 못한다. 14. 피고인과 검사 쌍방이 항소했으나 법원이 피고인의 항소만을 받아들여 원심판결 전부를 파기하고 피고인의 형량을 다시 정해야 하는 경우에도 이 원칙이 적용된다.
98도2550	15. 즉결심판에 대하여 피고인만이 정식재판을 청구한 경우에도 불이익변경금지의 원칙이 적용된다.

PART

06

81도2779	16. 불이익변경금지의 원칙은 피고인만이 상소한 사건에 있어서 원심의 형보다 중한 형을 선고할 수 없다는 것에 불과하고, 그 형이 같은 이상 원심이 인정한 죄보다 중한 죄를 인정하였다 하더라도 불이익변경금지의 원칙에 위배되지 아니한다.
2007도3448	17. 판결을 선고한 법원이 판결서의 경정을 통하여 당해 판결서의 명백한 오류를 시정하는 것은 피고인에게 유리 또는 불리한 결과를 발생시키거나 피고인의 상소권 행사에 영향을 미치는 것이 아니므로 불이익변경금지 원칙이 적용되지 아니한다. ✔ 판결경정의 경우에도 불이익변경금지 원칙이 적용된다. ✕ 18. 피고인이 항소심 계속 중 별건 확정판결의 집행에 의하여 수감중이었으므로 항소심에서의 미결구금일수가 전혀 없음에도 불구하고 착오로 본형에 잘못 산입한 오류를 판결서의 경정을 통하여 시정하는 경우, 불이익변경금지원칙이 적용될 여지는 없다. ✔ 이는 피고인에게 불이익한 형의 변경으로 허용되지 아니한다. ✕
2004도6784	19. 변경전후의 형의 비교에 있어서는 불이익 여부를 개별적, 형식적으로 고찰할 것이 아니라 전체적, 실질적으로 고찰하여 결정하여야 한다.
99도3225	20. 제1심판결에 대하여 피고인만이 항소한 사건에서 항소심이 검사의 공소장변경신청을 받아들여 그 변경된 적용법률에 따라 판결을 선고한 경우에는 그 선고된 항소심의 형이 제1심의 그것보다 가벼운 이상(무겁다고 하더라도 ✕)불이익변경금지의 원칙에 위배되지 아니한다.
2011도14986	21. 제1심에서 사문서위조죄로 벌금형의 선고를 받은 피고인만 항소한 항소심에서 동일한 공소사실에 대해 법정형에 벌금형이 없는 사서명위조죄가 인정되었다면 항소심법원은 불이익변경금지의 원칙에 따라 벌금형을 선고할 수 있다. ✔ 항소심법원은 불이익변경금지의 원칙에도 불구하고 벌금형을 선고할 수는 없다. ✕
2004헌가27	22. 징역형의 집행유예가 벌금형에 비하여 반드시 경한 처벌이라고 할 수 없다.
2001도3448	23. 1심에서 별개의 사건으로 징역 1년에 집행유예 2년과 추징금 1천만원 및 징역 1년 6월과 추징금 1백만원의 형을 선고받고 항소한 피고인에 대하여 사건을 병합심리한 후 경합범으로 처단하면서 제1심의 각 형량보다 중한 형인 징역 2년과 추징금 1,100만원을 선고한 것은 불이익변경금지의 원칙에 어긋나지 아니한다. ✔ 어긋난다. ✕
2004도6784	24. 벌금형을 고지한 약식명령에 대하여 피고인이 정식재판을 청구한 사건에서 원심이 구류형을 선고했다 하더라도 불이익변경금지의 원칙을 위배한 잘못이 있다고 할 수 없다.
2006도4888	25. 추징도 몰수에 대신하는 처분으로서 몰수와 마찬가지로 형에 준하여 평가하여야 할 것이므로 그에 관하여도 불이익변경금지의 원칙이 적용된다. ✔ 몰수에 대신 하는 처분인 추징에 대해서는 불이익변경금지의 원칙이 적용되지 아니한다. ✕ 26. 추징에 관하여도 불이익변경금지의 원칙이 적용되므로 피고인만이 항소한 사건에서 추징액을 제1심보다 피고인에게 더 불리하도록 변경할 수 없다.
92도2020	27. 주형이 동일하더라도 몰수가 새로 부가되는 경우 불이익변경금지의 원칙에 위배된다.
2002도5679	28. 피고인만이 항소한 사건에서 항소심이 피고인에 대해 제1심이 인정한 범죄사실의 일부를 무죄로 인정하면서도 제1심과 동일한 형을 선고하였다고 하여 그것이 불이익변경금지원칙에 위배된다고 볼 수 없다. ✔ 불이익변경금지의 원칙에 위반된다. ✕
80도765	29. 자유형을 벌금형으로 변경하면서 벌금형에 대한 노역장유치기간이 자유형을 초과하는 경우에도 불이익변경에 해당하지 않는다. ✔ 해당한다. ✕
76도3161	30. 벌금 액수가 동일하나 벌금을 완납하지 아니할 때의 환형유치기간에 있어서 원심의 그것이 제1심의 그것보다 2.5배나 되는 경우 불이익변경금지의 원칙에 위배된다.

77도2114	31. 피고인에 대한 벌금형이 제1심보다 감경되었다 하더라도 그 벌금형에 대한 노역장유치기간이 제1심보다 더 길어졌다고 하더라도 형이 불이익하게 변경되었다고 할 수 없다. ✔ 불이익변경금지원칙에 반한다. × ✔ 벌금형이 감경되었어도 그 벌금형에 대한 노역장유치기간이 더 길어졌다면 형이 불이익하게 변경되었다고 보아야 한다. ×
84도2972	32. 집행유예의 판결은 소정 유예기간을 특별한 사유 없이 경과한 때에는 그 형의 선고의 효력이 상실되나 형의 집행면제는 그 형의 집행만을 면제하는 데 불과하므로 집행유예의 판결이 형 집행면제보다 피고인에게 불리한 것이라 할 수 없다.
99도3776	33. 자유형의 선고유예를 벌금형으로 변경하는 것은 불이익변경에 해당한다. 34. 제1심의 징역형의 선고유예의 판결에 대하여 피고인만이 항소한 경우에 제2심이 벌금형을 선고한 것은 제1심 판결의 형보다 중한 형을 선고한 것에 해당된다(즉, 불이익변경금지의 원칙에 위배된다.). ✔ 불이익변경금지의 원칙에 위배되지 아니한다. ×
97도1716	35. 제1심에서 징역 1년 6월에 집행유예 3년의 형을 선고받고, 항소심에서 징역 1년 형의 선고유예를 받은 데 대하여, 상고심에서 파기환송 받은 법원에서 제1심 판결을 파기하고 벌금 4,000만원과 추징금 1,500만원의 선고를 모두 유예한 것은 불이익변경금지의 원칙에 반하지 아니한다. ✔ 불이익변경금지의 원칙에 반한다. ×
2013도6608 75도1543	36. 같은 기간의 금고형을 징역형으로 변경하면서 집행유예를 선고하는 것도 불이익변경에 해당하지 아니한다.
77도2731	37. 제1심에서 징역 6월의 선고를 받고 피고인만이 항소한 사건에서 징역 8월에 집행유예 2년을 선고한 것은 제1심의 형보다 중하므로 불이익변경의 금지원칙에 위반된다.
2016도1131 86모2	38. 제1심에서 징역형의 집행유예를 선고한 데 대하여 제2심이 그 징역형의 형기를 단축하여 실형을 선고하는 것도 불이익변경금지원칙에 위배된다. 39. 징역형의 집행유예가 확정된 사건에 대한 재심에서 원판결보다 주형을 경하게 하면서 집행유예를 없앤 경우에는 불이익변경금지의 원칙에 위배된다.
83도2034	40. 항소심이 제1심과 동일한 형기에다 그 집행유예기간만을 제1심보다 장기로 하여 형을 선고한 경우 불이익변경금지의 원칙에 반한다.
83도1958	41. 제1심에서 징역 3년에 5년간 집행유예가 선고된 후 피고인만이 항소한 항소심에서 징역 8월에 1년간 집행유예를 선고한 외에 자격정지 1년을 병과한 경우 불이익변경금지의 원칙에 위반한다.
83도65	42. 제1심 법원에서 치료감호처분만 선고되고 피고인만이 항소한 사건에서 징역 1년 6월의 형을 선고한 경우 불이익변경금지의 원칙에 위반한다.
90도1534	43. 징역 10월, 미결구금 5일, 집행유예 2년을 선고한 제1심 판결을 파기하고 벌금 1,000만원을 선고한 것은 불이익변경금지원칙에 위반되지 아니한다.
96도2850	44. 제1심 형량인 징역 2년에 집행유예 3년 및 금 5억여원 추징을 항소심에서 징역 1년에 집행유예 2년 및 금 6억여원 추징으로 변경한 경우 불이익변경금지의 원칙에 위반되지 아니한다.
74도1785	45. 항소법원이 1심에서의 징역형에 대하여는 집행유예를 하고 여기에다 1심에서 선고를 유예한 벌금형을 병과한 경우 불이익변경금지의 원칙에 위반되지 아니한다.
93도2894	46. 징역형의 형기가 징역1년에서 징역10월로 단축되었으며 벌금형의 액수가 같고 벌금형에 대한 환형유치기간이 길어진 경우 불이익변경금지의 원칙에 반하지 않는다. 47. 벌금형의 액수가 같고 벌금형에 대한 환형유치기간이 길어졌다 하더라도, 징역형의 형기가 징역 1년에서 징역 10월로 단축된 경우 불이익변경금지의 원칙에 위배되지 아니한다.

80도765	48. 자유형을 벌금형으로 변경하는 경우에 벌금형에 대한 노역장유치기간이 자유형의 형기보다 길어진 경우라도 이는 불이익변경금지의 원칙에 반하지 않는다.
2000도3945	49. 피고인에 대한 벌금형이 1심보다 감경되었다면 비록 그 벌금형에 대한 환형유치기간이 1심보다 더 길어졌다고 하더라도 전체적으로 비교하여 보면 형이 불이익하게 변경되었다고 할 수는 없다. ✘ 전체적으로 보아 형이 불이익하게 변경되었다고 할 수 있다. ×
90도16	50. 피고인만이 항소한 사건에서 항소심법원이 제1심판결을 파기하고 새로운 형을 선고함에 있어 피고인에 대한 주형에서 그 형기를 감축하고 제1심판결이 선고하지 아니한 압수장물을 피해자에게 환부하는 선고를 추가하였더라도 그것만으로는 불이익변경금지원칙에 위배되지 않는다.
98도295	51. 항소심이 제1심에서 유죄로 인정한 일부 죄에 대하여 무죄를 선고하고 그 형에 산입되었던 미결구금일수 중 일부를 다른 죄에 대한 형에 산입하면서 미결구금일수를 제1심보다 줄였으나 항소심이 선고한 형이 제1심보다 가벼워져 전체적으로 복역일수가 줄어든 경우 불이익변경금지의 원칙에 반하지 않는다.
2010도9013, 2010전도60	52. 피고인만이 항소한 사건에서 법원이 항소심에서 처음 청구된 검사의 전자장치 부착명령 청구에 따라 부착명령을 선고하는 것은 불이익변경금지의 원칙에 위배되지 않는다.
2010도7955	53. 성폭력범죄를 범한 피고인에게 '징역 장기 7년, 단기 5년 및 5년 동안의 위치추적 전자장치 부착명령'을 선고한 제1심판결을 파기한 후 '징역 장기 5년, 단기 3년 및 20년 동안의 위치추적 전자장치 부착명령'을 선고한 항소심판결이 불이익변경금지 원칙에 위배되지 않는다.
2010도16939 2010전도159	54. 아동·청소년 대상 성폭력범죄의 피고인에게 '징역 15년 및 5년 동안의 위치추적 전자장치 부착명령'을 선고한 제1심 판결을 파기한 후 '징역 9년, 5년 동안의 공개명령 및 6년 동안의 위치추적 전자장치 부착명령'을 선고한 원심의 조치는 불이익변경금지의 원칙에 위배되지 않는다. ✘ 불이익변경금지원칙에 위반된다. ×
2013도9666	55. 피고인만이 항소한 사건에서 항소심이 제1심 판결을 직권으로 파기하고 다른 형은 동일하게 선고하면서 위치추적전자장치 부착명령의 기간만을 제1심 판결보다 장기의 기간으로 부과한 것은 불이익변경금지의 원칙에 위배된다.
2014도13529	56. 법원이 유죄판결을 선고하면서 신상정보 제출의무 등의 고지를 누락한 경우, 상급심 법원에서 신상정보 제출의무 등을 새로 고지하는 것은 형을 피고인에게 불리하게 변경하는 경우에 해당하지 아니한다. ✘ 형을 피고인에게 불리하게 변경하는 경우에 해당한다. ×
2005도8607	57. 두 개의 벌금형을 선고한 환송 전 원심판결에 대하여 피고인만이 상고하여 파기 환송되었는데, 환송 후 원심이 징역형의 집행유예와 사회봉사명령을 선고한 것은 불이익변경금지의 원칙에 위배된다.
2008도488	58. 소송비용의 부담은 형이 아니고 실질적인 의미에서 형에 준하여 평가되어야 할 것도 아니므로 불이익변경금지원칙의 적용이 없다. ✘ 불이익변경금지의 원칙이 적용된다. ×

7 파기판결의 구속력

1. 의의
상소심이 원심판결을 파기환송 또는 이송한 경우에 상소심의 판단이 당해 사건에 관하여 환송 또는 이송을 받은 하급심을 구속하는 효력

2. 구속력의 범위
(1) 구속력이 발생하는 재판
① 상소심의 파기판결: 구속력이 발생하는 재판은 상소심의 파기판결이다. 상소심은 항소심·상고심을 불문하고, 파기판결은 파기환송판결·파기이송판결을 불문한다.
② 파기판결 및 파기결정: 항고심에서도 파기환송 또는 파기이송이 허용되므로 파기판결은 판결 이외에 결정도 포함된다.
(2) 구속력이 미치는 법원
① 당해 사건의 하급법원: 파기판결은 당해 사건의 하급심을 구속한다.
→ 상고심이 제2심판결을 파기하고 제1심에 환송하여 제1심 재판에 대하여 다시 항소된 경우에 제2심법원도 당해 사건의 하급심이므로 상고심의 판단에 기속된다.
② 파기한 상급법원: 파기판결은 파기판결을 한 상급법원 자신까지도 기속한다.
기출 파기판결의 기속력은 파기판결을 행한 상고법원에 대하여 미치지 않는다(X).

3. 파기재판의 구속력이 미치는 판단의 범위
(1) 법률판단과 사실판단: 법령해석의 통일이라는 관점에서 상급법원의 법령의 해석·적용에 대한 판단(법률판단)은 당연히 하급법원을 구속한다. 또한 사실오인을 상소이유로 하고 있는 현행법상 상급법원의 사실판단에 대해서도 파기판결의 기속력이 미친다(95도830).
(2) 소극적·부정적 판단과 적극적·긍정적 판단: 파기판결의 기속력은 파기의 직접적 이유가 된 소극적·부정적 판단부분에 미친다.

4. 구속력의 배제
(1) 사실관계의 변경: 파기판결의 구속력은 사실관계가 동일하다는 것을 전제로 한다. 따라서 환송·이송 후에 새로운 사실과 증거에 의하여 사실관계가 변경되면 구속력은 배제된다(82도2672).
(2) 법령·판례의 변경: 파기판결 구속력은 원심과 상소심에서 적용될 법령·판례가 동일하다는 것을 전제로 한다. 따라서 파기판결 후에 법령·판례가 변경된 경우에는 기속력이 배제된다.
예 대법원 전원합의체가 판례를 변경하는 경우

판례
1. 상고심으로부터 사건을 환송받은 법원은 새로운 증거가 제출되어 기속적 판단의 기초가 된 증거관계에 변동이 생기는 경우에는 기속되지 않는다(2001도1314).
2. 몰수형 부분의 위법을 이유로 원심판결 전부가 파기환송 된 후, 환송 후 원심이 주형을 변경한 조치가 환송판결의 기속력에 저촉된다고 볼 수는 없다(2003도4781). ☞ 몰수형 부분의 위법을 이유로 원심판결 전부가 파기환송되었다면 환송 후 원심이 주형을 변경하는 것은 환송결과의 기속력에 저촉된다. ×

3. 환송을 받은 법원은 그 파기이유로 한 사실상 및 법률상의 판단에 기속되는 것이고 그에 따라 판단한 판결에 대하여 다시 상고를 한 경우에 그 상고사건을 재판하는 상고법원도 앞서의 파기이유로 한 판단에 기속되므로 이를 변경하지 못한다(87도294). ✗ 파기환송을 받은 법원은 그 파기이유로 한 사실상 및 법률상의 판단에 기속되는 것이지만 그에 따라 판단한 판결에 대하여 다시 상고를 한 경우에 그 상고사건을 재판하는 상고법원은 앞서의 파기이유로 한 판단에 기속되지 않는다. ✗

4. 출판물에 의한 명예훼손의 공소사실을 유죄로 인정한 환송 전 원심판결에 위법이 있다고 한 파기환송판결의 사실판단의 기속력은 파기의 직접 이유가 된 환송 전 원심에 이르기까지 조사한 증거들만에 의하여서는 출판물에 의한 명예훼손의 공소사실이 인정되지 아니한다는 소극적인 부정 판단에만 미치는 것이므로, 환송 후 원심에서 이 부분 공소사실이 형법 제307조 제2항의 명예훼손죄의 공소사실로 변경되었다면 환송 후 원심은 이에 대하여 새롭게 사실인정을 할 재량권을 가지게 되는 것이고 더 이상 파기환송판결이 한 사실판단에 기속될 필요는 없다(2004도340).

제2절 > 항소

1 항소심의 의의와 구조

1. 의의
제1심 판결에 불복하여 제2심 법원에 제기하는 상소

2. 항소심의 구조
(1) 입법주의
① 복심: 항소심이 제1심의 심리와 판결을 무효로 하고 다시 처음부터 심리하는 제도
② 속심: 제1심 소송자료를 이어받아, 종결된 변론을 재개하는 것처럼 심리를 계속 이어서 하는 구조
③ 사후심: 원심의 소송자료만을 토대로 원판결의 당·부당을 사후적으로 심리하는 구조
(2) 현행법상 항소심의 구조: 원칙적으로 속심, 예외적으로 사후심

속심제 요소	① 판결 후 형의 폐지나 사면이 있을 때를 항소이유로 하고 있는 점(제361조의5 제2호) ② 재심청구사유가 있을 때를 항소이유로 하고 있다는 점(제361조의5 제13호) ③ 항소이유서에 포함되지 않은 경우에도 항소법원은 일정한 경우 직권으로 심판이 가능하다는 점(제364조 제2항) ④ 제1심에서 증거로 할 수 있었던 증거는 항소법원에서도 증거로 할 수 있다는 점(제364조 제3항) ⑤ 원칙적으로 항소심절차는 제1심공판절차가 준용된다는 점(제370조)
사후심 요소	① 항소이유서를 제출해야 한다는 점(제361조의3) ② 모든 것을 항소이유로 하지 않고, 항소이유를 원칙적으로 원판결의 법령위반 등에 제한하고 있다는 점(제361조의5) ③ 항소이유에 포함된 사유에 관해서만 심판해야 한다는 점(제364조 제1항) ④ 항소이유가 없음이 명백한 때에는 변론 없이 항소를 기각할 수 있다는 점(제364조 제5항) ⑤ 원판결이유에 모순이 있는 때를 항소이유로 하고 있는 점(제361조의5 제11호)

2 항소이유

1. 상대적 항소이유 → ≪상법사양≫

(1) 원심판결로 인해 판결에 영향을 미친 경우에 한하여 항소이유가 되는 경우를 말한다.

(2) 판결에 영향을 미친 법령위반(헌법·법률·명령 또는 규칙의 위반)이 있는 때

(3) 사실의 오인이 있어 판결에 영향을 미친 때

(4) 형의 양정이 부당하다고 인정할 사유가 있는 때

2. 절대적 항소이유 → ≪절구폐면 공관 재(제척, 기피)모심≫

(1) 절대적 항소이유는 대체로 중대한 절차위반을 대상으로 하고 있다. 그렇기 때문에 절대적 항소이유가 있으면 판결에 영향이 있었는가를 묻지 않고 항소 근거가 인정된다.

(2) 판결법원의 구성이 법률에 위반한 때

(3) 판결 후 형의 폐지나 변경 또는 사면이 있는 때

(4) 공판의 공개에 관한 규정에 위반한 때

(5) 관할 또는 관할위반의 인정이 법률에 위반한 때

(6) 법률상 그 재판에 관여하지 못할 판사가 그 사건의 심판에 관여한 때

(7) 사건의 심리에 관여하지 아니한 판사가 그 사건의 판결에 관여한 때

(8) 판결에 이유를 붙이지 아니하거나 이유에 모순이 있는 때

(9) 재심청구의 사유가 있는 때

3 항소심 절차

1. 항소의 제기

① 항소장 제출(7일, 원심법원) → ② 소송기록 송부(14일) → ③ 접수통지(즉시, 항소인과 상대방) → ④ 항소이유서 제출(20일) → ⑤ 부본송달(지체 없이) → ⑥ 답변서 제출(10일) → ⑦ 부분송달(지체 없이)

(1) 항소장 제출

① 항소는 7일의 항소제기기간 이내에 항소장을 원심법원에 제출

기출 항소를 함에는 항소장을 항소법원에 제출하여야 한다(X).

② 교도소 또는 구치소에 있는 피고인이 항소장을 교도소장 또는 구치소장 또는 그 직무를 대리하는 자에게 제출한 때에는 항소한 것으로 간주한다(재소자 특칙).

기출 피고인이 항소이유서 제출기간 내에 수감 중인 구치소장 등에게 항소이유서를 제출하였더라도 항소이유서 제출기간 도과된 후에 항소이유서가 법원에 전달되었다면, 항소이유서 제출기간이 준수된 것으로 볼 수 없다(X).

(2) 원심법원의 조치

① 항소장 심사: 원심법원은 항소장을 심사하여 항소제기가 법률상 방식에 위반하거나 항소권이 소멸된 후인 것이 명백한 때에는 결정으로 항소를 기각해야 하며 이 결정에 대하여 즉시항고를 할 수 있다.

기출 즉시항고 할 수 없다(X).

② **소송기록 등의 송부** : 항소기각결정을 하는 경우 이외에는 원심법원은 항소장을 받은 날로부터 14일 이내에 소송기록과 증거물을 항소법원에 송부하여야 한다(제361조).

> 기출 원심법원은 항소장을 받은 날부터 14일 이내에 소송기록과 증거물을 원심법원에 대응하는 검찰청에 송부하여야 한다(X).

(3) 항소법원의 조치

① 항소법원이 기록의 송부를 받은 때에는 즉시 항소인과 상대방에게 그 사유를 통지

→ 기록통지 전 변호인의 선임이 있는 경우는 변호인에게도 통지 요

→ 피고인에게 통지한 후 변호인 선임이 있는 경우 변호인에게 통지 불요

> 기출 항소법원이 기록의 송부를 받은 때에는 변호인에게도 통지하여야 하나 상대방에게까지 그 사유를 통지하여야 하는 것은 아니다(X).

② 항소인 또는 변호인은 기록접수통지를 받은 날로부터 20일 이내에 항소이유서를 항소법원에 제출

> 기출 30일 이내(X)

③ 항소이유서의 제출을 받은 항소법원은 지체 없이 그 부본 또는 등본을 상대방에게 송달

④ 상대방은 항소이유서의 송달을 받은 날로부터 10일 이내에 답변서를 항소법원에 제출

> 기출 20일 이내(X)

판례

1. 항소인이나 변호인이 항소이유서에 항소이유를 특정하여 구체적으로 명시하지 아니하였다고 하더라도 항소이유서가 법정의 기간 내에 적법하게 제출된 경우에는 이를 항소이유서가 법정의 기간 내에 제출되지 아니한 것과 같이 보아 형사소송법 제361조의4 제1항에 의하여 결정으로 항소를 기각할 수는 없다(2005모564). ✖ 항소인 또는 변호인이 법정기간 내에 항소이유서를 제출하였으나 항소이유를 특정하여 구체적으로 명시하지 아니한 경우, 기간 내에 항소이유서가 제출되지 않은 것으로 보아야 하므로 항소법원은 결정으로 항소를 기각하여야 한다. ✕

2. 피고인에게 소송기록접수통지를 한 후에 변호인의 선임이 있는 경우에는 변호인에게 다시 같은 통지를 할 필요가 없고 항소이유서의 제출기간도 피고인이 그 통지를 받은 날로부터 계산하면 되나, 피고인에게 소송기록접수통지가 되기 전에 변호인의 선임이 있는 때에는 변호인에게도 소송기록접수통지를 하여야 하고 변호인의 항소이유서 제출기간은 변호인이 이 통지를 받은 날로부터 계산하여야 한다(96도166). ✖ 피고인이 소송기록접수통지를 받은 이후 사선변호인을 선임하면 변호인이 소송기록접수통지를 받은 날부터 항소이유서 제출기간을 계산한다. ✕

3. 피고인이 제1심판결에 대하여 검사와 함께 항소를 제기하면서 항소이유서를 제출하지 않은 채 항소이유서 제출기간 내에 항소법원에 가정형편을 이유로 형사소송법 제33조 제2항의 국선변호인 선정을 청구하였는데, 항소법원이 그로부터 3개월여가 지나서야 국선변호인을 선정하면서 그에게 따로 소송기록 접수통지를 하지 아니한 채 변론을 종결한 다음 곧바로 항소이유서 미제출을 이유로 피고인의 항소를 기각하는 결정을 하고, 선고기일에는 검사의 항소이유를 받아들여 제1심판결을 파기하고 새로운 형을 선고한 것은 위법하다(2008도4558). ✖ 항소이유서 제출기간 도과 전 피고인의 청구에 따라 선정된 국선변호인에게 항소법원이 소송기록접수통지를 하지 아니한 채 항소이유서 미제출을 이유로 피고인의 항소를 기각하는 결정을 하고 검사의 항소이유만을 판단하여 판결을 선고하여도 위법한 것은 아니다. ✕

4. 필요적 변호사건의 항소심에서, 원심법원이 피고인 본인의 항소이유서 제출기간 경과 후 국선변호인을 선정하고 그에게 소송기록접수통지를 하였으나 국선변호인이 법정기간 내에 항소이유서를 제출하지 아니한 경우, 국선변호인의 항소이유서 불제출에 대하여 피고인의 귀책사유가 밝혀지지 않는 한, 항소법원은 종전 국선변호인의 선정을 취소하고 새로운 국선변호인을 선정하여 다시 소송기록접수통지를 함으로써 새로운 국선변호인으로 하여금 그 통지를 받은 때로부터 형사소송법 제316조의3 제1항 기간 내에 피고인을 위하여 항소이유서를 제출하도록 하여야 한다(2009모1044 전원합의체).

5. 항소법원이 피고인에게 소송기록 접수통지를 함에 있어 2회에 걸쳐 그 통지서를 송달하였다고 하더라 도, 항소이유서 제출기간의 기산일은 최초 송달의 효력이 발생한 날의 다음날부터라고 보아야 한다 (2010도3377). 🏛 항소법원이 피고인에게 소송기록접수통지를 함에 있어 2회에 걸쳐 그 통지서를 송달 한 경우, 항소이유서 제출기간의 기산일은 최후 송달의 효력이 발생한 날의 다음날부터이다. ✕

6. [1] 국선변호인 선정의 효력은 선정 이후 병합된 다른 사건에도 미치는 것이므로, 항소심에서 국선변호 인이 선정된 이후 변호인이 없는 다른 사건이 병합된 경우에는 항소법원은 지체 없이 국선변호인에 게 병합된 사건에 관한 소송기록 접수통지를 함으로써 국선변호인이 통지를 받은 날로부터 기산한 소정의 기간 내에 피고인을 위하여 항소이유서를 작성·제출할 수 있도록 하여 변호인의 조력을 받을 피고인의 권리를 보호하여야 한다.

   [2] 항소법원이 국선변호인 선정 이후 병합된 사건에 관하여 국선변호인에게 소송기록 접수통지를 하지 아니함으로써 항소이유서 제출기회를 주지 아니한 채 판결을 선고한 것은 위법하다(2010도3377). 🏛 항소법원이 국선변호인에게 원래의 사건에 대하여 소송기록접수통지를 하였다면 병합된 사건에 관하여 국선변호인에게 소송기록접수통지를 하지 아니하였더라도 위법하다고 할 수 없다. ✕

7. 항소이유서는 적법한 기간 내에 항소법원에 도달하면 되는 것으로 그 도달은 항소법원의 지배권 안에 들어가 사회통념상 일반적으로 알 수 있는 상태에 있으면 되고 나아가 항소법원의 내부적인 업무처리 에 따른 문서의 접수, 결재과정 등을 필요로 하는 것은 아니다(96도3325). 🏛 즉시항고에 있어서 항고제 기 기간의 준수여부는 항고장이 원심법원에 도달한 때를 기준으로 판단하게 되는데, 이는 법원의 내부 적인 업무처리에 따른 문서의 접수, 결재과정 등을 필요로 한다. ✕

8. 피고인의 항소대리권자인 배우자가 피고인을 위하여 항소한 경우에도 소송기록접수통지는 항소인인 피고인에게 하여야 한다(2018모642). 🏛 이 경우에 소송기록접수통지는 피고인뿐만 아니라 항소대리권 자인 배우자에게도 하여야 한다. ✕

2. 항소심의 심리

(1) 항소심의 심판범위

① 항소법원은 항소이유서에 포함된 사유에 대하여 심판을 해야 한다.

② 다만, 판결에 영향을 미친 사유에 관하여는 항소이유서에 포함되지 아니한 경우에도 직권으로 심판할 수 있다.

판례

1. 항소법원은 직권조사사유에 관하여는 항소제기가 적법하다면 항소이유서가 제출되었는지 여부나 항소이유 서에 포함되었는지 여부를 가릴 필요 없이 반드시 심판하여야 할 것이지만, 직권조사사유가 아닌 것에 관하 여는 그것이 항소장에 기재되었거나 그렇지 아니하면 소정 기간 내에 제출된 항소이유서에 포함된 경우에 한하여 심판의 대상으로 할 수 있고, 다만 판결에 영향을 미친 사유에 한하여 예외적으로 항소이유서에 포 함되지 아니하였다 하더라도 직권으로 심판할 수 있다 할 것이고, 한편 피고인이나 변호인이 항소이유서에 포함시키지 아니한 사항을 항소심 공판정에서 진술한다 하더라도 그 진술에 포함된 주장과 같은 항소이유 가 있다고 볼 수 없다(98도1234).

2. 항소심이 항소이유에 포함되지 아니한 사유를 직권으로 심리하여 제1심판결을 파기하고 다시 판결하는 경 우에 있어서는 항소인이 들고 있는 항소이유의 당부에 관하여 따로 판단한 바가 없다고 하더라도 항소심이 자판을 함에 있어서 이미 항소이유의 당부는 판단되었다고 보아야 하므로, 항소심이 그 판결에서 피고인의 항소이유에 대한 판단을 따로 설시하지 않았다고 하여 위법이라고 할 수 없다(2005도4177). 🏛 항소법원이 항소이유에 포함되지 아니한 사유를 직권으로 심리하여 제1심판결을 파기하고 다시 판결하는 경우, 항소이 유에 관한 판단을 따로 설시하여야 한다. ✕

3. 피고인이 양형부당과 함께 사실오인도 항소이유로 주장하였음에도 항소심이 양형부당의 항소이유만 있는 것으로 판단하면서 양형부당을 이유로 제1심판결을 파기·자판한 경우, 항소심은 피고인의 양형부당의 항소이유에 대하여 이유 있다고 인정하고 제1심판결을 파기한 다음 자판하면서 피고인에 대한 범죄사실을 모두 인정함으로써 결국 사실오인의 항소이유에 대하여서는 이를 배척하였다고 할 것이므로, 항소심판결에는 판단유탈의 위법이 있다고 할 수 없다(2000도123).

(2) 심리의 특칙

① 항소심의 심판에 대하여도 제1심의 공판절차에 관한 규정이 원칙적으로 준용된다.

② 피고인이 공판기일에 출정하지 아니한 때에는 다시 기일을 정해야 하고 피고인이 다시 정한 기일에 출정하지 아니한 때에는 피고인의 진술 없이 판결을 할 수 있다.

> 기출 피고인이 항소심 제1회 공판기일에 정당한 사유 없이 출정하지 아니한 때에는 피고인의 진술 없이 판결을 할 수 있다(X).

③ 제1심 법원에서 증거로 할 수 있었던 증거는 항소심에서도 증거로 할 수 있다.

④ 항소심은 속심이므로 새로운 증거조사도 가능하다.

3. 항소심의 심판

(1) 공소기각결정 : 공소기각의 결정사유가 있는 때에는 결정으로 공소를 기각해야 한다.

(2) 항소기각재판

① 항소기각결정

ㄱ 항소의 제기가 법률상의 방식에 위반하거나 항소권 소멸 후인 것이 명백한 때에 결정으로 항소를 기각 → 즉시항고 가능

ㄴ 항소이유서를 제출하지 아니한 때에도 결정으로 항소를 기각 → 즉시항고 가능

> 기출 항소기각결정에 대해서는 즉시항고를 할 수 없다(X).

② 항소기각 판결

ㄱ 기각판결 : 항소가 이유가 없다고 인정한 때

ㄴ 무변론 기각 : 항소이유가 없음이 명백한 때에는 항소이유서 기타 소송기록에 의하여 변론 없이 판결로써 기각할 수 있다.

(3) 원심판결의 파기판결

① 파기판결

ㄱ 항소이유가 있다고 인정한 때

ㄴ 항소이유서에 기재되지 아니한 경우에도 직권조사의 결과 판결에 영향을 미친 사유가 있다고 인정할 때

② 공동피고인을 위한 파기

ㄱ 피고인을 위하여 원심판결을 파기하는 경우에는 파기의 이유가 항소한 공동피고인에게 공통되는 때에는 그 공동피고인에게 대하여도 원심판결을 파기한다.

ㄴ 여기서 공동피고인이라 함은 원심에서 공동피고인으로서 항소한 자를 말하고 항소심에서 병합심리될 것을 요하지 않는다.

ⓒ 항소를 적법하게 제기한 이상 항소이유서를 제출하지 않거나 항소이유가 부적법한 것도 공
동파기를 허용한다.

③ 파기 후 조치

    ㉠ 파기자판 ┬ 항소심은 파기자판이 원칙
               └ 새롭게 증거조사를 실시한 후 이를 토대로 심판

    ㉡ 파기환송: 공소기각 또는 관할위반의 재판이 법률에 위반된 경우 ≪환관공기≫

      기출 공소기각 재판이 법률에 위반됨을 이유로 원심을 파기하는 때에는 제1심 판결을 파기하고 자판한다(X).

    ㉢ 파기이송: 관할인정이 법률에 위반됨을 이유로 원심판결을 파기하는 때 ≪이인정≫

      판례

1. 형사소송법 제364조의2는 '피고인을 위하여 원심판결을 파기하는 경우에 파기의 이유가 항소한 공동피고인에게 공통되는 때에는 그 공동피고인에게 대하여도 원심판결을 파기하여야 한다.'고 규정하고 있는데, 위 규정은 공동피고인 사이에서 파기의 이유가 공통되는 해당 범죄사실이 동일한 소송절차에서 병합심리된 경우에만 적용되어야 한다(2018도14303).
2. 관세법 제282조의 필수적 몰수·추징 규정이 적용되는 피고사건의 재판에 대한 상소심에서 원심의 주형 부분을 파기하는 경우, 부가형인 몰수 또는 추징 부분도 함께 파기하여야 한다(2009도2807).
3. 상소심에서 원심의 주형 부분을 파기하는 경우, 부가형인 징벌적 성질을 띠고 있는 몰수 또는 추징을 제외한 나머지 주형 부분만을 파기할 수 없다. ~~있다.~~ ✗
4. 상고심의 환송 전 원심에서 선임된 변호인의 변호권은 사건이 환송된 뒤에는 항소심에서 다시 생긴다(68도64).
5. 대법원의 파기환송 판결에 의하여 사건을 환송받은 법원은 형사소송법 제92조 제1항에 따라 구속기간이 만료되면 특히 계속할 필요가 있는 경우에는 2차(대법원이 형사소송규칙 제57조 제2항에 의하여 구속기간을 갱신한 경우에는 1차)에 한하여 결정으로 구속기간을 갱신할 수 있다(2001도5225).

제3절 ▶ 상고

▌1▐ 상고의 의의 및 구조

1. 의의
제2심 판결에 불복하여 대법원에 제기하는 상소

2. 기능
상고심의 주된 기능은 법령해석의 통일에 있으며, 오판을 시정에 의한 당사자의 권리구제기능을 갖고 있다.

3. 상고심의 구조

(1) 법률심

    ① 원칙적으로 하급심이 인정한 사실관계를 고정해 놓고 법률문제만을 판단

    ② 다만, 피고인 구제를 위하여 사실오인과 양형부당을 상고이유로 함으로써 예외적으로 상고심에 사실심적 성격을 인정

(2) 사후심

① 원판결시를 기준으로 그 당부를 판단
② 상고심에서 새로운 증거를 제출하거나 증거조사, 공소장변경은 불허
③ 파기환송 · 파기이송이 원칙
→ 판결 후 형의 폐지 · 변경 또는 사면이 있는 때 또는 원심판결 후에 재심청구의 사유가 판명된 때에는 원심판결 후에 발생한 사실이나 증거가 상고심 판단의 대상이 되므로 이 경우 상고심이 예외적으로 속심적 성격을 갖는다.

판례

항소심 판결선고 당시 19세 미만자로서 부정기형을 선고받은 피고인이 상고심 계속 중에 성년이 된 경우에도 원판결을 파기할 수는 없다(86도2181).

2 상고이유(제383조)

제383조 【상고이유】 다음의 사유가 있을 경우에는 원심판결에 대한 상고이유로 할 수 있다.
1. 판결에 영향을 미친 헌법 · 법률 · 명령 또는 규칙의 위반이 있는 때
2. 판결 후 형의 폐지나 변경 또는 사면이 있는 때
3. 재심청구의 사유가 있는 때
4. 사형, 무기 또는 10년 이상의 징역이나 금고가 선고된 사건에 있어서 중대한 사실의 오인이 있어 판결에 영향을 미친 때 또는 형의 양정이 심히 부당하다고 인정할 현저한 사유가 있는 때

※ **4호**: 중한 형이 선고된 사건에 있어서 중대한 사실오인과 심히 부당한 형의 양정이 있는 경우의 피고인의 구제를 상고심에서 맡긴 것이라고 할 수 있다.
→ (사형, 무기 또는 10년 이상의 징역이나 금고가 선고된) 사건에서만 피고인의 양형부당을 이유로 한 상고가 허용된다.
→ 검사는 항소심의 형의 양정이 가볍다는 사유를 상고이유로 주장할 수 없다.

판례

1. 제1심판결에 대하여 검사만이 양형부당을 이유로 항소하였을 뿐 피고인은 항소하지 아니한 경우에도 항소심이 검사의 항소를 받아들여 피고인에 대하여 제1심보다 무거운 형을 선고하였다하더라도 피고인으로서는 항소심판결에 대하여 사실오인, 채증법칙 위반, 심리미진 또는 법령위반 등의 사유를 들어 상고이유로 삼을 수 없다(2009도579). ✗ 피고인으로서는 항소심판결에 대하여 사실오인, 채증법칙 위반, 심리미진 또는 법령위반 등의 사유를 들어 상고이유로 삼을 수 있다. ✗
2. 검사만이 양형부당을 이유로 항소하였을 뿐 피고인은 항소하지 아니한 경우에는, 피고인으로서는 항소심판결에 대하여 사실오인, 채증법칙 위반, 심리미진 또는 법령위반 등의 사유를 들어 상고이유로 삼을 수 없다(2009도579).
3. 피고인이 제1심판결에 대하여 양형부당만을 상소이유로 내세워 항소하였는바, 피고인은 원심판결에 대하여 사실오인의 위법이 있다는 것을 상고이유로 삼을 수는 없다(2005도3345).
4. 상고심은 항소법원판결에 대한 사후심으로 항소심에서 심판대상이 되지 않은 사항은 상고심의 심판범위에 들지 않는 것이어서, 피고인이 항소심에서 항소이유로 주장하지 아니하거나 항소심이 직권으로 심판대상으로 삼은 사항 이외의 사유에 대해서는 이를 상고이유로 삼을 수 없다(2008도8661).

3 상고심의 절차

1. 상고의 제기
(1) **상고장 제출**: 상고는 7일의 상고 제기기간 이내에 상고장을 원심법원에 제출함으로써 이루어짐.

(2) **원심법원의 조치**
① 상고기각결정: 상고의 제기가 법률상의 방식에 위반하거나 상고권 소멸 후인 것이 명백한 때에는 원심법원은 상고기각의 결정 → 즉시항고 가능
② 원심법원의 조치: 상고기각결정을 하는 경우를 제외하고는 원심법원은 상고장을 받은 날부터 14일 이내에 소송기록과 증거물을 상고법원에 송부

(3) **상고법원의 조치**
① 상고법원이 소송기록의 송부를 받은 때에는 즉시 상고인과 상대방에 대하여 그 사유를 통지
② 소송기록접수통지 전에 변호인의 선임이 있는 때 → 변호인에게 통지

(4) **상고이유서 제출**
① 제출방식: 상고인 또는 변호인은 소송기록접수통지를 받은 날로부터 20일 이내에 상고이유서를 상고법원에 제출(재소자 특칙 적용)
② 기재 정도: 상고이유서에는 소송기록과 원심법원의 증거조사에 표현된 사실을 인용하여 그 이유를 명시하여야 한다.
   → 형사소송법상 상고이유서에는 소송기록과 원심법원의 증거조사에 표현된 사실을 인용하여 그 이유를 명시하여야 하므로 원심에서 제출하였던 변론요지를 그대로 원용한 방식의 상고이유는 부적법하다.
③ 상고법원의 조치: 상고이유서의 제출을 받은 상고법원은 지체 없이 그 부본 또는 등본을 상대방에게 송달
   → 상고이유서 제출기간 내에 제출하지 않은 경우 상고기각결정(불복불가)

(5) **답변서 제출**: 상대방은 상고이유서 송달을 받은 날로부터 10일 이내에 답변서를 제출할 수 있다.
   → 제출하여야 한다. ×
   → vs. 항소심은 제출하여야 한다.

(6) **송달**: 상고법원은 지체 없이 답변서 부본 또는 등본을 상고인 또는 변호인에게 송달

2. 상고심 심리
(1) **심판의 범위**
① 상고심은 상고이유서에 포함된 사유에 관하여 심판하여야 한다(제384조).
② 다만, 다음의 경우(제384조 1호~3호)는 상고이유서에 포함되지 아니한 때에는 직권으로 심판가능
   ㉠ 판결에 영향을 미친 헌법·법률·명령 또는 규칙의 위반이 있는 때
   ㉡ 판결 후 형의 폐지나 변경 또는 사면이 있는 때
   ㉢ 재심청구의 사유가 있는 때
   기출 항소심판결에 중대한 사실의 오인이 있어 판결에 영향을 미쳤고 현저히 정의에 반하는 때라도 그러한 내용이 상고이유서에 포함되어 있지 않다면 상고심은 이를 직권으로 심판할 수 없다.

(2) 심리

① **변호사인 변호인에 의한 변론**: 상고심에는 변호인 아니면 피고인을 위하여 변론하지 못하며, 변호사 아닌 자를 변호인으로 선임할 수 없다.

② **피고인의 소환 불요**: 피고인은 변론을 할 수 없으므로 상고심의 공판기일에는 피고인의 소환을 요하지 아니한다.

③ **상고이유서에 의한 변론**: 검사와 변호인은 상고이유서에 의하여 변론하여야 한다.

④ **서면심리**: 상고장, 상고이유서 기타 소송기록에 의하여 변론 없이 판결가능하다. 필요한 경우에는 특정한 사항에 관하여 변론을 열어 참고인의 진술을 들을 수 있다.

3. 상고심의 심판

(1) 상고법원의 결정

① **상고심의 공소기각의 결정**: 공소기각결정의 사유가 있는 때

② **상고심의 상고기각결정**: 상고이유서를 제출기간 안에 제출하지 못하거나, 상고제기가 법률의 방식에 위반되거나, 상소권 소멸 후인 것이 명백한 때

→ 즉시항고 불가(∵ 심판할 법원이 없음)

(2) 상고법원의 판결

① **상고기각판결**: 상고의 이유가 없다고 인정된 때

② **원심판결의 파기판결**: 상고의 이유가 있다고 인정하는 때

→ 피고인의 이익을 위하여 원심판결을 파기하는 경우에 파기의 이유가 상고한 공동피고인에 공통되는 때에는 그 공동피고인에 대하여도 원심판결을 파기

③ **파기 후의 조치**

㉠ **파기환송**: 공소기각 또는 관할위반의 재판이 법률에 위반되는 경우

→ 원심법원 또는 제1심법원에 환송

㉡ **파기이송**: 관할의 인정이 법률에 위반된 경우

→ 사건을 관할 있는 법원에 이송

㉢ **파기자판**: 상고법원이 원심판결을 파기한 경우에 해당 소송기록 그리고 원심법원과 제1심법원이 조사한 증거로 충분히 판결할 수 있다고 인정되면 피고사건에 대하여 직접 판결을 내릴 수도 있다. 이 경우에 불이익변경금지원칙이 적용된다. 파기자판을 할 것인지는 재량에 속한다.

4 비약적 상고

1. 의의

상소권자가 제1심판결에 불복하는 경우에 항소를 거치지 않고 직접 대법원에 상고하는 것을 말하는 것

2. 대상

비약적 상고는 제1심판결에 대해서 할 수 있다. 기출 제1심법원의 결정(X)

3. 비약적 상고의 이유 《법오적 · 폐사》

(1) 원심판결이 인정한 사실에 대하여 법령을 적용하지 않았거나, 법령의 적용에 착오가 있는 때

(2) 원심판결이 있은 후 형의 폐지나 변경 또는 사면이 있는 때

4. 제한

(1) 비약적 상고는 그 사건에 대한 항소가 제기된 때에는 그 효력을 잃는다.

(2) 다만, 항소의 취하 또는 항소기각의 결정이 있는 때에는 예외

> 기출 취하되더라도 효력을 잃게 된다(X).

5 상고심 판결의 정정

1. 의의

상고심 판결에 명백한 오류가 있는 경우에 이를 정정하는 제도

2. 사유

(1) 판결의 내용에 오류가 있음을 발견한 때이다.

(2) 여기서 오류란 계산이 틀리거나, 오기 기타 이와 유사한 명백한 잘못을 말함.

> 예 미결구금일수를 산입하지 아니한 위법이 있는 경우

(3) 판결내용의 본질적 부분은 판결정정이 불가하므로 유죄판결을 정정, 채증법칙에 위배하여 판단을 잘못하였다는 주장은 정정사유 아님.

3. 절차

(1) 직권 또는 검사 · 상고인이나 변호인의 신청에 의하여 판결로써 정정

(2) 신청은 서면으로 판결의 선고가 있는 날로부터 10일 이내에 신청

(3) 정정은 판결에 의하여야 하고, 변론 없이 가능하다.

PART
06

제4절 ▶ 항고

1 의의

- 법원의 결정에 대한 상소를 말한다. 결정은 판결에 이르는 과정에서 문제가 되는 절차적 사항에 대한 종국전 재판이다.
- 항고는 법률이 특별히 필요하다고 인정한 경우에만 허용된다.

2 종류

1. 일반항고

(1) 즉시항고

① 제기기간이 7일로 제한되어 있는 항고를 말한다(제405조). 즉시항고는 명문규정이 있는 때에만 허용된다.

② 즉시항고 허용규정

유비공상 피구취 보복이 정식 과태료 재 배상 배제해
• 집행유예취소결정
• 소송비용부담결정, 소송비용집행면제결정, 재정신청비용부담결정, 무죄판결에 따른 비용보상결정
• 공소기각결정
• 상소기각결정
• 기피신청기각결정
• 구속취소결정
• 형사보상결정, 형사보상기각결정
• 상소권회복결정
• 재판집행에 대한 이의신청
• 정식재판청구 기각결정
• 각종 과태료 결정
• 재심청구기각결정, 재심개시결정
• 배상명령결정
• 국민참여재판배제결정
• 재판해석에 대한 의의신청결정

③ 즉시항고는 집행정지효 有(원칙)

> **기출** 기피신청에 대한 간이기각결정, 증인 불출석에 제재(소송비용부담·감치·과태료)에 대한 즉시항고는 집행정지효가 없다. ≪피간·증불제 → 집행정지효 없음.≫

(2) 보통항고 : 법원의 결정에 대하여 불복이 있으면 항고할 수 있다. 단, 형사소송법에 특별한 규정이 있는 때에는 보통항고가 허용되지 않는다.

① 항고가 허용되지 않는 경우

㉠ 관할 또는 판결 전 소송절차에 관한 결정에 대하여는 특히 즉시항고를 할 수 있는 경우 외에는 항고하지 못한다.

→ 관할이나 소송절차에 관한 결정은 종국재판에 이르게 하는데 목적이 있으므로 종국재판에 대한 상소를 허용하면 충분하고 개개의 결정에 대하여 독립한 상소를 인정할 필요가 없기 때문이다. 독립하여 상소를 허용할 필요가 있는 경우에는 구체적으로 즉시항고를 할 수 있다고 규정되어 있다.

따라서 증거보전청구를 기각하는 결정, 위헌제청신청을 기각하는 하급심의 결정, 국선변호인선임청구를 기각하는 결정, 공소장변경허가결정은 판결 전 소송절차에 관한 것으로 독립하여 항고할 수 없다.

ⓛ 대법원의 결정은 최종심의 결정이므로 성질상 항고가 허용되지 않는다(87모4).

ⓒ 항고법원 또는 고등법원의 결정에 대하여도 보통항고를 할 수 없다. → 즉시항고 가능

② 항고가 허용되는 경우 → 《구압보유소》

ㄱ 구금·보석·압수나 압수물의 환부에 관한 결정 또는 감정유치 결정에 대하여는 보통항고가 허용된다.

ⓒ 증거보전청구를 기각하는 결정에 대하여는 3일 이내로 항고할 수 있다.

ⓒ 보증금납입조건부 피의자석방결정도 항고할 수 있다.

② 형사피고사건에 대한 법원의 소년부송치결정은 항고할 수 있다.

2. 재항고(특별항고)

(1) 재항고란 대법원에 제기하는 즉시항고를 말한다.

(2) 재항고는 원심결정의 재판에 영향을 미친 헌법, 법률, 명령, 규칙의 위반이 있음을 이유로 하는 때에 한하여 제기할 수 있다. 즉시항고의 일종이다.

3 항고의 절차

1. 항고장 제출

(1) 항고장을 원심법원에 제출하여야 한다(제406조).

(2) 즉시항고의 제기기간은 7일이다.

(3) 보통항고는 원심결정취소의 실익이 없게 된 때를 제외하고는 언제든지 가능

2. 원심법원의 조치

(1) **항고기각결정**: 법률상의 방식에 위반하거나 항고권 소멸후인 것이 명백한 때 항고를 기각결정(즉시항고 가능)

(2) **원심법원의 경정결정**

① 항고가 이유 있다고 인정한 때 → 결정을 경정

② 항고의 전부 또는 일부가 이유 없다고 인정한 때 → 항고장을 받은 날로부터 3일 이내에 의견서를 첨부하여 항고법원에 송부

(3) **소송기록의 송부**

① 원심법원이 필요하다고 인정한 때에는 소송기록과 증거물을 항고법원에 송부하여야 한다. 항고법원은 소송기록과 증거물의 송부를 요구할 수 있다.

② 항고법원은 소송기록과 증거물을 송부받은 날부터 5일 이내에 당사자에게 그 사유를 통지

기출 통지를 받은 항고인은 항고이유서 제출의무를 부담한다(X).

3. 항고제기의 효과

(1) 즉시항고 → 재판의 집행은 정지된다.

(2) 보통항고 → 재판의 집행을 정지하는 효력은 없다. 단, 원심법원 또는 항고법원은 결정으로 항고에 대한 결정이 있을 때까지 집행을 정지할 수 있다.

4 항고심의 심판

1. 항고법원의 심리

(1) 항고심은 사실과 법률을 모두 심리할 수 있으며, 심사범위도 항고이유에 한정되지 않는다.

(2) 항고심은 결정절차이므로 반드시 구두변론을 거쳐야 하는 것은 아니다.

(3) 검사는 항고사건에 대하여 의견을 진술할 수 있다.

2. 항고법원의 결정

(1) **항고기각결정**

① 항고의 제기가 법률상 방식에 위반하거나 항고권 소멸 후인 것이 명백한 경우에 원심법원이 항고기각결정을 하지 아니한 때 → 항고법원은 결정으로 항고를 기각

② 항고를 이유 없다고 인정한 때 → 결정으로 항고를 기각

(2) **취소재판**

① 항고를 이유 있다고 인정한 때 → 결정으로 원심결정을 취소하고 필요한 경우에 항고사건에 대하여 직접 재판. 이 경우 즉시 그 결정의 등본을 원심법원에 송부

② 항고법원의 결정에 대하여 대법원에 재항고할 수 있다.

5 준항고

1. 의의

법관(재판장 또는 수명법관)의 일정한 재판이나, 수사기관의 일정한 처분에 대해 불복이 있는 때 그 소속법원 또는 관할법원에 취소 또는 변경을 청구하는 불복신청

2. 준항고의 대상

(1) **재판장 또는 수명법관의 재판** → 《재명 · 구압보 · 유 · 피 · 과비》

① 기피신청을 기각한 재판(제1호)

② 구금 · 보석 · 압수 또는 압수물환부에 관한 재판(제2호)

③ 감정하기 위하여 피고인의 유치를 명한 재판(제3호)

④ 증인 · 감정인 · 통역인 · 번역인에 대하여 과태료 또는 비용의 배상을 명한 재판(제4호)

(2) **수임판사의 명령**

> 불복불가(원칙) 예 수사절차에 압수영장을 발부한 경우 ⇨ 준항고 불가
> 단, 수사상 증거보전절차 → 3일 이내 항고가능

⑶ **수사기관의 처분** → ≪수·구·압·변호인참여≫

 ① 구금에 대한 처분

  예 구금 장소의 임의적 변경, 구속의 취소나 집행정지 불허처분 ⇨ 준항고 가능

 ② 압수에 관한 처분

 ③ 압수물의 환부에 관한 처분

 ④ 변호인의 참여 등에 관한 처분

3. 절차

⑴ **재판장 또는 수명법관의 재판에 대한 준항고**

 ① 준항고는 서면을 관할법원에 제출하여야 하고, 재판의 고지가 있는 날로부터 7일 이내에 하여야 한다.

 ② 준항고의 청구를 받은 때에는 합의부에서 결정한다.

⑵ **검사 또는 사법경찰관의 처분에 대한 준항고** : 준항고는 서면을 관할법원에 제출하여야 하고, 수사기관의 처분에 대한 준항고(제417조)는 기간제한이 없다.

⑶ **재판의 집행정지**

 ① 준항고는 원칙적으로 집행정지의 효력이 없으나,

 ② 과태료 또는 비용의 배상을 명한 재판은 집행정지의 효력이 있다.

CHAPTER
02 비상구제절차

제1절 재심

1 의의 및 대상

1. 의의

(1) **개념**: 유죄의 확정판결에 중대한 사실오인이 있는 경우에 판결을 받은 자의 이익을 위하여 판결의 부당함을 시정하는 비상구제절차

(2) **기능**: 피고인 구제, 판결의 확장력 제거

2. 대상

유죄의 확정판결과 항소 또는 상고의 기각판결이다.

(1) 유죄의 확정판결 한정 → 무죄, 면소, 공소기각, 미확정, 파기된 판결, 결정은 대상이 아님.

> 기출 확정된 즉결심판(O), 확정된 약식명령(O), 집행유예판결(O), 재정신청 기각결정(X), 상급심에서 파기된 하급심 유죄판결(X), 기소유예처분(X), 무죄의 확정판결(X), 확정된 재항고기각결정(X), 상고심에서 계속 중인 미확정판결(X)

(2) **상소기각판결**

항소·상고의 기각판결은 유죄판결 자체는 아니지만 그 확정에 의하여 원심의 유죄판결이 확정되는 효과를 발생시키므로 유죄판결과 별개의 재심대상으로 인정된다.

> **판례** 재심청구 가능
>
> 유죄의 확정판결 후 형선고의 효력을 상실케 하는 특별사면으로 형선고의 효력이 상실된 유죄의 확정판결도 형사소송법 제420조의 '유죄의 확정판결'에 해당하여 재심청구의 대상이 될 수 있다(2011도1932 전합). ✗ 특별사면이 있었다면 이미 재심청구의 대상이 존재하지 않아 그러한 판결을 대상으로 하는 재심청구는 부적법하다. ✗

> **판례** 재심청구 불가능
>
> 1. 항소심의 유죄판결에 대하여 상고가 제기되어 상고심 재판이 계속되던 중 피고인이 사망하여 「형사소송법」 제382조, 제328조 제1항 제2호에 따라 공소기각결정이 확정되었다면 항소심의 유죄판결은 이로써 당연히 그 효력을 상실하게 되므로, 이러한 경우에는 형사소송법상 재심절차의 전제가 되는 '유죄의 확정판결'이 존재하는 경우에 해당하지 아니한다(2011도7931). ✗ 되었더라도 항소심의 유죄판결은 이로써 당연히 그 효력을 상실하게 되는 것은 아니고, 이러한 경우에는 형사소송법상 재심절차의 전제가 되는 '유죄의 확정판결'이 존재하는 경우에 해당한다. ✗
> 2. 재심은 유죄의 확정판결에 대하여 그 선고를 받은 자의 이익을 위하여 청구할 수 있는 것이고 무죄의 선고를 받은 자가 유죄의 선고를 받기 위하여는 허용되지 않는다(83모5).
> 3. 항소심에서 파기되어버린 제1심판결에 대해서는 재심을 청구할 수 없는 것이다(2003모1932).
> 4. 환송판결은 유죄의 확정판결이라 할 수 없으므로 환송판결을 대상으로 한 재심청구는 부적법하다(2005재도18).
> 5. 재심청구는 유죄의 확정판결에 대하여서만 할 수 있고 결정에 대하여는 재심청구가 허용되지 않는다(86모38).

2 재심의 사유

1. 허위증거에 의한 재심사유

(1) 원판결의 증거된 서류 또는 증거물이 확정판결에 의하여 위조 또는 변조된 것이 증명된 때(제1호)

(2) 원판결의 증거된 증언, 감정, 통역 또는 번역이 확정판결에 의하여 허위인 것이 증명된 때(제2호)

(3) 무고로 인하여 유죄의 선고를 받은 경우에 그 무고의 죄가 확정판결에 의하여 증명된 때(제3호)

(4) 원판결의 증거된 재판이 확정판결에 의하여 변경된 때(제4호)

(5) 저작권, 특허권, 실용신안권, 의장권 또는 상표권을 침해한 죄로 유죄의 선고를 받은 사건에 관하여 그 권리에 대한 무효의 심결 또는 무효의 판결이 확정된 때(제6호)

(6) 원판결, 전심판결 또는 그 판결의 기초된 조사에 관여한 법관, 공소의 제기 또는 그 공소의 기초된 조사에 관여한 검사나 사법경찰관이 그 직무에 관한 죄를 범한 것이 확정판결에 의하여 증명된 때(제7호 본문). 다만, 원판결의 선고 전에 법관, 검사 또는 사법경찰관에 대하여 공소의 제기가 있는 경우에는 원판결의 법원이 그 사유를 알지 못한 때에 한한다.

> **판례** 〓 제2호 허위증언
>
> 1. 형사소송법 제420조 제2호 소정의 '원판결의 증거된 증언'이 나중에 확정판결에 의하여 허위인 것이 증명된 이상, 그 허위증언 부분을 제외하고서도 다른 증거에 의하여 그 '죄로 되는 사실'이 유죄로 인정될 것인지 여부에 관계없이 형사소송법 제420조 제2호의 재심사유가 있는 것으로 보아야 한다. ✘ 나중에 확정판결에 의하여 허위인 것이 증명되더라도 다른 증거에 의하여 '죄로 되는 사실'이 유죄로 인정되면 재심사유에 해당하지 않는다. ✗ ✘ 나중에 확정판결에 의하여 허위인 것이 증명되더라도 그 허위증언 부분을 제외한 다른 증거에 의하여 그 '죄로 되는 사실'이 유죄로 인정될 경우라면 재심청구는 이유 없는 것으로 보아야 한다. ✗
>
> 2. '원판결의 증거된 증언이 확정판결에 의하여 허위인 것이 증명된 때'라 함은 그 증인이 위증을 하여 그 죄에 의하여 처벌되어 그 판결이 확정된 경우를 말하는 것이고, 원판결의 증거된 증언을 한 자가 그 재판 과정에서 자신의 증언과 반대되는 취지의 증언을 한 다른 증인을 위증죄로 고소하였다가 그 고소가 허위임이 밝혀져 무고죄로 유죄의 확정판결을 받은 경우는 위 재심사유에 포함되지 아니한다(2003도1080). ✘ 포함된다. ✗

> **판례** 〓 제7호 직무범죄
>
> 형사소송법 제420조 제7호의 재심사유 해당 여부를 판단함에 있어 사법경찰관 등이 범한 직무에 관한 죄가 사건의 실체관계에 관계된 것인지 여부나 당해 사법경찰관이 직접 피의자에 대한 조사를 담당하였는지 여부는 고려할 사정이 아니다(2004모16). ✘ 사건의 실체관계에 관계된 것인지 여부나 당해 사법경찰관이 직접 피의자에 대한 조사를 담당하였는지 여부도 고려사항이다. ✗

2. 신증거에 의한 재심사유(제420조 제5호)

(1) **의의**: 유죄의 선고를 받은 자에 대하여 무죄 또는 면소를, 형의 면제 또는 원판결이 인정한 죄보다 경한 죄를 인정할 명백한 증거가 새로 발견된 때를 재심이유로 규정

→ 형면제는 필요적 면제만을 의미, 경한 죄란 법정형이 가벼운 별개의 다른 죄를 말한다.

→ 공소기각의 판결은 포함되지 않음.

(2) 증거의 신규성

① 증거가 원판결 당시 발견되지 못하였거나 발견되었다 하더라도 제출할 수 없었던 경우

② 법원 이외의 당사자에 대하여도 신규일 것을 요하는가에 대해 판례는 법원에 한정할 것은 아니지만 피고인이 증거를 제출하지 못한데 과실이 있는 경우는 제외

(3) 증거의 명백성

① 새로운 증거가 확정판결을 파기할 고도의 가능성 내지 개연성이 인정되는 경우를 말한다.

② 명백성의 판단은 새로 발견된 증거와 유기적으로 밀접하게 관련되고 모순되는 것들은 함께 고려하여 평가

> [기출] 증거의 명백성은 새로운 증거로만 판단해야 한다(X).

> [기출] 법원은 새로 발견된 증거만을 독립적·고립적으로 고찰하여 그 증거가치만으로 재심의 개시여부를 판단하여야 한다(X).

[판례] 제5호 신증거

1. 형사소송법 제420조 제5호에 정한 '무죄 등을 인정할 명백한 증거'에 해당하는지 여부를 판단할 때에는 법원으로서는 새로 발견된 증거만을 독립적·고립적으로 고찰하여 그 증거가치만으로 재심의 개시 여부를 판단할 것이 아니라, 재심대상이 되는 확정판결을 선고한 법원이 사실인정의 기초로 삼은 증거들 가운데 새로 발견된 증거와 유기적으로 밀접하게 관련되고 모순되는 것들은 함께 고려하여 평가하여야 하고, 그 결과 단순히 재심대상이 되는 유죄의 확정판결에 대하여 그 정당성이 의심되는 수준을 넘어 그 판결을 그대로 유지할 수 없을 정도로 고도의 개연성이 인정되는 경우라면 그 새로운 증거는 위 조항의 '명백한 증거'에 해당한다(2005모472 전원합의체). ✔ 형사소송법 제420조 제5호 증거의 명백성은 <u>새로운 증거로만 판단하여야 한다.</u> ✗ ✔ <u>법원은 새로 발견된 증거만을 독립적·고립적으로 고찰하여 그 증거가치만으로 재심의 개시여부를 판단하여야 한다.</u> ✗

2. 형사소송법 제420조 제5호에 정한 무죄 등을 인정할 '증거가 새로 발견된 때'란 재심대상이 되는 확정판결의 소송절차에서 발견되지 못하였거나 또는 발견되었다 하더라도 제출할 수 없었던 증거를 새로 발견하였거나 비로소 제출할 수 있게 된 때를 말한다. 증거의 신규성을 누구를 기준으로 판단할 것인지에 대하여 위 조항이 그 범위를 제한하고 있지 않으므로 그 대상을 법원으로 한정할 것은 아니다. 그러나 재심은 당해 심급에서 또는 상소를 통한 신중한 사실심리를 거쳐 확정된 사실관계를 재심사하는 예외적인 비상구제절차이므로, 피고인이 판결확정 전 소송절차에서 제출할 수 있었던 증거까지 거기에 포함된다고 보게 되면, 판결의 확정력이 피고인이 선택한 증거제출시기에 따라 손쉽게 부인될 수 있게 되어 형사재판의 법적 안정성을 해치고, 헌법이 대법원을 최종심으로 규정한 취지에 반하여 제4심으로서의 재심을 허용하는 결과를 초래할 수 있다. 따라서 피고인이 재심을 청구한 경우 재심대상이 되는 확정판결의 소송절차 중에 그러한 증거를 제출하지 못한 데 과실이 있는 경우에는 그 증거는 위 조항에서의 '증거가 새로 발견된 때'에서 제외된다고 해석함이 상당하다(2005모472 전원합의체).

3. 당해 사건의 증거가 아니고 공범자 중 1인에 대하여는 무죄, 다른 1인에 대하여는 유죄의 확정판결이 있는 경우에 무죄확정 판결의 증거자료를 자기의 증거자료로 하지 못하였고 또 새로 발견된 것이 아닌 한 무죄확정판결 자체만으로는 유죄확정판결에 대한 새로운 증거로서의 재심사유에 해당한다고 할 수 없다(84모14). ✔ <u>공범자 사이에 모순된 판결이 있는 경우에 유죄의 확정판결을 받은 공범자는 후에 내려진 다른 공범자에 대한 무죄판결 자체를 무죄로 인정할 새로운 명백한 증거로 삼아 재심을 청구할 수 있다.</u> ✗

4. 형사소송법 제420조 제5호의 '형의 면제를 인정할 명백한 증거가 새로 발견될 때'에서 '형의 면제'는 형의 필요적 면제만을 의미하고 임의적 면제는 해당하지 않는다(84모32).

5. 조세심판원이 재조사결정을 하고 그에 따라 과세관청이 후속처분으로 당초 부과처분을 취소하였다면 부과처분은 처분시에 소급하여 효력을 잃게 되어 원칙적으로 그에 따른 납세의무도 없어지므로, 형사소송법 제420조 제5호에 정한 재심사유에 해당한다(2013도14716).

---

3. 상소기각의 확정판결에 대한 재심사유

(1) **의의** : 제420조 제1호(허위증거), 제2호(허위증언), 7호(직무범죄)의 사유에 있는 경우에 한하여 재심청구 가능

(2) **예외** : 하급심 확정판결에 대한 재심청구사건의 판결이 있은 후에는 상소기각판결에 대하여 다시 재심을 청구하지 못한다.

4. 헌법재판소의 위헌결정

위헌결정된 법률조항에 근거한 유죄의 확정판결에 대하여는 재심을 청구할 수 있다.

> **기출** 위헌결정된 형벌에 관한 법률조항에 근거한 유죄의 확정판결은 재심청구의 대상이 되지 않지만 비상상고의 대상이 된다(X).

판례

1. 형벌에 관한 법령이 당초부터 헌법에 위배되어 법원에서 위헌·무효라고 선언한 경우도 형사소송법 제420조 제5호의 재심사유인 '무죄 등을 인정할 증거가 새로 발견된 때'에 해당한다(2010모363).

2. 헌법재판소의 위헌결정으로 인하여 종전의 합헌결정이 있는 날의 다음 날로 소급하여 효력을 상실하는 경우 합헌결정이 있는 날의 다음 날 이후에 유죄판결이 선고되어 확정되었다면, 비록 범죄행위가 그 이전에 행하여 졌더라도 그 판결은 위헌결정으로 인하여 소급하여 효력을 상실한 법률 또는 법률의 조항을 적용한 것으로서 '위헌으로 결정된 법률 또는 법률의 조항에 근거한 유죄의 확정판결'에 해당하므로 이에 대하여 재심을 청구할 수 있다(2015모1475). ✗ 합헌결정이 있는 날의 다음 날 이후에 유죄판결이 선고되어 확정되었다고 하더라도 범죄행위가 그 이전에 행하여졌다면 재심을 청구할 수 없다. ✕

3 재심절차

1. 관할

(1) 재심청구는 원판결의 법원이 관할한다.

→ 재심청구 대상이 제1심 판결인 경우에는 제1심법원이, 상소기각판결인 경우에는 상소법원이 재심청구사건을 관할하게 된다.

→ 대법원이 제2심 판결을 파기자판 한 경우 재심청구는 원판결을 한 대법원이 하여야 한다.

(2) 군사법원에서 판결이 확정된 후 군에서 제적된 자에 대하여는 군사법원에 재판권이 없으므로 같은 심급의 일반법원에서 관할이 있다.

판례

재심청구를 받은 군사법원은 먼저 재판권 유무를 심사하여 군사법원에 재판권이 없다고 판단되면 재심개시절차로 나아가지 말고 곧바로 사건을 군사법원법 제2조 제3항에 따라 같은 심급의 일반법원으로 이송하여야 한다. 이와 달리 재심청구를 받은 군사법원이 재판권이 없음에도 재심개시 결정을 한 후에 비로소 사건을 일반법원으로 이송한 경우, 이는 위법한 재판권의 행사이나 사건을 이송받은 일반법원은 다시 처음부터 재심개시절차를 진행할 필요는 없다(2011도1932).

2. 재심의 청구

(1) 청구권자

① 검사

② 유죄의 선고를 받은 자

③ 유죄의 선고를 받은 자의 법정대리인

④ 유죄의 선고를 받은 자가 사망하거나 심신장애가 있는 경우에는 그 배우자·직계친족·형제자매

⑤ 법관·검사·사법경찰관의 직무상 범죄를 이유로 하는 재심청구에서 유죄의 선고를 받은 자가 그 죄를 범하게 한 경우에는 검사가 아니면 청구하지 못한다.

⑥ 변호인도 대리권에 의하여 재심을 청구할 수 있다.

> **기출** 원심의 변호인이 아님을 주의

(2) 청구시기

① 재심청구의 시기에는 제한이 없다. 재심청구는 형의 집행을 종료하거나 형의 집행을 받지 아니하게 된 때에도 할 수 있다.

② 유죄선고를 받은 자가 사망한 때에도 재심청구 가능

(3) **재심청구의 방식**: 재심청구를 함에는 재심청구서에 원판결의 등본 및 증거자료를 첨부하여 관할법원에 제출해야 함(재소자 특칙 적용).

(4) **재심청구의 효과**: 재심의 청구는 형의 집행을 정지하는 효력이 없다. 다만, 관할법원에 대응한 검찰청 검사는 재심청구에 대한 재판이 있을 때까지 형의 집행을 정지할 수 있다.

> **기출** 정지하여야 한다(X).

(5) **재심청구의 취하**: 재심청구는 재심심판의 제1심판결선고 전까지 취하할 수 있다. 재심청구를 취하한 자는 동일한 이유로 다시 재심을 청구하지 못한다.

3. 재심청구에 대한 재판

(1) 재심청구의 심리

① **구조**: 판결절차가 아니라 결정절차이므로 구두변론, 공개변론 필요 없다.

② **사실조사**: 법원은 필요한 경우 사실조사를 할 수 있다(엄격한 증명 요하지 않음).

③ **의견진술**: 재심청구에 대하여 결정을 함에는 청구한 자와 상대방의 의견을 들어야 한다.

> **판례**
>
> 형사소송법상 재심절차는 재심개시절차와 재심심판절차로 구별되는 것이므로, 재심개시절차에서는 형사소송법에서 규정하고 있는 재심사유가 있는지 여부만을 판단하여야 하고, 나아가 재심사유가 재심대상판결에 영향을 미칠 가능성이 있는가의 실체적 사유는 고려하여서는 아니 된다(2008모77). ✘ 재심개시절차에서는 재심사유가 있는지 여부 외에도 재심사유가 재심대상판결에 영향을 미칠 가능성이 있는가의 실체적 사유를 아물러 고려해야 한다. ✕

(2) 재심청구에 대한 재판

① 청구기각결정

  ㉠ 재심청구가 부적법한 경우: 재심청구가 법률상의 방식에 위반하거나 청구권의 소멸 후인 것이 명백한 때

  ㉡ 재심청구가 이유 없다고 인정하는 때 → 이 결정이 있는 경우 누구든지 동일한 이유로써 다시 재심을 청구하지 못한다.

  ㉢ 청구의 경합: 상소기각의 확정판결과 하급심판결에 대하여 재심청구가 있는 경우 → 하급심이 재심판결을 한 때에는 상소기각의 판결을 한 법원은 재심청구를 기각하여야 한다.

② 재심개시결정: 재심청구가 이유 있다고 인정하는 때

  → 법원은 결정으로 형의 집행을 정지할 수 있다.

③ 불복: 재심청구기각결정 또는 재심개시결정 → 즉시항고 가능

판례

1. 경합범 관계에 있는 수개의 범죄사실을 유죄로 인정하여 한 개의 형을 선고한 불가분의 확정판결에서 그 중 일부의 범죄사실에 대하여만 재심청구의 이유가 있는 것으로 인정된 경우에는 형식적으로는 1개의 형이 선고된 판결에 대한 것이어서 그 판결 전부에 대하여 재심개시의 결정을 할 수밖에 없지만, 비상구제수단인 재심제도의 본질상 재심사유가 없는 범죄사실에 대하여는 재심개시결정의 효력이 그 부분을 형식적으로 심판의 대상에 포함시키는데 그치므로 재심법원은 그 부분에 대하여는 이를 다시 심리하여 유죄인정을 파기할 수 없고 다만 그 부분에 관하여 새로이 양형을 하여야 하므로 양형을 위하여 필요한 범위에 한하여만 심리를 할 수 있을 뿐이다(96도477).

2. 제1심판결이 선고된 이상 동 판결이 확정되어 이에 대한 재심소송절차가 진행 중에 있다 하여 공소취소를 할 수 없다(76도3203).

3. 재심이 개시된 사건에서 범죄사실에 대하여 적용하여야 할 법령은 재심판결 당시의 법령이고, 재심대상판결 당시의 법령이 변경된 경우 법원은 범죄사실에 대하여 재심판결 당시의 법령을 적용하여야 하며, 법령을 해석할 때에도 재심판결 당시를 기준으로 하여야 한다(2009도1603). ✔ 재심이 개시된 사건에서 법령이 변경된 경우 법원은 범죄사실에 대하여 적용하여야 할 법령은 재심판결 당시의 법령이 아닌 재심대상판결 당시의 법령이지만, 법령을 해석할 때에는 재심판결 당시를 기준으로 하여야 한다. ✗

4. 재심이 개시된 사건에서 범죄사실에 대하여 적용하여야 할 법령은 재심판결 당시의 법령이므로, 법원은 재심대상판결 당시의 법령이 변경된 경우에는 그 범죄사실에 대하여 재심판결 당시의 법령을 적용하여야 하고, 폐지된 경우에는 형사소송법 제326조 제4호를 적용하여 그 범죄사실에 대하여 면소를 선고하는 것이 원칙이다. 그러나 법원은, 형벌에 관한 법령이 헌법재판소의 위헌결정으로 인하여 소급하여 그 효력을 상실하였거나 법원에서 위헌·무효로 선언된 경우, 당해 법령을 적용하여 공소가 제기된 피고사건에 대하여 같은 법 제325조에 따라 무죄를 선고하여야 한다. 나아가 형벌에 관한 법령이 재심판결 당시 폐지되었다 하더라도 그 '폐지'가 당초부터 헌법에 위배되어 효력이 없는 법령에 대한 것이었다면 같은 법 제325조 전단이 규정하는 '범죄로 되지 아니한 때'의 무죄사유에 해당하는 것이지, 같은 법 제326조 제4호의 면소사유에 해당한다고 할 수 없다. 따라서 면소판결에 대하여 무죄판결인 실체판결이 선고되어야 한다고 주장하면서 상고할 수 없는 것이 원칙이지만, 위와 같은 경우에는 이와 달리 면소를 할 수 없고 피고인에게 무죄의 선고를 하여야 하므로 면소를 선고한 판결에 대하여 상고가 가능하다(2010도5986). ✔ 형벌에 관한 법령이 재심판결 당시 폐지되었다 하더라도 그 '폐지'가 당초부터 헌법에 위배되어 효력이 없는 법령에 대한 것이었다면 무죄사유에 해당하는 것으로 면소사유에 해당한다고 할 수 없다. 그러나 면소를 선고한 판결에 대하여 무죄의 실체를 구하는 상고를 할 수 없는 것이 원칙이므로 면소판결에 대한 피고인의 상고를 기각하는 것은 정당하다. ✗ ✔ 폐지 또는 실효된 형벌 관련 법령이 당초부터 위헌·무효인 경우 그 법령을 적용하여 공소가 제기된 피고사건에 대하여 면소판결을 하여야 한다. ✗

PART 06

5. [1] 재심개시결정에 대하여는 형사소송법 제437조에 규정되어 있는 즉시항고에 의하여 불복할 수 있고, 이러한 불복이 없이 확정된 재심개시결정의 효력에 대하여는 더 이상 다툴 수 없으므로, 설령 재심개시결정이 부당하더라도 이미 확정되었다면 법원은 더 이상 재심사유의 존부에 대하여 살펴볼 필요 없이 형사소송법 제436조의 경우가 아닌 한 그 심급에 따라 다시 심판을 하여야 한다.

[2] 재심대상사건의 기록이 보존기간의 만료로 이미 폐기되었다 하더라도 가능한 노력을 다하여 그 기록을 복구하여야 하며, 부득이 기록의 완전한 복구가 불가능한 경우에는 판결서 등 수집한 잔존자료에 의하여 알 수 있는 원판결의 증거들과 재심공판절차에서 새롭게 제출된 증거들의 증거가치를 종합적으로 평가하여 원판결의 원심인 제1심판결의 당부를 새로이 판단하여야 한다(2004도2154). ✗ 재심대상사건의 기록이 보존기간의 만료로 이미 폐기되어 재판을 할 수 없게 되면, 재심청구기각결정을 하여야 한다. ✗

4 재심심판절차

1. 재심의 공판절차

(1) 재심개시의 결정이 확정된 사건에 대하여는 법원은 그 심급에 따라 다시 심판

→ 심급에 따라서의 의미는 제1심의 확정판결에 대한 재심의 경우에는 제1심의 공판절차에 따라, 항소기각 또는 상고기각의 확정판결에 대하여는 항소심 또는 상고심의 절차에 따라 심판한다는 것을 의미

→ 다시 심판한다는 것은 재심대상판결의 당부를 심사하는 것이 아니라 피고 사건 자체를 처음부터 새로 심판하는 것을 의미

(2) 재심의 판결에 대한 상소도 가능

2. 재심심판절차의 특칙

(1) **공판절차정지와 공소기각의 결정**

① 사망자 또는 회복할 수 없는 심신장애인을 위하여 재심의 청구가 있는 때, 유죄의 선고를 받은 자가 재심의 판결 전에 사망하거나 회복할 수 없는 심신장애인으로 된 때 → 공판절차정지와 공소기각의 결정에 관한 규정은 적용되지 않는다.

② 이 경우 피고인이 출정하지 아니하여도 심판할 수 있다. 다만, 변호인이 출정하지 아니하면 개정하지 못한다.

→ 재심을 청구한 자가 변호인을 선임하지 아니한 때에는 재판장은 직권으로 변호인을 선임하여야 한다.

(2) **공소취소와 공소장 변경**

① 제1심 판결이 확정된 이상 재심소송절차에서 공소취소 불가

② 공소장변경 가능(단, 중한 죄를 인정하기 위한 공소장변경은 불가)

3. 재심의 재판

(1) 불이익변경 금지

(2) **무죄판결 공시** : 재심에서 무죄의 선고를 한 때에는 그 판결을 관보와 그 법원소재지의 신문지에 기재하여 공고하여야 한다.

기출 공고할 수 있다(X).

(3) 재심판결과 원판결의 효력 → 재심판결이 확정된 때에는 원판결은 당연히 그 효력을 잃는다.

판례

1. 재심청구사건에서는 증거보전절차는 허용되지 않는다(84모15).
2. 특별사면으로 형 선고의 효력이 상실된 유죄의 확정판결에 대하여 재심개시결정이 이루어져 재심심판법원이 심급에 따라 다시 심판한 결과 무죄로 인정되는 경우라면 무죄를 선고하여야 하겠지만, 그와 달리 유죄로 인정되는 경우에는, 재심심판법원으로서는 '피고인에 대하여 형을 선고하지 아니한다'는 주문을 선고할 수밖에 없다(2012도2938). ✘ 유죄로 인정되는 경우에는, 재심심판법원으로서는 '피고인에 대하여 다시 형을 선고한다.'는 주문을 선고할 수밖에 없다. ✕
3. 재심대상판결 확정 후에 특별사면이 있었다 하더라도 법원은 그 심급에 따라 실체에 대에 관한 유·무죄를 판단을 해야지, 특별사면이 있음을 들어 면소판결을 하여서는 아니 된다(2011도1932).

제2절 비상상고

1 의의 및 구별개념

1. 의의 및 구별개념

(1) **의의**: 확정판결에 대하여 그 심판의 법령위반을 이유로 허용되는 비상구제절차

(2) **구별개념**

구 분	재심	비상상고
대 상	유죄의 확정판결	모든 확정판결
	위헌결정된 형벌에 관한 법률조항에 근거한 유죄의 확정판결 → 재심청구의 대상 ○ / 비상상고의 대상 ○	
사 유	사실오인	법령위반
관 할	원판결의 법원	대법원
청구시기	제한 없음	제한 없음
신청권자	검사, 유죄의 선고를 받은 자, 유죄의 선고를 받은 자의 법정대리인, 유죄의 선고를 받은 자가 사망하거나 심신장애가 있는 경우에는 그 배우자 · 직계친족 · 형제자매 등	검찰총장

2. 목적

(1) 주된 목적 → 법령의 해석 · 적용의 통일

(2) 부차적 목적 → 피고인의 불이익을 구제

2 비상상고의 대상과 이유

1. 대상에 해당하는 경우

(1) 모든 확정판결이다(형식재판, 실체재판).

　　→ 공소기각 · 관할위반 · 면소의 형식재판도 대상

(2) 약식명령과 즉결심판, 당연무효 판결

(3) 상소기각결정

2. 이유

심판의 법령위반이다. [기출] 단순한 사실오인 → 비상상고 불가

　→ 판결의 법령위반뿐만 아니라 소송절차의 법령위반도 포함

　┌ 법령위반 → 원판결을 파기하고 자판 가능

　└ 소송절차 위반 → 절차를 파기함에 그침.

판례 비상상고 가능

---

1. 친고죄에 있어서 고소취소가 있는데도 유죄판결을 한 경우에는 사건의 심판이 법령에 위반된 것이므로 비상상고이유에 해당한다(4280비상2).
2. 공소시효가 완성된 사실을 간과한 채 피고인에 대하여 약식명령을 발령한 원판결은 법령을 위반한 잘못이 있고, 또한 피고인에게 불이익하다고 할 것인바, 이 점을 지적하는 이 사건 비상상고는 이유가 있다(2006오2).
   ✗ 공소시효가 완성된 사실을 간과한 채 피고인에 대하여 약식명령을 발령한 원판결은 심판의 법령위반이 아니므로 비상상고의 이유가 되지 않는다. ✕
3. 사면된 범죄에 대하여 사면된 것으로 간과하고 상고기각의 결정을 한 때에는 그 결정은 법령에 위반한 것이 되어 비상상고를 할 수 있다(62오4).
4. 성년인 피고인에 대하여 부정기형을 선고한 것은 법령에 위반하는 것으로서 비상상고의 대상이 된다(63오1).
5. 적법한 증거조사의 절차를 거치지 않고 증거능력이 없는 증거를 유죄의 증거로 채택하였음은 법령에 위반한 것으로서 비상상고의 대상이 된다(64오2).
6. 명예훼손죄(반의사불벌죄)에 있어서 제1심 판결선고 후의 처벌희망을 철회하는 의사표시의 효력을 인정하여 공소기각의 판결을 하였음은 형사소송법 제446조 제1호 본문에 이른바 원판결이 법령에 위반한 때에 해당한다(61오1).

판례 비상상고 불가능

---

1. 법원이 판결의 선고 전에 피고인이 이미 사망한 사실을 알지 못하여 공소기각의 결정을 하지 않고 실체판결에 나아감으로서 법령위반의 결과를 초래하였다고 하더라도, 이는 형사소송법 제441조에 정한 '그 심판이 법령에 위반한 것'에 해당한다고 볼 수 없어 대법원에 비상상고를 할 수 없다. ✗ 검찰총장의 비상상고는 적법하다. ✕
2. 본건 확정판결이 전과의 사실이 없음에도 불구하고 누범의 이유가 되는 전과사실이 있는 것으로 인정한 결과 이에 대하여 형법 제35조를 적용 차단하였다고 할지라도 이에는 앞서 말한 법령의 위반이 있는 것은 아니고 따라서 위와 같은 사실오인은 비상상고의 이유가 될 수 없다(62오1).

3 비상상고 절차

1. 비상상고의 신청

(1) 신청권자와 관할법원

① 신청권자 → 검찰총장

② 관할법원 → 대법원

기출 재심 및 비상상고의 관할은 원판결을 선고한 법원이다(X).

(2) 신청방식

① 신청서를 대법원에 제출하여야 한다. → 반드시 이유 기재

② 신청기간은 제한이 없다.

→ 형의 시효가 완성되었거나 형이 소멸하였거나 판결을 받은 자가 사망한 경우에도 허용

2. 비상상고의 심리

(1) **공판개정**: 검사는 공판기일에 신청서에 의하여 진술

기출 피고인의 출석은 불요

(2) **사실조사**

① 신청서에 포함된 이유에 한하여 조사

→ 비상상고는 법원의 직권조사사항이 없으므로 신청서에 포함된 이유 이외의 사항에 관하여 조사할 권한도 의무도 없다.

② 다만, 법원의 관할, 공소의 수리와 소송절차에 관하여 사실조사를 할 수 있다.

3. 비상상고의 판결

(1) **기각판결**: 비상상고 이유가 없거나 부적법한 경우

(2) **파기판결**

① 파기판결의 법령위반

㉠ 원칙적으로 그 위반된 부분을 파기

㉡ 다만, 원판결이 피고인에게 불이익한 때에 원판결을 파기하고 다시 판결

예 친고죄에 있어서 고소가 취소되었음에도 불구하고 유죄판결을 한 경우

㉢ 파기환송·파기이송은 원칙적으로 허용되지 않는다(∵ 비상상고는 대법원이 자판).

② 소송절차의 법령위반 → 그 위반된 절차만을 파기

(3) **판결의 효력**: 비상상고의 판결은 그 효력이 피고인에게 미치지 아니한다.

→ 판결의 주문은 그대로 효력을 가지며, 소송계속상태로 돌아가는 것도 아니다.

CHAPTER 03 특별절차

제1절 약식절차

1 의의

공판절차를 경유하지 않고 검사가 제출한 자료만을 조사하여 피고인에게 벌금·과료 또는 몰수의 형을 과하는 간이한 재판절차

2 약식명령의 청구

1. 청구의 대상 《약물과벌》

단독판사 또는 합의부 관할 불문하고, 지방법원 관할사건으로 벌금·과료 또는 몰수에 처할 수 있는 범죄(법정형에 선택적으로 규정되어 있으면 족함.)

> **기출** 약식명령으로 피고인을 벌금, 구류, 과료 또는 몰수에 처할 수 있다(X).

2. 청구의 방식

(1) 약식명령의 청구는 공소제기와 동시에 서면으로 해야 한다.

> **기출** 반드시 서면으로 할 필요는 없다(X).

(2) 검사는 약식명령의 청구와 동시에 약식명령을 하는데 필요한 증거서류 및 증거물을 법원에 제출
→ 공소장 일본주의의 예외

> **기출** 검사가 약식명령을 청구할 때에도 공소장일본주의가 적용된다(X).

(3) 약식명령의 청구에 공소장 부본을 첨부하거나 송달할 필요는 없다(∵ 공소장 부본을 피고인에게 송달하지 않기 때문).

> **기출** 지방법원은 그 관할에 속한 사건에 관하여 공판절차가 진행 중이더라도 상당한 이유가 있는 경우에는 공판절차를 중단하고 약식명령으로 피고인을 벌금, 과료 또는 몰수에 처할 수 있다(X).

3. 공판절차로의 이행

(1) **이행사유** : 사건이 약식명령으로 할 수 없거나 약식명령으로 하는 것이 적당하지 아니하다고 인정하는 때
→ 약식명령으로 할 수 없는 경우란 법정형에 벌금, 과료가 규정되어 있지 않은 경우를 말하며,
→ 적당하지 아니한 경우란 법률상 약식명령을 하는 것이 불가능하지 않아도 공판절차에서 신중한 심리가 필요한 경우를 말한다.

(2) **이행 후 절차**
① 즉시 취지를 검사에게 통지하고 통지를 받은 검사는 5일 이내에 피고인의 수에 상응한 공소장 부본을 법원에 제출
② 법원은 이 공소장부본을 지체 없이 피고인 또는 변호인에게 송달
③ 검사가 제출한 증거물, 증거서류를 검사에게 반환

3 약식절차의 심판

1. 법원의 심리

(1) 법원은 검사가 제출한 서류와 증거물을 기초로 서면심사(원칙)

→ 공판을 전제로 한 공개주의, 직접심리주의, 공소장일본주의, 공소장 변경, 구두변론주의, 공판중심주의 등은 적용되지 않는다.

(2) 서면심리를 원칙으로 하므로 전문법칙이 적용되지 않는다.

단, 위법수집증거배제법칙, 자백배제법칙, 자백보강법칙은 그대로 적용

2. 약식명령

(1) **방식**

① 약식명령청구가 있는 날로부터 14일 이내에 약식명령

② 약식명령의 고지는 검사와 피고인에 대한 재판서의 송달에 의한다.

> 기출 약식명령의 고지는 검사와 피고인에 대한 재판서의 송달 또는 다른 적당한 방법으로 하여야 한다(X).

> **판례**
>
> 약식명령의 고지는 검사와 피고인에 대한 재판서의 송달에 의하도록 규정하고 있으므로 약식명령은 그 재판서를 피고인에게 송달함으로써 효력이 발생하고, 변호인이 있는 경우라도 반드시 변호인에게 약식명령 등본을 송달해야 하는 것은 아니다(2017모1557). ✘ 변호인이 있는 경우에는 반드시 변호인에게 약식명령 등본을 송달해야 한다. ✘

(2) **재판서 기재사항**: 범죄사실, 적용법조, 주형, 부수처분과 약식명령의 고지를 받은 날로부터 7일 이내에 정식재판을 청구할 수 있다는 사실을 명시하여야 한다.

> 기출 재판서에 증거의 요지를 기재하여야 한다(X).

(3) **형의종류**

① 벌금·과료·몰수에 한한다. ≪약물과벌≫

→ 무죄·면소·공소기각·관할위반의 재판은 약식명령에 의하여 불가

② 압수물의 환부, 추징, 가납명령 등 부수처분 가능

③ 벌금형의 선고유예도 피고인에게 유리하므로 허용

> **판례**
>
> 약식명령으로 벌금형을 선고받은 피고인만이 정식재판을 청구한 경우, 벌금형만 선고할 수 있고 징역형의 집행유예를 선고할 수 없다 하더라도 법관의 양형결정권을 침해하는 것은 아니다(2004헌가27). ✘ 집행유예를 선고할 수 없기 때문에 법관의 양형결정권을 침해한다. ✘

(4) **약식명령의 효력**

① 확정시기: 정식재판의 청구기간이 경과하거나 그 청구의 취하 또는 청구기각의 결정이 확정한 때

② 확정효력

㉠ 유죄의 확정판결과 동일한 효력이 있으므로 기판력과 집행력이 발생

→ 기판력의 시적범위는 약식명령 발령시를 기준

㉡ 재심과 비상상고의 대상이 된다.

4 정식재판의 청구

1. 의의

약식명령에 대하여 불복이 있는 자가 법원에 대하여 통상의 절차에 의한 심판을 구하는 소송행위

2. 청구권자

(1) 검사 또는 피고인은 약식명령의 고지를 받은 날로부터 7일 이내에 정식재판의 청구를 할 수 있다.

(2) 피고인은 정식재판청구권을 포기할 수 없다.

but 검사가 정식재판청구권을 포기하는 것은 무방

기출 약식절차에서 검사와 피고인은 정식재판의 청구를 포기할 수 없다(X).

기출 검사는 약식명령에 대하여 정식재판을 청구할 수 없다(X).

(3) 피고인의 법정대리인은 피고인의 의사와 관계없이 정식재판을 청구할 수 있고, 피고인의 배우자, 직계친족, 형제자매, 원심의 대리인 또는 변호인은 피고인의 명시적 의사에 반하지 않는 한 독립하여 정식재판을 청구할 수 있다.

3. 정식재판의 취하

(1) 정식재판의 청구는 제1심 판결선고 전까지 취하할 수 있다.

기출 제1심 변론종결 전까지(X)

기출 항소심 판결선고 전까지(X)

기출 제1심 판결이 확정되기 전까지(X)

(2) 정식재판청구를 취하한 자는 다시 정식재판을 청구하지 못한다.

기출 다시 청구할 수 있다(X).

(3) 이 경우에 취하의 방법에 관하여는 상소의 취하에 관한 규정이 준용된다.

4. 정식재판청구에 대한 재판

(1) **기각결정**: 정식재판의 청구가 법령상의 방식에 위반하거나 청구권의 소멸 후인 것이 명백한 때

→ 즉시항고 가능

(2) **공판절차에 의한 심판**

① 공판절차에 의한 심판

㉠ 정식재판의 청구가 적법한 때에는 공판절차에 의하여 심판

㉡ 이 경우에 사실인정, 법령적용, 양형 등 모든 부분에 대해 법원은 약식명령에 구속되지 않고 자유롭게 판단 가능

② **궐석재판(피고인 불출석의 예외)** : 피고인이 출석하지 아니한 때에는 다시 기일을 정해야 하며 피고인이 정당한 이유 없이 다시 정한 기일에 출정하지 않은 때에는 피고인의 진술 없이 판결 가능

　기출 출석하지 아니하면 정식재판청구가 취하된 것으로 간주한다(X).

③ **형종 상향금지의 원칙**

　㉠ 피고인이 정식재판을 청구한 사건에 대하여는 "형종 상향금지의 원칙"이 적용

　　→ 약식명령의 형보다 중한 종류의 형을 선고하지 못한다.

　　예 벌금이 고지된 약식명령에 대해 피고인만이 정식재판을 청구한 경우 법원은 벌금액을 상향하여 선고할 수 있다.

　　　기출 약식명령에 대하여 정식재판이 청구되면 약식명령은 효력을 잃게 되므로 법원은 피고인에 대하여 약식명령의 형보다 중한 형을 선고하지 못한다(X).

　㉡ 다만, 피고인이 정식재판을 청구한 사건에 대하여 약식명령의 형보다 중한 형을 선고하는 경우에는 판결서에 양형의 이유를 적어야 한다.

(3) 약식명령 실효

① 약식명령은 정식재판의 청구에 의한 판결이 있는 때(← 공소기각결정, 판결의 확정 포함)에는 효력 상실

　기출 정식재판 청구가 있으면 약식명령은 효력을 상실한다(X).

② 정식재판의 청구가 부적법할지라도 일단 판결이 확정되면 약식명령은 실효

　판례

정식재판청구권회복결정이 부당하더라도 이미 그 결정이 확정되었다면 정식재판청구사건을 처리하는 법원으로서는 정식재판청구권회복청구가 적법한 기간 내에 제기되었는지 여부나 그 회복사유의 존부 등에 대하여는 살펴볼 필요 없이 통상의 공판절차를 진행하여 본안에 관하여 심판하여야 한다(2004모351).

제2절 즉결심판

1 의의

20만원 이하의 벌금, 구류, 과료에 처할 경미한 범죄에 대하여 공판절차에 의하지 않고 '즉결심판에 관한 절차법'에 의해 신속하게 처리하는 심판절차

2 즉결심판의 청구

1. 청구권자

관할 경찰서장 또는 해양경찰서장 → 검사의 기소독점주의에 대한 예외

2. 대상

(1) 20만원 이하의 벌금, 구류, 과료에 처할 범죄사건(법정형이 아닌 선고형을 기준)

> 기출 몰수(X), 20만원 미만(X), 법정형을 기준(X)

(2) 법정형에 벌금, 구류, 과료가 징역형과 선택적으로 규정되어 있어도 즉결심판 청구 가능

> 기출 벌금, 구류, 과료가 선택형으로 규정되어 있는 경우에는 즉결심판을 청구할 수 없다(X).

3. 관할법원

지방법원 또는 그 지원 및 시·군법원의 판사의 관할

vs. 약식절차 → 지방법원(지원) 합의부 또는 단독판사

4. 청구의 방식

(1) 즉결심판을 청구함에는 즉결심판청구서를 제출(서면)

(2) 경찰서장은 즉결심판의 청구와 동시에 즉결심판을 함에 필요한 서류 또는 증거물을 판사에게 제출 → 공소장일본주의 적용 배제

> 기출 검사에게 제출(X)

3 즉결심판의 심리

1. 판사의 심리

즉결심판으로 할 수 없거나, 즉결심판으로 하는 것이 적당하지 않다고 인정될 경우 → 청구기각결정

2. 경찰서장의 송치

기각결정이 있는 때에는 경찰서장은 지체 없이 사건을 관할 지방검찰청 또는 지청의 장에게 송치 → 이 경우 검사가 기소여부를 결정

3. 심리의 특칙

(1) **즉시심판**: 판사는 즉결심판청구가 적법하다고 상당할 때에는 즉시 심판

(2) **개정**

① 피고인의 출석 → 개정요건

┌ 피고인에게 벌금이나 과료를 선고하는 경우 → 피고인 출석 없이 선고 가능

└ 피고인이 불출석 심판을 청구하고 법원이 허가한 때 → 피고인 출석 없이 심판 가능

> **기출** 벌금 또는 과료를 선고하는 경우 피고인이 불출석 심판을 청구하여 법원이 이를 허가한 때에 한하여 출석 없이 심판할 수 있다(X).

② **심리장소**: 공개된 법정에서 행하되 그 법정은 경찰관서 외의 장소에 설치

③ **불개정**: 구류 처하는 경우를 제외하고 판사는 상당한 이유가 있는 경우에는 개정 없이 피고인의 진술서 등에 의하여 심판 가능

> **기출** 구류, 20만원 이하의 벌금 또는 과료를 선고하는 경우에는 개정 없이 피고인의 진술서와 증거물 등에 의하여 즉결심판 할 수 있다(X).

(3) **심리의 방법**

① 판사는 피고인에게 피고사건의 내용을 고하고 변명할 기회를 주어야 하며, 필요하다고 인정할 때에는 적당한 방법에 의하여 재정하는 증거에 한하여 조사 가능

> **기출** 즉결심판에서는 기존 제출된 증거 외에 새로운 증거조사를 할 수 없다(X).

② 변호인은 기일에 출석하여 증거조사에 참여할 수 있으며, 의견을 진술할 수 있다.

4. 증거에 관한 특칙

(1) 전문법칙과 자백의 보강법칙 → 적용 ×

→ 즉결심판절차에서 사법경찰관 작성의 피의자신문조서는 피고인이 그 내용을 인정하지 않는 경우에도 이를 유죄의 증거로 사용할 수 있다.

(2) 위법수집증거배제법칙, 자백배제법칙 → 적용 ○

5. 형사소송법의 준용

적용되지 않는 규정	적용되는 규정
① 기소독점주의	① 국가소추주의
② 공소장일본주의	② 공개주의
③ 공소장부본송달	③ 구두변론주의
④ 자백배제법칙	④ 자유심증주의
⑤ 전문법칙	⑤ 위법수집증거배제법칙
⑥ 배상명령	⑥ 자백배제법칙
⑦ 필요적 변호, 국선변호	⑦ 증거재판주의

3 즉결심판의 선고와 효력

1. 즉결심판의 선고

(1) 선고할 수 있는 형
① 20만원 이하의 벌금·구류·과료
② 유죄의 선고뿐만 아니라 무죄·면소 또는 공소기각 가능
   vs. 약식절차 → 무죄, 면소, 공소기각 불가능

(2) 유치명령과 가납명령
① 유치명령 : 구류의 선고를 받은 피고인이 일정한 주소가 없거나 또는 도망할 염려가 있을 때에는 5일을 초과하지 아니하는 기간 경찰서유치장에 유치명령 가능
   기출 판사는 구류의 선고를 받은 피고인이 일정한 주소가 없거나 또는 도망할 염려가 있을 때에는 5일(7일×)을 초과하지 아니하는 기간 경찰서유치장(지방해양경찰서의 유치장을 포함한다)에 유치할 것을 명령할 수 있다. 다만, 이 기간은 선고기간을 초과할 수 없다. ✗ 다만, 이 기간은 선고기간을 초과할 수 있다. ×
② 가납명령 : 벌금 또는 과료를 선고하였을 때에는 이에 대한 가납명령 가능

2. 즉결심판의 효력
(1) 확정판결과 동일한 효력이 있다.
(2) 형의 집행은 경찰서장이 하고 그 집행결과를 지체 없이 검사에게 보고
(3) 구류는 경찰서유치장·구치소 또는 교도소에서 집행하고, 구치소 또는 교도소에서 집행할 경우에는 검사가 지휘한다.
(4) 벌금, 과료, 몰수는 그 집행을 완료하면 지체 없이 검사에게 이를 인계하여야 한다.
(5) 경찰서장이 형의 집행을 정지하고자 할 때에는 검사의 허가를 얻어야 한다.
(6) 즉결심판서 및 관계서류와 증거는 관할 경찰서에서 보존한다.

4 정식재판의 청구

1. 의의
즉결심판에 불복하여 정식의 공판절차에 의한 심판을 구하는 불복절차

2. 절차

구 분	피고인	경찰서장
청구기간	즉결심판의 선고·고지를 받은 날부터 7일 이내	무죄·면소·공소기각의 선고가 있는 때 그 선고 또는 고지를 한 날로부터 7일 이내
청구기관	경찰서장에게 제출 → 경찰서장은 지체 없이 판사에게 송부	판사에게 제출
방 식	정식재판청구서의 제출	정식재판청구서의 제출
절 차	특별한 승인철차를 요하지 않음	관할지방검찰청 또는 지청의 검사의 승인을 요함

기출 경찰서장은 즉결심판의 선고에 대하여 정식재판을 청구할 수 없다(X).
기출 경찰서장이 판사의 즉결심판에 불복하는 경우에는 검사와 독립하여 법원에 대하여 정식재판을 청구할 수 있다(X).

즉결심판을 받은 피고인이 정식재판청구를 함으로써 공판절차가 개시된 경우에는 통상의 공판절차와 마찬가지로 국선변호인의 선정에 관한 형사소송법 제283조의 규정이 적용된다(96도3059). ✿ 통상의 공판절차와 달리 국선변호인의 선정에 관한 형사소송법 제283조의 규정이 적용되지 않는다. ✕

3. 정식재판 청구의 취하

(1) 정식재판청구는 제1심판결선고 전까지 취하할 수 있다.

(2) 정식재판청구를 취하한 자 또는 포기나 취하에 동의한 자는 다시 정식재판청구를 하지 못한다. vs. 약식절차 → 정식재판권 포기 불가(피고인)

기출 즉결심판절차에서 피고인은 정식재판의 청구를 포기할 수 없다(X).

4. 정식재판 청구에 대한 재판

(1) **청구기각결정** : 정식재판의 청구가 법령상의 방식에 위반하거나 정식재판청구권의 소멸 후인 것이 명백한 때에는 결정으로 기각 → 즉시항고 가능

(2) **공판절차에 의한 심판** : 정식재판청구가 적법한 때에는 공판절차에 의하여 심판하여야 한다.

(3) **즉결심판의 효력상실** : 정식재판청구에 대한 종국재판이 선고·고지되면 즉결심판의 효력은 상실한다.

상해치사의 공소사실이 즉결심판으로 확정된 경범죄처벌법위반의 범죄사실과 기본적 사실관계에 있어 동일하다면 법원은 면소판결을 선고하여야 한다(89도1046).

구 분	약식절차	즉결심판절차
청구권자	• 검사 • 피고인 → 정식재판권 포기 불가	• 경찰서장 • 피고인 → 정식재판권 포기 가능
관할법원	지방법원(지원) 합의부 또는 단독판사	지방법원(지원) 또는 시·군법원 판사
형의 종류	서면심리 → 무죄, 면소, 공소기각 불가능	공판정에서 피고인 직접신문 → 무죄, 면소, 공소기각 가능
증거법칙	• 자백배제법칙 적용 ○ • 자백보강법칙 적용 ○ • 전문법칙 ✕	• 자백배제법칙 적용 ○ • 자백보강법칙 적용 ✕ • 전문법칙 ✕

제3절 ▶ 소년에 대한 형사절차

1 의의

1. 소년법

(1) 소년법은 소년의 형사절차를 처리하는 절차법

(2) 소년이란 19세 미만자를 말한다. → 판단기준: 사실심 선고시

(3) **소년의 종류**

    ① 범죄소년: 14세 이상 19세 미만의 죄를 범한 소년

      → 소년법상 보호처분 ○, 형벌의 선고 ○

    ② 촉법소년: 10세 이상 14세 미만

      → 보호처분 ○, 형벌의 선고 ×

    ③ 우범소년: 형벌 법령에 저촉되는 행위를 할 우려가 있는 10세 이상 19세 미만

      → 소년법상 보호처분만 가능

2. 소년사건

(1) **소년 형사사건**: 14세 이상 19세 미만의 소년으로 금고 이상의 형에 해당하는 범죄를 범하였고, 그 동기와 죄질이 형사처분을 할 필요가 있다고 인정되는 사건

(2) **소년 보호사건**

    ① 촉법소년, 우범소년 사건과 범죄소년 사건 중에서 보호처분을 할 필요가 있다고 인정되는 사건

    ② 소년보호사건의 심리와 처분 → 가정법원(지방법원) 소년부 단독판사

2 사건의 송치

1. 소년부 송치(형사사건 → 소년보호사건)

(1) 촉법소년과 우범소년이 있을 때에는 경찰서장은 직접 관할 소년부에 송치하여야 한다.

(2) 검사는 소년에 대한 피의사건을 수사한 결과 보호처분에 해당하는 사유가 있다고 인정한 경우 관할 소년부에 송치하여야 한다.

    기출 검사가 소년에 대한 피의사건을 수사한 결과 보호처분에 해당하는 사유가 있다고 인정하는 경우라도 사건을 일반법원에 송치할 수 있다(X).

    기출 소년 피의사건 심리결과 벌금 이하의 형에 해당하는 범죄인 경우 검사는 사건을 관할 소년부에 송치하여야 한다(X).

(3) 법원은 소년에 대한 피고사건을 심리한 결과 보호처분에 해당할 사유가 있다고 인정되면 결정으로 관할 소년부에 송치하여야 한다.

    기출 법원은 소년에 대한 피고사건을 심리한 결과 보호처분에 해당할 사유가 있다고 인정한 경우라도 사건을 관할 소년부에 송치하지 아니할 수 있다(X).

    기출 법원은 소년에 대한 피고사건을 심리한 결과 보호처분에 해당할 사유가 있다고 인정한 경우 판결로써 사건을 관할 소년부에 송치하여야 한다(X).

2. 소년부에서 검사로의 사건 송치(소년보호사건 → 형사사건)

(1) **필요적 송치**: 소년부는 다음의 경우 소년보호사건을 검찰청 검사에게 송치하여야 한다.
   ① 본인이 19세 이상인 것으로 밝혀진 경우
   ② 금고 이상의 형에 해당하는 범죄사실이 발견된 경우
   > 기출 소년부는 소년보호사건을 조사 또는 심리한 결과 그 동기와 죄질이 벌금 이상의 형사처분을 할 필요가 있다고 인정할 때에는 결정으로 해당 검찰청 검사에게 송치할 수 있다(X).

(2) **임의적 송치**: 소년부는 검사가 송치한 사건을 조사 또는 심리한 결과 그 동기와 죄질이 금고 이상의 형사처분을 할 필요가 있다고 인정할 때에는 결정으로써 해당 검찰청 검사에게 송치할 수 있다. → 이 경우 검사는 다시 소년부에 송치할 수 없다.

3. 소년부에서 형사법원으로의 이송

소년부는 형사법원에서 송치받은 사건을 조사 또는 심리한 결과 사건의 본인이 19세 이상인 것으로 밝혀지면 결정으로 송치한 법원에 사건을 다시 이송하여야 한다.

❸ 소년에 대한 형사절차상의 특칙

1. 수사상의 특칙

(1) 소년범에 대한 형사절차에 있어서 구속영장은 부득이한 경우가 아니면 발부하지 못하며,

(2) 소년을 구속하는 경우에는 특별한 사정이 없으면 다른 피의자나 피고인과 분리하여 수용하여야 한다.

2. 공소제기와 시효의 특칙

(1) **공소제기의 제한**
   ① 검사는 소년인 피의자에 대하여 범죄예방자원봉사위원의 선도나 소년의 선도 · 교육과 관련된 단체 · 시설에서의 상담 · 교육 · 활동 등의 선도 등을 받게 하고, 피의사건에 대한 공소를 제기하지 아니할 수 있다.
   → 다만, 선도조건부기소유예처분을 하기 위해서는 소년과 소년의 친권자 · 후견인 등 법정대리인의 동의를 받아야 한다.
   ② 보호처분을 받은 소년에 대하여는 그 심리가 결정된 사건은 다시 공소를 제기하거나 소년부에 송치할 수 없다.
   → 다만, 보호처분이 계속 중일 때에 보호처분 당시 소년이 19세 이상으로 밝혀져서 보호처분이 취소된 경우에는 공소를 제기할 수 있다.
   > 기출 보호처분을 받은 소년에 대하여는 그 심리가 결정된 사건은 어떠한 경우에도 다시 공소를 제기하거나 소년부에 송치할 수 없다(X).

(2) **공소시효의 정지**: 보호처분의 심리개시결정이 있었던 때로부터 그 사건에 대한 보호처분의 결정이 확정될 때까지 공소시효는 정지

3. 공판절차의 특칙

(1) 일반 공판절차에 준하는 것이 원칙이나 소년의 특수성 고려

　① 재판장은 피고인이 소년인 형사사건에 관하여 공소제기가 있는 때에는 지체 없이 다른 사건에 우선하여 제1회 공판기일을 지정하여야 한다.

　② 소년 형사사건의 피고인은 미성년자이므로 필요국선사건에 해당하므로 변호인이 없거나 출석하지 아니하는 때에는 법원은 국선변호인을 선정하여야 한다.

(2) **조사관제도**: 수소법원은 소년에 대한 형사사건에 관하여 그 필요사항의 조사를 조사관에게 위촉할 수 있다.

(3) **다른 절차와의 분리의 원칙 등**

　① 소년에 대한 형사사건의 심리는 다른 피의사건과 관련된 경우에도 심리에 지장이 없으면 그 절차를 분리하여야 한다.

　② 소년보호사건의 심리는 공개하지 아니한다. 다만, 소년부 판사는 적당하다고 인정하는 자에게 참석을 허가할 수 있다.

4. 양형 및 형의 집행상의 특칙

(1) **사형 또는 무기의 완화(범죄시 18세 미만인 경우)**: 죄를 범할 때에 18세 미만인 소년에 대하여는 사형 또는 무기형에 처할 것인 때에는 15년의 유기징역으로 한다.

　기출 소년법상 소년인 피고인에 대해서는 사형이 허용되지 않는다(X).

(2) **부정기형**

　① 소년이 법정형 장기 2년 이상의 유기형에 해당하는 죄를 범한 때에는 그 형의 범위 안에서 장기와 단기를 정하여 선고한다. 다만 장기는 10년, 단기는 5년을 초과하지 못한다.

　　→ 부정기형의 기준시점은 재판시이다.

　② 형의 집행유예나 선고유예를 선고할 때에는 부정기형을 선고하지 아니한다.

　　→ 소년범에 대하여는 정기형을 선고하지 못한다(×).

　기출 소년 피고인에 대하여는 원칙적으로 형의 집행유예가 허용되지 않는다(X).

　기출 소년 피고인에 대하여도 형의 집행유예나 선고유예를 선고할 수 있고, 이 경우에는 부정기형을 선고할 수 있다(X).

(3) **환형처분의 금지(재판시 18세 미만)**

　① 18세 미만인 소년에 대하여 벌금 또는 과료를 선고하는 경우에는 벌금액 또는 과료액의 미납에 대비한 노역장유치의 선고를 하지 못한다.

　기출 19세 미만(X)

　기출 18세 미만의 소년피고인에 대하여도 원칙적으로 벌금형의 환형유치는 허용된다(X).

　② 다만, 판결선고 전에 구속되었거나 보호사건의 조사·심리를 위하여 소년분류심사원에 위탁되었던 경우에는 그 구속 또는 위탁의 기간에 해당하는 기간은 노역장에 유치된 것으로 보아 미결구금일수에 통산할 수 있다.

　기출 판결선고 전 구속되었다고 하더라도 그 구속기간을 노역장에 유치된 것으로 산정할 수 없다(X).

(4) **작량감경**: 소년법의 특성에 비추어 상당하다고 인정되는 때에는 그 형을 감경할 수 있다.

(5) **형의 집행**

① 보호처분의 계속 중에 징역, 금고 또는 구류의 선고를 받은 소년에 대하여는 먼저 그 형을 집행한다.

② 징역 또는 금고의 선고를 받은 소년에 대하여는 특히 설치된 교도소 또는 일반교도소 내에 특히 분계된 장소에서 형을 집행한다. 다만 소년이 형의 집행 중에 23세에 달한 때에는 일반교도소에 집행할 수 있다.

(6) **자격에 관한 법령의 적용**: 소년으로 범한 죄에 의하여 형이 선고를 받은 자가 그 집행을 종료하거나 집행의 면제를 받은 때에는 자격에 관한 법령의 적용에 있어서는 장래에 향하여 형의 선고를 받지 아니한 것으로 본다.

(7) **가석방**: 징역 또는 금고의 선고를 받은 소년에 대하여는 ① 무기형의 경우에는 5년 ② 15년의 유기형의 경우에는 3년 ③ 부정기형의 경우에는 단기의 3분의 1이 각각 경과되면 가석방을 허가할 수 있다.

제4절 ▶ 배상명령절차

1 배상명령제도

1. 의의

법원이 피고인에게 피고사건의 범죄행위로 인하여 피해자에게 발생한 손해를 배상할 것을 명하는 절차

2. 요건

(1) **배상명령의 대상**

① 대상범죄의 제한: 배상명령을 할 수 있는 피고사건은 제1심 또는 제2심 형사공판 절차에서

㉠ 존속상해를 제외한 상해죄·중상해죄·특수상해죄·상해치사와 존속폭행을 제외한 폭행치사상, 과실치사상의 죄

㉡ 절도와 강도의 죄, 사기와 공갈의 죄, 횡령과 배임의 죄, 손괴의 죄

㉢ 성폭력처벌법상 업무상위력추행, 공중밀집장소추행, 통신매체이용음란, 카메라등 이용촬영 및 그 미수범,

㉣ 아동·청소년의 성보호에 관한 법률 제9조(성매수행위등), 제11조(아동·청소년에 대한 성매매강요 등)에 규정된 죄에 대한 유죄판결을 선고하는 경우 한한다.

㉤ 피고인과 피해자 사이에 합의된 손해배상액에 관하여는 이들 범죄 이외의 피고사건에 대하여도 배상명령을 할 수 있다.

② 유죄판결이 선고되는 경우에 한함 : 배상명령은 위와 같은 피고사건에 대하여 유죄판결을 선고
할 경우에만 가능

→ 무죄·면소·공소기각의 재판을 할 경우에는 배상명령 불가

기출 피고사건에 대하여 무죄, 면소 또는 공소기각판결·결정을 선고하는 경우에도 배상명령을 할 수 있다(X).

기출 약식명령절차, 즉결심판절차, 소년보호사건에 대하여는 배상신청을 할 수 있다(X).

(2) 배상명령의 범위 : 배상명령은 피고사건의 범죄행위로 인하여 발생한 직접적인 물적 피해, 치료비
손해 및 위자료의 배상에 한정

→ 간접적 손해나, 일실이익, 기대이익의 상실 등은 배상명령의 범위에서 제외

기출 배상명령에 의한 손해배상의 범위는 피고인과 피해자 사이에 합의가 없으면 피고사건의 범죄행위로 인하여
발생한 직접적인 물적 피해와 치료비 손해에 한정한다(X).

기출 배상명령절차는 범죄행위로 인하여 발생한 직접·간접적인 물적 피해와 치료비 손해 및 위자료의 배상에
제한되어 있고 기대이익의 상실(일실손해)은 배상명령의 범위에 포함되지 않는다(X).

(3) 배상명령의 불허사유 : 법원은 피해자의 성명, 주소가 분명하지 아니한 때, 피해금액이 특정되지
아니한 때, 피고인의 배상책임의 유무 또는 그 범위가 명백하지 아니한 때, 배상명령으로 인하여
공판절차가 현저히 지연될 우려가 있거나 형사소송절차에서 배상명령을 함이 상당하지 아니하다
고 인정한 때에는 배상명령을 할 수 없다.

3. 배상명령의 절차

(1) 직권에 의한 배상명령 : 법원은 직권으로 배상명령을 할 수 있다.

(2) 신청에 의한 배상명령

① 신청권자 : 피해자 또는 상속인. 피해자는 법원의 허가를 받아 그 배우자·직계혈족·형제자매
에게 배상신청에 관하여 소송행위를 대리하게 할 수 있다.

② 신청기간 : 제1심 또는 제2심 공판절차의 변론종결시

→ 상고심 허용 ×

→ 공판절차가 아닌 약식절차, 즉결심판절차, 소년보호사건 허용 ×

③ 신청방법 : 서면신청 원칙이나 피해자가 법정출석한 경우에는 구두로도 허용

④ 신청의 효과 및 취하의 인정

㉠ 배상명령의 신청은 민사소송에 있어서의 소의 제기와 동일한 효력이 있다. 신청인은 배상
명령이 확정되기 전까지는 언제든지 배상신청을 취하할 수 있다.

㉡ 인용금액 범위 안에서 다른 절차에 의한 손해배상청구는 불가

(3) 배상명령신청사건의 심리

① 배상신청이 있는 때에는 신청인에게 공판기일을 통지해야 한다.

② 그러나 신청인이 통지를 받고도 출석하지 아니한 때에는 그 진술 없이 재판할 수 있다.

기출 신청인이 공판기일을 통지 받고도 출석하지 아니한 경우에는 제1회에 한하여 반드시 다시 공판기일을
정하여 통지하여야 한다(X).

기출 배상신청인이 공판기일의 통지를 받고도 출석하지 않은 경우에는 배상신청을 취하한 것으로 본다(X).

기출 배상신청인은 공판기일에 출석할 의무가 있다(X).

③ 신청인 및 그 대리인은 공판절차를 현저히 지연시키지 않는 범위 안에서 재판장의 허가를 받아 소송기록을 열람할 수 있고, 공판기일에 피고인 또는 증인을 신문할 수 있으며 기타 필요한 증거를 제출할 수 있다. → 이 경우 불복신청 ×

기출 이 경우 법원의 허가를 받지 못한 때에는 불복신청이 가능하다(X).

4. 배상명령의 재판

(1) 배상신청의 각하

① 배상신청이 부적법하거나, 그 신청이 이유 없거나, 배상명령을 하는 것이 타당하지 않다고 인정되는 경우에는 법원은 결정으로 이를 각하하여야 한다.

② 유죄판결의 선고와 동시에 신청각하의 재판을 할 때에는 이를 유죄판결의 주문에 표시할 수 있다.

(2) 배상명령의 선고

① 법원이 배상신청이 이유 있다고 인정하여 배상명령을 할 때에는 유죄판결의 선고와 동시에 하여야 한다.

기출 배상명령은 긴급을 요하는 경우 유죄판결선고 이전에도 할 수 있으며, 가집행할 수 있음을 선고할 수도 있다(X).

② 배상명령은 가집행을 할 수 있음을 선고할 수 있다.

③ 배상명령의 절차비용은 특히 그 부담할 자를 정한 경우를 제외하고는 국고의 부담으로 한다. 따라서 배상명령신청시 인지를 첨부할 필요가 없다.

(3) 배상명령에 대한 불복

① 신청인(피해자)의 불복불허

㉠ 신청을 각하하거나 그 일부를 인용한 재판에 대해 신청인은 불복신청을 하지 못하고, 다시 동일한 배상신청을 할 수도 없다.

㉡ 그러나 민사소송에 의한 손해배상의 청구는 가능

② 피고인의 불복

㉠ 즉시항고에 의한 불복

ⓐ 피고인은 유죄판결에 대하여 상소를 제기함이 없이 배상명령에 대하여만 상소제기 기간 내에 즉시항고를 할 수 있다(일부상소의 허용).

ⓑ 다만 즉시항고 제기 후 상소권자의 적법한 상소가 있는 때에는 즉시항고는 취하된 것으로 본다.

㉡ 상소에 의한 불복

ⓐ 유죄판결에 대한 상소제기가 있는 경우 → 배상명령에 대해 불복하지 않더라도 배상명령은 확정되지 않고 피고사건과 함께 상소심으로 이심

ⓑ 상소심에서 원심의 유죄판결을 파기하고 피고사건에 대하여 무죄·면소 또는 공소기각의 재판을 할 때에는 원심의 배상명령을 취소하여야 한다. 이 경우 상소심에서 원심의 배상명령을 취소하지 아니한 때에는 이를 취소한 것으로 본다.

ⓒ 상소심에서 원판결을 유지하는 경우에도 배상명령에 대해서는 이를 취소 또는 변경할 수 있다.

5. 배상명령확정의 효과

(1) 확정된 배상명령 또는 가집행선고 있는 배상명령이 기재된 유죄판결서의 정본은 민사집행법에 의한 강제집행에 관하여는 집행력 있는 민사판결정본과 동일한 효력이 있다. 따라서 확정된 배상명령 또는 가집행선고 있는 배상명령에 대하여는 집행력이 인정된다.

(2) 배상명령이 확정된 때에는 그 인용금액의 범위 안에서는 피해자는 다른 절차에 의한 손해배상을 청구할 수 없다.

(3) 그러나 인용금액을 넘어선 부분에 대해서는 다른 절차에 의한 손해배상을 청구할 수 있다.

2 범죄피해자 구조제도

1. 의의

배상명령제도 역시 범죄피해자에 대한 구제책이지만 피고인이 무자력인 경우에는 실효적이지 못하다. 이에 우리 헌법은 범죄피해자구조청구권을 헌법상 기본권으로 설정하여 범죄피해자구조가 국가적 사명임을 천명하고 있다.

2. 구조금 지급요건

(1) 구조피해자가 피해의 전부 또는 일부를 배상받지 못하는 경우

(2) 자기 또는 타인의 형사사건의 수사 또는 재판에서 고소·고발 등 수사단서를 제공하거나 진술, 증언 또는 자료제출을 하다가 구조피해자가 된 경우

3. 범죄피해구조금의 신청과 지급

(1) **관할기관**: 구조금 지급에 관한 사항을 심의·결정하기 위하여 각 지방검찰청에 범죄피해구조심의회(지구심의회)를 두고 법무부에 범죄피해구조본부심의회(본부심의회)를 둔다.

(2) **신청기간**: 지급신청은 범죄피해발생을 안 날부터 3년, 범죄피해가 발생한 날부터 10년 내 지방검찰청 산하 범죄피해구조심의회에 청구

(3) **지급결정**: 지구심의회는 구조신청을 받으면 신속하게 구조금을 지급하거나 지급하지 아니한다는 결정을 하여야 한다. 지급한다는 결정을 하는 경우에는 그 금액을 정하는 것을 포함한다.

(4) **구조금의 종류**

① 구조금은 유족구조금·장해구조금 및 중상해구조금으로 구분하며, 일시금으로 지급한다.

② 지구심의회는 구조신청을 받았을 때 구조피해자의 장해 또는 중상해 정도가 명확하지 아니하거나 그 밖의 사유로 인하여 신속하게 결정을 할 수 없는 사정이 있으면 신청 또는 직권으로 대통령령으로 정하는 금액의 범위에서 긴급구조금을 지급하는 결정을 할 수 있다.

(5) **구조금의 수령**: 구조금을 받을 권리는 그 구조결정이 해당 신청인에게 송달된 날부터 2년간 행사하지 아니하면 시효로 인하여 소멸된다.

재판의 집행과 형사보상

1 재판집행의 의의 및 기본원칙

1. 재판집행의 의의

재판의 집행이란 국가의 강제력에 의하여 재판의 의사표시 내용을 실현하는 것을 말한다. 여기에는 형의 집행뿐만 아니라 추징, 소송비용 등의 부수처분의 집행, 과태료, 보증금의 몰수, 비용배상 등 형 이외의 제재의 집행, 강제처분 내지 영장의 집행 등이 포함된다.

2. 재판집행의 기본원칙

(1) 재판의 집행시기

① 즉시집행의 원칙

ⓐ 재판은 확정된 후에 즉시 집행함이 원칙

ⓑ 검사의 집행지휘를 요하는 재판은 재판서 또는 재판을 기재한 조서의 등본 또는 초본을 재판의 선고 또는 고지한 때로부터 10일 이내에 검사에게 송부하여야 한다. 다만 법률에 다른 규정이 있는 때에는 예외로 한다.

> **기출** 결정이나 명령에 대한 불복은 즉시항고 외에는 집행정지효가 없기 때문에 즉시항고 또는 이에 준하는 불복신청이 허용되는 경우를 제외하고는 확정 전에도 즉시 집행할 수 없다(X).

② 확정 전의 집행의 허용

ⓐ 결정과 명령의 재판 : 결정이나 명령은 즉시항고 또는 이에 준하는 불복신청이 허용되는 경우를 제외하고는 확정되기 전에 즉시 집행할 수 있다.

> **기출** 결정이나 명령에 대한 불복은 즉시항고 외에는 집행정지효가 없기 때문에 즉시항고 또는 이에 준하는 불복신청이 허용되는 경우를 제외하고는 확정 전에도 즉시 집행할 수 없다(X).

ⓑ 벌금 · 과료 또는 추징의 선고를 하는 경우 : 벌금, 과료 또는 추징을 선고한 경우에 가납재판이 있으면 재판의 확정을 기다리지 않고 바로 집행할 수 있다.

> **기출** 벌금 · 과료 또는 추징의 선고를 하는 경우에 가납판결이 있는 때에는 재판확정을 기다리지 않고 가납판결이 있는 날로부터 10일 이내에 집행할 수 있다(X).

③ 확정 후 일정기간 경과 후에야 집행가능

ⓐ 소송비용부담의 재판 : 소송비용부담의 재판은 소송비용집행면제의 신청기간 내(재판확정 후 10일)와 신청에 대한 재판이 확정될 때까지 집행이 정지된다.

> **기출** 소송비용부담의 재판은 확정한 후에 즉시 집행할 수 있다(X).

ⓑ 노역장유치의 집행 : 벌금 · 과료의 재판이 확정된 후 30일 이내에는 집행할 수 없다.

→ 벌금과 과료는 판결 확정일로부터 30일 내에 납입하여야 한다. 단, 벌금을 선고할 때에는 동시에 그 금액을 완납할 때까지 노역장에 유치할 것을 명할 수 있다.

ⓒ 사형의 집행 : 법무부 장관의 명령이 있을 때까지는 집행할 수 없다.
ⓔ 보석허가결정 : 제98조 제1호·제2호·제5호·제7호 및 제8호의 조건(선이행조건)은 이를 이행한 후가 아니면 보석허가결정을 집행하지 못한다.
ⓜ 심신장애 등의 경우 : 사형선고를 받은 자 또는 자유형을 선고받은 자가 심신장애로 의사능력이 없는 상태에 있는 때 또는 사형선고를 받은 자가 잉태 중에 있는 여자인 때에는 심신장애가 회복되거나 출산할 때까지 형집행을 정지한다.

(2) 집행의 지휘

① 검사주의 원칙 : 재판을 한 법원에 대응한 검찰청 검사가 지휘
> **기출** 재판의 집행은 재판의 성질상 검사가 지휘할 것을 제외하고는 그 재판을 한 법원의 법관이 한다(X).

② 법원, 법관의 지휘 등
  ⓐ 공판절차에서 급속을 요하는 구속영장 : 재판장, 수명법관 또는 수탁판사가 그 집행을 지휘할 수 있다.
  ⓑ 공판절차에서의 압수·수색영장 : 재판장은 법원사무관 등에게 그 집행을 명할 수 있다.
  ⓒ 법원에서 보관하는 압수장물의 환부·매각·보관 등의 조치나 법정경찰권에 의한 퇴정명령 등의 경우는 성질상 법원 또는 법관이 지휘

(3) 집행 지휘의 방식

① 집행의 지휘는 재판서 또는 재판을 기재한 조서의 등본 또는 초본을 첨부한 서면(재판집행지휘서)으로 하여야 한다.
② 형의 집행을 지휘하는 경우를 제외하고는 재판서의 원본이나 초본 또는 조서의 등본이나 초본에 인정하는 날인으로 대신할 수 있다.

2 형의 집행

1. 집행의 순서

(1) 중형우선집행의 원칙

① 2개 이상의 형을 집행할 때에는 자격상실, 자격정지, 벌금, 과료, 몰수 외에는 무거운(중한) 형을 먼저 집행한다.
> **기출** 경한 형을 먼저 집행한다(X).

② 다만, 검사는 소속장관의 허가를 얻어 중한 형의 집행을 정지하고 다른 형의 집행을 할 수 있다.
> **기출** 2개 이상의 형을 집행하는 경우에는 반드시 중한 형을 먼저 집행하여야 한다(X).

(2) 동시집행

① 자유형과 벌금형은 동시에 집행할 수 있다.
② but 자유형과 노역장유치가 병존하는 경우에는 검사는 후자를 먼저 집행할 수도 있다.

2. 사형의 집행

(1) 집행의 절차

① 집행명령 : 사형은 법무부장관의 명령에 의하여 집행한다. 다만 군형법 및 군사법원법의 적용을 받는 사건의 경우, 사형은 국방부장관의 명령에 의하여 집행한다.

② 집행명령기간 : 판결이 확정된 날로부터 6월 이내에 하여야 한다. 그러나 상소권회복의 청구, 재심의 청구 또는 비상상고의 신청이 있는 때에는 그 절차가 종료할 때까지의 기간은 이 기간에 산입하지 아니한다.

③ 집행기간 : 법무부장관이 사형의 집행을 명한 때에는 5일 이내에 집행하여야 한다.

(2) 집행의 방법

① 집행장소 : 교도소 또는 구치소 내에서 교수하여 집행

② 참관인 : 검사, 검찰서기관 또는 검찰사무관과 교도소장 또는 구치소장이나 그 대리자가 참여하여야 한다. 검사 또는 교도소장이나 구치소장의 허가가 없으면 누구든지 형의 집행장소에 들어가지 못한다.

③ 집행조서의 작성 : 사형의 집행에 참여한 검찰서기관 등은 집행조서를 작성하고 검사와 교도소장 또는 구치소장이나 그 대리자와 함께 기명날인 또는 서명하여야 한다.

④ 군형법상의 사형의 집행 : 소속 군참모총장 또는 군사법원의 관할관이 지정한 장소에서 총살에 의한다.

(3) 사형의 집행정지

① 집행정지사유 : 심신의 장애로 의사능력이 없는 상태에 있거나 임신 중인 여자인 때에는 법무부장관의 명령으로 집행을 정지한다.

② 정지 후 집행 : 사형집행을 정지한 경우에는 심신장애의 회복 또는 출산 후 법무부장관의 명령에 의하여 형을 집행한다.

3. 자유형의 집행

(1) 집행의 방법

① 자유형, 즉 징역, 금고와 구류의 집행은 검사가 형집행지휘서에 의하여 지휘

② 자유형은 교도소에 구치하여 집행

③ 검사는 자유형의 집행을 위하여 형집행장을 발부 가능

④ 즉결심판에 의한 구류는 경찰서 유치장·교도소 또는 구치소에서 집행하며 교도소 또는 구치소에서 집행할 때에는 검사가 이를 지휘

(2) 형기의 계산

① 기산일 : 형기는 판결이 확정된 날로부터 기산
   but 불구속 중인 자 → 수감된 날을 기준으로 형기를 기산

② 초일산입 : 형집행의 초일은 시간을 계산함이 없이 1일로 산정

③ 석방일 : 형기종료일에 하여야 한다.

(3) 미결구금일수의 산입

① 의의: 구금당한 날로부터 판결확정 전일까지 실제로 구금되어 있던 일수

② 법정통산

　㉠ **법정통산의 의의**: 미결구금일수가 집행시에 당연히 본형에 산입하는 것

　㉡ 판결선고 후 판결확정 전 구금일수(판결선고 당일의 구금일수를 포함한다)는 전부를 본형(유기징역, 유기금고, 벌금이나 과료에 과한 유치 또는 구류)에 산입

　　<u>기출</u> 판결선고 당일의 구금일수는 제외한다(X).

　㉢ 상소기각 결정 시에 송달기간이나 즉시항고기간 중의 미결구금일수는 전부를 본형에 산입

　　<u>기출</u> 상소기각 결정 시에 송달기간은 본형에 산입하지 아니한다(X).

　㉣ 미결구금일수의 1일을 형기(징역, 금고)의 1일 또는 벌금이나 과료에 관한 유치기간의 1일로 계산

　㉤ 구금된 자의 형기는 판결이 확정된 날로부터 기산한다.

　　<u>기출</u> 구속된 자에 대한 형기는 구금된 날로부터 기산하여야 한다(X).

③ **법정통산의 효과**: 검사가 상소하거나, 검사 아닌 자가 상소하여 원판결이 파기된 때에는 미결구금일수가 당연히 통산되는 것이므로, 판결에서 미결구금일수의 산입에 대한 선고를 요하지 않는다. 피고인과 검사가 모두 상소한 경우에도 같다.

판례

1. 피고인이 상소를 제기하였다가 상소를 취하한 경우에 '상소제기기간 이후 피고인이 상소를 취하한 때까지의 미결구금기간'을 형기에 산입하지 아니하는 것은 헌법에 위반된다(2008헌가13).

2. 검사가 아닌 자가 상소를 제기한 경우에 병합심리된 원판결의 일부만이 파기된 경우에도 피고인의 이익을 위하여 상소제기후의 판결선고 전 구금일수는 법정통산된다(88도841).

3. 피고인만이 불복 항소한 경우에 제1심의 미결구금일수의 산입이 잘못되었다 하더라도, 항소심이 제1심판결을 취소하고 주형은 제1심판결과 동일하게 선고하면서 제1심판결 선고 전의 구금일수만을 제1심판결보다 줄여서 선고한 것은 불이익변경금지원칙에 반한다(95도2500).

4. 원심판결선고 당시에 통산미결구금일수가 원심선고 형기를 초과한 경우 상고 후의 미결구금일수는 통산하지 아니한다(83도232).

5. 미결구금일수가 법정통산이 되는 경우 법정통산될 일수보다 적은 일수를 산입한 판결은 파기할 필요 없다(95도2263). ☞ **파기되어야 한다.** ✕

　　<u>이유</u> 형사소송법 제482조의 규정에 의하여 미결구금일수가 법정통산되는 경우에 항소심이 그 <u>법정통산될 일수보다 적은 일수를 산입한다는 판단을 주문에서 선고</u>하였다 하더라도 이는 법률상 의미 없는 조치에 불과하고 이로 말미암아 법정통산이 배제되는 것은 아니기 때문이다.

6. 미결구금기간이 확정된 징역 또는 금고의 본형기간을 초과할 경우 위법하다고 할 수 없다(89도1711). ☞ **위법하다 할 수 있다.** ✕

7. 형사사건으로 외국에서 미결구금되었다가 무죄판결을 받은 경우, 그 미결구금일수를 국내에서 같은 행위로 인하여 선고받는 형에 산입하지 않더라도 위법하지 않다(2017도5977).

---

(4) 자유형의 집행정지

① **필요적 집행정지**: 징역·금고 또는 구류의 선고를 받은 자가 심신장애로 의사능력이 없는 상태에 있는 때에는 검사의 지휘에 의하여 심신장애가 회복될 때까지 형의 집행을 필요적으로 정지

> **기출** 징역형의 선고를 받은 자가 심신장애로 의사능력이 없는 상태에 있는 때에는 형의 집행을 정지함이 없이 치료감호소로 위탁하여야 한다(X).

② **임의적 집행정지사유**

  ㉠ 형의 집행으로 인하여 현저히 건강을 해치거나 생명을 보전할 수 없는 염려가 있을 때
  ㉡ 연령이 70세 이상인 때
  ㉢ 잉태 후 6월 이상인 때
  ㉣ 출산 후 60일을 경과하지 아니한 때
  ㉤ 직계존속의 연령이 70세 이상 또는 중병이나 장애인으로 보호할 다른 친족이 없는 때
  ㉥ 직계비속이 유년으로 보호할 다른 친족이 없는 때
  ㉦ 기타 중대한 사유가 있는 때
    → 검사가 형의 임의적 집행정지를 지휘함에는 소속 고등검찰청검사장 또는 지방검찰청검사장의 허가를 얻어야 한다.

(5) 형집행을 위한 소환

① 사형·징역·금고 또는 구류의 선고를 받은 자가 구금되지 아니한 때에는 검사는 형을 집행하기 위하여 이를 소환하여야 한다.
② 소환에 응하지 아니한 때에는 검사는 형집행장을 발부하여 구인하여야 한다.

> **기출** 소환에 응하지 아니한 때에는 검사는 재판을 선고한 법원으로부터 구인장을 발부받아 구인하여야 한다(X).

③ 형선고를 받은 자가 도망하거나 도망할 염려가 있는 때 또는 현재지를 알 수 없는 때에는 소환함이 없이 형집행장을 발부하여 구인 가능

4. 자격형의 집행

자격상실 또는 자격정지의 선고를 받은 자에 대하여는 이를 수형자원부에 기재하고 지체 없이 그 등본을 형선고 받은 자의 등록기준지와 주거지의 시·구·읍·면장에게 송부여야 한다.

5. 재산형의 집행

(1) 집행명령과 그 효력

① **검사의 집행명령**: 벌금·과료·몰수·추징·과태료·소송비용·비용배상 또는 가납재판은 검사의 명령에 의하여 집행한다. 이 명령은 집행력 있는 채무명의와 동일한 효력이 있다.
② **집행규정의 준용**: 재산형의 집행에는 민사집행법의 집행에 관한 규정을 준용
  단, 집행 전에 재판의 송달을 요하지 아니한다. 재산형 등의 집행은 또한 국세징수법에 따른 체납처분의 예에 따라 집행할 수도 있다.

(2) 집행의 방법

- ① 집행의 대상
  - ㉠ 재산형은 선고받은 본인, 즉 수형자의 재산에 대해서만 집행할 수 있음이 원칙이다. 따라서 피고인의 차명재산이라 하더라도 공무원범죄에 관한 몰수 특례법에서 정한 경우를 제외하고는 제3자 명의의 부동산에 대해 곧바로 추징을 집행할 수 없다(2020모4058).
  - ㉡ 다만, 몰수 또는 조세, 전매 기타 공과에 대한 법령에 의하여 재판한 벌금 또는 추징은 그 재판을 받은 자가 재판확정 후에 사망한 경우에는 그 상속재산에 대하여 집행할 수 있다.
  - ㉢ 법인에 대하여 벌금, 과료, 몰수, 소송비용 또는 비용배상을 명한 경우에 법원이 그 재판확정 후에 합병에 의하여 소멸한 때에는 합병 후 존속한 법인 또는 합병에 의하여 설립된 법인에 대하여 집행할 수 있다.
- ② 가납재판: 가납의 재판을 집행한 후 벌금, 과료 또는 추징의 재판이 확정된 때에는 그 금액의 한도에서 형의 집행이 된 것으로 간주한다.
- ③ 노역장유치의 집행: 벌금 또는 과료를 완납하지 못한 자에 대한 노역장유치의 집행에는 형의 집행에 관한 규정을 준용한다.

(3) 몰수와 압수물의 처분

- ① 몰수형의 집행
  - ㉠ 국고귀속: 몰수의 재판이 확정되면 몰수물의 소유권은 국고에 귀속
  - ㉡ 처분권자: 몰수물은 검사가 처분
  - ㉢ 처분방법: 공매처분, 국고납입처분, 폐기처분, 인계처분, 특별처분 등
  - ㉣ 몰수물의 교부: 몰수를 집행한 후 3월 이내에 그 몰수물에 대해 정당한 권리가 있는 자가 몰수물의 교부를 청구한 때에는 검사는 파괴 또는 폐기할 것이 아니면 이를 교부하여야 한다. 몰수물을 처분한 후 교부의 청구가 있는 경우에는 검사는 공매에 의하여 취득한 대가를 교부하여야 한다.
- ② 압수물의 처분
  - ㉠ 압수물의 환부: 압수한 서류나 물품에 대하여 몰수선고가 없으면 그 서류나 물품에 대한 압수가 해제된 것으로 간주한다.
    - → 이때 압수한 서류나 물품을 정당한 권리자에게 환부
  - ㉡ 압수물의 위조 등의 표시: 서류나 물품이 위조 또는 변조된 물건인 경우에는 그 물건의 전부 또는 일부에 위조나 변조인 것을 표시하여야 한다.
  - ㉢ 환부받을 자의 소재불명 등으로 압수물의 환부를 할 수 없는 경우에는 검사는 그 사유를 관보에 공고하여야 한다.
    - → 공고한 후 3월 이내에 환부의 청구가 없는 때에는 그 물건은 국고에 귀속한다. 이 기간에도 가치 없는 물건은 폐기할 수 있고, 보관하기 어려운 물건은 공매하여 그 대가를 보관할 수 있다.
  - ㉣ 압수장물의 환부: 압수한 장물로서 피해자에게 환부할 이유가 명백한 것은 법원이 판결로서 피해자에게 환부하는 선고를 하여야 한다.
    - → 이 경우 장물을 처분한 경우에는 판결로서 그 대가로 취득한 것을 피해자에게 교부하는 선고를 하여야 한다.

PART

06

3 재판의 집행에 대한 구제방법

1. 소송비용의 집행면제신청

소송비용부담의 재판을 받은 자가 빈곤으로 인하여 이를 완납할 수 없는 때에는 그 재판이 확정된 후 10일 이내에 재판을 선고한 법원에 소송비용의 전부 또는 일부에 대한 재판의 집행면제를 신청할 수 있다.

2. 재판해석에 대한 의의신청

(1) **의의**

① 형의 선고를 받은 자는 집행에 관하여 재판의 해석에 대한 의의가 있는 때에는 재판을 선고한 법원에 의의신청을 할 수 있다. 관할법원인 재판을 선고한 법원이란 형을 선고한 법원을 말하므로 상소기각의 경우에는 원심법원이 관할법원으로 된다.

② 의의신청은 판결주문의 취지가 불명확하여 주문의 해석에 의문이 있는 경우에 한한다.

→ 따라서 판결이유의 모순, 불명확 또는 부당을 주장하는 의의신청은 허용되지 않는다(87초42).

③ 재판해석에 대한 의의신청은 '재판을 선고한 법원'의 관할이다. 이때 재판을 선고한 법원이란 피고인에게 형을 선고한 법원을 말한다(67초23).

(2) **의의신청에 대한 결정** : 의의신청이 있는 때에는 법원은 결정을 하여야 하며, 이 결정에 대하여는 즉시항고할 수 있다.

3. 재판의 집행에 관한 이의신청

(1) **의의** : 재판의 집행을 받은 자 또는 그 법정대리인이나 배우자는 집행에 관한 검사의 처분이 부당함을 이유로 재판을 선고한 법원에 이의신청을 할 수 있다.

> **기출** 재판의 집행에 관한 검사의 처분에 불복이 있는 때에는 준항고의 방법에 의하여야 한다(X).

(2) **대상**

① 이의신청은 검사의 처분에 한하며, 교도소장이 검사의 소송지휘 없이 피고인을 다른 교도소로 이송 처분하여도 이의신청을 할 수 없다.

② 이의신청은 집행에 관한 처분이 위법한 경우뿐만 아니라 부당한 경우에도 허용된다.

③ 이의신청은 확정재판을 전제로 하되, 확정재판 이전에 검사가 재판집행을 지휘하는 경우에도 이의신청이 가능하다. 그러나 집행종료 후에는 그 실익이 없으므로 허용되지 않는다(92모39).

제2절 | 형사보상

1 서설

1. 의의

(1) 형사보상이란 국가기관에 의해 위법·부당한 미결구금이나 형집행을 받은 자에 대하여 형사절차에서 억울한 미결구금을 당하였거나 형의 집행을 받은 사람에 대하여 국가가 그 피해를 보상하여 주는 제도

(2) 다만, 무죄판결시 피고인이 그 재판에 소요된 비용에 관하여는 형사보상법에 의하는 것이 아니라 형사소송법 제194조의2 내지 제194조의5가 규율하고 있음에 주의를 요한다.

2. 형사보상과 기타 손해배상과의 관계

(1) **원칙**

① 형사보상은 국가가 공권력의 행사로 인하여 발생한 손해를 공무원의 고의·과실을 묻지 않고 미리 산정된 액에 의하여 배상하여 주는 공법상의 손해배상

> **기출** 형사보상은 공무원의 고의·과실이 있는 경우에만 청구할 수 있는 과실책임이다(X).

② 형사보상을 받은 자가 형사보상뿐만 아니라 다른 법률의 규정에 의하여 손해배상을 청구하는 것을 금하지 않는다.

→ 형사보상의 청구는 국가배상법 또는 민법에 의한 손해배상청구와 경합할 수 있고, 어떤 청구를 하느냐는 피해자가 자유롭게 정할 수 있다.

(2) **예외(이중배상의 금지)**

① 보상을 받을 자가 동일한 원인에 대하여 다른 법률의 규정에 의하여 손해배상을 받았을 경우에 그 손해배상의 액수가 형사보상법에 의하여 받을 보상금의 액수와 동일하거나 또는 이를 초과할 때에는 보상하지 않는다.

② 즉 동일한 원인에 대하여 어느 한 사유로 배상을 받았을 때에는 다른 사유로 인한 청구에는 그 액이 공제되어야 하며, 손해배상의 액수가 형사보상의 액과 동일하거나 초과할 때에는 형사보상을 하지 않는 것으로 하고 있다.

2 형사보상의 요건

1. 피의자보상의 요건

(1) **보상청구권자**

① 협의의 불기소처분 또는 불송치결정을 받은 자

㉠ 피의자로서 구금되었던 자 중 검사로부터 공소를 제기하지 아니하는 처분(협의의 불기소처분)을 받거나 사법경찰관으로부터 불송치결정을 받은 자는 국가에 대하여 그 구금에 관한 보상 청구 가능

> **기출** 형사보상은 검사에 의하여 불기소 처분된 사건에 대하여는 가능하지 않다(X).

㉡ 그러나 구금된 이후 불기소처분 또는 불송치결정의 사유가 있는 경우와 공소를 제기하지 아니하는 처분이 종국적이 아니거나(기소중지의 경우) 기소유예의 처분을 받은 경우에는 피의자보상이 허용되지 않는다.

② **미결구금된 자**: 불기소처분이나 불송치결정을 받은 자가 미결구금되었을 때에 한하여 그 구금에 대한 보상청구가 허용된다.

(2) 피의자보상의 배제사유

① 본인이 수사 또는 재판을 그르칠 목적으로 허위자백을 하거나 다른 유죄의 증거를 만듦으로써 구금된 것으로 인정되는 경우

> **판례**
>
> 군용물손괴죄로 구금된 공군 중사가 수사기관에서 범행을 자백하다가 다시 부인하며 다투어 무죄의 확정판결을 받고 형사보상청구를 한 사안에서 자신이 범인으로 몰리고 있어서 형사처벌을 면하기 어려울 것이라는 생각과 거짓말탐지기 검사 등으로 인한 심리적인 압박 때문에 허위의 자백을 한 것은 형사보상청구의 기각 요건인 '수사 또는 심판을 그르칠 목적'에 해당하지 않는다(2008도577). ✄ 형사보상청구의 기각요건인 '수사 또는 심판을 그르칠 목적'에 해당한다. ✕

② 구금기간 중에 다른 사실에 대하여 수사가 행하여지고 그 사실에 관하여 범죄가 성립한 경우
③ 보상을 하는 것이 선량한 풍속 기타 사회질서에 반한다고 인정할 특별한 사정이 있는 경우

2. 피고인보상의 요건

(1) 보상청구권자

① 무죄판결을 받은 자

㉠ 형사소송법에 의한 일반절차 또는 재심이나 비상상고절차에서 무죄판결을 받은 자가 미결구금을 당하였을 때에는 형사보상법에 의하여 국가에 대하여 그 구금에 관한 보상을 청구할 수 있다.

㉡ 상소권회복에 의한 상소, 재심 또는 비상상고의 절차에서 무죄재판을 받을 자가 원판결에 의하여 구금 또는 형의 집행을 받았을 때에는 구금 또는 형의 집행에 대한 보상을 청구할 수 있다.

② 면소 및 공소기각의 재판의 경우

㉠ 형사소송법에 따라 면소 또는 공소기각의 재판을 받아 확정된 피고인이 면소 또는 공소기각의 재판을 할 만한 사유가 없었더라면 무죄재판을 받을 만한 현저한 사유가 있었을 경우
→ 다만, 판례는 구금에 대한 보상청구만 가능할 뿐 무죄판결에서 인정되는 기타의 보상청구는 허용되지 않는다고 보았다(대판 1965.5.18. 65다532).

㉡ 치료감호법 제7조에 따라 치료감호의 독립 청구를 받은 피치료감호청구인의 치료감호사건이 범죄로 되지 아니하거나 범죄사실의 증명이 없는 때에 해당되어 청구기각의 판결을 받아 확정된 경우에도 국가에 대하여 구금에 대한 형사보상을 청구할 수 있다.

③ 미결구금 또는 형의 집행

㉠ 피고인보상의 대상은 미결구금과 형의 집행이다. 피고인은 무죄의 재판을 받을 당시 구금 상태에 있음을 요하지 아니한다. 따라서 체포·구속적부심사 또는 보석으로 석방된 피고인도 미결구금에 대한 형사보상청구가 가능하다.

㉡ 자유형의 집행이 심신장애의 사유로 정지된 경우에 병원 기타 적당한 장소에 수용할 수 있을 때까지 교도소 또는 구치소에 구치하는 경우는 이를 구금으로, 확정판결 후 검사가 사형이나 자유형을 집행하기 위하여 형집행장을 발부하여 피고인을 구금한 경우에는 이를 형의 집행으로 본다.

(2) **피고인보상의 배제사유**: 다음의 경우에는 법원은 보상청구의 전부 또는 일부를 기각할 수 있다 (동법 제4조).

① 형법 제9조(형사미성년) 및 제10조 1항(심신상실)의 사유에 의하여 무죄재판을 받은 경우(제1호)

② 본인이 수사·심판을 그르칠 목적으로 거짓자백을 하거나 또는 다른 유죄의 증거를 만듦으로써 기소·미결구금 또는 유죄재판을 받게 된 것으로 인정된 경우(제2호)

③ 1개의 재판으로써 경합범의 일부에 대하여 무죄재판을 받고 다른 부분에 대하여 유죄재판을 받았을 경우(제3호)

3 형사보상의 내용과 절차

1. 내용

(1) **구금에 대한 보상**

① 구금일수에 따라 1일당 보상청구의 원인이 발생한 연도의 「최저임금법」에 따른 일급(日給) 최저임금액 이상 대통령령으로 정하는 금액 이하의 비율에 의한 보상금을 지급

② 법원이 보상금액을 산정할 때에는 구금의 종류 및 기간의 장단, 기간 중에 받은 재산상의 손실과 얻을 수 있었던 이익의 상실 또는 정신상의 고통과 신체상의 손상, 경찰, 검찰, 법원의 각 기관의 고의 또는 과실의 유무, 무죄재판의 실질적 이유가 된 사정, 그 밖에 보상금액 산정과 관련되는 모든 사정을 고려하여야 한다.

(2) **사형집행에 대한 보상**: 사형에 대한 보상금은 집행 전 구금에 대한 보상금 외에 3천만원 이내에서 모든 사정을 고려하여 법원이 타당하다고 인정하는 금액을 더하여 보상

(3) **벌금·과료의 집행에 대한 보상**

① 이미 징수한 벌금 또는 과료의 액에 징수일의 익일부터 보상결정일까지의 일수에 따라 민법상의 법정이율(민법 제379조, 연 5%)에 의한 금액을 가산한 액을 보상

② 노역장유치의 집행을 하였을 경우에는 구금에 대한 보상규정이 준용

(4) **몰수·추징의 집행에 대한 보상**

① 몰수집행에 대한 보상에 있어서는 그 몰수물을 반환하고, 그것이 이미 처분되었을 때에는 보상결정시의 시가를 보상한다.

추징금에 대한 보상에 있어서는 그 액수에 징수한 익일부터 보상결정일까지의 일수에 따라 민법상의 법정이율에 의한 금액을 가산한 액을 보상

② 다만, 면소 또는 공소기각의 재판을 받은 자 등은 구금에 대한 보상만을 청구할 수 있으므로 몰수 또는 추징에 대한 보상을 청구할 수 없다(65도537).

(5) 명예회복

① 개정 형사보상법은 무죄재판을 받아 확정된 사건의 피고인은 무죄재판이 확정된 때부터 3년 이내에 확정된 무죄재판사건의 재판서를 법무부 인터넷 홈페이지에 게재하도록 해당 사건을 기소한 검사가 소속된 지방검찰청에 청구할 수 있도록 하여, 금전적 보상 이외에 명예회복에 관한 조치도 규정하고 있다.

② 면소나 공소기각의 재판을 받은 자에게 무죄판결을 할 만한 현저한 사유가 있는 경우에도 명예 회복에 관한 조치를 청구할 수 있다.

③ 동법 제30조에 따른 청구가 있을 때에는 그 청구를 받은 날부터 1개월 이내에 무죄재판서를 법무부 인터넷 홈페이지에 게재하여야 한다. 다만, 청구를 받은 때에 무죄재판사건의 확정재판 기록이 해당 지방검찰청에 송부되지 아니한 경우에는 무죄재판사건의 확정재판기록이 해당 지방검찰청에 송부된 날부터 1개월 이내에 게재하여야 한다.

④ 청구인이 무죄재판서 중 일부 내용의 삭제를 원하는 의사를 명시적으로 밝힌 경우, 무죄재판서의 공개로 인하여 사건 관계인의 명예나 사생활의 비밀 또는 생명·신체의 안전이나 생활의 평온을 현저히 해칠 우려가 있는 경우 등에 있어서는 무죄재판서의 일부를 삭제하여 게재할 수 있다.

2. 절차

(1) 보상의 청구

① 관할법원

㉠ 보상의 청구는 무죄재판 등을 한 법원에 대하여 하여야 한다. 관할권 없는 법원에서 보상결정을 한 경우에도 그 결정이 당연무효로 되는 것은 아니다(65다532).

㉡ 피의자 보상청구는 불기소처분을 한 검사가 소속하는 지방검찰청의 또는 불송치결정을 한 사법경찰관이 소속된 경찰관서에 대응하는 지방검찰청의 심의회에 보상을 청구하여야 한다.

② 청구시기

㉠ 피고인의 형사보상청구는 무죄재판이 확정된 사실을 안 날부터 3년, 무죄재판이 확정된 때 부터 5년 이내에 하여야 한다.

기출 피고인의 보상청구는 무죄재판이 확정된 때부터 3년 이내에 하여야 한다(X).

㉡ 피의자보상의 청구는 불기소처분 또는 불송치결정의 고지 또는 통지를 받은 날로부터 3년 이내에 하여야 한다.

③ 보상청구권의 양도 ×·상속 ○

㉠ 보상청구권은 양도 또는 압류할 수 없다.

㉡ 그러나 보상청구권의 상속은 인정된다. 따라서 본인이 청구하지 않고 사망한 때에는 상속 인이 이를 청구할 수 있다.

(2) 피고인보상청구에 대한 재판

① 보상청구사건의 심리

㉠ 무죄의 재판을 받은 자가 한 보상청구는 법원합의부에서 재판한다. 보상청구에 대하여 법원은 검사와 청구인의 의견을 들은 후에 결정하여야 한다.

㉡ 보상청구를 받은 법원은 6개월 이내에 보상결정을 하여야 한다.

㉢ 보상을 청구한 자가 청구절차 중 사망하거나 또는 상속인의 자격을 상실한 경우에 다른 청구 인이 없을 때에는 청구절차는 중단된다. 상속인은 2월 이내에 청구절차를 승계할 수 있다.

② 법원의 결정

　　㉠ 청구각하결정 : 보상청구절차가 법령상의 방식에 위반하여 보정할 수 없을 때, 청구인이 법원의 보정명령에 따르지 아니할 때, 청구기간 경과 후에 보상을 청구하였을 때, 청구절차가 중단된 후 2월 이내에 승계의 신청이 없는 때

　　㉡ 청구기각결정과 보상결정 : 보상청구가 이유 없는 때에는 청구기각결정을 하고 이유 있을 때

　　㉢ 불복신청 : 형사보상결정에 대하여는 1주일 이내에 즉시항고 가능
　　　　　　　　형사보상 청구기각결정에 대해서도 즉시항고 가능

(3) 피의자보상의 결정

① 피의자보상심의회 : 지방검찰청에 둔 피의자보상심의회에서 심사·결정하며, 심의회는 법무부장관의 지휘·감독을 받는다.

　→ 피의자보상에 대한 심의회의 결정에 대하여는 법무부장관의 재결을 거쳐 행정소송을 제기할 수 있다.

② 심리절차 : 피의자보상의 결정에는 형사보상법에 특별한 규정이 있는 경우를 제외하고는 그 성질에 반하지 않는 범위 내에서 피고인보상에 관한 규정이 준용

③ 불복수단 : 피의자보상의 청구에 대한 심의회의 결정에 대하여는 행정심판법에 따른 행정심판을 청구하거나 행정소송법에 따른 행정소송을 제기 가능

(4) 보상금지급의 청구

① 보상결정의 확정에 의하여 보상금지급청구권이 발생한다. 보상금지급청구권은 양도 또는 압류할 수 없다.

② 보상의 지급을 청구하고자 하는 자는 보상결정이 송달된 후 2년 이내에 보상을 결정한 법원에 대응한 검찰청에 보상지급청구서를 제출하여야 한다.

③ 보상금 지급청구서를 제출받은 검찰청은 3개월 이내에 보상금을 지급하여야 한다.

최정훈

주요 약력

고려대학교 대학원(석사)
現) 박문각경찰/박문각공무원 형법·형사소송법 전임
　　경찰공제회 형법·형사소송법 전임
前) 해커스 공무원 형법 전임강사
　　에듀윌 형법 전임강사
　　백석대학교 경찰행정학과 강사

주요 약력

2025 박문각 공무원 최정훈 형사소송법 기본 이론서
2024 박문각 공무원 최정훈 형법총론 기본 이론서
2024 박문각 공무원 최정훈 형법각론 기본 이론서
박문각 공무원 최정훈 퍼펙트 형법총론 핵심노트
박문각 공무원 최정훈 퍼펙트 형법각론 핵심노트

제1판 발행 2023년 1월 16일
제2판 발행 2023년 8월 30일
제3판 초판 인쇄 2024년 11월 5일
제3판 초판 발행 2024년 11월 11일

최정훈 형사소송법 ✧✦ 기본 이론서

초판 인쇄 2024. 11. 5. | **초판 발행** 2024. 11. 11. | **편저자** 최정훈
발행인 박 용 | **발행처** (주)박문각출판 | **등록** 2015년 4월 29일 제2019-000137호
주소 06654 서울시 서초구 효령로 283 서경 B/D 4층 | **팩스** (02)584-2927
전화 교재 문의 (02)6466-7202

저자와의
협의하에
인지생략

정가 25,000원
ISBN 979-11-7262-300-5